KAISER/KAMINSKI

METHODIK DES ÖKONOMIE-UNTERRICHTS

METHODIK DES ÖKONOMIE-UNTERRICHTS

Grundlagen eines handlungsorientierten Lernkonzepts mit Beispielen

von

Franz-Josef Kaiser und Hans Kaminski

unter Mitarbeit von

Volker Brettschneider und Manfred Hübner

Dritte, vollständig überarbeitete Auflage

KLINKHARDT

1999

VERLAG JULIUS KLINKHARDT · BAD HEILBRUNN/OBB.

Die Deutsche Bibliothek – CIP-Einheitsaufnahme

Kaiser, Franz-Josef:
Methodik des Ökonomie-Unterrichts :
Grundlagen eines handlungsorientierten Lernkonzepts ; mit Beispielen /
von Franz-Josef Kaiser und Hans Kaminski.
Unter Mitarb. von Volker Brettschneider und Manfred Hübner.
– 3., vollst. überarb. Aufl. –
Bad Heilbrunn / Obb. : Klinkhardt 1999.
ISBN 3-7815-0979-6

Gesamtherstellung: Friedrich Pustet, Regensburg
Printed in Germany 1999
Gedruckt auf chlorfrei gebleichtem alterungsbeständigem Papier
ISBN 3-7815-0979-6

0 Vorwort zur 3. Auflage

Einzelne Kapitel des Bandes wurden in der 3. Auflage grundlegend überarbeitet und um einige wesentliche Aspekte erweitert. Das gilt insbesondere für das neue Kapitel 2.5, in dem vor allem die Konsequenzen erörtert werden, die sich aus konstruktivistischen Grundsätzen für die methodische Gestaltung des Unterrichts und den Stellenwert der Neuen Technologien für die selbständige Bewältigung komplexer Lernaufgaben ergeben. Grundlegend überarbeitet wurden darüber hinaus das Kapitel 4.4 „Systemanalyse und die Arbeit mit Netzwerken“. Neu aufgenommen wurden in Kapitel 4.5 das Szenario „Umweltbewußte Unternehmensführung – Leitstrategie für die Zukunft“ und das Kapitel 4.11, in dem die Arbeit mit Dilemmata im Ökonomie-Unterricht dargestellt wird.
Auf vielfachen Wunsch der Leser wurde ein Sachwortverzeichnis mit den wichtigsten Begriffen erstellt, das dem Leser Anregungen und Anhaltspunkte für Querverbindungen und vertiefende Problemzusammenhänge eröffnet. Das Personenverzeichnis, das ebenfalls neu hinzugekommen ist, umfaßt alle Namen, die im Text erscheinen.

Unser Dank gilt unseren Mitarbeitern Volker Brettschneider und Manfred Hübner, die wiederum an der Überarbeitung der 3. Auflage mitgewirkt haben. Besonderer Dank gilt nicht zuletzt unseren studentischen Mitarbeiterinnen und Mitarbeitern Astrid Biermann, Doris Beeke, Heiko Feeken, Birgit Hamel und Markus Pauer. Sie haben das Schreiben der einzelnen Kapitel übernommen, das Layout gestaltet, die Computergraphiken erstellt und Korrektur gelesen.

Paderborn und Oldenburg im Juni 1999

Franz-Josef Kaiser
Universität-Gesamthochschule
Paderborn

Hans Kaminski
Carl von Ossietzky-Universität
Oldenburg

Vorwort der 1. Auflage

Mit diesem Band möchten wir Studenten, Lehramtsanwärter und Lehrer praxisorientiert in die Methodik des Ökonomie-Unterrichts einführen und ihnen Anregungen und Hilfen für die methodische Gestaltung des Unterrichts geben.

Zwar gibt es seit mehreren Jahren eine intensive Diskussion einzelner methodischer Verfahren und Handlungsmuster, aber bisher nur wenige Versuche der Gesamtdarstellung einer Methodik der ökonomischen Bildung. Die Präferenz für einzelne methodische Handlungsmuster hat vermutlich neben den Erfahrungen mit dem selbst als Schüler "erlebten" Unterricht dazu beigetragen, daß das Methodenrepertoire von Ökonomie-Lehrern durch einen ausgeprägten Methodenmonismus im Sinne eines vorrangig lehrerzentrierten Unterrichts gekennzeichnet ist. Wir gehen davon aus, daß methodische Fragestellungen sinnvoll nur diskutiert werden können auf der Basis der bildungstheoretischen, unterrichtstheoretischen und lerntheoretischen Annahmen des zugrundegelegten Didaktikkonzepts. Methodik wird somit verstanden als integraler Bestandteil der Didaktik eines Faches und erhält von daher ihre Legitimation.

Im ersten Kapitel des Bandes werden zunächst das Verhältnis von Allgemeiner Didaktik, Fachdidaktik und Fachmethodik geklärt und eine Klassifikation der Unterrichtsmethoden vorgenommen.

Das zweite Kapitel beschäftigt sich mit den generellen Aspekten eines Lernkonzepts für die ökonomische Bildung und untersucht die bildungstheoretischen Voraussetzungen, die Bedeutung der Fachwissenschaft, die institutionellen und gesellschaftlichen Rahmenbedingungen sowie die lerntheoretischen Grundlagen methodischen Handelns und die Konsequenzen, die sich daraus für ein handlungsorientiertes Methodenkonzept ergeben.

Im dritten Kapitel wird die Alltagswirklichkeit des Ökonomie-Unterrichts untersucht und gezeigt, welche Bedeutung die "innere" Situation eines Faches, die institutionellen Rahmenbedingungen, der Ausbildungsstand und die Fachsozialisation der Lehrerschaft auf die Qualität des Unterrichts haben können. Darüber hinaus werden Beziehungs-, Handlungs- und Prozeßstruktur des Unterrichts als Grundlage für die Analyse des Unterrichtsprozesses aufgezeigt, um zu verdeutlichen, daß die im vierten Kapitel dargestellten unterschiedlichen Handlungsmuster der Methoden nicht isoliert, sondern als Elemente einer umfassenden Lernkonzeption für den Ökonomie-Unterricht zu betrachten sind.

Wir gehen dabei von der Grundannahme aus, daß Lernen ein konstruktiver Prozeß ist und deshalb neben den traditionellen Methoden der Vermittlung vor allem aktive, partizipative Methoden für die Realisierung eines handlungsorientierten Didaktikkonzepts eine besondere Bedeutung gewinnen.

Im vierten Kapitel werden die unterschiedlichen Handlungsmuster der Methoden dargestellt, die in besonderer Weise geeignet erscheinen, die Schüler zu befähigen, komplexe Lebenssituationen zu bewältigen.
Da diese Methoden (z. B. Fallstudie, Planspiel, Projekte) nur sporadisch und dann nicht selten in kryptomaner Form Anwendung finden, werden diese Handlungsmuster differenziert in ihren spezifischen Ausprägungsformen, Verlaufsstrukturen und ihre Bedeutung für den Ökonomieunterricht im Kontext ausgewählter Unterrichtsbeispiele dargestellt. Leittextmethode, Systemanalyse, Szenariotechnik und Zukunftswerkstatt, die erst in Ansätzen unterrichtlich erprobt sind, wurden nicht zuletzt deshalb aufgenommen, um Lehrer, Referendare und Studenten zu ermuntern, neue unterrichtliche Wege zu gehen und ihr Methodenrepertoire zu erweitern.

Paderborn und Oldenburg im Juni 1994

Franz-Josef Kaiser
Universität Gesamthochschule
Paderborn

Hans Kaminski
Carl von Ossietzky-Universität
Oldenburg

Inhalt

"Erstes und letztes Ziel unserer Didaktik soll sein, die Unterrichtsmethode aufzuspüren und zu erkennen, bei welcher die Lehrer weniger zu lehren brauchen, die Schüler aber dennoch mehr lernen, und bei der in den Schulen weniger Lärm, Überdruss und unnütze Mühe zugunsten von mehr Freiheit, Vergnügen und wahrhaftem Fortschritt herrscht." *(Comenius)*

1 Didaktisch-methodische Grundlagen des Ökonomieunterrichts

Fragen der Methodik des Ökonomieunterrichts lassen sich nur dann sinnvoll beantworten, wenn man den fachdidaktischen Gesamtzusammenhang des Ökonomieunterrichts aufdeckt. Erst die Identifizierung des Gesamtzusammenhanges macht die Reichweite von einzelnen Lernverfahrensentscheidungen nachvollziehbar. Die in der Alltagspraxis zu beobachtende Tendenz, methodische Entscheidungen losgelöst von fachwissenschaftlichen und fachdidaktischen Positionen und unabhängig von der "inneren" Situation eines Faches in einer bestimmten Schulform zu treffen, führt zumeist nicht zu den unterrichtlichen Erfolgen, die sich Lehrkräfte erhoffen.

In diesem ersten Kapitel wird daher zunächst das Verhältnis von Allgemeiner Didaktik, Fachdidaktik und Fachmethodik näher präzisiert (Kapitel 1.1), und in einem zweiten Schritt (Kap. 1.2) wird eine Klassifikation der Unterrichtsmethoden vorgenommen.

1.1 Verhältnis von Allgemeiner Didaktik, Fachdidaktik und Fachmethodik

Problemstellung

Wenn die Didaktik als Theorie des Lehrens und Lernens bezeichnet wird, dann kann man *H. Meyer* (1987a) zustimmen, daß die Methodik für sich alleine genommen kein lebensfähiges Teilgebiet der Didaktik darstellt. Vielmehr gilt es, die Methodenfrage als integralen Bestandteil eines Didaktikkonzeptes für den Ökonomieunterricht zu betrachten.

Nach der Sprachregelung des pädagogischen „Kommunikationsalltags“ beschäftigt sich Didaktik mit dem „was“ und Methodik mit dem „wie“ unterrichtlichen Handelns. Sieht man jedoch genauer hin, so ist diese so einfache wie gängige Unterscheidung nicht unproblematisch. Daher ist es erforderlich, das Verhältnis zwischen Allgemeiner Didaktik, Fachdidaktik und Fachmethodik zu untersuchen, um das methodische Handeln des Lehrers besser verorten zu können. Dies mag zwar akademisch klingen, ist aber u. E. von nicht geringem praktischen Nutzen.
Terhart zeigt in seinen Überlegungen zur Thematik "Umgangssprache, Berufssprache, Wissenschaftssprache" (*Terhart* 1992, 197) auf, wie eine fehlende begriffliche Differenzierung schnell Formen mißlingender Verständigung produziert, und es bereits bei der Wahrnehmung von pädagogischen Problemstellungen zu falschen Weichenstellungen kommen kann. In einer Untersuchung von *Jackson* (1967, 143 ff.) und *Lortie* (1969) wird die Sprache der Lehrer durch drei Kennzeichen näher charakterisiert:
(1) die *begriffliche Einfachheit*, die verknüpft ist mit
(2) einer *vereinfachenden Sicht von Kausalität* und sich
(3) als *intuitives statt rationales* Entscheidungsverhalten im Unterricht bezeichnen läßt.

Und Wellendorf stellt in Anlehnung an Jackson u. a. fest: "Wenn Lehrer über ihre alltägliche Praxis reden, so bekommt man den Eindruck, als ob sie in einer Welt lebten, in der einfache Ursachen, in einfacher Weise, einfache Wirkungen haben." (*Wellendorf* 1978, 166 ff.)
Dies hat dann nicht selten zur Folge, daß das persönliche, erfahrungsfundierte Wissen weitgehend resistent gegen Einflüsse aus der Wissenschaft ist oder neue Erkenntnisse in unzulässiger Weise verkürzt rezipiert werden. Das gilt auch für neue didaktische Erkenntnisse.
Aus diesem Befund ergibt sich für unseren Zusammenhang: Die Reduktion komplexer Theorieansätze auf leicht "verständliche", offensichtlich "einleuchtende" pädagogische Formeln führt zu unterrichtspraktischen Ausdeutungen, die höchst problematische Ergebnisse zeitigen können. Gegenwärtig scheint solch ein problematischer Rezeptions- und Transformationsprozeß mit dem Begriff des "handlungsorientierten Lernens" in der pädagogischen Alltagsdiskussion verknüpft zu sein (vgl. Kapitel 2.4).
Deshalb erscheint es notwendig, zum Verhältnis zwischen Allgemeiner Didaktik und Fachdidaktik und Fachmethodik einige Überlegungen voranzustellen, um die nötige begriffliche Schärfe für die Entwicklung unseres Lernkonzeptes für den Ökonomieunterricht zu gewinnen.

Die Bestimmung der Beziehung zwischen Allgemeiner Didaktik und Fachdidaktik wird insbesondere durch das ungelöste Lokalisierungsproblem der Fachdidaktiken (*Otto* 1983, 526) erschwert.
In einem weitgefaßten Didaktik-Begriff soll hier Didaktik als Theorie des Unterrichts und des Curriculums bezeichnet werden, einschließlich der damit zusammenhängenden schultheoretischen, lerntheoretischen und historisch-gesellschaftlichen Bedingungen und Verflechtungen.

Dennoch erweist es sich als hilfreich, verschiedene Didaktikebenen zu unterscheiden. *Adl-Amini* unterscheidet drei Ebenen: Didaktik als *Zieltheorie*, als *Prozeßtheorie* und als *Handlungstheorie*. Didaktik läßt sich als *Zieltheorie* verstehen, wenn es darum geht, der Vielfalt von Lehr- und Lerngegenständen, Begegnungen und Prozessen einen einheitlichen Sinn zu geben. Sie läßt sich als *Prozeßtheorie* begreifen, wenn sie all das, was in Lehrplänen kodifiziert ist, permanenten Analyse- und Konstruktionsprozessen unterzieht, "und zwar im Hinblick auf die konstitutive Differenz zwischen unterstellter und tatsächlicher oder zeitgemäßer Repräsentativfunktion des Lehrplans." (*Adl-Amini* 1986, 32)
Und schließlich läßt sich Didaktik als *Handlungstheorie* beschreiben, wenn es darum geht, Lehrende handlungsfähig zu machen "für begründete Planung, kontrollierende Realisierung und analysierende Reflexion." (*ebenda*)
Fachdidaktik wird hier verstanden als die pädagogisch geleitete Reflexion der verschiedenen Dimensionen eines Faches. Fachdidaktik unterscheidet sich von der Allgemeinen Didaktik dadurch, daß sie sich unter Bezug auf die drei benannten Didaktikebenen eigenständig in Auseinandersetzung mit den fachwissenschaftlichen Strukturen möglicher Bezugsdisziplinen des Schulfaches entwickelt.
Dabei ist Fachdidaktik auf die allgemein-didaktische Grundlegung verwiesen und erhält dort ihre erziehungswissenschaftliche Legitimation und ihre grundlegenden Kategorien und Prinzipien. Die Fachdidaktik ist jedoch unabdingbar mit der Fachwissenschaft verbunden, weil sie im entscheidenden Maße die inhaltliche und methodologische Ausrichtung beeinflußt. Das hat erhebliche Konsequenzen für die methodische Gestaltung des Unterrichts.

Fachdidaktik und Allgemeine Didaktik stehen, trotz aller Unterschiede im einzelnen, gemeinsamen und ähnlichen Problemstellungen gegenüber, die sie sinnvollerweise auch in Zusammenarbeit angehen sollten. "Fachdidaktik und Allgemeine Didaktik unterscheiden sich vor allem durch ihren unterschiedlichen Bezug auf die Inhalte des Unterrichts. Fachdidaktik muß sich, indem sie sich für Inhalte und Lernprozesse des je konkreten Unterrichts verantwortlich zeigt, abarbeiten am Wandel der Fachwissenschaften, deren Erkenntnisprozessen und

Erkenntnisgewinnen. Diese Einbindung hält sie immer auch in einer notwendigen Distanz zur Allgemeinen Didaktik und ermöglicht zugleich ihre Eigenständigkeit. Denn im Gegensatz dazu bezieht sich die Allgemeine Didaktik nicht auf bestimmte Inhalte des Unterrichts." (*Heursen* 1984, 88)
Beckmann bestimmt das Verhältnis der Fachdidaktik zur Fachwissenschaft wie folgt: "Das Schulfach ist keine Propädeutik der Wissenschaft, und die Fachdidaktik nicht ein Anhängsel der Fachwissenschaft zur Reflexion über fachadäquate Unterrichtsmethoden, sondern eine Disziplin mit eigenem Forschungsgegenstand und eigenen Fragestellungen." (*Beckmann* 1978, 26)

Dies wird auch deutlich, wenn man in Anlehnung an eine Definition von *Klafki* die fünf traditionellen Aufgaben einer Fachdidaktik beschreibt. Danach beschäftigt sich die Fachdidaktik als erziehungswissenschaftliche Forschung und Theorienbildung

1. mit der Zielbestimmung, Inhaltsauswahl, mit Organisations- und Vollzugsformen unterrichtlichen Lehrens und Lernens eines Faches;
2. mit der Analyse ablaufender bzw. möglicher Lehr- und Lernvorgänge in einem Fach;
3. mit der Analyse und Reflexion der gesellschaftlichen Voraussetzungen und Wirkungen des Faches und der Stellung des Faches im Gesamtzusammenhang von Schule;
4. mit der Analyse und Reflexion historischer Bedingungen des Schulfaches bei der Einführung und für die weitere Entwicklung;
5. mit der Bestimmung des Verhältnisses von Schulfach oder Lernbereich zu möglichen korrespondierenden Fachwissenschaften (vgl. *Klafki* 1976, 275).

Mit der Begründung der Eigenständigkeit der Fachdidaktik ist u. E. gleichzeitig auch eine entsprechende Begründung für die Fachmethodik gegeben. Auch wenn man die Fachmethodik als integralen Bestandteil der Fachdidaktik versteht, ist es dennoch erforderlich, die Fachmethodik gesondert zu beschreiben, auszudifferenzieren und verschiedene Dimensionen der Fachmethodik zu benennen.

In der allgemeinen Literatur zur Unterrichtsmethode findet sich eine Vielzahl von Definitionen, die sich durch ihren Bedeutungsumfang und ihre inhaltliche Akzentuierung unterscheiden (*Aschersleben* 1974, 18; *Einsiedler* 1976, 122 f.; *Einsiedler* 1981, 17; *Gage/Berliner* 1986, 455; *Hage u. a.* 1985, 15; *Meyer* 1987a, 45; *Terhart* 1983, 19). In einigen Definitionen wird insbesondere der Zielbezug der Methode betont, in anderen wird der Bezug auf die Inhalte des Lehrens und Lernens in den Mittelpunkt gestellt. Andere Autoren definieren die

Unterrichtsmethode als innere oder äußere Lernhilfe für den Schüler, und eine weitere Gruppe von Autoren schließlich berücksichtigt darüber hinaus die Bedeutung der Institution Schule für methodisches Handeln. *Terhart* (1989, 26) hat die unterschiedlichen Dimensionen der Definitionen in einem Schaubild systematisch zusammengefaßt:

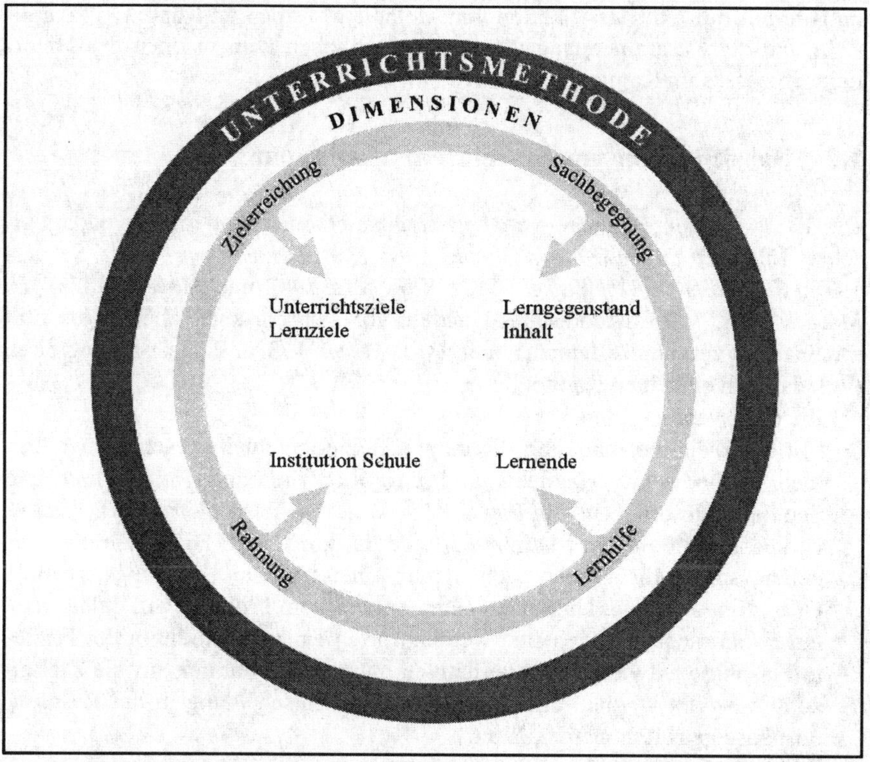

Abb. 1.1: Dimensionen der Definition von Unterricht

Die Dimension "Zielerreichung" betont den Einsatz von Methode als Mittel zur Erreichung bestimmter unterrichtlicher Ziele. Die Dimension "Sachbegegnung" verweist auf die vermittelnde Instanz der Methode zwischen den Lernenden und dem zu erschließenden fachlichen bzw. überfachlichen Inhalt. Die Dimension "Lernhilfe" stellt in den Mittelpunkt, daß es darauf ankommt, möglichst günstige Bedingungen für das Lernen zu schaffen. Und die Dimension "Rahmung" hebt ins Bewußtsein, daß nicht in freier Begegnung von Sache, Schüler und Lehrer unterrichtet wird, sondern im Rahmen der *Institution* Schule und den damit gegebenen Bedingungen für Lehr- und Lernprozesse (vgl. Kapitel 2.3).

Die sich aus den grundlegenden Überlegungen zum Zusammenhang von Allgemeiner Didaktik, Fachdidaktik und Fachmethodik ergebenden Konsequenzen im Hinblick auf die Klassifikation von Methoden werden im Kapitel 1.2 dargestellt und der Zusammenhang von unterschiedlichen Dimensionen des Unterrichtsprozesses im Kapitel 3.3 erörtert.

1.2 Klassifikation von Unterrichtsmethoden

Die Klassifikationsversuche von Unterrichtsmethoden sind in der pädagogischen Literatur Legende (vgl. *Schulz* 1965, 30; *Koskenniemi* 1971; *Schulze* 1978; *Einsiedler* 1981; *Winkel* 1982; *Klingberg* 1982 und *Meyer* 1987a). *H. Meyer* schlägt vor, methodisches Handeln von Lehrern und Schülern als fünf miteinander verknüpfte Dimensionen (vgl. *Meyer* 1987a, 222 f.) zu begreifen (vgl. dazu im einzelnen Kapitel 3.3):

(1) Zieldimension
Mit der Zieldimension sind die innere Zielgerichtetheit verschiedener Formen methodischen Handelns und ihre Rückwirkungen auf Lehrer und Schüler angesprochen. Ein Planspiel z. B. ist in sich zielorientiert, d. h. es ist konsequent auf ein bestimmtes Ende hin konzipiert. Die Spielregeln ergeben, sofern die Spieler sich darauf einlassen, die Handlungsdynamik. Oder: Eine Frage verlangt nach einer Antwort, ein Problem will gelöst sein, ein Experiment muß gedeutet werden, die in einer Fallstudie in der Explorationsphase entwickelten Alternativen müssen im Hinblick auf die Zielsetzung bewertet werden, damit eine sinnvolle Entscheidung in der Resolutionsphase getroffen werden kann.

(2) Inhaltsdimension
Sie erfaßt die Wechselwirkung von methodischer Inszenierung des Inhalts und inhaltlicher Strukturierung der Methode.

(3) Sozialdimension
Diese Dimension erfaßt die räumlich-organisatorischen, die sozial-kommunikativen und die moralisch-personalen Aspekte methodischen Handelns.

(4) Handlungsdimension
Sie erfaßt die durch die Interaktion von Lehrern und Schülern zustande kommenden Handlungsprozesse und -produkte, wobei diese Dimension nicht beschränkt wird auf das manuelle Tun des Lehrers und des Schülers, sondern die Integration von Kopf- und Handarbeit einschließt.
(5) Zeitdimension
Mit der Zeitdimension wird die Prozeßstruktur des unterrichtlichen Handelns erfaßt. Es gibt ein Vorher und Nachher der unterrichtlichen Arbeit, und die bewußte Planung dieser Prozeßstruktur beinhaltet Annahmen darüber, wie Schüler sinnvoll lernen.

Greift man diesen Grundgedanken der Dimensionierung methodischen Handelns auf und geht weiter von der Annahme aus, daß sich der Unterrichtsprozeß in unterrichtlichen Handlungssituationen vollzieht, dann lassen sich für die methodische Gestaltung des Unterrichts folgende Grundmuster wählen (vgl. Kapitel 3.3):
(1) *Sozialformen* als *Beziehungsstruktur* des Unterrichts, die bei allen Methoden mit ins Spiel kommen. Dazu gehören z. B. Einzelarbeit, Partnerarbeit, Gruppenarbeit und Frontal- oder Klassenunterricht.
(2) *Verlaufsformen* als *Prozeßstruktur* des Unterrichts. Sie enthalten die Annahme einer zeitlichen Stufigkeit des Lernprozesses wie Artikulations-, Stufen-, Phasenschemata usw.
(3) *Aktionsformen* als *Handlungsstruktur* des Unterrichts.

Bei diesem Klassifikationsschema wird des weiteren von der Annahme ausgegangen, daß jede Aktionsform (z. B. Fallstudie, Planspiel, Rollenspiel, Erkundung) eine spezifische Prozeßstruktur, d. h. eine eigene zeitliche Verlaufsform hat. Mit der Wahl des Begriffs Aktionsform wird keine lehrerzentrierte Sichtweise des Unterrichts präferiert. Vielmehr konstituiert sich das Unterrichtsgeschehen durch die Handlungen der Lehrer und Schüler. Das gewählte Klassifikationsschema überzeugt u. E. deshalb, weil hier der Versuch unternommen wird, den Unterrichtsprozeß auf unterschiedlichen Zustandsebenen zu erfassen. Damit ist die Möglichkeit gegeben, unterschiedliche Erscheinungsformen methodischen Handelns sinnvoll einander zuzuordnen.
Die Differenzierung und Dimensionierung methodischen Handelns zeigt nicht nur, daß Beziehungs-, Prozeß- und Handlungsstruktur des Unterrichts zu unterscheiden sind, sondern läßt auch erkennen, daß sich die Methodenkompetenz aus vielen Elementen zusammensetzt. Die Methodenkompetenz, die gewissermaßen das Handwerkszeug des Lehrers ausmacht, umfaßt z. B. die Fähigkeit, Tafelbilder zu entwickeln, einen Film bzw. Tageslichtschreiber angemessen im

Unterricht einzusetzen, ein Rollenspiel zu inszenieren, ein Gespräch zu führen, eine Pro- und Kontra-Diskussion zu leiten, unterschiedliche Übungsformen zu nutzen, Fragetechniken zu beherrschen, ein Arbeitsblatt zu entwickeln oder auch ein Planspiel, in dem die „tiefgefrorenen“ Ziel-, Inhalts- und Methodenentscheidungen wieder "aufzutauen" und "lernwirksam" zu machen sind.
Wenn man deutlich macht, wie vielschichtig der Methodenbegriff ist, so hat dies zugleich eine wichtige relativierende Funktion und erschwert andererseits den Versuch, "gute" gegen "schlechte" Methoden auszuspielen. Für den Unterrichtspraktiker haben Strukturmodelle zur Klassifikation von Unterrichtsmethoden möglicherweise nur einen begrenzten Wert. Der der Vorteil des vorgestellten Strukturmodells liegt jedoch darin, "*theoretische* Klarheit über die Beziehungen zwischen den vielfältigen Erscheinungsformen methodischen Handelns her(zu)stellen" (*Meyer* 1987a, 238) und das unterrichtliche Handlungsfeld differenziert zu betrachten.
Gleichwohl ist es konsequent, wenn *Terhart* auf drei Einschränkungen zu allen Klassifikationssystemen hinweist. "*Erstens* stecken Klassifikationssysteme lediglich den unterrichtsmethodischen Möglichkeitsraum ab. Keineswegs dürfen sie als Beschreibung unterrichtsmethodischer Praxis in den Schulen gelesen werden. Ihnen liegt ein analytisch-klassifikatorisches Interesse zugrunde, nicht ein deskriptives. Hiermit zusammenhängend sagen sie *zweitens* nichts darüber aus, welche Methode bzw. Methodenvariante in welcher Situation sinnvoll ist – und welche nicht. Oder anders: Der Zusammenhang unterrichtsmethodischer Entscheidungen mit Ziel-, Inhalts- und Organisationsfragen wird nicht expliziert, vielmehr wird das Feld des Methodischen eher isoliert. *Drittens* und schließlich ist zu fragen, ob nicht der praktisch arbeitende Lehrer ein anderes Klassifikationssystem benötigt als der didaktische Theoretiker. Letzterer ist an systematischer Geschlossenheit interessiert, einem Lehrer jedoch geht es eher um Informationen zu den Einsatzbedingungen einzelner Methoden. Hiervon noch einmal zu unterscheiden wäre ein Klassifikationssystem, welches die Unterrichtsforschung ihren Bemühungen um eine Analyse der Wirkungen und Wechselwirkungen von Unterrichtsmethode(n) zugrundelegt, um z. B. Hypothesen zu gewinnen bzw. geprüfte Hypothesen in einen größeren Zusammenhang einzustellen. Da jedesmal unterschiedliche Interessen vorliegen (Praxis, Theorie, Forschung), die nicht ohne weiteres zu harmonisieren sind, ist die Vorstellung eines für alle drei Bereiche gültigen und sinnvollen Klassifikationssystems im Grunde sehr problematisch." (*Terhart* 1989, 32)

Diese Warnungen gilt es zu berücksichtigen, damit das klassifikatorische Interesse nicht das unterrichtspraktische Interesse verdrängt.

2 Generelle Aspekte eines Lernkonzeptes für die ökonomische Bildung

In diesem Kapitel stehen folgende Problemkreise im Mittelpunkt der Betrachtung:

(1) Zunächst werden einige bildungstheoretische Voraussetzungen der ökonomischen Bildung entwickelt und ihr Status in der Allgemeinbildung und als wirtschaftliche Bildung beschrieben (vgl. Kapitel 2.1).

(2) Ein Lernkonzept für die ökonomische Bildung wird auch bestimmt durch das unterlegte Verhältnis zwischen Fachwissenschaft und Fachdidaktik. Diese Sichtweise hat nicht nur Einfluß auf die Bestimmung von Relevanzkriterien für die Auswahl von Inhalten und die Begründung von Lernzielen (vgl. Kapitel 2.2), sondern die in einer Wissenschaftsdisziplin (z. B. Wirtschaftswissenschaften) verwendeten Erkenntnisweisen signalisieren auch bestimmte erkenntnistheoretische Positionen, die wiederum ein Lernkonzept für den Ökonomieunterricht beeinflussen. Wird z. B. von einem operativen Charakter des Wissens ausgegangen, wie er hier vertreten wird, dann kommt der Art und Weise der Erkenntnisgewinnung eine entscheidende Bedeutung zu, und es ist erforderlich, diese Sichtweise z. B. an dem für die wirtschaftswissenschaftliche Theorienbildung bedeutsamen "Denken in Modellen" zu zeigen.

(3) Methodisches Handeln beinhaltet nicht nur die Gestaltung von Lernprozessen auf der Mikroebene des Unterrichts, sondern ist in vielfacher Weise eingebunden in institutionelle und gesellschaftliche Rahmenbedingungen (vgl. Kapitel 2.3), die auf die Unterrichtsgestaltung rückwirken.

(4) In allen bewußt gestalteten schulischen Lernprozessen wird ein bestimmtes lerntheoretisches Selbstverständnis des Lehrenden einfließen, unabhängig davon, ob er sich dessen bewußt ist oder nicht. Dieses lerntheoretische Selbstverständnis des Lehrenden kann die Summe von vermeintlich wirksamen Rezepten eines langen Lehrerdaseins sein, es kann die reflektierte Anwendung einer lerntheoretischen Position darstellen, es kann sich aber ebenso um die Anwendung einer kurzschlüssig interpretierten lerntheoretischen Position handeln, wie dies gegenwärtig nicht selten bei der Rezeption sog. handlungsorientierter Lernkonzepte im schulischen Alltag zu beobachten ist. Das diesem Methodenband unterlegte lerntheoretische Konzept wird in Kapitel 2.4 ausführlicher dargestellt.

2.1 Bildungstheoretische Voraussetzungen

2.1.1 Ökonomische Bildung als Teil der Allgemeinbildung

Im deutschsprachigen Raum wird nicht selten noch die Ansicht vertreten, ökonomische Bildung könne im allgemeinbildenden Schulwesen keinen Platz beanspruchen, weil sie im Kern berufliche Bildung sei. Gespeist wird diese Position durch eine einseitige Rezeption des neuhumanistischen Bildungsgedankens. Vor allem im Gymnasium hat dies dazu geführt, daß Ökonomie als eigenständiges Fach in den meisten Bundesländern nicht vorhanden ist und ökonomische Inhalte nur eine "Kostgängerfunktion" in anderen Fächern, wie z. B. in der Gemeinschaftskunde, Sozialkunde o. ä. haben.

Albers beschreibt Bildung, und damit befindet er sich im Einklang mit vielen Autoren, als die Ausstattung der Individuen mit jenen Kenntnissen, Fähigkeiten, Einsichten, Haltungen usw., die diesen eine *personalverantwortbare* Bewältigung ihrer Lebenssituation ermöglichen. Bildung ist in diesem Sinne ein *lebenslanger*, auch in Schulen ablaufender Prozeß des Erwerbs der genannten Kenntnisse, Fertigkeiten und Fähigkeiten, die es dem Individuum ermöglichen, seine eigene *individuelle* und *soziale* Identität zu entwickeln und jene Situationen zu bewältigen, die *privat*, *beruflich* und *öffentlich* an ihn herantreten (*Albers* 1987, 201 f.).

Als *Allgemeinbildung* bezeichnet *Albers* jene Ausstattung der Individuen mit Kenntnissen, Fähigkeiten, Einsichten und Haltungen, die diesen eine personalverantwortbare Bewältigung der *für alle Menschen strukturell gleichen Lebenssituationen* ermöglichen. Allgemein heißt das, daß „Bildung eine Möglichkeit und ein Anspruch *aller Menschen* der betreffenden Gesellschaft bzw. des betreffenden Kulturkreises ist.“ (*Klafki* 1985, 17) Mit der Bestimmung „allgemein“ im Begriff der Allgemeinbildung wird des weiteren ausgesagt, daß Bildung sich zentral im Medium des Allgemeinen vollzieht oder vollziehen solle, d. h. in der Aneignung *von* und der Auseinandersetzung *mit* dem die Menschen gemeinsam Angehenden, mit ihren gemeinsamen Aufgaben und Problemen, den in der Geschichte bereits entwickelten Denkergebnissen und Lösungsversuchen, den schon erprobten Möglichkeiten, den schon erworbenen Erfahrungen des Menschen als Individuum und zugleich als gesellschaftliches Wesen ... (vgl. *Klafki* 1985, 18).

Nun fehlt es nicht an Bemühungen, den Bildungsbegriff seiner normativen Implikationen zu „entsorgen“. Alle diesbezüglichen Versuche sind jedoch bisher wenig überzeugend. *Menze* stellt unseres Erachtens zu Recht fest: „Bildung bezieht sich auf Anforderungen, die die konkrete Welt an ein konkretes Individuum stellt. Forderungen nach Selbstverwirklichung, idealistischer Individualität gelten abgelöst von sozialen, ökonomischen und politischen Kontexten des Individuums, als wenig sinnvoll. Bildung wird ein sozialpraktischer Begriff, der sich zwar *auch* an klassischen Basisnormen orientiert, aber dennoch eine konkrete, handlungsleitende Funktion in der Bewältigung von Lebenslagen des Individuums zu erfüllen hat." (*Menze* 1983, 355)

Mit der Frage nach den generellen Bedeutungsaspekten von Allgemeinbildung, wie *Klafki* sie gestellt hat, verknüpft sich die Frage, *welche Funktion* der Allgemeinbildung zugeschrieben werden kann. Diese kann durch drei Aufgabenbeschreibungen verdeutlicht werden:

a) *Bildung soll den Zusammenhang der eigenen Lebenspraxis deutlich machen*
Bildung soll es ermöglichen, eine Vorstellung von den Zusammenhängen dieser Welt zu entwickeln. Gebildet ist demnach derjenige, der angesichts der Flut der Einzelinformationen die verbindenden Bezüge zu erkennen vermag, sie reflektiert, seine Schlüsse daraus zieht und diese dann zur Grundlage seines Handelns macht. Bildung erwerben bedeutet damit nicht zuletzt, sich ein Bild dieser Welt, eine Art "Wissenslandkarte" anzueignen. Die Differenziertheit und Vollständigkeit dieser Landkarte – aber auch die Bereitschaft, sie zu ergänzen oder zu revidieren – sagt etwas über den Grad der Gebildetheit des einzelnen aus.

b) *Wer diese Welt gründlich verstehen will, benötigt Kenntnisse ihres Entstehens*
Wer analysiert, warum etwas entstanden ist, wie es sich gewandelt hat, wie Menschen in verschiedenen Epochen Veränderungen bewirkt haben, gewinnt Einsicht nicht nur in historische Prozesse, sondern auch Einsichten in die Gestaltbarkeit von Welt. Auf solchen historischen Hintergründen lassen sich aktuelle Ergebnisse fundierter beurteilen. Die moderne Welt und die Neuen Technologien sind beispielsweise nicht bei IBM und Siemens erfunden worden, sondern in einem langen historischen Prozeß entstanden. Wesentliche Vorarbeiten der modernen Datentechnik sind bereits im 17. Jahrhundert gelegt worden.
Oder: Wer beispielsweise nichts von der Furcht der Deutschen vor Inflation und Währungsreform weiß, versteht auch letztlich kaum die Geldpolitik der Deutschen Bundesbank und die deutschen Vorstellungen von einer Europäischen Zentralbank und dem politischen Kampf der Bundesrepublik um ihre Ansiedlung in Frankfurt/Main.

c) *Durch Wissenschaft gewonnenes Wissen muß für den einzelnen durchschaubar werden*

Auch dazu ein Beispiel: Computer sind Geräte, in denen wissenschaftliches Wissen in einer für den Benutzer zunächst völlig undurchschaubaren Weise akkumuliert wird. Dies führt gerade bei Jugendlichen nicht selten zur Mystifikation hinsichtlich der Leistungsfähigkeit von Computern, während sie mittlerweile immer weniger Probleme haben, sich in den technischen Umgang mit Computern einzuüben und Black-Box-Systeme anzuwenden. Aber dennoch ist es erforderlich, daß sie diese *im Prinzip* durchschauen. Das formal korrekte Funktionieren von Computern, Computerprogrammen und Computersystemen darf nicht zu der irrigen Annahme führen, diese Systeme seien "objektiv", fehlerfrei, urteilssicher und könnten damit auch Verantwortung tragen. Vielmehr hat Bildung in diesem Zusammenhang die Aufgabe, diese Systeme zu entmystifizieren, damit ihre tatsächliche Leistungsfähigkeit erkannt, richtig eingeschätzt und so die erforderliche kritische Distanz gewonnen wird.

Vor dem Hintergrund der bisherigen grundsätzlichen Ausführungen zur Allgemeinbildung erweist sich die ökonomische Bildung aus folgenden Gründen als integraler Bestandteil der Allgemeinbildung:

- ❑ Die wirtschaftliche Tätigkeit stellt im sozialen Leben aller Gesellschaftsformationen eine Konstante dar und muß als Universale menschlichen Lebens begriffen werden. Sie dient dem Individuum nicht nur zur Sicherung der physischen Existenz, sondern sie hat auch eine zentrale Bedeutung für das Maß der sozialen Beziehungen, sie schafft Interaktionsmöglichkeiten ebenso wie Konfliktfelder. Die gesellschaftliche Organisation der wirtschaftlichen Tätigkeit stellt die institutionalisierte Vergegenständlichung von gesellschaftlichen, politischen, kulturellen und moralischen Vorstellungen dar und beinhaltet Aufbauprinzipien und gesellschaftliche Koordinationsmechanismen ebenso wie das einer Gesellschaftsordnung unterlegte Menschenbild.
- ❑ Die Komplexität moderner Industriegesellschaften, die sich aus den strukturellen Zusammenhängen zwischen Wirtschaft - Gesellschaft - Technik - Politik - Natur ergibt und sich dem Bürger nicht allein aus seinen ökonomischen Alltagserfahrungen erschließt, ist ohne ökonomische Grundkenntnisse nicht durchschaubar.

  Ein Bildungssystem, das im ausgehenden 20. Jahrhundert keine grundlegenden ökonomischen Kenntnisse vermittelt, ist angesichts der tatsächlichen Entwicklungen in Wirtschaft und Gesellschaft ein Anachronismus und verfehlt seinen grundlegenden Bildungsauftrag, Schüler zur Bewältigung von gegenwärtigen und zukünftigen Lebenssituationen zu befähigen (*Klafki* 1985; *Robinsohn* 1967). Ökonomische Grundkenntnisse im Rahmen einer Allgemeinbildung sind notwendig, um die wirtschaftliche und gesellschaftliche Basis der menschlichen Existenz überhaupt verstehbar zu machen. Es geht also nicht – möglichen Mißverständnissen vorbeugend – um berufliches Spezialwissen, sondern um allgemeine Grundlagenkenntnisse für das Verständnis beruflicher, wirtschaftlicher und technischer Prozesse in komplexen Industriegesellschaften.

- Wenn die wirtschaftliche Tätigkeit als eine Universale menschlichen Lebens bezeichnet werden kann, und wenn akzeptiert wird, daß eine generelle Aufgabe des Bildungssystems darin besteht, den Menschen zur Bewältigung gegenwärtiger und zukünftiger Lebenssituationen auszustatten (vgl. *Robinsohn* 1967), dann dürfen wichtige Dimensionen dieser Lebenssituationen im Rahmen einer Bildung für Schüler aller Schulformen und Schulstufen nicht unberücksichtigt bleiben.
- Die marktwirtschaftliche Grundordnung einer Gesellschaft ist wesentlich auf die Akzeptanz und auf die Partizipation durch die Bürger angewiesen, weil sich aus der Komplexität der Marktwirtschaft für den Bürger vielfältige Funktionen im Wirtschaftsprozeß (horizontal, vertikal) ergeben, die nicht in einem konfliktfreien Verhältnis zueinander stehen (z. B. als Unternehmer, Konsument, Arbeitnehmer, Kapitaleigner, Sparer, Wähler, Verbandsvertreter, Manager, Politiker). Die individuelle Position als Bürger kann nur in Kenntnis des wirtschaftlichen Gesamtzusammenhanges relativiert und in Kenntnis der individuellen und kollektiven Interessen anderer Personen, Gruppen und Organisationen unterschieden werden. Ökonomische Bildung ist in diesem Sinne eine notwendige geistige Ressource sowohl für das Verständnis der geltenden Wirtschaftsordnung als auch für die Weiterentwicklung einer Wirtschaftsordnung.
- Angesichts der beschleunigten Veränderungen in der Arbeits- und Wirtschaftswelt, z. B. der technologische Wandel mit seinen ökonomischen und sozialen Folgen, die zunehmende weltwirtschaftliche Arbeitsteilung und die zunehmende Internationalisierung von Güter- und Kapitalmärkten, werden ökonomische Kenntnisse für die Beurteilung von Entscheidungen auf individueller, betrieblicher und volkswirtschaftlicher Ebene immer bedeutungsvoller (vgl. *Kaminski* 1993, 6 f.; *Laszlo* 1992, 26 ff.).

Insgesamt folgt daraus, daß die Vermittlung ökonomischer Grundkenntnisse in allen Schulformen zum unverzichtbaren Bestandteil der schulischen Allgemeinbildung wird. Das gilt nicht zuletzt für das Gymnasium und das Fach Wirtschaftslehre an gewerblich-technischen und sozialpflegerischen Berufsschulen.

Im Zusammenhang mit der Diskussion über die ökonomische Bildung als integraler Bestandteil von Allgemeinbildungstellt sich immer wieder die Frage nach der Abgrenzung zwischen Allgemeinbildung und Berufsbildung. Ohne diese Frage vertiefen zu wollen, läßt sich feststellen, daß die ökonomische Bildung insgesamt aus einem allgemeinbedeutsamen und somit allgemeinbildenden Teil und aus einem speziellbedeutsamen, insbesondere berufsbedeutsamen Teil besteht. Dabei ergibt sich für den berufsbedeutsamen Teil die Notwendigkeit der Differenzierung entsprechend der einzelnen Berufe.
Eine entsprechende Differenzierung erweist sich bei einer unvoreingenommenen Betrachtung auch für andere Schulfächer als notwendig. "Auch in den Fächern wie Deutsch, Mathematik, Geschichte usw. gibt es Inhalte, die für alle bedeutsam und daher allgemeinbildend sind, aber auch Inhalte, die so speziell sind, daß sie nur von einem Teil der Gesellschaftsmitglieder benötigt werden – entweder zur Bewältigung beruflicher Aufgaben, oder zur Befriedigung sonstiger spezieller Interessen im privaten und gesellschaftlichen Bereich. Die Trennungslinie zwischen Allgemeinbildung und Berufsbildung verläuft also nicht *zwischen den Fächern,* sondern *quer durch alle Fächer*, und es erweist sich als unumgänglich – auch unter curricularen Gesichtspunkten – jeden Lerninhalt daraufhin zu befragen, ob er für alle bedeutsam und daher in das Bildungsangebot für alle gehört, oder ob er 'nur' berufsbedeutsam ist und daher auch nur in das Bildungsangebot für bestimmte Gruppen gehört." (*Albers* 1988, 13 f.)
Selbst wenn man allgemeine und berufliche Bildung streng voneinander unterscheiden will, was durchaus strittig ist, dann hält die gegenwärtige Praxis, "bestimmte Fächer, ganze Curricula, Schulformen oder Bildungszweige generell und uneingeschränkt berufsbedeutsam, berufsbezogen oder berufsbildend zu nennen und andere Fächer, Curricula, Schulformen oder Bildungszweige ein für allemal, generell und uneingeschränkt allgemeinbildend zu nennen" (*Heid* 1986, 112), einer kritischen Prüfung nicht stand. Wenn man sich z. B. die abstinente Haltung des Gymnasiums gegenüber der ökonomischen Bildung in den meisten Bundesländern vergegenwärtigt (vgl. Bayern als eine der wenigen Ausnahmen), dann wird der Hinweis von *Heid* verständlich, das Gymnasium als "Berufsschule" zu bezeichnen, u. a. "für Philologen, Mediziner, Juristen [...] Zum anderen kann derjenige, den es nicht befriedigt, etwa Deutsch generell allgemeinbildend und Wirtschaftslehre generell berufsbildend zu nennen, der diese Unterscheidung aber nicht aufgeben will, folgende Möglichkeit in Betracht ziehen: Er kann wechselnden Fächern nur insofern besondere Berufsbedeutsamkeit zuschreiben, als sie für die Qualifizierung zu einem jeweiligen Beruf (nominell) in besonderem Maße bedeutsam erscheinen. Jedoch sollte man die Schwierigkeiten einer Präzisierung und Operationalisierung dieses Konzeptes nicht unterschätzen." (*Heid* 1986, 102)

Die ökonomische Bildung als Allgemeinbildung in der Sekundarstufe I ist in der Bundesrepublik verknüpft mit der Entwicklung der Arbeitslehre seit dem Gutachten des Deutschen Ausschusses für das Erziehungs- und Bildungswesen vom 2.5.1964. Diese Entwicklung soll in aller Kürze skizziert werden, wobei auf die historischen Ursprünge ökonomischer Bildung und Erziehung hier nicht eingegangen werden kann (vgl. *Bokelmann* 1964; *Dauenhauer* 1974; *Kaiser* 1974, 15 ff.; *Müllges* 1979, 3 ff.; *Rosensträter* 1968; *Timmermann* 1976, 43 ff.).
Der *Deutsche Ausschuß für das Erziehungs- und Bildungswesen* forderte eine "Bildung von Kopf, Herz und Hand, in der die moderne Technik und Wirtschaft mit dem, was ihren Zweigen an elementaren praktischen Anforderungen gemeinsam ist, in pädagogisch verantwortbarer Weise zur Wirkung" kommt und in der der "Schüler mit den Grundzügen des Arbeitens in der modernen Produktion und Dienstleistung so weit vertraut (gemacht wird), daß er danach seine Berufswahl verständiger treffen kann." (*Deutscher Ausschuß für das Erziehungs- und Bildungswesen* 1965, 41) Dieses Gutachten hatte für die Etablierung der Arbeitslehre im Fächerkanon der Hauptschule entscheidenden Einfluß und löste eine breite Diskussion aus (vgl. *Abel* 1966; *Abraham* 1966; *Wiemann* 1966). Aber dieses Gutachten ist gleichzeitig mitverantwortlich dafür, daß der *hauptschulspezifische* Charakter der Arbeitslehre festgeschrieben wurde, indem der Beruf als "didaktisches Zentrum" dieses neuen Faches und die Hauptschule zugleich als "Eingangsstufe der beruflichen Bildung" definiert wurden: Arbeitslehre als Arbeiterbildung, Arbeitslehre als "Blaujackenfach". Damit war ein Einzug der Arbeitslehre in die Realschule nur vereinzelt, in das Gymnasium so gut wie überhaupt nicht möglich, wenn man von dem schon seit Jahrzehnten bestehenden Fach Wirtschaftslehre/Rechtskunde an bayerischen Gymnasien absieht.

Die im Jahre 1969 verabschiedeten "Empfehlungen zur Hauptschule" forderten die Arbeitslehre als selbständiges Fach mit folgenden Aufgaben:

"– Einsichten, Kenntnisse und Fertigkeiten im technisch-wirtschaftlichen und gesellschaftlich-politischen Bereich vermitteln, die heute notwendige Bestand teile der Grundbildung jedes Bürgers sind,
– neue Impulse zur Mitarbeit geben,
– Hilfen für die Wahl eines Berufsfeldes bieten und auf die Berufswahl vorbereiten, jedoch noch keine Berufsausbildung leisten." (*KMK* 1969, 4)

Hierfür waren drei Bereiche vorgesehen:

– eine allgemeine Orientierung über die Wirtschafts- und Arbeitswelt,
– eine Erziehung zum Arbeitsverhalten und
– eine Einführung zur Berufswahl.

Sie sollten auf der "Grundlage praktischen Tuns und theoretischer Durchdringung" (*KMK* 1969, 5) erschlossen werden.

Die Entwicklung der Arbeitslehre ist in den einzelnen Bundesländern sehr unterschiedlich verlaufen. Dies gilt vor allem hinsichtlich der Stundendeputate, der Organisationsstruktur, des Verbindlichkeitsgrades für Lehrpläne und Rahmenrichtlinien sowie hinsichtlich der Auswahl der Lehrplaninhalte (vgl. *Kaiser* 1979). Am ehesten ergibt sich noch eine weitgehende Übereinstimmung auf der Ebene allgemeiner Zielproklamationen zwischen den einzelnen Bundesländern. Diese Übereinstimmung besteht in der generellen Absicht, Schüler auf künftige Arbeits- und Lebenssituationen in den Bereichen Arbeit, Beruf, Konsum, Staat und Öffentlichkeit vorzubereiten. Sie gilt auch für die Ziel- und Inhaltsbestimmung der ökonomischen Bildung in den neuen Bundesländern, wobei sich die Schwierigkeiten der Arbeitslehre-Entwicklung bei der Entwicklung der ökonomischen und technischen Bildung in den neuen Bundesländern zu wiederholen scheinen (vgl. *Kaminski* 1991, 163 ff.).
Hinsichtlich der Organisationsstruktur der Arbeitslehre sind vor allem zwei Organisationsformen zu erkennen: Arbeitslehre als Fach und Arbeitslehre als Kooperationsbereich aus verschiedenen Fächern (z. B. Arbeit und Wirtschaft, Technik, Hauswirtschaft). Diese unterschiedlichen Organisationsformen sind Ausdruck einer konzeptionellen Differenz zwischen Vertretern der ökonomischen Bildung, die für ein *eigenständiges Fach* Wirtschaft o. ä. plädieren, und jenen Vertretern, die die ökonomische und technische Bildung *integrativ in einem Fach* verankert wissen wollen. Die immer wieder aus didaktischen Gründen betonte Notwendigkeit der Kooperation zwischen den Fächern eines Lernbereichs Arbeitslehre ist bisher weder unter technisch-organisatorischen noch unter wissenschaftstheoretischen Aspekten zufriedenstellend gelöst worden. Die scheinbare Plausibilität der Forderung nach fachübergreifenden, interdisziplinären Sichtweisen verdeckt zu leicht die fachwissenschaftlichen, fachdidaktischen und fachmethodischen Implikationen der Kooperationsforderung. So wird jede Form interdisziplinärer unterrichtlicher Arbeit immer auf der Basis disziplinärer Grundlagen zu erfolgen haben.
Für die ökonomische Bildung zeigt sich, daß alle sog. "Integrationslösungen" zumeist zu Lasten einer Vermittlung von elementaren ökonomischen Erkenntnissen gehen. Diese Entwicklung wird begünstigt durch ein geradezu "natürliches Gefälle" des Unterrichts hin zu technischen und damit rein praktischen Tätigkeiten, zumal bei den Lernenden ein erster motivationaler Zugang eher gefunden werden kann, ohne daß dies schon mit einem entsprechenden Unterrichtserfolg gleichzusetzen ist. Die Vermittlung elementarer ökonomischer Zu-

sammenhänge hat in solch einem Unterricht nach allen unterrichtlichen Erfahrungen mehr einen zufälligen als einen systematischen Charakter.
Resümierend ist festzustellen, daß die ökonomische Bildung in der Sekundarstufe I vor allem in der Hauptschule durchaus einige Ansatzpunkte findet. Allerdings muß der Status der ökonomischen Bildung in der Sekundarstufe I immer noch als ungesichert gelten. Dies hängt sowohl mit der bisherigen Verankerung in den Stundentafeln als auch mit der bisher nicht zufriedenstellend gelösten Frage, was zum Gegenstandsbereich der ökonomischen und der technischen Bildung gehört und in welchem Verhältnis beide Bildungsaufgaben zueinander stehen, zusammen. Hier sind in letzter Zeit Gegenstandsbeschreibungen weiterentwickelt worden, die versuchen, ein Kerncurriculum für die ökonomische Bildung zu entwickeln, das neben einer neuen fachwissenschaftlichen Orientierung diese gleichzeitig mit den Grundannahmen handlungsorientierter Lernkonzepte zu verbinden versucht (vgl. *Kaminski* 1994, 1996).

2.1.2 Wirtschaftsberufliche Bildung

Die bisherigen Ausführungen haben deutlich gemacht, daß die bildungstheoretische Diskussion und die unterschiedliche Wertschätzung von Allgemeinbildung und Berufsbildung in Deutschland bis auf den heutigen Tag vom neuhumanistischen Denken geprägt sind (vgl. *Kaiser* 1992). Insbesondere *Eduard Spranger*, *Georg Kerschensteiner* und *Theodor Litt* haben immer wieder versucht, den im 19. Jahrhundert aufgebrochenen Konflikt zwischen allgemeiner und beruflicher Bildung zu versöhnen (vgl. *Spranger* 1968; *Kerschensteiner* 1968; *Litt* 1947). In ihren Begründungen zu einer umfassenden Menschenbildung heben sie hervor, daß diese ohne berufliche Bildung nicht denkbar ist und insbesondere die lebensbedeutsamen Bereiche wie Beruf, Wirtschaft und Technik nicht ausklammern darf. So formuliert *Spranger* in seiner Schrift *Grundlegende Bildung, Berufsbildung, Allgemeinbildung*: "Der Weg zur höheren Allgemeinbildung führt über den Beruf und nur über den Beruf." (*Spranger* 1968, 10)
Im Hinblick auf die ökonomische Bildung an beruflichen Schulen gilt es zu bedenken, daß diese sich einerseits als allgemeine Wirtschaftslehre in fast allen nicht-kaufmännischen Bildungsgängen vollzieht, während sie sich in der Vielfalt der beruflichen Bildungsgänge im Berufsfeld Wirtschaft und Verwaltung vom Berufsgrundschuljahr über das duale System der Berufsausbildung, die Berufsfachschule, die Fachoberschulen bis hin zu den Fachschulen je nach Bildungsgang in unterschiedlichen Fächern wie Volkswirtschaftslehre, Allgemeine Betriebswirtschaftslehre, Spezielle Betriebswirtschaftslehre, Rechnungswesen,

Organisation und Datenverarbeitung, Wirtschaftsinformatik, Bürowirtschaft, Wirtschaftsgeographie usw. ausdifferenziert.

In der berufs- und wirtschaftspädagogischen Diskussion wird daher in der Regel zwischen einer wirtschaftsberuflichen Erziehung und einer beruflichen Wirtschaftserziehung unterschieden. Während es bei der beruflichen Wirtschaftserziehung um die Vermittlung von wirtschaftlichen Inhalten geht, die prinzipiell für alle Berufe relevant und für die individuelle Berufsausübung erforderlich sind, umfaßt die wirtschaftsberufliche Erziehung alle allgemeinen und speziellen Inhalte, die für die Qualifizierung in einem *Wirtschaftsberuf* erforderlich sind (vgl. *Czycholl* 1974, 121). Bezogen auf die methodischen Fragestellungen gibt es aus der Frühphase der Entwicklung der Wirtschaftspädagogik eine Reihe von Ausarbeitungen zur Methodik einzelner Unterrichtsfächer, auf die hier lediglich hingewiesen werden soll. Zu nennen sind insbesondere die *Methodik des kaufmännischen Unterrichts für Wirtschaftsschulen* von *A. Dörschel* (1971, 152 f.) und der zweite Band des Handbuchs für das kaufmännische Unterrichtswesen in Deutschland mit dem Titel *Methodik der Unterrichtsfächer in kaufmännischen Schulen*. Dieser Band umfaßt in Einzelteilen die Fächer Rechnen, Buchführung, Briefwechsel, Handelsbetriebslehre, deutsche Sprache, Fremdsprachen, Wirtschaftsgeographie und Warenkunde (vgl. *Czycholl* 1974, 122).

Verwiesen sei schließlich noch auf die Methodik des Wirtschaftslehre-Unterrichts von *H. Speth* (1982), die Methodik der Betriebswirtschaftskunde von *S. Rölke* (1983) und den Band 3 des von *M. Twardy* herausgegebenen Kompendiums "Fachdidaktik Wirtschaftswissenschaften", in dem insbesondere Fragen der Artikulation des Unterrichts, die Aktions- und Sozialformen sowie Fragen der Lehr- und Lernkontrolle erörtert werden (vgl. *Twardy* 1983). Im Hinblick auf die Diskussion über die Bedeutung und den Stellenwert komplexer Lehr- und Lernmethoden im Rahmen wirtschaftsberuflicher Bildung verdienen insbesondere der Symposiumsband "Mehrdimensionale Lehr- und Lern-Arrangements" (*Achtenhagen/John* 1992) und die Festschrift für *Hans Krasensky* "Komplexe Methoden im betriebswirtschaftlichen Unterricht" (*Schneide*r 1993) Beachtung.

Ein wesentliches Kernstück der beruflichen Bildung in Deutschland ist die duale Berufsausbildung, die sich im Betrieb und in der Berufsschule vollzieht. Auf eine besondere Darstellung der spezifischen Methodik der betrieblichen Ausbildung als auch der spezifisch methodischen Ausprägung einzelner Fächer, wie z. B. Wirtschaftsinformatik, Rechnungswesen, Wirtschaftsenglisch usw. wird in diesem Zusammenhang bewußt verzichtet.

Inzwischen hat sich die Erkenntnis durchgesetzt, daß die Frage der Gleichwertigkeit von allgemeiner und beruflicher Bildung sowie der Attraktivität einer qualifizierenden Berufsausbildung entscheidend davon abhängt, wie die Frage des Hochschulzuganges geregelt wird. So erklärt der Bundesminister für Bildung und Wissenschaft im Berufsbildungsbericht 1991: "Ernstmachen mit der These von der Gleichwertigkeit von Berufs- und Allgemeinbildung heißt aber auch dafür zu sorgen, qualifiziert ausgebildeten Fachkräften, die sich im Beruf bewährt haben und sich z. B. zum Meister fortgebildet haben, den Zugang zum Hochschulstudium zu öffnen." (*BMBW* 1991, 8)

Wenn man die berufliche Bildung durch eine hochwertige Ausbildung und eine größere Durchlässigkeit attraktiver gestalten will, so hat das neben einer inhaltlichen und organisatorischen Neubestimmung von betrieblicher und schulischer Ausbildung erhebliche Konsequenzen für das Methodenkonzept. Betrachtet man die Berufsausbildung vor dem Hintergrund der gesellschaftlichen Veränderungen, insbesondere im Hinblick auf die zunehmende Technisierung und Verwissenschaftlichung sowie die Internationalisierung der Wirtschaft, die drohende Umweltbelastung und den zu erkennenden Wertewandel, so ergibt sich damit eine Vielzahl von Herausforderungen an eine zeitgemäße hochqualifizierte Berufsausbildung.

Durch den Vormarsch der Neuen Technologien und den sich daraus ergebenden Folgen für die Arbeits- und Lernzusammenhänge wird die Eignung vieler Betriebe als Lernort berufsfachlicher Bildung eingeengt. Das Lernen am Arbeitsplatz wird insbesondere dadurch erschwert, daß die wesentlichen Arbeitsprozesse immer abstrakter und schwerer durchschaubar werden. Zugleich gewinnen extrafunktionale Qualifikationen wie Entscheidungsfähigkeit, Problemlösungsfähigkeit, Kooperationsfähigkeit, Flexibilität, abstraktes und logisches Denken sowie Systemdenken eine besondere Bedeutung. Die veränderten Qualifikationsanforderungen haben inzwischen in den neugeordneten Berufen ihren Niederschlag gefunden und letztlich zu einem neuen Qualifikationsbegriff geführt. So heißt es z. B. in den Grundsätzen zur Neuordnung der bürowirtschaftlichen Ausbildungsberufe: "Die neugeordnete Berufsausbildung wird darauf abzielen, fachliche (sachliche) methodische Kompetenzen sowie personale und soziale Kompetenzen zu vermitteln. Die Vermittlung dieser Kompetenzen zielt auf eine berufliche Handlungsfähigkeit im Sinne selbständigen Planens, Durchführens und Kontrollierens hin. Damit soll insbesondere die Fähigkeit, berufliche Aufgaben eigenständig zu lösen, gefördert werden." *(Grundsätze zur Neuordnung der bürowirtschaftlichen Ausbildungsberufe vom Mai 1988,* vgl. *VLW,* 1990*)*

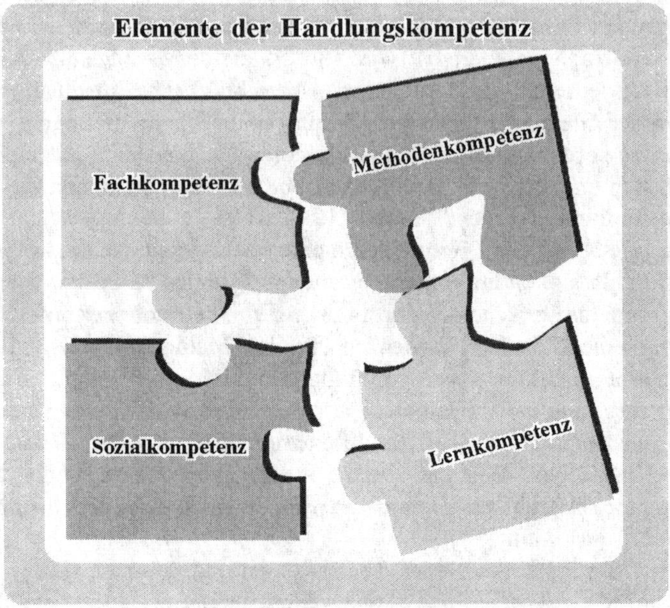

Abb. 2.1: Elemente der Handlungskompetenz

Ziel der Berufsausbildung ist die berufliche Handlungsfähigkeit, die Fachkompetenz, Sozialkompetenz, Methoden- und Lernkompetenz umfaßt. Insbesondere die Zielsetzung, daß der Auszubildende zu selbständigem Planen, Durchführen und Kontrollieren befähigt werden soll, verdeutlicht, daß in den Ausbildungsverordnungen an das angeknüpft wird, was seit Jahren in der Industrie- und Betriebssoziologie sowie der Wirtschaftspädagogik unter dem Stichwort *extrafunktionale Fertigkeiten*, *überfachliche Qualifikationen* bzw. *Schlüsselqualifikationen* diskutiert wird (vgl. *Reetz/Reitmann* 1990).
So heißt es u. a. in der Berufsbeschreibung des Kaufmanns/der Kauffrau für Bürokommunikation: "Für die Wahrnehmung der Aufgaben des Kaufmanns/der Kauffrau für Bürokommunikation sind sowohl eine breite kaufmännische Fachkompetenz als auch die Handhabung moderner Bürokommunikationstechniken, insbesondere der automatisierten Textverarbeitung und schreibtechnische Qualifikationen erforderlich. Die Aufgaben erfordern sprachliche Kompetenz und Ausdrucksvermögen, Kommunikationsfähigkeit, Denken in Zusammenhängen, Flexibilität, Genauigkeit und Verantwortungsbewußtsein, mitarbeiter- und kundenorientiertes Verhalten sowie Fähigkeit zur Mitwirkung an

einer wirtschaftlichen, humanen und ökologischen Gestaltung der betrieblichen Arbeit." (*VLW* 1990, 11)
Die bisherigen Bemühungen zur Vermittlung von Schlüsselqualifikationen haben deutlich gemacht, daß diese vorrangig nicht gelehrt werden können, sondern in konkreten Handlungssituationen erworben werden müssen. Für die wirtschaftsberufliche Erziehung heißt das: Das Lernen im Berufsfeld *Wirtschaft* darf nicht ausgegrenzt werden aus wirtschaftsberuflichen und sozialen Erfahrungszusammenhängen. Das verweist auf die Konzeption eines handlungsorientierten Unterrichts, der seit einigen Jahren von einer Reihe von Berufs- und Wirtschaftspädagogen favorisiert wird (vgl. *Kaiser/Weitz/Sarrazin* 1991; *Reetz/Reitmann* 1990).
Für den Bereich der Berufs- und Wirtschaftspädagogik sei hier nur verwiesen auf den von *Baumgardt* und *Heid* herausgegebenen Sammelband *Erziehung zum Handeln* (1978), die wirtschaftsdidaktische Position von *Nibbrig* (1983), die auf einer normativ-axiomatischen Basis begründete Didaktik von *Twardy* (1985) und die Arbeiten von *Sievers* (1984), *Söltenfuß* (1983); *Stratenwerth* (1978), *Dulisch* (1986), *Kaiser* (1987a), *Achtenhagen/John* (1988), *Bachmann* (1988) und *Pätzold* (1992).

Handlungsorientierte Lernkonzepte gehen von folgender Grundannahme aus: Der menschliche Entwicklungsprozeß wird als dauerhafte Veränderung verstanden, die sich aus der Art und Weise ergibt, wie die Person ihre Umwelt wahrnimmt und sich mit ihr auseinandersetzt. Aus der Wechselbeziehung von Person und Umwelt gewinnt der Mensch eine Handlungskompetenz, die ihn befähigt, Handlungen zu antizipieren, zielbewußt zu planen und zu reflektieren. Eine ausführliche Darstellung des handlungsorientierten Lernkonzeptes erfolgt in Kapitel 2.4.
Handlungsorientierte Lernkonzepte bedingen im Hinblick auf die unterrichtsstrategische Vorgehensweise ein Methodenarrangement, das darauf ausgerichtet ist, die Lernenden zu befähigen, sich selbständig Wissen anzueignen, Probleme zu lösen, Situationen zu bewältigen, aktiv ihre Arbeitsumwelt mitzugestalten, lebenslang lernfähig und lernbereit zu bleiben. Die Realisierung eines solchen Methodenkonzepts verlangt, daß die Lernchancen an unterschiedlichen Orten und in unterschiedlichen Erfahrungszusammenhängen genutzt werden. Das heißt: Ein entsprechendes Lernarrangement zeichnet sich durch Methodenpluralismus und Pluralität der Lernorte aus. Einen besonderen Stellenwert erhalten im Rahmen der wirtschaftsberuflichen Bildung neben den Methoden, wie Fallstudie, Rollenspiel, Planspiel, Szenarien, Projektarbeit, die in betrieblichen und schulischen Modellversuchen erprobten Organisationsformen, wie Übungsfirmen, Juniorenfirmen, Lernbüros, Kreativitätszirkel, Studios und Zu-

kunftswerkstätten (vgl. *Achtenhagen/John* 1988; *Achtenhagen/Schneider* 1993; *Benteler* 1988; *Kaiser* 1987a; *Kaiser/Weitz/Sarrazin* 1991; *Kutt/Selka* 1986; *Modellversuch WOKI* 1991; *Söltenfuß* 1983; *Zimmermann* 1985).

Die im Rahmen der wirtschaftsberuflichen Bildung entwickelten handlungsorientierten Ausbildungskonzepte zielen mit den genannten Maßnahmen darauf ab, eine Vielfalt von Arbeits- und Lernsituationen zu schaffen, die den Jugendlichen die Chance eröffnet, Arbeits- und Lerntechniken zur selbständigen Wissensaneignung und Problemlösung zu erwerben, die eigene Ausdauer und Belastbarkeit zu überprüfen, sich Kritikfähigkeit gegenüber der eigenen Person und den Sachen anzueignen, die Bereitschaft zu entwickeln, sich aus tradierten Denk- und Vorstellungsgewohnheiten zu lösen sowie ungewohnte und eigene Wege zu gehen.
Im Rahmen beruflicher Bildungsprozesse gewinnen die Berufserfahrungen und die *subjektiven Alltagstheorien* für die Organisation von Lernprozessen eine herausragende Bedeutung. Gleichwohl muß in einer von Technik und Wissenschaft geprägten Welt und im Hinblick auf die Studierfähigkeit wissenschaftsorientiertes Lernen integraler Bestandteil beruflichen Lernens sein. Allerdings bedarf das gängige Konzept der Wissenschaftsorientierung einer Umorientierung bzw. Ergänzung, wenn es für berufliche Lernprozesse eine tragfähige Basis erhalten soll. Wissenschaftsorientierung muß stärker im Sinne des forschenden Lernens ausgerichtet sein, d. h. auf die Kompetenz, Wissen und Erkenntnisse durch eigenes Erfahren und Erleben zu gewinnen.
Damit wird zwar das *Prinzip der Wissenschaftsorientierung* nicht in Frage gestellt, es gewinnt aber insofern einen anderen Stellenwert, als daß wissenschaftliches Wissen nicht von vornherein als höherwertig anzusehen ist. Es hat vielmehr seine Überlegenheit gegenüber dem Erfahrungs- und Alltagswissen unter Beweis zu stellen. Wissenschaftliche Erkenntnisse und fachwissenschaftliche Theorien werden bevorzugt immer dann herangezogen, wenn sie zur Lösung beruflicher Aufgaben und alltäglicher Probleme notwendig sind oder in Zusammenhang gebracht werden mit den Erfahrungs- und Erklärungsmustern der Lernenden.
Die Kognitionspsychologie, im besonderen *Aebli*, hat aufgezeigt, daß sich kognitive Strukturen durch einen stufenweisen Übergang von konkreten singulären Handlungssituationen zu abstrakteren und generellen Denkoperationen entwikkeln (vgl. *Aebli* 1980 und 1981) (vgl. Kapitel 2.4). Wenn berufliches Lernen nicht einseitig auf die Durchführung berufspraktischer Tätigkeiten ausgerichtet ist, und *Fragen an die Wissenschaft*, die aus der Ausübung beruflicher Tätigkeiten entstehen, nicht abgebrochen werden, dann ergeben sich unmittelbare Bezüge zu den Wissenschaften (vgl. *Thoma* 1987, 61).

2.2 Bedeutung der Syntax und der Erkenntnisweisen der Fachwissenschaft für methodisches Handeln

2.2.1 Bedeutung der Syntax der Fachwissenschaft

Wenn man die Bedeutung der Syntax einer Fachwissenschaft und ihre Erkenntnisweisen im Hinblick auf methodisches Handeln untersucht, erscheint es hilfreich, den Zusammenhang von Fachdidaktik und Fachwissenschaft noch einmal näher in den Blick zu nehmen (vgl. *Kaminski* 1990, 252 ff.).

Die fachdidaktische Fragestellung ist in ihrer primär pädagogischen Dimension komplexer als die fachsystematische, weil die Fachdidaktik die Sachverhalte eines Faches unter einem subjektiven Aspekt, und zwar unter dem Aspekt lernender Individuen in konkreten Lebenssituationen zu analysieren hat (vgl. *Kaminski* 1977, 173; *Keck/Köhnlein/Sandfuchs* 1990).
Fachwissenschaftliche Fragestellungen erfassen in ihrer durch wissenschaftliche Arbeitsteilung gekennzeichneten und in ihrer durch historische Entwicklungsprozesse bedingten Ausformung in der Regel nicht komplexe Lebenssituationen, wie sie sich dem lernenden Individuum in seiner Alltagswirklichkeit darbieten. Die didaktische Erschließung komplexer Lebenssituationen kann nicht an den Fachgrenzen einzelner Disziplinen haltmachen. Für die Erklärung gesellschaftlicher Realität müssen somit immer wieder unterschiedliche Disziplinen herangezogen werden. Daher erweist es sich als besonders problematisch, wenn die gewonnenen Erkenntnisse einer Wissenschaft linear im Sinne einer Abbilddidaktik auf ein Schulfach übertragen werden. Damit ist zugleich die Gefahr gegeben, daß die Wissenschaft als ein *umfassender* und *eindeutiger* Erkenntnisprozeß gedeutet wird, so daß ein aus der Wissenschaft abgeleiteter Inhalt sozusagen schon die fertige Lehre in sich enthalte. Es ist zu befürchten, daß eine solche "fertige Lehre, die sich als die Zusammenfassung der in der historischen Entwicklung einer Wissenschaft gewonnenen Erkenntnis darstellt", nur zu leicht in die Gefahr gerät, "verabsolutiert, dogmatisiert und damit ontologisiert zu werden." (*Thiel* 1973, 22)

Darüber hinaus gilt es zu bedenken, daß ein Schulfach und eine daran gekoppelte Wissenschaftsdisziplin nicht von sich aus pädagogisch begründete Zielsetzungen hervorbringt, wenn nicht pädagogische Kriterien selbst in den Erkenntnisprozeß explizit eingeführt werden. "Wo man keine transzendentale, geschlossene Verfaßtheit des Wissens und der Handlungsmuster gelten läßt, zeigt sich, wie multidimensional Zielvorstellungen, wie multifunktional unterrichtliche Inhalte sind: An demselben Inhalt können sich je nach Interesse Bündel divergierender Zielvorstellungen anhängen; der Gegenstand wird damit in verschiedenen Handlungsebenen zwar völlig verschieden, stets aber qualifiziert ansprech- und darstellbar." (*Hiller* 1973, 210) Eine wesentliche Aufgabe der Fachdidaktik bzw. des Unterrichts besteht darin zu verdeutlichen, daß das Lehrgebäude der Wirtschaftswissenschaften selbst das Ergebnis hochschuldidaktischer Bemühungen (z. B. der Hochschullehrer) darstellt und von daher nicht ohne weiteres sichere Auskunft über die unterschiedliche Funktion der Wirtschaftswissenschaften für unterschiedliche gesellschaftliche Herausforderungen und Institutionen vermittelt. "Diese Funktionen von Wissenschaften jedoch deutlich zu machen und umgekehrt die Wissenschaften selbst, die Forschungsgebiete, ihre Fragestellungen und Methoden, ihre Publikationstechniken und die Formen, in denen ihre Ergebnisse in der Öffentlichkeit Beachtung finden, dies aus den Funktionen jeweiliger Wissenschaften für die Gesellschaft und der für sie charakteristischen Interessenkonstellationen heraus begreiflich zu machen, muß Aufgabe des Unterrichts sein." (*Hiller* 1973, 210) Schließlich ist die Begrifflichkeit und Syntax einer Wissenschaft in einer Wissenschaftssprache verfaßt, die für schulische Lernprozesse "lerngenießbar" gemacht werden muß. Daraus ergibt sich, daß insbesondere die Erkenntnisweisen einer Fachwissenschaft im Hinblick auf die methodische Gestaltung des Unterrichts kritisch in den Blick zu nehmen und unterrichtlich zu thematisieren sind.

Die Syntax der Fachwissenschaft wird wiederum durch die Bestimmung des Verhältnisses zwischen fachwissenschaftlichen Disziplinen und der fachdidaktischen Grundposition beeinflußt, die für die Entwicklung von Ziel-/ Inhaltskonzepten der ökonomischen Bildung, aber insbesondere der Entwicklung von Lehr- und Lernarrangements zugrunde gelegt werden kann. Deshalb werden einige Annahmen zum Verhältnis von Fachwissenschaft und Fachdidaktik vorgestellt, um die Perspektive zu beschreiben, aus der wirtschaftswissenschaftliche Disziplinen im Zusammenhang mit der Entwicklung eines Ziel-/Inhaltskonzepts für die ökonomische Bildung betrachtet werden. Die thesenartige Zusammenfassung wurde gewählt, da an dieser Stelle keine Möglichkeit besteht, die Annahmen im einzelnen zu entwickeln (*Kaminski* 1990).

Thesen zum Verhältnis von Fachwissenschaft und Fachdidaktik

(1) Es gibt keine unmittelbare Entsprechung zwischen fachwissenschaftlichen Disziplinen und Schulfächern. Das heißt, es kann auch keine unmittelbare Entsprechung zwischen einer fachdidaktischen Aufgabenstellung und einer Fachdisziplin geben, denn Fachwissenschaft und Fachdidaktik lassen sich nicht in ein lineares Deduktionsverhältnis zueinander bringen. Die fachdidaktische Fragestellung ist in der Regel komplexer als die fachwissenschaftliche, weil sie die fraglichen Sachverhalte unter einem subjektiven Aspekt, dem Aspekt eines lernenden Individuums in seiner konkreten gesellschaftlichen Situation zu betrachten hat. Die fachwissenschaftlichen Inhalte können aus fachdidaktischer Sicht nicht von ihrer Bedeutung für die Lernenden getrennt werden. In diesem Sinne variiert die fachdidaktische Fragestellung nicht nur die fachwissenschaftliche, sondern sie verändert sie auch, da sie eine Verbindung mit den individuellen Interessen der Lernenden eingeht.

(2) Schulfächer und eine daran gekoppelte Wissenschaftsdisziplin bringen von sich aus nicht notwendigerweise pädagogisch zu nennende Zielsetzungen hervor, wenn in den Erkenntnisprozeß selbst keine explizit pädagogischen Kriterien eingeführt werden. Fachwissenschaftliche Disziplinen können zwar grundsätzlich Wertstrukturen enthalten, die mit einer fachdidaktischen Zielsetzung vereinbar sind; diese Wertstrukturen sind jedoch unter fachdidaktischen Kriterien offenzulegen und in einen entsprechenden Begründungszusammenhang zu bringen.

(3) Fachwissenschaftliche Disziplinen enthalten keine eindeutigen, fixierbaren Wissensstrukturen als gewissermaßen fertige und in sich abgeschlossene Seinsbereiche. Geht man von einem operativen und konstruktiven Charakter des Wissens aus, dann ist ein Wissenschaftsverständnis im Sinne einer Ontologie nicht haltbar. Es darf nicht übersehen werden, daß fachwissenschaftliche Disziplinen u.a. auch das Ergebnis wissenschaftsdidaktischer Fragestellungen sind und in ihrer Verfaßtheit bestimmt werden durch den jeweils unterschiedlichen methodischen Zugriff auf die Realität, in einer bestimmten historischen Situation und unter den herrschenden gesellschaftlichen Bedingungen.

(4) Die Ergebnisse einer Fachdisziplin stellen so etwas wie eine „geronnene Methodologie“ dar. Das heißt, ein Nachdenken über die Inhalte einer Disziplin erfordert ein Nachdenken über den Weg zu ihrer Gewinnung.

(5) Die Funktion der fachwissenschaftlichen Disziplinen für fachdidaktische Aufgabenstellungen besteht darin, daß in einem Schulfach nichts gelehrt werden darf, was wissenschaftlich nicht haltbar ist.

(6) Fachwissenschaftliche Disziplinen berücksichtigen in ihrer Systematik i.d.R. keine komplexen Handlungssituationen in der Weise, wie sich diese dem lernenden Individuum in seiner Alltagswirklichkeit darbieten. Es ist zu vermeiden, den Lernenden lediglich fertig geordnete Antworten der Wissenschaften auf existentiell gemeinte und konkrete Lebensprobleme hin zugeschnittene Fragen zu geben. Eine Fachdidaktik, die ausschließlich disziplinär verfährt und ihre Grenzen im „Schulfach" erblickt, kann zwar eine Rekonstruktion von Schulfächern und Disziplinen betreiben, aber nicht die der Wirklichkeit mit dem Ziel, die Handlungsfähigkeit der Lernenden zu fördern.

(7) Vor dem Hintergrund fachdidaktischer Kriteriensätze können für den Lernenden auch solche Handlungsfelder bedeutsam sein, die noch gar nicht Gegenstand systematischer fachwissenschaftlicher Forschung gewesen sind. Dies bedeutet, daß bei der Annahme eines linearen Abhängigkeitsverhältnisses zwischen einer Fachdidaktik und ihren fachwissenschaftlichen Disziplinen ganze Bereiche der individuellen Lebenspraxis dem didaktischen Zugriff entzogen werden.

(8) Das Verhältnis zwischen fachwissenschaftlichen Disziplinen und einer Fachdidaktik kann nur dann angemessen erfaßt werden, wenn die wissenschaftstheoretische Problematik nicht als unabhängig von der wissenssoziologischen interpretiert wird. Nach *Kuhn* (1972) läßt sich die Wissenschaftsentwicklung als ein sozialer Prozeß interpretieren, der wenig gemeinsam hat mit einer linearen und Rationalitätskriterien unterworfenen Kumulation „reiner" Erkenntnisse. Forschungsparadigmen sind zu erkennen in ihrer Verflochtenheit mit den jeweiligen Wert- und Zielvorstellungen einer „scientific communitiy".

(9) Eine Fachdidaktik der ökonomischen Bildung, die ihr Verhältnis zu fachwissenschaftlichen Disziplinen (hier die wirtschaftswissenschaftlichen Disziplinen) bestimmen will, hat dies in Auseinandersetzung mit den herrschenden Paradigmen der fachwissenschaftlichen Disziplinen zu bewerkstelligen. Sie hat zu versuchen, diejenigen Anomalien zu identifizieren, die bezweifeln lassen, daß das herrschende Paradigma eine zutreffende Wirklichkeitserkenntnis für die Lernenden bieten kann.

(10) Eine Fachdidaktik der ökonomischen Bildung muß permanent hinterfragen, inwieweit das herrschende fachwissenschaftliche Paradigma eine bestimmte Sichtweise, ein bestimmtes Deutungsmuster von Welt nahelegt und dabei andere behindert, verhindert oder gar unterdrückt.

2.2.2 Charakteristische Erkenntnisweisen der Ökonomie

Fachdisziplinen sind nicht nur durch ihren formulierten inhaltlichen Erkenntnisstand beschrieben, sondern auch durch die charakteristische Art und Weise ihres methodischen Vorgehens gekennzeichnet. Die Ergebnisse einer Fachdisziplin stellen daher so etwas wie eine "geronnene Methodologie" dar. Wird die Entstehungsstruktur einer inhaltlichen Aussage über gesellschaftliche Realität nicht erkannt, so besteht die Gefahr der Fehlinterpretation: "Ein Nachdenken über Inhalte ist nicht möglich ohne ein Nachdenken des Weges ihrer Konstituierung." (*Menck* 1975, 51) Die Erkenntnisinstrumente bedingen die Erkenntnis eines Gegenstandes mit.

Die Wissenschaftstheorie als Teil der allgemeinen Erkenntnistheorie beschäftigt sich mit den in einer Disziplin zur Anwendung verwendeten Methoden und gewonnenen Ergebnissen sowie verfolgten Zielen. So entwickelt jede Wissenschaft Methoden, Hypothesen, Theorien und Modelle, mit denen bestimmte Erkenntnis- und Gestaltungsinteressen verfolgt werden. Für die Wirtschaftswissenschaft bringt das erkenntnistheoretische Schwierigkeiten mit sich, die sich quasi aus der "Natur" der Sache, des Gegenstandes Wirtschaft ergeben. Als Realwissenschaft hat die Ökonomie immer einen Bezug zur Wirklichkeit, zu konkreten Gegenständen, einem bestimmten menschlichen Verhalten in einer bestimmten historischen Situation, so daß sich folgende Schwierigkeiten benennen lassen (vgl. *Fiedler/König* 1991, 10 ff.):

1. Der Wirtschaftswissenschaftler muß die Unwägbarkeiten menschlichen Verhaltens in Rechnung stellen.
2. Der Wirtschaftswissenschaftler muß auf das Experiment als wesentliches Erkenntnismittel weitgehend verzichten. Jede ökonomische Erscheinung ist einmalig, und eine Möglichkeit der Wiederholung unter gleichen Bedingungen ist so gut wie nicht möglich.
3. Der Wirtschaftswissenschaftler ist nicht unabhängig von moralischen Werten, ideologischen Überzeugungen und politischen Interessen.
4. Die Abgrenzung der Wirtschaft von anderen Bereichen des gesellschaftlichen Lebens ist nur theoretisch möglich.
5. Der Wirtschaftswissenschaftler muß sich mit einer ständig wandelnden wirtschaftlichen Wirklichkeit auseinandersetzen.

Aufgrund der Heterogenität des Untersuchungsgegenstandes der Ökonomie gibt es eine Vielzahl konkurrierender Theorien, die jeweils einen Aspekt in das Zentrum der ökonomischen Analyse stellen. *Fiedler/König* nennen fünf solcher Aspekte, die in der folgenden Abbildung kurz benannt sind.

1. Der positivistische Aspekt
Ökonomische Theorie als positive (wertfreie) Wissenschaft handelt von dem, "was ist", nicht aber von dem, "was sein soll". Ihre Aufgabe ist es, ein System von Generalisierungen hervorzubringen, die dazu genutzt werden können, korrekte Voraussagen über die Konsequenzen jeglicher Veränderungen von Umständen zu machen.
2. Der praxeologische Aspekt
Ökonomische Theorie ist die Wissenschaft, welche menschliches Verhalten als eine zweckrationale Beziehung zwischen Zielen und knappen Mitteln, die alternative Verwendungszwecke haben, untersucht.
3. Der normative Aspekt
Aufgabe der ökonomischen Theorie ist es, den ökonomischen Organismus zu studieren, seine Effizienz und Gerechtigkeit zu bewerten sowie Wege und Mittel zu empfehlen, die seine Unvollkommenheit minimieren bzw. beseitigen.
4. Der historisch-deterministische Aspekt
Die ökonomische Theorie untersucht die historisch konkreten, gesellschaftlichen Beziehungen, die die Menschen im Prozeß der Produktion, Verteilung, Zirkulation und Konsumtion ihres jeweiligen materiellen Lebensunterhalts objektiv notwendig (gesetzmäßig) miteinander eingehen.
5. Der güterwirtschaftliche Aspekt
Hierbei ist es das zentrale Anliegen der ökonomischen Theorie, über die Produktion und Verteilung von Reichtum nachzudenken und damit über den Erwerb und Gebrauch der materiellen Voraussetzungen menschlicher Wohlfahrt Aussagenzusammenhänge zu entwickeln (vgl. *Fiedler/ König* 1991, 14).

Abb. 2.2: Aspekte ökonomischer Analyse

Die in der Abb. 2.2 genannten Aspekte haben jeweils einen rationalen Kern, der jedoch keinen Ausschließlichkeitscharakter zur Betrachtung der ökonomischen Realität beanspruchen kann. Dies erhöht aber auch gleichzeitig die Schwierigkeit, den *Entdeckungs-, Begründungs- und Verwertungszusammenhang* einer Aussage zu erkennen. Daher ergibt sich für die methodische Vorgehensweise des Ökonomieunterrichts die schwierige Aufgabe, diese Aspektvielfalt für den Schüler zu verdeutlichen. Zugleich gilt es auch zu verdeutlichen, daß "die Adäquatheit einer Methode [...] aus sich selbst heraus nicht begründet werden (kann); sie hat sich am wissenschaftlichen Resultat zu messen. Eine Methode ist weder wahr noch unwahr, sie ist geeignet oder ungeeignet. Und als wahr bewiesene Resultate wissenschaftlicher Forschung belegen die Fruchtbarkeit methodologischer Instrumentarien für einen konkreten Fall – sonst nichts." (*Fiedler/König* 1991, 20)

Bei der Auseinandersetzung mit wirtschaftlichen Fragen werden traditionell vier Aufgabenbereiche der Wirtschaftswissenschaften unterschieden:

Beschreibung:
Die Wirtschaftswissenschaften versuchen, das wirtschaftliche Geschehen mit Hilfe geeigneter Begriffe und Methoden zu beschreiben.
Erklärung:
Die Wirtschaftswissenschaften versuchen, wirtschaftliches Geschehen zu erklären.
Prognose:
Die Wirtschaftswissenschaften versuchen, den Ablauf des Wirtschaftsgeschehens zu prognostizieren, d. h. vorherzusagen.
Politikberatung:
Die Wirtschaftswissenschaften versuchen aufzuzeigen, wie der Wirtschaftsablauf beeinflußt bzw. gesteuert werden kann.

Beschreibung:
Die Wirtschaftswissenschaft versucht, das wirtschaftliche Geschehen mit Hilfe geeigneter Begriffe und Methoden zu beschreiben. Dazu gehören z. B. Begriffe wie Bedürfnisse, Güter, Arbeitsteilung, Einkommen, Produktionsfaktoren, Sozialprodukt, Absatz, Beschaffung, Produktion.
Die Beschreibung wirtschaftlicher Vorgänge bezieht sich in der Regel auf einen abgelaufenen Prozeß. Es wird beispielsweise danach gefragt, wie sich das Preisniveau oder die Beschäftigung entwickelt haben, wie hoch das Sozialprodukt gewesen ist usw., welche Entwicklung der Konsum genommen hat, wie das Verhältnis zwischen Export und Import ist.

Erklärung:
Die Wirtschaftswissenschaft versucht, wirtschaftliches Geschehen zu erklären, sie fragt also danach, warum etwas so und nicht anders abläuft und zusammenhängt, wo die Ursachenzusammenhänge für ein bestimmtes wirtschaftliches Geschehen liegen.

Prognose:
Die Wirtschaftswissenschaft versucht, den Ablauf des Wirtschaftsgeschehens zu prognostizieren, d. h. vorherzusagen. Sie versucht herauszufinden, wie sich z. B. die Arbeitslosigkeit entwickeln wird, welcher Konjunkturablauf zu erwarten ist, wie sich die Preise entwickeln oder bestimmte wirtschaftliche Maßnahmen auswirken werden. Das Erstellen von Prognosen erweist sich jedoch als eine besonders schwierige Aufgabe, die nur selten zufriedenstellend gelingt. Dennoch ist die Wirtschaftspolitik auf Prognosen angewiesen.

Politikberatung:
Dieser Bereich der Wirtschaftswissenschaft versucht aufzuzeigen, welche Möglichkeiten es gibt, den Wirtschaftsablauf zu beeinflussen und zu steuern. Politikberatung ist eine zentrale Aufgabe der Wirtschaftspolitik als Teilbereich der Volkswirtschaftslehre.

Die Bedeutung der Erkenntnisweisen für das methodische Handeln des Ökonomieunterrichts soll in aller Kürze an vier Beispielen verdeutlicht werden:

(1) Denken in Modellen

Die Wirtschaftswirklichkeit ist im allgemeinen ein sehr kompliziertes Gefüge, das sich mit seinen vielfältigen Abhängigkeiten als Gesamtheit nur schwer überschauen läßt. Die Wirtschaftswissenschaft muß deshalb bei ihren Erklärungsversuchen oft Denkmodelle entwickeln, in denen die wirtschaftliche Wirklichkeit auf eine überschaubare Anzahl bedeutsamer Zusammenhänge vereinfacht wird.
Neuhäuser führt im Hinblick auf die Bedeutung und den Stellenwert von Modellen in den Wirtschaftswissenschaften aus: "Die Wirtschaftstheorie kann ohne Modelle nicht auskommen. Das Denken in Modellen ist in den Wirtschaftswissenschaften von Anfang an praktiziert worden, wenn man sich auch dessen zunächst gar nicht bewußt war. Heute sieht kein Wirtschaftswissenschaftler, dem es darum geht, die ökonomische Wirklichkeit zu erforschen und Aussagen über reale Zusammenhänge aufzustellen, die für die Erklärung und Vorhersage (Diagnose und Prognose) brauchbar sind, in Modellen etwas anderes als Instrumente der theoretischen Forschung; sie sind Bestandteile des Werkzeugkastens, die er braucht, um zu empirisch überprüfbaren Hypothesen über reale Zusammenhänge zu kommen. Das Modell verschafft dem Theoretiker eine Auswahl von Aussagen, die er regelmäßig, indem er sie mit Erfahrungsmaterial anreichert und mehr an die Realität anpaßt, in Hypothesen verwandelt; diese Hypothesen müssen dann anhand der Tatsache geprüft und not-

falls so lange variiert werden, bis sie "stimmen" oder sich als unbrauchbar herausgestellt haben. Modelle bilden nicht den Abschluß, sondern den Anfang theoretischer Untersuchungen; dennoch findet man heute nicht selten Modelle, die um ihrer selbst willen, gleichsam als modelltheoretische Fingerübung, konstruiert werden. Der heuristische Wert solcher Modelle ist selbstverständlich fragwürdig." (*Neuhäuser* 1967, 117) In dem Zitat von *Neuhäuser* wird mit dem Hinweis auf den zweifelhaften Wert "Modelltheoretischer Fingerübungen" auf die Gefahr hingewiesen, die bestimmte modelltheoretische Ansätze fragwürdig erscheinen lassen. Bei der modelltheoretischen Vorgehensweise gilt es immer deutlich zu machen – und das gilt insbesondere im schulischen Unterricht –, daß Modelle Werkzeuge sind, mit deren Hilfe von der wirtschaftlichen Wirklichkeit in mehrfacher Weise abstrahiert wird. Die konstruierten Modelle sind Modelle von einem bestimmten Ausschnitt wirtschaftlicher Wirklichkeit, die nicht alle Eigenschaften dieser wirtschaftlichen Wirklichkeit abbilden. Der Modellkonstrukteur bildet nur solche Komponenten und Eigenschaften ab, die er benötigt, um die für das jeweilige Erkenntnisziel wichtigen wirtschaftlichen Aktivitäten und Zusammenhänge durchschaubar zu machen. Beim Vorgang der Modellbildung wird von der Wirklichkeit in mehrfacher Weise abstrahiert (vgl. *Kaiser/Kaminski* 1993, 8 ff.), und zwar

- ❑ durch Aggregation:
  eine Vielzahl gleichartiger Elemente wird zu einer Größe zusammengefaßt;
- ❑ durch Mechanisierung:
  Verhaltensweisen werden als "mechanische" Vorgänge, deren Ursache in wenigen Motivationen oder nur in einer Motivation liegt, vorgestellt;
- ❑ durch Isolierung:
  nicht ökonomisch erfaßbare Umweltfaktoren werden aus der Betrachtung ausgeschlossen.

Die Problematik beim Umgang mit Modellen, das gilt für den Modellbenutzer in gleicher Weise wie für den Modellkonstrukteur, liegt darin, daß nicht alle Modelle in gleicher Weise brauchbar und erklärungskräftig sind. Die Schwierigkeit besteht darin, Modelle so zu konstruieren, daß die irrelevanten und unbedeutenden Aspekte und Phänomene unberücksichtigt bleiben und nur die wichtigsten Faktoren, Elemente und Zusammenhänge, die das wirtschaftliche Geschehen erklären bzw. vorhersagen können, aufgenommen werden. Die Reichweite und Aussagefähigkeit von Modellen können nur dann von dem Modellbenutzer richtig verstanden werden, wenn er die Annahmen des Modells kennt. "Auf willkürlichen Annahmen kann leicht ein Modell aufgebaut werden. Das Problem ist, jene Annahmen zu finden, die für die Wirklichkeit relevant sind. Die Kunst besteht darin, ein Schema zu entwickeln, das die Fragestellung so vereinfacht, daß sie auch sinnvoll behandelt werden kann, ohne gleichzeitig die Wesenszüge der Realität wegzulassen." (*Robinson* 1974, 130)

Albert (1970) hat immer auf die Gefahr des „Modellplatonismus" hingewiesen, d. h. „ökonomische Aussagen und Aussagemengen (Modelle) durch Anwendung konventionalistischer Strategien gegen die Erfahrung zu immunisieren." Hierfür lassen sich auch in didaktischen Materialien häufig Belege finden.

Davon ist die Frage zu unterscheiden, ob empirische Tests eines Denkmodells sich nicht auf den Input der Theorie, sondern auf ihren Output zu beziehen haben. Nicht die Modellannahmen, sondern die Modellergebnisse, d. h. die aus dem Modell abgeleiteten Hypothesen sollen auf ihren Realitätsgehalt untersucht werden. Die Annahmen dagegen sollen sich nicht durch einen vermeintlich höheren Realitätsgehalt, sondern durch ein vergleichsweise höheres heuristisches Potential auszeichnen, was nicht bedeuten muß, daß die Wahl und Formulierung von Annahmen beliebig sei. An Modellannahmen ist im Sinne von *Pies* (1993, 114) nicht die Wahrheits-, sondern die Nützlichkeitsfrage heranzutragen. Der „homo oeconomicus" ist in diesem Sinne kein realistisches, alle Faktoren menschlichen Verhaltens abdeckendes Menschenbild, sondern ein Analysekonstrukt.

Trotz der dargelegten Schwierigkeiten und Gefahren können weder der Wirtschaftswissenschaftler noch die Lehrkraft, die sich mit Phänomenen der Wirtschaftswelt auseinandersetzen, auf die Verwendung von Modellen verzichten. Die besondere Produktivität von erklärungskräftigen Modellen für die Wirtschaftswissenschaft charakterisiert *Levi* wie folgt: "Die Welt, in der wir leben, ist sehr vielschichtig. Um sie in einer verständlichen Art und Weise zu beschreiben, muß man einige Einzelheiten der Realität vernachlässigen. Es ist wie bei einem Vergleich zwischen einer Fotografie und einer Bleistiftskizze: ein guter Künstler kann, mit nur wenigen Strichen, einen Eindruck vom Gesicht einer Person, einem Reiter auf einem Pferd oder einer zarten Blüte vermitteln. Einige der Skizzen Rembrandts oder auch weniger bekannter Künstler sind sehr beeindruckend, da sie sehr komplexe Themen mit einem Minimum an Linien und Schattierungen wiedergeben. Viele Details, die durchaus hätten dargestellt werden können, wurden einfach weggelassen, und trotzdem bietet sich dem Betrachter ein getreues Bild dessen, was in der Realität zu sehen war. Aus ähnlichen Gründen muß auch ein guter Wirtschaftswissenschaftler ein Künstler in der Verwendung von Annahmen sein." (*Levi* 1982, 21)

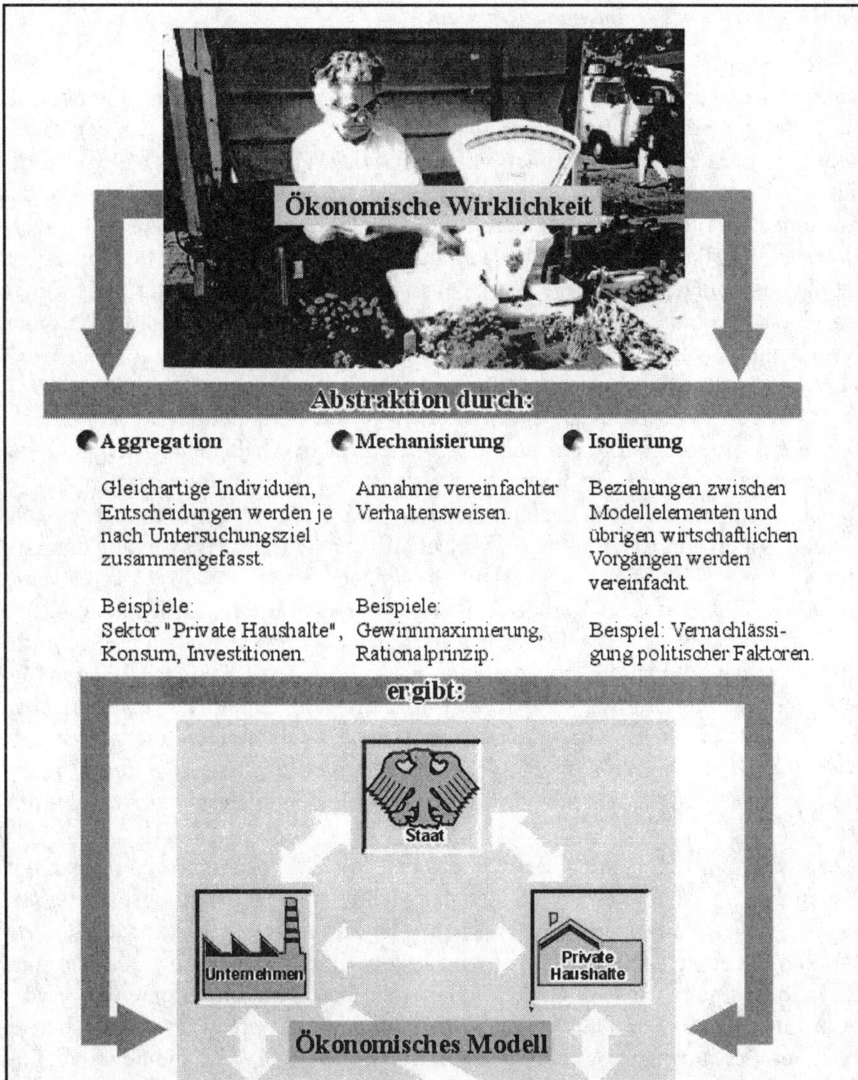

Abb. 2.3: Von der ökonomischen Wirklichkeit zum ökonomischen Modell

(2) Ganzheitliches Denken und Handeln

Ulrich/Probst wählen als generelles Motto für ihre „Anleitung zum ganzheitlichen Denken und Handeln“ Einsteins Forderung „Eine neue Art zu denken ist notwendig, wenn die Menschheit überleben soll“. Sie führen aus: „In den unterschiedlichsten Zusammenhängen wird eine neue, ganzheitliche Denkweise gefordert. Gemeint ist damit ein integrierendes, zusammenfügendes Denken, das auf einem breiteren Horizont beruht, von größeren Zusammenhängen ausgeht und viele Einflußfaktoren berücksichtigt, das weniger isolierend und zerlegend ist als das übliche Vorgehen. Ein Denken also, das mehr dem, der viele Dinge zu einem Gesamtbild zusammenfügenden Generalisten als dem analytischen Vorgehen des auf ein enges Fachgebiet beschränkten Spezialisten entspricht.“ (*Ulrich/Probst* 1990, 11)

Es ist wichtig zu erkennen, daß man sich bei einer modellhaften Vorgehensweise auf einen bestimmten wirtschaftlichen Sachverhalt gedanklich sehr gut konzentrieren und die für diesen Sachverhalt bedeutsamen Beziehungen analysieren kann. Andererseits besteht die Gefahr, daß die Einordnung dieser Sachverhalte in einen größeren gesamtwirtschaftlichen Zusammenhang aus den Augen verloren geht. Viele Sachverhalte lassen sich jedoch nur in ihrem Gesamtzusammenhang, in ihrer Vernetztheit angemessen beurteilen, will man nicht zu Fehlurteilen kommen. Die Erfahrung lehrt uns, daß die einzelnen gesellschaftlichen Sachverhalte nicht nur getrennt nach Fach- und Lebensbereichen beschrieben werden dürfen, sondern erst in ihrer Vernetztheit den angemessenen Stellenwert erhalten. Auf die Gefahren einer isolierten Betrachtungsweise macht *Frederic Vester* aufmerksam. Er befürchtet, daß Begriffe und Vorstellungen entstehen, die uns die Wirklichkeit in künstlich getrennten Ausschnitten zeigen:

"So finden wir den Bereich der technischen Entwicklung und seiner einzelnen Fachgebiete getrennt von denjenigen der Medien und der Meinungsbildung und ebenso isoliert von der politischen Ebene; der kommerziellen Ebene; derjenigen des Naturschutzes oder derjenigen von Produktion, Vermarktung, Konsum und Abfallbeseitigung. In Wirklichkeit spielt aber die öffentliche Meinung über das Konsumverhalten durchaus bis in die Errichtung bestimmter Fabrikationsbetriebe hinein; etwa wenn es um die Genehmigung für eine Mülldeponie, eine Bleifabrik oder einen Flugplatz geht. Entscheidungen, die ausschließlich fachbezogen wie in der Wissenschaft, ressortbezogen wie in den Behörden oder branchenbezogen wie in der Wirtschaft gefällt werden, lassen daher vielfach die schwerwiegendsten Fehler entstehen, die das betrachtete System schädigen, krank machen oder gar zusammenbrechen lassen." (*Vester* 1987a, 146)

Es muß deutlich werden, daß die Wirtschaft nur einen, wenn auch besonders wichtigen Aspekt eines umfassenden ökologischen und gesellschaftlichen Gewerbes darstellt. Sie ist ein lebendiges System aus Menschen, die in ständiger Interaktion miteinander und mit ihren natürlichen Hilfsquellen stehen, von denen die meisten ihrerseits lebende Organismen sind. So sei es ein grundlegender Irrtum der Sozialwissenschaften, behauptet *Fritjof Capra*, "dieses Gewerbe in Stücke aufzuteilen, von denen man annimmt, sie seien selbständig und könnten in separaten akademischen Fachbereichen behandelt werden. Daher neigen politische Wissenschaftler dazu, die grundlegenden wirtschaftlichen Kräfte zu vernachlässigen, während die Wirtschaftswissenschaftler es versäumen, soziale und politische Realitäten in ihre Modelle einzubauen." (*Capra* 1985, 203 f.)

(3) Prognosen

Die Entwicklung von Prognosen ist als ein wichtiges Aufgabenfeld der Wirtschaftswissenschaften anzusehen. An dieser Stelle muß jedoch auf die methodischen Schwierigkeiten dieser Aufgabe kurz eingegangen werden. Sowohl Wirtschaftspolitiker als auch "normale" Bürger haben verständlicherweise den Wunsch zu wissen, wie eine wirtschaftliche Entwicklung in Zukunft verlaufen wird: Um wieviel werden die Güterpreise steigen, welchen Verlauf wird die Konjunktur in bestimmten Branchen (z. B. Bauindustrie, Metallindustrie) nehmen, wie werden sich Dollarpreis, Energiekosten und Arbeitslosenquote entwickeln?
Solche Voraussagen lassen sich aber nur machen, wenn man von bestimmten Annahmen über erwartete Wirkungszusammenhänge ausgeht, die z. B. auf Erfahrungen aus der Vergangenheit basieren. Liegen keine anderen Erkenntnisse vor, so wird davon ausgegangen, daß die bisherigen Wirkungszusammenhänge auch zukünftig gelten. Dazu ein Beispiel: *Wenn* die politische Situation in den erdölfördernden Staaten am Persischen Golf weiterhin stabil bleibt, die Energienachfrage nicht über 2 % steigt, die OPEC keine Drosselung der Fördermengen beschließt und durchsetzt, wenn ..., wenn ..., *dann* werden die Mineralölpreise nicht steigen.
Prognosen sind also abhängig von den ihnen zugrundeliegenden Annahmen über Wirkungszusammenhänge. Verändern sich diese Annahmen, wird sich das auf die Wahrscheinlichkeit auswirken, mit der eine gestellte Prognose eintrifft. Prognosen als Aussage über zukünftige Ereignisse, insbesondere über die zukünftigen Werte ökonomischer Variablen (z. B. Konjunkturprognosen, Arbeitsmarktentwicklungen, Bevölkerungswachstum, Inflation) haben vor allem in der öffentlichen Diskussion eine nicht zu unterschätzende Funktion.

In der Bundesrepublik Deutschland gibt es zahlreiche wirtschaftswissenschaftliche Institute, die in regelmäßigen Abständen zur Entwicklung der Weltwirtschaft Prognosen erstellen. Obwohl seit einigen Jahren immer ausgefeiltere statistische Verfahren und immer differenziertere empirische Daten zur Verfügung stehen, ist die Qualität von Prognosen nie ganz zufriedenstellend, weil die politischen, wirtschaftlichen und psychologischen Unwägbarkeiten zu groß sind. Welche psychologischen Faktoren z. B. in einer wirtschaftlichen Situation Einfluß auf das Konsumentenverhalten haben, ist so wenig eindeutig vorhersehbar wie die Reaktion eines Unternehmens auf die Ankündigung einer Steuersenkung oder -erhöhung.
Wenn beispielsweise das Bundesministerium für Wirtschaft eine Prognose erstellt, dann werden die Verantwortlichen versuchen, die politischen Folgewirkungen dieser Prognose einzukalkulieren. Das gleiche gilt für entsprechende Prognosen, die sich eine Oppositionspartei erstellen läßt, um sie für ihre Zielsetzungen in der politischen Auseinandersetzung zu verwenden. Prognosen werden somit auch zur Untermauerung bestimmter politischer Absichten benutzt.

(4) Der "Trugschluß der Verallgemeinerung"

In der Ökonomie läßt es sich mit vielen Beispielen belegen, daß das, was für ein Individuum richtig zu sein scheint, für die Gesellschaft als Ganzes noch lange nicht vorteilhaft sein muß und umgekehrt:

- Wenn jemand beschließt zu sparen, und zwar aufgrund der schlechten Wirtschaftslage und seiner persönlichen Furcht davor, arbeitslos zu werden, dann kann das für ihn durchaus vorteilhaft sein. Sollten aber alle auf diesen Gedanken kommen, wird die Nachfrage nach Konsumgütern in einer Volkswirtschaft noch mehr zurückgehen und die Arbeitslosigkeit vermutlich sogar noch erheblich steigen.
- Wenn eine Hausfrau beschließt, mehr Gemüse zu kaufen, werden die Preise für Gemüse kaum steigen. Sollten jedoch alle Hausfrauen zur gleichen Zeit beschließen, mehr Gemüse zu kaufen, kann das sehr wohl die Ursache für einen Preisanstieg sein.
- Wenn ein Arbeiter mehr Lohn erhält, dann ist das für ihn vorteilhaft. Sollten aber alle Arbeiter mehr Lohn empfangen, kann dies zu einer Preiserhöhung führen, die alle wieder um die Einkommenserhöhung bringt.
- Wenn ein Arbeiter aufgrund seiner Mobilität in der Lage ist, sich in einer anderen Region oder in einer anderen Stadt einen Arbeitsplatz zu besorgen, dann ist das für ihn sicher vorteilhaft. Versuchen jedoch alle Arbeitslosen z.B. der Bundesrepublik Deutschland, ihre Arbeitslosigkeit auf gleiche

Weise zu bekämpfen, kann dies aus naheliegenden Gründen nicht gelingen. Die Arbeitslosigkeit verschiebt sich höchstens auf andere Regionen des Landes.

- ❑ Ein Preisanstieg in einer Branche kann für die betreffenden Unternehmen sehr vorteilhaft sein. Ein Preisanstieg in allen Branchen bringt jedoch keiner Branche einen Nutzen.

Diese wenigen Beispiele machen schon deutlich, daß bei der Analyse von Einzelbeispielen im Unterricht ihre Übertragbarkeit auf gesamtwirtschaftliche Sachverhalte sehr sorgfältig geprüft werden muß, um nicht zu unzulässigen Verallgemeinerungen zu kommen.

2.2.3 Bedeutung der Bestimmung von Zielen und Inhalten für das methodische Handeln

Die Syntax und Erkenntnisweisen der Fachwissenschaft sind für die Entwicklung eines Lernkonzeptes von besonderer Bedeutung, können jedoch im Hinblick auf den Implikationszusammenhang von intentionalen, inhaltlichen und medialmethodischen Entscheidungen nicht die alleinige Begründung für Ermittlung, Auswahl und Begründung von Lernzielen, Inhalten und Methoden liefern. Im Rahmen der wirtschaftsdidaktischen Diskussion nach dem zweiten Weltkrieg lassen sich drei Ansätze unterscheiden:

"– Das *Wissenschaftsprinzip* als Teilaspekt des umfassenderen *Kulturbereichsprinzips*, demzufolge die Ziel-/Inhalts-Wahl bestimmt wird von den vorliegenden wissenschaftlichen oder anderen kulturellen Objektivationen (z. B. Kunst, Literatur usw.).
– Das *Situationsprinzip*, demzufolge die Wahl der Ziele/Inhalte sich danach richtet, was in jetzigen und künftigen Lebenssituationen der betreffenden Schüler bedeutsam ist, oder werden kann.
– Das Bildungs- oder das allgemeine *Persönlichkeitsprinzip*, demzufolge sich die Ziel-/Inhalts-Wahl nach dem richtet, was im Hinblick auf die Entwicklung der Schülerpersönlichkeit und deren "Bildung" für möglich und bedeutsam gehalten wird." (*Reetz* 1984, 77)

Für die Entwicklung von Lehrplänen und Rahmenrichtlinien, die zumindest mit einer impliziten Vorstellung davon arbeiten müssen, was zu dem Gegenstandsbereich eines Faches gehört, sind zwei idealtypische konzeptionelle Ansätze in der Bundesrepublik bedeutsam geworden: Sog. "disziplinorientierte" (Wissenschaftsprinzip) bzw. "situativ/problemorientierte" (Situationsprinzip) (vgl. *Reetz* 1984, 75 f.; ferner *Giesecke/Hasse/Kaminski* 1986, 309 f.).

Beim *disziplinorientierten* Ansatz wird eine Ziel-/Inhaltsauswahl durch die vorliegenden wissenschaftlichen Objektivationen einer möglichen Bezugswissenschaft bestimmt, wie z. B. der Wirtschaftswissenschaft. Dies geschieht zur gleichen Zeit in Abgrenzung zu den sog. "situativ/problemorientierten" Ansätzen. Dies wird damit begründet, "daß nur eine strukturerhaltende Vereinfachung von Wissenschaft" die "wissenschaftliche Unbedenklichkeit" und Ideologiefreiheit von Unterricht gewährleisten könne. Eine Integration verschiedener Disziplinen sei wegen ihrer unterschiedlichen Fragestellungen "strukturerhaltend" nicht möglich. Dies gelte ebenfalls für die Prognose künftiger Lebenssituationen und des dafür erforderlichen Wissens. Eine Modifikation ergibt sich durch den Versuch, die disziplinorientierten Ansätze durch sog. "disziplinkritische" Varianten zu ergänzen (vgl. *Reetz* 1984, 113 ff.). So sind z. B. für die ökonomische Bildung im Rahmen der Arbeitslehre insgesamt oder für Teilaufgaben (z. B. für den Berufswahlunterricht) einige sog. "didaktische Strukturgitter" entwickelt worden (vgl. z. B. *Groth* 1968, 77; *Dibbern* u. a. 1974, 77; *Kell* 1971, 45; vgl. auch das Strukturgittermodell für die Planung der wirtschaftswissenschaftlich-kaufmännischen Grundbildung im integrierten Sekundarbereich II (Kollegstufe) von *Kutscha* (1976, 128), mit denen versucht wurde, fachwissenschaftliche Strukturbegriffe im Kontext mit subjektiven und gesellschaftlichen Gesichtspunkten zu vermitteln. Diese Versuche haben jedoch letztlich keine durchschlagende Praxisrelevanz für die Lehrplan- und Curriculumentwicklung erlangen können.

Im Gegensatz zu dem disziplinorientierten Ansatz geht der sog. *situative* oder *problemorientierte Ansatz* von folgender Grundüberlegung aus: Im Anschluß an Überlegungen von *Robinsohn* (1967) wird unter dem Aspekt gegenwärtiger bzw. künftig zu erwartender Lebenssituationen (z. B. Beruf, Arbeit/Arbeitsplatz, Betrieb, Konsum, Freizeit, privater Haushalt) versucht, Curriculum-Elemente zu konstruieren und Qualifikationen zu benennen, die den Jugendlichen befähigen sollen, diese Situationen zu bewältigen. Dieses Konzept wird vor allem damit begründet, daß problemorientierter Unterricht Schüler stärker motiviere und ihnen eine größere Chance zum Erwerb subjektiv relevanter Kenntnisse, Einstellungen und Fähigkeiten gebe. Die Ablehnung der disziplinbestimmten Vorgehensweise wird nicht zuletzt damit begründet, daß es wegen "der Rivalitäten verschiedener Paradigmen innerhalb der Wissenschaften gar keine Stoffe gebe, die unbefangen reduziert werden können."(*Gerdsmeier* 1980a, 437)

Der situationsorientierte Ansatz hat allerdings bis heute nicht das sog. Heterogenitätsproblem gelöst, d. h. keine überzeugende Antwort auf die Frage geben können, welches die Bezugsdisziplinen des Ökonomieunterrichts sein sollen und was schließlich und letztlich zum Gegenstandsbereich dieses Faches zählen soll.

In der Wirtschaftspädagogik der Sekundarstufe II, d. h. vor allem für die berufliche Richtung (vgl. *Reetz* 1984; *Kaiser* 1984; *Weinbrenner* 1985) wird neuerdings das sog. *Persönlichkeitsprinzip* als ein dritter Ansatz zur Ermittlung, Auswahl und Begründung relevanter Lernziele und Inhalte diskutiert. Damit wird vor allem eine Weiterentwicklung des Situationsprinzips intendiert und danach gefragt, *was im Hinblick auf die Entwicklung der Schülerpersönlichkeit und deren Bildung für möglich und bedeutsam gehalten wird*. Dieser Ansatz ist u. E. auch für die ökonomische Bildung im Sekundarbereich I von Bedeutung, da in dieser Konzeption subjektbezogene Lernvoraussetzungen der Schüler als Ausgangsbasis für die ökonomische Bildung in besonderer Weise mit berücksichtigt werden. Die Lernprozesse im Rahmen der ökonomischen Bildung sollen danach im Hinblick auf die Bewältigung von gegenwärtigen und zukünftigen Handlungssituationen des Schülers z. B. als Arbeitnehmer, als Konsument, als Wirtschaftsbürger so organisiert werden, daß sie auf Alltagshandlungen und den darauf bezogenen subjektiven Theorien der Schüler aufbauen und eine dialektische Vermittlung von Alltagserfahrung und Wissenschaftserkenntnis, von Handeln und Denken, von Theorie und Praxis ermöglichen. Dabei wird zurückgegriffen auf Entwicklungs- und Motivationstheorien, Lebensweltanalysen, Theorien der beruflichen und schulischen Sozialisation, auf die Jugendforschung und vor allem auf erkenntnis-, lern- und entwicklungspsychologische Ansätze von *Piaget, Aebli, Hacker, Volpert* und der östlichen Tätigkeitspsychologie z. B. von *Tomaschewski, Galparin, Leontjew*.

Die Wirtschaftswissenschaft erhält in diesem Ansatz als eine zweifellos relevante Bezugswissenschaft der ökonomischen Bildung nach *Reetz* drei Funktionen (vgl. *Reetz* 1984, 27):

(1) Die Wirtschaftswissenschaft ist eine heuristische Mithilfe bei der Ermittlung relevanter Situationen und Anlässe;
(2) Sie liefert empirisch fundierte Informationen;
(3) Sie hat eine Funktion der Mitwirkung bei der systematischen Rahmengebung im Sinne einer dialektischen Vermittlung von episodischer Kasuistik und sozialwissenschaftlicher Systematik (vgl. z. B. hierzu *Gerdsmeiers* Versuch, die Skript-Theorie von *Abelson* anzuwenden; *Gerdsmeier* 1980a, 1982; *Abelson* 1976).

Die Bedeutung der Bestimmung von Zielen und Inhalten sowie der Curriculumentwicklung auf die Lehr- und Lernprozesse wird in besonderer Weise deutlich, wenn man den in der amerikanischen erziehungswissenschaftlichen Literatur zwischen *Objektivisten* und *Konstruktivisten* geführten Meinungsstreit verfolgt, auf den *Dubs* in seinem Beitrag "Stehen wir vor einem Paradigmenwechsel beim Lehren und Lernen?" hingewiesen hat (vgl. *Dubs* 1993a, 449 f., vgl. Kap. 2.5).

2.3 Institutionelle und gesellschaftliche Rahmenbedingungen methodischen Handelns

Methodisches Handeln vollzieht sich nicht nur im Klassenraum. Zwar ist der Lehrer ein zentraler Akteur im unterrichtlichen Geschehen, aber sein unterrichtliches Handeln ist eingebettet in institutionelle Rahmenbedingungen. Man könnte sagen Schule hat "Methode". *Helmut Fend* hat in diesem Zusammenhang zwischen der *Makroorganisation*, der *Metaorganisation* und der *Mikroorganisation* von Lernprozessen unterschieden.

Schule als eine systematische Veranstaltung für die Organisation von Lehr- und Lernprozessen läßt sich in drei große Systemteile gliedern (vgl. *Fend* 1980, 61 ff.):

- ❑ *Spezifizierung von Lernvoraussetzungen*
  Unter der Annahme einer unterschiedlichen Leistungsfähigkeit werden Schüler zu Lerngruppen mit einer bestimmten durchschnittlichen Leistungsfähigkeit zusammengefaßt.
- ❑ *End- und Binnengliederung der Anforderungsstruktur*
  Mit Hilfe von Lehrplänen werden Lernziele und Lerninhalte über Wochen, Monate, Jahre gegliedert, und es wird beschrieben, was der Adressat können und tun sollte.
- ❑ *Binnengliederung der Lernkontrollen*
  Mit Prüfungen wird der Durchlauf des Lernenden geregelt, differenziert nach Schwierigkeitsgrad, Art der inhaltlichen Anforderung, nach Qualifikationsniveaus, um z. B. in eine andere (höhere) Lerngruppe zu wechseln.

Das gesamte Schulsystem ließe sich damit als eine *Makroorganisation* von Lernprozessen betrachten. Gibt es z. B. ein einheitliches Schulsystem wie die Gesamtschule, oder gibt es eines mit unterschiedlichen Zugängen, unterschiedlichen Abschlußqualifikationen, unterschiedlichem zeitlichen Umfang, werden

Schüler zu bestimmten Zeitabschnitten in unterschiedliche Schulformen einsortiert, wie z. B. Gymnasium, Hauptschule, Sonderschule, Realschule, Gesamtschule, Berufsschule usw. Durch die Makroorganisation von Lernprozessen werden auch Vorentscheidungen hinsichtlich der Organisation von Lernprozessen getroffen, zumal dies wiederum abhängig ist von den dort unterrichtenden Lehrern, ihrer Ausbildung usw.
Die Makroorgansiation ist zu unterscheiden von der *Metaorganisation* von Lernprozessen. Wenn wir die Schule als eine formale Organisation analysieren, setzen wir uns mit der *Organisation von Voraussetzungen von Lehr- und Lernprozessen* auseinander (Metaorganisation). "Metaorganisatorische Aktivitäten sind jedem Lehrer, jedem Schulleiter, jedem Inspektor und jedem Ministerialbeamten nur zu bekannt. Lehrer und Schulleiter sind damit beschäftigt, Stundenpläne zu erstellen, Klassen bestimmten Räumen zuzuordnen, Briefe an Behörden zu schreiben, Schülerverzeichnisse anzulegen, Lehrmittel zu besorgen, deren Abrechnung zu kontrollieren. Schulbehörden beschäftigen sich mit der Rekrutierung von Lehrern und der Zuteilung von Lehrern zu Schulen, mit der Aufstellung eines Dienstpostenplanes, der Bewilligung von Schulneubauten, der Festlegung von Ferien und freien Tagen, der Kontrolle der Lehrer und so fort." (*Fend* 1980, 62) Wir sehen, daß mit der Metaorganisation von Lernprozessen im Prinzip die administrative Abwicklung und Regelung von Lernprozessen *innerhalb der Schule* erfaßt wird, und zwar vom Schulleiter angefangen über Schulaufsichtsämter bis hin zur Kultusbehörde mit einer Fülle von Regelungen, die bis in den Unterricht hineinwirken: Organisationsentscheidungen, Sicherheitsbestimmungen, Bestimmungen des Gemeindeunfallversicherungsverbandes, Aufsichtspflichten bei Exkursionen und Erkundungen, während des Praktikums usw.
Und schließlich gilt es, die *Mikroorganisation* von Lernprozessen zu betrachten. Damit ist das klassische Handlungsfeld des Lehrers angesprochen, auf das sich die Methodendiskussion häufig ausschließlich konzentriert: Die Unterrichtsplanung mit der Bestimmung der Ziele, Berücksichtigung der Lernvoraussetzungen, der Konstruktion von Lernarrangements und der Festlegung von Kontrollsystemen.

Diese wenigen Hinweise machen bereits deutlich, daß die Makro- und die Metaorganisation nicht unwesentlich auf die Unterrichtsplanung und die Gestaltung der Lehr- und Lernprozesse einwirken. Allerdings können auf der anderen Seite die makro- und metaorganisatorischen Regelungen keine hinlängliche Rechtfertigung für einförmiges methodisches Handeln des Lehrers sein.
Die in Schulverwaltung und Bildungspolitik Verantwortlichen können sich ihrerseits nicht allein mit Hinweisen auf mögliches Fehlverhalten von Lehrkräf-

ten für administrative und bildungspolitische Rahmenbedingungen exkulpieren, die das Lernen behindern.

In die gleiche Richtung gehen die Überlegungen von *Tade Tramm*, das Lernhandeln als gesellschaftlich, institutionell und sozial eingebundenes Handeln zu bezeichnen. Für eine Analyse des Lehr-Lernprozesses, – von *Tramm* als Feld der Wechselwirkungen von Lehr- und Lernhandeln bezeichnet –, können drei unterschiedliche Handlungsebenen aus der Sicht des Lernenden unterschieden werden, die sich auf den konkreten Lehr-Lernprozeß auswirken und die für die Einschätzung der Reichweite von Lernkonzepten beachtet werden müssen:

- ❑ das Handeln im sozial-normativen Rahmen des Klassenverbandes als Mitschüler bzw. Schüler
- ❑ das Handeln im sozial-normativen Rahmen der Schule und
- ❑ das Handeln im sozial-normativen Rahmen des Schul- und Bildungssystems.

Es zeigt sich, daß im Hinblick auf Lernkonzeptionen sowohl die sozialkommunikativen Handlungsbeziehungen zwischen den Schülern und im Verhältnis der Schüler zum Lehrer ebenso zu beachten sind wie die in hohem Maße vorherbestimmten vorgeformten Handlungsmöglichkeiten des Schülers und des Lehrers durch die Organisationsstruktur der Schule mit Klassenprinzip, Fächerung, 45-Minuten-Stunde, Ämter-Hierarchie, Lehrplan sowie Schulordnung. Und schließlich gilt es zu beachten, "daß Schule und Unterricht unter gesellschaftlicher und staatlicher Kontrolle stattfinden und damit für die gesellschaftliche Reproduktion bedeutsame Zwecke verfolgt werden. Der Beamtenstatus der Lehrerschaft, die Regelung der Bildungsorganisation über Schulgesetze, die staatliche Verordnung von Lehrplänen und nicht zuletzt die staatliche Schulaufsicht sind Ausdruck dieses Sachverhalts." (*Tramm* 1992a, 118)

Und abschließend noch ein weiterer Gedanke, der bei der Realisierung von Lernkonzepten nicht unterschätzt werden darf. Wenn Lernen nicht nur als ein abstrakter Vorgang "vom Kopf an aufwärts" (*C. Rogers*) betrachtet wird, dann muß auch der Gestaltung von Lern- und Arbeitsräumen besondere Aufmerksamkeit gewidmet werden. In einem freundlichen Klassenzimmer ist selbst ein "unfreundlicher" Lehrer noch allemal besser zu ertragen, als in der abstoßenden, tristen und bestenfalls durch "Bravo"-Poster dekorierten Raumatmosphäre eines grauen Betonklassenzimmers.
Wenn man den Zusammenhang, der zwischen der Schularchitektur, der Lernorganisation sowie den Sozial- und Lernformen besteht, nicht außer acht läßt, erscheint es gerechtfertigt, die Schule als ein "methodisches Environment" (*W.*

Schulz) zu bezeichnen. Da Räume und ihre Ausstattung keinen geringen Einfluß auf die Arbeitsatmosphäre und die Motivation der Lernenden haben, gewinnt die Lernortfrage und das Lernen in unterschiedlichen Lernumwelten für die Realisierung eines handlungsorientierten Lernkonzepts einen besonderen Stellenwert.
Das gilt insbesondere für die berufliche Bildung in den letzten Jahren, wo neben den traditionellen Fachräumen, Labors, Studios zusätzlich Räume für Datenverarbeitung und sogenannte Lernbüros eingerichtet wurden. Die Lernbüros, die an eine lange Tradition der Bürosimulation in der kaufmännischen Ausbildung anknüpfen, sind in der Regel als Arbeitsbüros mit Büroatmosphäre gestaltet und funktionsgerecht ausgestattet, so daß sowohl arbeitsgleiches als auch arbeitsteiliges Arbeiten in unterschiedlichen Abteilungen wie Einkauf, Verkauf, Personal, Rechnungswesen organisiert werden kann. Darüber hinaus ist die bürotechnische Ausstattung in aller Regel so vorgenommen, daß nach Bedarf die Informations- und Kommunikationstechniken genutzt werden können.
Zugleich sind in den Lernbüros entsprechend aufbereitete Materialien und Arbeitsmittel wie Karteikarten, ein ausgebautes Formularwesen, Kataloge, Organisationspläne usw. vorhanden, die selbständiges Arbeiten und Lernen fördern und Aufforderungscharakter für die aktive Auseinandersetzung mit den gestellten Arbeits- und Lernaufgaben tragen (vgl. *Kaiser/Weitz/Sarrazin* 1991; *Kaiser* 1993).

2.4 Lerntheoretische Grundlagen methodischen Handelns

2.4.1 Erkenntnistheoretische Basis der lerntheoretischen Dimension handlungsorientierten Lernens

Bis in die Gegenwart ist es vor allem in der pädagogischen Kompendienliteratur üblich, Methodik als den Weg zu definieren, auf dem bestimmte Zielsetzungen angestrebt werden. Dabei erfolgt zumeist, isoliert von anderen Faktoren der Lernsituation, eine Beschreibung von Mitteln, unterrichtlichen Techniken, mit denen bestimmte Zielsetzungen lernwirksam anzugehen sind: Gruppenarbeit, Rollenspiele, Planspiele, programmierte Unterweisung usw. Somit ist die Gefahr gegeben, daß Methodik einen Mittelcharakter erhält, vorrangig instrumentalistisch gedeutet und den Inhaltsfragen untergeordnet wird (vgl. *Aschersleben* 1974, 18; *Mickel* 1974, 31).

Im Hinblick auf die Überwindung eines vorherrschenden instrumentellen Verständnisses von Methode sind die Überlegungen von *H. Blankertz, P. Menck, H.-J. Kaiser* hilfreich. Sie beschreiben einen Implikationszusammenhang zwi-

schen inhaltlichen, intentionalen und methodischen Überlegungen und sprechen von einer gegenstandskonstituierenden Funktion der Erkenntnismethode. D. h. der Weg, der Denk- und Lernprozesse strukturiert, schafft zugleich die Inhalte: "Ein Nachdenken über Inhalte ist nicht möglich ohne ein Nachdenken des Weges ihrer Konstituierung." (*Menck* 1975, 51) Nach diesem Verständnis ist Unterrichtsmethode das pädagogische Kriterium, das Inhalte und Unterrichtstechniken unter den Bedingungen einer konkreten Lernsituation des Schülers und unter dem Gesichtspunkt bestimmter erkenntnisleitender Interessen des Lehrenden *miteinander* verbindet. Somit "schafft" sich die Unterrichtsmethode in der "Strukturierung und Zuordnung von Techniken und Inhalten den Gegenstand Unterricht." (*Kaiser/Menck* 1972, 146) Die Gesamtheit der verfügbaren Unterrichtstechniken bzw. Handlungsmuster sowie ihre Zuordnung aufeinander und ihre Ausrichtung auf mögliche Aufgaben machen die Methode aus: "Die tatsächliche Zuordnung auf eine konkrete Aufgabe, Bestimmung, konstituiert das Unterrichtsziel, und das ist nicht der Inhalt des traditionellen Sprachgebrauchs." (*Klafki* 1967, 131ff.)
In diesem Methodenverständnis verliert der Gegenstand "seine vorgeblich festgefügte und eindeutig innere Struktur und erscheint als historisch gewordenes, mehrdeutiges Kulturprodukt, welches in verschiedenen Hinsichten im Unterricht zum Thema werden kann. Ebenso wird der Schüler nicht als passives Gefäß, sondern als aktiv-aneignendes, entwicklungsfähiges Lernsubjekt verstanden. Aufgrund einer bildungstheoretisch zu entfaltenden und zu begründenden didaktischen Intentionalität wird sowohl über die Hinsicht, in der Inhalt zum Thema werden soll, wie auch über die zu fördernde Richtung des Lernens und Entwickelns der Schüler entschieden. Das methodische Handeln des Lehrers hat dabei die Aufgabe, zwischen 'objektiver' und 'subjektiver' Seite einen Auseinandersetzungsprozeß einzuleiten, damit Objekt und Subjekt sich aneinander entwickeln." (*Terhart* 1989, 45 f.) Damit wird deutlich, daß die Klärung der Methodenfrage letztlich ein erkenntnistheoretisches Problem darstellt.
H. J. Kaiser weist darauf hin, daß bisher selten die engen Verbindungen zwischen "erkenntnistheoretischem und lerntheoretischem Hintergrund einerseits und zwischen dem Methodenbegriff der Philosophie und dem der Pädagogik andererseits" (*Kaiser* 1972, 133) ins Bewußtsein getreten sind. Er thematisiert deshalb den erkenntnis- und lerntheoretischen Hintergrund anhand von vier Denkrichtungen der philosophischen Tradition (*Platon, Kant, Hegel* und *Dewey*) und kommt zu dem Ergebnis, daß Erkenntnis niemals aggregathaft gedeutet werden kann: "In der Auflösung des Aggregatcharakters von Erkenntnisinhalten, – dadurch, daß Inhalt nur dann Inhalt ist, wenn er aktualisiert ist im Denken, – fallen Methode und Inhalt zusammen, und eine Trennung beider Momente läßt sich [...] nur noch heuristisch vollziehen." (*Kaiser* 1972, 140 f.)

Im Hinblick auf unser Methodenverständnis mit der Präferenz für ein "handlungsorientiertes Lernkonzept" des Ökonomieunterrichts greifen wir auf die genetische Erkenntnistheorie von *Piaget* zurück und verdeutlichen die pädagogischen Konsequenzen, die sich daraus ergeben, an den grundlegenden lerntheoretischen Überlegungen *Aeblis*, eines Schülers *Piagets*.
Die Ausgangsfrage für die Analyse der Genese des Erkennens stellt sich für *Piaget* wie folgt: Alle Erkenntnistheorien postulieren in gewisser Weise einerseits ein erkennendes Subjekt und auf der anderen Seite Objekte, die vom Subjekt als existent betrachtet werden. Darüber hinaus wird angenommen, daß das Subjekt über Instrumente, wie z. B. Wahrnehmung und Begriffe verfügt, mit denen die Objekte erfaßt werden.
Demgegenüber geht *Piaget* von der Annahme aus, daß am Ausgangspunkt der Erkenntnis des Kindes kein bewußtes Subjekt existiert, "vor allem kein Subjekt, das sich seiner eigenen Existenz und Aktivität bewußt ist –, noch bestehen (vom Gesichtspunkt des Subjekts aus) völlig ausgebildete Objekte, die sich ihm entgegenstellen: Die Erkenntnis resultiert aus Wechselwirkungen, die halbwegs zwischen den beiden Polen liegen und die sich auf beide beziehen, wobei anfänglich eine Differenzierung zwischen den Polen fehlt, so daß der Austausch nicht zwischen abgegrenzten Formen stattfindet." (*Piaget* 1974a, 31 f.)
So gelangt *Piaget* zum eigentlichen Problem der Erkenntnis, das Gegenstand seiner jahrzehntelangen Untersuchungen gewesen ist: "Wenn anfänglich weder ein Subjekt im epistemischen Sinn des Ausdrucks existiert, noch Objekte, die als solche wahrgenommen werden, noch unveränderliche Instrumente des Austausches, wie bilden sich dann die vermittelnden Instrumente aus, die doch erst konstruiert werden müssen! Offenbar reifen diese vorerst in der Berührungszone zwischen dem eigenen Körper und den umgebenden Dingen, um sich hierauf in zwei komplementären Richtungen zu erweitern, nach innen und nach außen; und erst diese doppelte Konstruktion gestattet die Erarbeitung des Subjekts und die damit verbundene Konstituierung der Objekte." (*Piaget* 1974a, 32) Wir sehen, daß sich der Ansatz der genetischen Epistemologie vom Programm her gegenüber der traditionellen Erkenntnistheorie dadurch fundamental abhebt, daß sie sich nicht nur mit bestimmten *Ergebnissen* der kognitiven Entwicklung – ihren höchsten und letzten Stufen – befaßt, sondern die *Entwicklung* der Erkenntnis bis zum wissenschaftlichen Denken verfolgt. Das zentrale Problem der genetischen Epistemologie (Erkenntnistheorie) für *Piaget* liegt somit in der Art und Weise der *Konstruktion* neuer Erkenntnisse begründet.
Die Abkehr von Abbildtheorien führt *Piaget* dazu, Erkenntnis als einen *aktiven Interaktionsprozeß* zu deuten: "Erkennen heißt, Realität an Transformationssysteme zu assimilieren. Erkennen heißt, Realität zu transformieren, um zu ver-

stehen, wie ein bestimmter Zustand zustande kommt." (*Piaget* 1973, 8) Er kennzeichnet das Denken als einen sich ständig dem Problem nähernden Anpassungsprozeß und faßt die beiden Aspekte des Transformationsvorganges als Handeln des Individuums auf. Nur solche Gegenstände und Situationen der Umwelt können assimiliert werden, für die der Organismus über entsprechende Schemata und Strukturen verfügt: "Wer nicht zählen kann, kann keine Anzahl erfassen; wer nicht über den Begriff der Horizontalität verfügt, 'sieht' nicht, daß der Wasserspiegel horizontal bleibt, wenn die Lage eines Gefäßes verändert wird." (*Montada* 1970, 22) *Assimilation* und *Akkommodationsprozesse* stellen zwei komplementäre Funktionen eines Annäherungsprozesses dar, die von *Piaget* als *Adaption* (Anpassung) bezeichnet werden. Neue Schemata werden mit Hilfe formaler Abstraktion erworben. Diese Schemata wiederum werden untereinander zu Strukturen koordiniert, jede Struktur erfordert einen Aufbau, der wiederum auf frühere Strukturen zurückgeht.

2.4.2 Lerntheoretische Grundannahmen Aeblis

Aeblis Arbeiten bauen auf den Grundannahmen *Piagets* auf, sind aber entschiedener auf lerntheoretische bzw. auf pädagogische Fragestellungen ausgerichtet als die erkenntnistheoretischen und entwicklungspsychologischen Arbeiten seines Lehrers *Piaget*. Für das Verständnis der Psychologie *Aeblis* sind drei Grundannahmen hilfreich, die seine Psychologie immer wieder durchziehen (vgl. *Aebli* 1981, 382 ff. und 1983, 385 ff.):
(1) Pragmatismus
(2) Konstruktivismus
(3) Modell des reflexiven Subjekts

(1) Pragmatismus

Aebli sieht in der Nachfolge *Piagets* folgerichtig den Ursprung des Denkens im Handeln: "Wir haben das Handeln ein Medium der Erfahrungsbildung und des Wissens genannt. Wir können diese Aussage nun erweitern und damit einen Grundzug der Psychologie kennzeichnen, die dieser Didaktik zugrunde liegt. Wir betrachten das Handeln als die erste und ursprüngliche Form der Erfahrungsbildung und das Handlungswissen als das erste und ursprüngliche Wissen des Menschen. Man kann also unsere Psychologie und die damit zusammenhängende Didaktik daher als *pragmatisch*, nämlich dem Pragmatismus nahestehend, bezeichnen. Denn es war die Grundthese der pragmatischen Philosophen und Pädagogen *W. James* (1907; 1977) und *J. Dewey* (1933; 1964), daß das geistige Leben mit der Handlung einsetzt, seine Wahrheit eine Wahrheit der Bewährung in der Praxis ist, und daß wir ihr letztlich wieder zu dienen haben. *Piaget* hat dem Pragmatismus eine entwicklungspsychologische Bedeutung gegeben: Das Kind ist zuerst und vor allem ein handelndes Wesen. Die Operationen des Denkens entwickeln sich aus der Handlung heraus. Wir haben dieser entwicklungspsychologischen These eine lerntheoretische und eine didaktische Bedeutung gegeben: Die Lernprozessse müssen immer wieder mit der Handlung einsetzen. Die pragmatische Grundhaltung dieses Ansatzes beinhaltet dennoch, daß sich in der Handlung bereits die Grundstrukturen einer begrifflichen Erfahrung verwirklichen können und Denkstrukturen sich aus verinnerlichten, gegenständlichen Handlungen entwickeln." (*Aebli* 1983, 386) Die mächtigsten Motive zum Denken, so formuliert *Aebli,* "ergeben sich doch aus den Notwendigkeiten des Handelns und hier bestehen auch reale Notwendigkeiten und Möglichkeiten der Verbindung der Welten der Praxis und Theorie." (*Aebli* 1981, 384)

(2) Konstruktivismus

Neben dem pragmatischen Grundgedanken trägt der lerntheoretische Ansatz *Aeblis* konstruktivistischen Charakter. Im Hinblick auf das Verhältnis von Denken und Handeln formuliert *Aebli*: "Denken geht aus dem Handeln hervor, und es trägt – als echtes, d. h. noch nicht dualistisch pervertiertes Denken – noch grundlegende Züge des Handelns, insbesondere seine Zielgerichtetheit und Konstruktivität." (*Aebli* 1980, 26) Konstruktivität bedeutet in diesem Zusammenhang, daß die Psyche sich in der Auseinandersetzung mit der Welt ein internes Modell der Umwelt aufbaut. Dabei werden auf der Basis von Handlungen kognitive Strukturen herausgebildet, die sich aus einfacheren Elementen aufbauen. Während *Piaget* den Konstruktionsprozeß als einen sich selbst regulierenden Entwicklungsprozeß denkt, in den der Erzieher kaum eingreifen kann, versteht *Aebli* die Entwicklung als Summe der Lernprozesse, die ein junger Mensch durchläuft.

Da nach den Vorstellungen *Aeblis* der Reifungsprozeß lediglich zunehmende Möglichkeiten des Handelns und Denkens eröffnet, vollziehen sich die eigentlichen Entwicklungsschritte durch Lernen und Erfahrung. Daher können auch von der Schule als soziale Umgebung wichtige Anstöße zur Entwicklung ausgehen, und die Erzieher können Lernprozesse initiieren, die sich aufgrund der spontanen Aktivitäten der Lernenden nie ergeben würden. Schulisch organisierte Lernprozesse können somit zum Aufbau hierarchischer Strukturen des Verhaltens und Denkens anleiten (vgl. *Aebli* 1981, 352 f.). Lernen ist für *Aebli* ein konstruktiver, produktiver Prozeß.

(3) Modell des reflexiven Subjekts

In seinen Menschenbildannahmen geht Aebli von einer weitgehenden Innensteuerung des Lernens durch den Menschen aus. Der Mensch wird verstanden als ein handelndes Individuum, das sich selbst Ziele setzt, Mittel zu ihrer Erreichung sucht, das eigene Handeln reflektiert und für sein eigenes Handeln verantwortlich ist.

Ebenso wie der handelnde Mensch hat auch der Problemlöser ein Ziel, und zwar die Struktur einer Situation zu verbessern. "Handlung und Problemlösung sind Brückenschläge zwischen den beiden Polen, der unbefriedigenden gegebenen Situation und dem Zielzustand. Wenn das Problem gelöst ist, hat der Problemlöser etwas gelernt." (*Aebli* 1980, 27) In diesem Sinne meint das Bild vom Individuum als reflexivem Subjekt: "Der handelnde und der denkende Mensch reflektieren im Zuge des Handelns und Denkens laufend ihr eigenes Tun. Sie tun dies nicht *in abstracto*, sondern in engem Zusammenhang mit der Beurteilung der realisierten Schritte und der noch zurückzulegenden Distanz zum Ziel. Reflexion des eigenen Handelns und Denkens ist deren integrierender Bestandteil. Wir nennen es Handlungssteuerung und Steuerung des Denkvorgangs." (*Aebli* 1980, 27)

Insgesamt ist das epistemologische Subjektmodell aufgrund der vorausgesetzten dialektischen Personen-Umwelt-Beziehung durch folgende Charakteristika gekennzeichnet (vgl. *Söltenfuß* 1983, 325 f.):

- *Reflexivität*: Der Mensch kann sich selbst in eine Situation befindlich denken.
- *Partizipation*: Innherhalb unterschiedlicher Rollen nimmt der Mensch ständig an Interaktionen mit der Gesellschaft teil und kann sich dadurch ein Wertesystem aufbauen.
- *Antizipation*: Der Mensch kann auf einer gedanklichen Orientierungsgrundlage sich selbst Ziele setzen, zukünftige Ereignisse und das Ergebnis von Handlungen gedanklich vorwegnehmen und für die Zukunft Handlungsalternativen entwickeln.
- *Selbststeuerung*: Der Mensch ist nicht determiniert, sondern kann aus eigener Motivation und Überlegung seine Aktivitäten weitgehend selbst steuern.

2.4.3 Dimensionen des Lehrens und Lernens

Aebli unterscheidet drei Dimensionen des Lehrens und Lernens (vgl. auch Abb. 2.4):

(1) Die Dimension der Medien. Damit sind verschiedene Varianten der medialen Vermittlung zwischen Schüler und Lehrer und Schüler und Sache gemeint (= Erzählen und Referieren, Vorzeigen und Nachmachen, gemeinsame Objekt- und Bildbetrachtung, Lesen und Schreiben).

(2) Die Dimension der Inhalte (= Handlungsschemata, Operationen und Begriffe).

(3) Die Dimension der Funktionen im Lernprozeß (= problemlösendes Aufbauen, Durcharbeiten, Üben/Wiederholen und Anwenden).

Aebli entwickelt daraus ein dreidimensionales System von Grundformen des Lehrens (vgl. Abb. 2.4).

In den weiteren Überlegungen konzentrieren wir uns auf die Dimension der Lerninhalte und Strukturen. Dazu müssen wir zum besseren Verständnis zwischen Handlung, Operation und Begriff unterscheiden:

1. Die Handlung wird als die ursprüngliche Form des geistigen Lebens angesehen,
2. Operationen werden als abstraktes Handeln interpretiert und
3. im Begriff objektiviert sich der Gedanke, der vorher jedoch *aufgebaut* sein will (vgl. *Aebli* 1983, 179 f.).

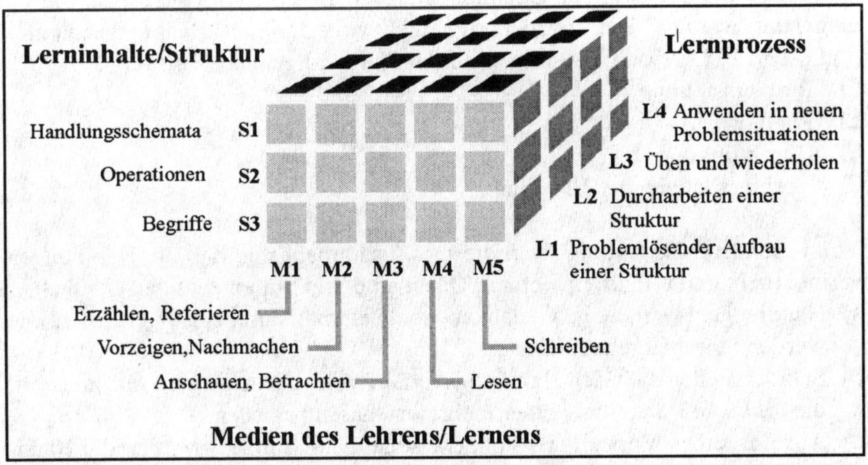

Abb. 2.4: Dreidimensionales System von Grundformen des Lehrens, nach: *Aebli* 1983, 25

(1) *Handlungen und Handlungsschemata*

Handlungen sind zielgerichtete, *in ihrem inneren Aufbau verstandene Vollzüge*, die ein faßbares Ergebnis erzeugen.
Wenn man in einer funktionellen Betrachtungsweise danach fragt, was sie leisten, dann gilt es, zwischen Handlungsfolgen und Handlungsschemata zu unterscheiden. Handlungsschemata sind die in unserem Handlungswissen oder Handlungsgedächtnis gespeicherten Handlungselemente, quasi das "Repertoire von fertigen Handlungsabläufen". Sie müssen deshalb bestimmte Eigenschaften aufweisen. *Erstens* müssen sie wiederholbar sein, d. h. zwei Episoden weisen die gleiche Struktur auf, wie z. B. eine Mahlzeit bereiten, ein Brett ablängen und durchsägen usw., sie sind *zweitens* als "Ganzes gespeichert", d. h. sie haben eine im wiederholten Vollzug gewonnene invariante Struktur, und sind *drittens* "übertragbar", d. h. das gewonnene Können ist übertragbar auf neue Situationen und Aufgaben. Schon hier ist erkennbar, daß das Handeln mehr ist als eine fixe Handfertigung. Vielmehr weiß der Handelnde, mit welchem Ziel er die einzelnen Schritte eines Handlungsablaufs einsetzt und warum sie geeignet sind, die angestrebten Teilziele zu erreichen. Der Lernende ist ebenfalls in der Lage, das Zusammenwirken der einzelnen Maßnahmen auf die Erreichung des Endziels hin zu überblicken, d. h. die Struktur seines Handelns ist ihm klar (vgl. *Aebli* 1983, 202).

Die funktionelle Betrachtungsweise (vgl. Abb. 2.6) von Handlungen, d. h. die Frage nach der Leistung von Handlungen, ist zu erweitern um die Frage, *wie sie aufgebaut werden*. Die Erarbeitung eines vollständigen Handlungsablaufes (vgl. *Aebli* 1983, 195 ff.) erfordert nach *Aebli* die folgenden Schritte:

- Problemstellung
- Planung
- Durchführung
- Verinnerlichung der Handlung.

Von besonderer Bedeutung ist in diesem Zusammenhang, daß die Handlungen verinnerlicht und reflektiert werden. Dabei sind drei Stufen zu unterscheiden:

a) Handlungen werden in Gedanken noch einmal durchgegangen, d. h. sie werden innerlich rekapituliert.
b) Schüler stellen sich den Handlungsverlauf vor, indem sie sich nur noch auf die *bildliche* Darstellung einer/mehrerer Phasen beziehen.
c) Aus der reinen Vorstellung – ohne anschauliche Stütze – werden die Handlungen rekapituliert.

Damit hat der Vorgang der "Verinnerlichung" sein Endstadium erreicht: "Der Schüler ist nun in der Lage, die Handlungen, die er ursprünglich effektiv ausführte, rein vorstellungsmäßig zu vollziehen und davon mit dem Mittel der Sprache Rechenschaft abzulegen." (*Aebli* 1983, 201)
Es wird deutlich, daß Handeln mehr ist als *fixe* Handfertigkeit: „Es geht nicht darum, dem Schüler irgendwelche Handgriffe beizubringen. Ein praktischer Mensch ist nicht ein Mensch, der bloß „eine geschickte Hand" hat. Er hat einen geschickten Kopf. Ein praktischer Mensch versteht, was er tut. Er weiß, mit welchem Ziel er die einzelnen Schritte eines Handlungsablaufs einsetzt und warum sie geeignet sind, die Teilziele zu erreichen. Er überblickt auch das Zusammenwirken der einzelnen Maßnahmen auf die Erreichung des Endzieles hin. Die Struktur seines Handelns ist ihm klar." (*Aebli* 1983, 202)

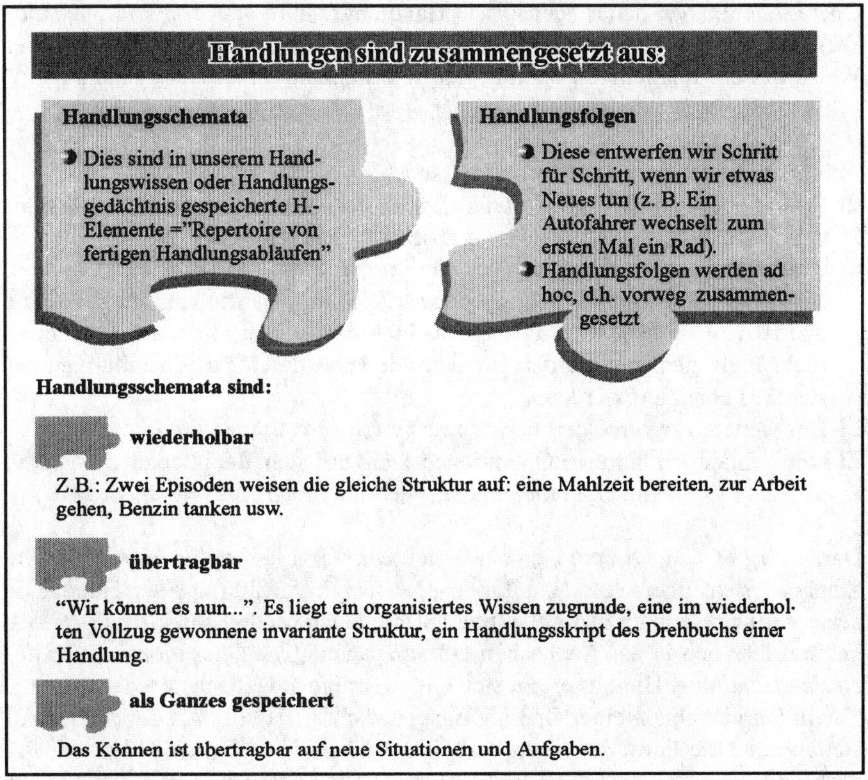

Abb. 2.5: Handlungen

(2) *Operationen*

Von den konkreten Handlungen sind die sog. *Operationen* (vgl. *Aebli* 1980, 209 ff. und 1983, 207 ff.) zu unterscheiden, die sich als abstrakte Handlungen bezeichnen lassen, ihren Ursprung jedoch in den konkreten Handlungen des Alltags haben. Die Operation unterscheidet sich von einer Handlung vor allem in der Art ihrer Steuerung, d. h. in dem, worauf der Handelnde bei ihrer Ausführung achtet. Während das Ziel des Handelns ein *praktischer* Effekt ist, liegt das Ziel des Operierens in einer neuen Erkenntnis. Der Lernende "entschlackt" quasi seine Handlungen von allem schmückenden Beiwerk und äußerlichen Phänomenen und reduziert sie auf ihr *strukturelles Gerüst*. Operieren heißt in diesem Zusammenhang nichts anderes als im Bewußtsein der Zusammenhänge zu handeln. "Auch beim Operieren werden Strukturen stufenweise aufgebaut. Operationen haben daher ebenso wie Handlungen ihre *hierarchische Struktur*. Wegen ihrer reinen Konstruktion sind sie auch beweglicher als die in vielfacher Weise mit der qualitativen Vielfalt der Wirklichkeit verhafteten Handlungen." (*Aebli* 1980, 245)

Aebli weist den Operationen charakteristische Kennzeichen zu:

- ❑ Operationen sind abstrakte Handlungen; sie können gedanklich ausgeführt werden, d. h. das eigene Tun wird abstrakt behandelt.
- ❑ Operationen haben den Charakter einer reversiblen Handlung; sie können in der einen und in der entgegengesetzten Richtung stattfinden, während eine einmal realisierte Handlung nicht mehr reversibel ist, d. h. sie kann nicht rückgängig gemacht werden, sondern sie kann durch Folgehandlungen bestenfalls korrigiert werden.
- ❑ Des weiteren setzen Operationen eine gewisse Invarianz voraus.
- ❑ Und schließlich beruhen Operationen nicht auf sich allein, sondern sie sind auf ein System von Operationen bezogen und bilden eine *Gesamtstruktur*.

Daraus ergibt sich: Operationen sind effektive, vorgestellte (innere) oder in ein Zeichensystem übersetzte Handlungen, bei deren Ausführung der Handelnde seine Aufmerksamkeit ausschließlich auf die entstehende Struktur richtet. Abgekürzt läßt sich in der Aeblischen Diktion sagen: *Eine Operation ist eine abstrakte Handlung*. Hieraus ergibt sich eine wichtige didaktische Forderung:
"Beim Durcharbeiten einer Operation ist es wichtig, daß die Art der Aufgabenstellung und die Form der Übungsarbeit *das wiederholte Durchdenken der Beziehungen unausweichlich verlangt.* (Hervorhebung durch Verf.) Eine falsch beratene Reformpädagogik hat die Unterrichtsergebnisse auf die Weise zu vertiefen versucht, daß allerlei handwerkliche Arbeiten in den Rechen- und Geo-

metrieunterricht einbezogen wurden. So wurde geschnitten und gekleistert, geklebt und gemalt. Dabei geriet das mathematische Denken ob all dem praktischen Betätigen ganz in den Hintergrund. Daher waren die Ergebnisse denjenigen eines intelligent erteilten Unterrichts mit Kreide und Wandtafel häufig unterlegen." (*Aebli* 1983, 236)
Darüber hinaus gilt es zu beachten, daß für die Verinnerlichung und Automatisierung der Operationen ein symbolischer Übersetzungsprozeß stattfinden muß. Die üblichen Darstellungsmittel sind wirkliche, manipulierbare Objekte, Bilder der wirklichen Objekte, Zeichen und die Sprache.

(3) *Begriffe*

Der Begriff ist für *Aebli* das theoretische Gegenstück zum Handlungsschema (vgl. *Aebli* 1983, 386). Begriffsbildung erfolgt bereits dann, wenn bei der Erarbeitung und beim Durchdenken von Handlungsschemata ihre wesentlichen Beziehungen und Teile zusammengefaßt werden. Operieren und Handeln sind Sonderfälle der Begriffsbildung. Dort, wo wir einen Begriff gebildet haben, da haben wir eine Erscheinung "im Griff", haben sie aus dem Vielerlei unserer Eindrücke herausgelöst und können sie dort, wo sie uns begegnet, wieder identifizieren. Begriffe sind Instrumente, mit deren Hilfe wir arbeiten. So ist z. B. der Begriff des "Sozialprodukts" nicht allein eine Definition mit der Aussage: "Das Sozialprodukt ist die Summe der Wertschöpfungen einer Volkswirtschaft in einem Jahr", sondern dahinter steht ein Beziehungsgefüge von Begriffen mit Netzcharakter, das man schrittweise aus einfacheren Teilen aufbaut und auf eine gedankliche Spitze ausrichtet und benennt. Beim Begriff Sozialprodukt ist dies die Verknüpfung solcher Begriffe, wie z. B. Wertschöpfungen, Vorleistungen, Löhne und Gewinne, Geld- und Güterströme, Unternehmen, private Haushalte, Produzieren und Konsumieren.

Begriffe werden zu Einheiten mit denen wir denken, "indem wir sie kombinieren, zusammensetzen und umformen." (*Aebli* 1983, 246) Auch hier wird der operative Charakter des Begriffes, sein hierarchischer Aufbau, der Begriff als ein Netz von Sachzusammenhängen deutlich. Das heißt: Es geht also nicht allein darum, den Geist des Kindes mit Inhalten "zu möblieren", sondern auch darum, dem Schüler Werkzeuge zu liefern, die ihn befähigen, sich selbständig mit seiner Umwelt auseinanderzusetzen; es geht sowohl um die Vermittlung von *deklarativem* als auch *prozedualem* Wissen.

Insgesamt gilt es festzuhalten, daß das Denken aus dem Tun hervorgeht, dort seine Basis hat und über diese Handlungen Beziehungen zwischen sachlichen, emotionalen, sozialen und gedanklichen Gegebenheiten gestiftet werden.

2.4.4 Stellenwert der Tätigkeit im Rahmen von Lernprozessen

Aebli führt in seinem Band "Grundlagen des Lehrens" aus: "Nicht 'Lehrstoff' ist primär attraktiv, sondern Tätigkeit. Gehen, schwimmen, autofahren, eine Eisenbahn in Betrieb setzen, mit einem Partner sprechen sind Tätigkeiten. Lernen findet im Zuge ihrer Ausführung statt." (*Aebli* 1987, 20)
Die Ansicht, daß die praktische Tätigkeit allein schon ausreiche, die Entwicklung des Individuums zu fördern, wie gelegentlich "handlungs"-orientierte Lernkonzepte fehlinterpretiert werden, hat bereits *Kerschensteiner* im Zusammenhang mit einer falsch verstandenen Arbeitsschule zu Beginn des 20. Jahrhunderts mit dem Hinweis karikiert, daß der Schüler keinen Begriff vom "kategorischen Imperativ" erhalte, wenn er ein Porträt von Kant abzeichne.

Da Schule immer in der Gefahr steht, Wissensvermittlung mit Wissenserwerb zu verwechseln, und der Tätigkeitsbegriff so eng gefaßt und fast ausschließlich als die physische Manipulation von Gegenständen verstanden wird, soll hier mit *Aebli* zwischen Handlung und Tätigkeit unterschieden werden.
Während der Lerner bei der Ausführung einer Handlung sich des Ziels deutlich bewußt ist und alle Einzelschritte, die zu diesem Ziel führen sollen, bewußt plant, ist dem Tätigen das Ziel der Tätigkeit häufig teilweise oder gar nicht bewußt. Aebli weist zugleich darauf hin, daß die Grenzen zwischen Handlung und Tätigkeiten fließend sind: "In dem Maße, wie sich der Tätige des Gesamtziels bewußt wird, er dieses bejaht und die Teilhandlungen bewußt zu seiner Erreichung einsetzt, wird die Tätigkeit zur Handlung." (*Aebli* 1987, 21)

Aebli unterscheidet im Hinblick auf die Bandbreite möglicher Tätigkeiten im Rahmen des unterrichtlichen Handelns drei Dimensionen:

1. Dimension: sachbezogene oder soziale (personenbezogene) Tätigkeiten
2. Dimension: herstellende (praktische) oder darstellende (erkennende) Tätigkeiten
3. Dimension: reale oder symbolische Tätigkeiten

Aus dieser Kombination ergibt sich eine Taxonomie der Tätigkeiten mit acht Tätigkeitsformen.

Die *erste* Dimension bezieht sich auf sachbezogene und personenbezogene Tätigkeiten. Sucht ein Schüler für eine bestimmte Thematik Informationen aus der Zeitung und schneidet sie aus o. ä., so kann man von einer sachbezogenen Tätigkeit sprechen. Befragt er andere Personen, macht ein Interview, um die benötigten Informationen zu erhalten, so ist dies eine soziale oder personenbezogene Tätigkeit.

Die *zweite* Dimension ergibt sich aus der Überlegung, daß Tätigkeiten dazu dienen können, ein Produkt *herzustellen* oder eine Sache oder einen Vorgang zu erkennen und *darzustellen*. Durch die *herstellende* (praktische) Tätigkeit wird etwas Konkretes geschaffen; es werden Objekte oder allgemeine Tatbestände geschaffen, die vorher nicht bestanden haben. Dadurch wird in die Wirklichkeit eingegriffen und diese wird somit verändert (vgl. *Aebli* 1987, 23). Dagegen greifen *darstellende* Tätigkeiten nicht "in die Wirklichkeit ein, sondern machen sie zum Gegenstand ihrer Betrachtung." (*Aebli* 1987, 23) Der Schüler betrachtet die Wirklichkeit, er beobachtet, deutet und erklärt ein reales Geschehen.

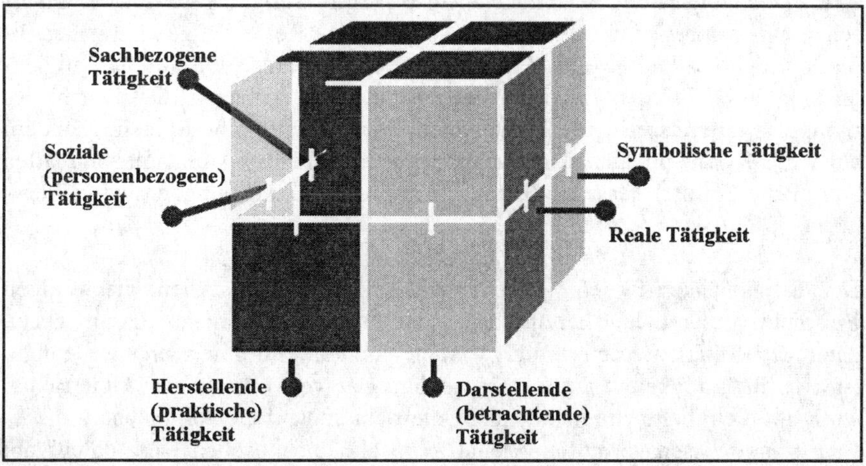

Abb. 2.7: Drei Dimensionen der Tätigkeit im Unterricht, aus: *Aebli* 1987, 22

Werden diese ersten beiden Dimensionen (vgl. Abb. 2.7) kombiniert, erhalten wir vier verschiedene Gruppen von Tätigkeiten:

a) die sachbezogenen Tätigkeiten herstellender (praktischer) Art,
b) die sachbezogenen Tätigkeiten darstellender (erkennender) Art,

c) die sozialen (personenbezogenen) Tätigkeiten herstellender (praktischer) Art, und
d) die sozialen Tätigkeiten darstellender (erkennender) Art.

Dazu ein Beispiel: Wenn die Schüler für eine Passantenbefragung einen Fragebogen entwerfen und herstellen, so ist dies eine Tätigkeit im Sinne von a). Es wird ein konkretes Objekt geschaffen, ein Fragebogen entwickelt. Es handelt sich um eine sachbezogene Tätigkeit, die sich auf ein Objekt richtet. Führen die Schüler anhand des Fragebogens eine Passantenbefragung auf der Straße durch, so handelt es sich um eine personenbezogene Tätigkeit im Sinne von c). Sie ist überdies eine Tätigkeit herstellender Art, weil die Schüler mit ihrer Befragung in die Wirklichkeit eingreifen und das Straßengeschehen nicht nur beobachten. Erfolgt die Auswertung der Fragebögen und die Deutung, Interpretation der erhobenen Daten, so ist dies eine Tätigkeit im Sinne von b). Besucht eine Schülergruppe im Rahmen einer Erkundung einen Betrieb, um einen Produktionsprozeß zu beobachten, so können wir von einer personenbezogenen Tätigkeit der darstellenden (betrachtenden) Art im Sinne von d) sprechen.
Eine *dritte* Dimension des Tätigkeitswürfels ergibt sich für *Aebli* aus der Unterscheidung von realer und symbolischer Tätigkeit. "Reale Tätigkeiten gehen direkt mit der Realität, also mit Personen und Sachen um. Symbolische Tätigkeiten sind durch Zeichen – oder Symbole – vermittelt, wobei wir den Begriff des Symbols weiterfassen und darunter nicht nur die natürliche Sprache, sondern auch die Kunstsprachen (Mathematik, Notenschrift usw.) und die bildhaften Anschauungsmittel fassen Schemata, Graphiken, Zeichnungen und Bilder." (*Aebli* 1987, 24)

Der Tätigkeitsbegriff ließe sich weiter ausdifferenzieren. Allein die wenigen Beispiele verdeutlichen bereits, daß es offensichtlich nicht nur darum gehen kann, *daß* Tätigkeiten ausgeführt werden, sondern von besonderer Bedeutung ist, *was* für Tätigkeiten ausgeführt werden. Das verweist auf den Unterrichtsstoff, auf die Inhalte von Schule und Unterricht und auf die Schulfächer.
Eine reine Wissensvermittlung lehnt *Aebli* als "didaktischen Kurzschluß" ab: "Der didaktische Kurzschluß besteht darin, bloße Ergebnisse zu vermitteln und zu meinen, man habe nicht die Zeit oder es sei zu umständlich, mit den Schülern jene Tätigkeiten in Gang zu setzen, deren Ergebnis die Einsicht, die Problemlösung, der Begriff ist." (*Aebli* 1987, 31)

2.5 Der Konstruktivismus als Basis einer „neuen“ Lernkultur

2.5.1 Ideengeschichtliche Entwicklung und Grundannahmen des Konstruktivismus

In den vorangegangenen Kapiteln ist deutlich geworden, daß der Konstruktivismus keineswegs eine völlig neue Theorie ist. Viele seiner Ideen wurden bereits in der Vergangenheit von Philosophen, Pädagogen und Psychologen wie z. B. *Dewey, Piaget* und insbesondere *Aebli* entwickelt.
Ideengeschichtlich ist die Zahl der Vorläufer des Konstruktivismus groß (vgl. *Arnold/Siebert* 1995, 22; *Knorr-Cetina* 1989, 86). Über die Nicht-Erkennbarkeit der Welt und die Begrenztheit der menschlichen Deutungen der Welt philosophierte schon *Xenophanes* (6. Jahrh. v. Chr.) und später *Sextus Empiricus* (2. Jahrh. n. Chr.). Auch *Hume* und *Kant* oder die Physiologen des 19. Jahrhunderts setzten sich bereits mit erkenntnistheoretischen Fragen der Nichterkennbarkeit von Welt auseinander (vgl. *von Glasersfeld* 1990; *Jensen* 1994; *Arnold/Siebert* 1995, 13). Allerdings ist selten in der Breite und Tiefe das Verhältnis von Wissen und Wirklichkeit, insbesondere ausgehend von Wahrnehmungsprozessen über Kommunikation, Sprache und Wissenserwerb, diskutiert worden (vgl. *Krüssel* 1993, 38).
Wer sich mit Fragen des Konstruktivismus auseinandersetzt, tut gut daran, sich zu vergewissern, daß auch der Begriff des Konstruktivismus vielschichtig und mehrdeutig ist, so daß nicht gewährleistet ist, „daß Forscher und Praktiker dasselbe meinen, wenn sie von konstruktivistischen Ideen sprechen“ (*Mandl/Reinmann-Rothmeier* 1995, 33). Die unterschiedlichen Ausprägungen des Konstruktivismus reichen vom radikalen Konstruktivismus (vgl. *Schmidt* 1987; *Maturana* 1987; *Valera* 1987; *Luhmann* 1990 und *Roth* 1992) über den Konstruktivismus als Paradigma in der Soziologie bis hin zum „neuen“ Konstruktivismus in der Kognitionswissenschaft und Psychologie, der selbst wieder unterschiedliche Richtungen umfaßt (vgl. *Mandl/Reinmann-Rothmeier* 1995, 33). Im Rahmen dieses Kapitels werden wir nicht im einzelnen auf die Vielzahl der unterschiedlichen Richtungen eingehen. Im Hinblick auf die Ausprägungsformen des *radikalen Konstruktivismus* gilt es darauf hinzuweisen, daß dieser bis auf einige Versuche von *von Glasersfeld* nie eine eigene Lerntheorie oder Unterrichtsphilosophie entworfen hat (vgl. *Müller* 1996, 71).
Hinsichtlich der Gestaltung von Lehr-Lernprozessen ist aus konstruktivistischer Sicht die Grundannahme von Bedeutung, daß Wissen eine Konstruktion des Menschen ist und Lernen sich als ein aktiver, konstruktiver Prozeß in einem bestimmten Handlungskontext vollzieht.

Die traditionelle Unterrichtsphilosophie vertritt die Ansicht, daß das Wissen und die Fertigkeiten, die zur Problemlösung benötigt werden, sich durch Experten objektiv festlegen und an die Lernenden vermitteln lassen (vgl. *Dubs* 1993, 449). Im Mittelpunkt der Unterrichtsgestaltung stehen Fragen der Instruktion: Anleiten, Darbieten und Erklären (vgl. Abb. 2.8).

Aus Sicht der Lernenden stellt sich der Lehr-Lernprozeß als ein weitgehend rezeptiver Prozeß dar, da er zumeist von außen angeleitet und kontrolliert wird und den Lernenden die zu bearbeitenden Unterrichtsmaterialien möglichst optimal, d. h. gut strukturiert und aufbereitet, vorgegeben werden.

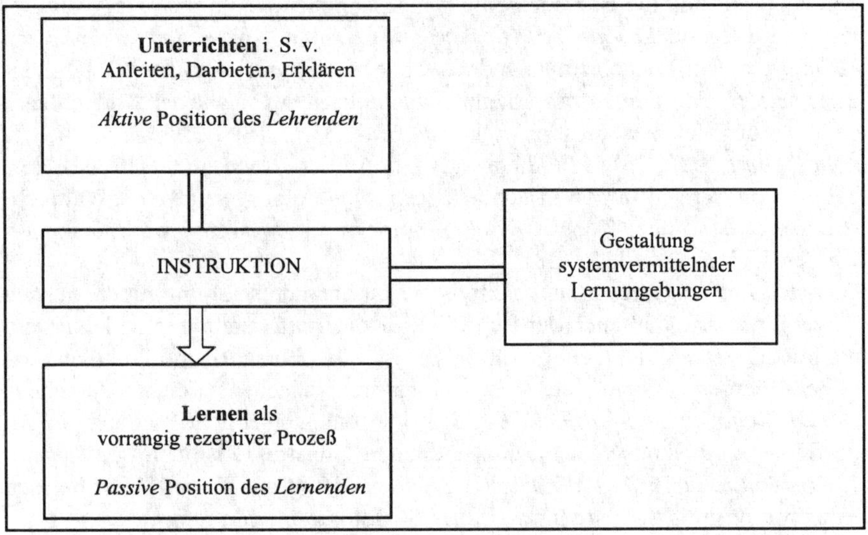

Abb. 2.8: Die traditionelle Unterrichtsphilosophie (vgl. *Mandl/Reinmann/Rothmeier* 1995, 28)

Während das traditionelle Lernen vorrangig auf Wissensvermittlung ausgerichtet ist, stellen die Vertreter des Konstruktivismus den Wissenserwerb in den Mittelpunkt. *Reinmann-Rothmeier* et al. bezeichnen diesen Perspektivenwechsel als einen Übergang vom „Primat der Instruktion zum Primat der Konstruktion." (*Reinmann-Rothmeier/Mandl* 1997, 41) Der Lehrer ist nicht vorrangig Wissensvermittler, sondern unterstützt und berät die Lernenden bei ihrer Wissensaneignung. Die theoretische Diskussion zur Unterrichtsdurchführung wird gegenwärtig von folgenden Paradigmen des Lehrens und Lernens bestimmt, die hier idealtypisch skizziert werden und als Extreme eines Kontinuums aufzufassen sind (vgl. *Dubs* 1995, 22 ff.; *Mandl/Reinmann-Rothmeier* 1995):

- *Objektivistische Ansätze*: Objektivisten gehen davon aus, daß Wissen und Fertigkeiten, die für die Lösung eines Problems bzw. eines Falles notwendig sind, durch Experten festgelegt und an die Lernenden vermittelt werden können. Im Unterricht üben die Lehrenden eine aktive Position aus, indem sie den Lehrstoff darbieten, erläutern und die Lernenden durch entsprechende Instruktionen zur Aufnahme des Wissens anleiten. Lernen wird dementsprechend als vorrangig rezeptiver Prozeß aufgefaßt, indem die Lernenden weitgehend eine passive Position einnehmen.
- *Konstruktivistische Ansätze*: Von den Lernenden ist die Wissensbasis für die Bewältigung von Problemen bzw. Fällen selbst zu entwickeln, dieses Wissen wird vorrangig nicht von den Lehrkräften übermittelt. Diese Informationen sollen das vorhandenen Wissen und Können erweitern, so daß es für die Bewältigung von komplexen Situationen zur Verfügung steht. Lernen wird als konstruktiver, situierter Prozeß aufgefaßt, in dem die Lernenden aktiv ihr Wissen entwickeln müssen. Aufgabe der Lehrenden, die eine eher reaktive Position einnehmen, ist es, die hierfür erforderlichen Lernumgebungen zu gestalten, d. h. den Lernprozeß unterstützend, anregend und beratend zu begleiten (vgl. Abb. 2.9).

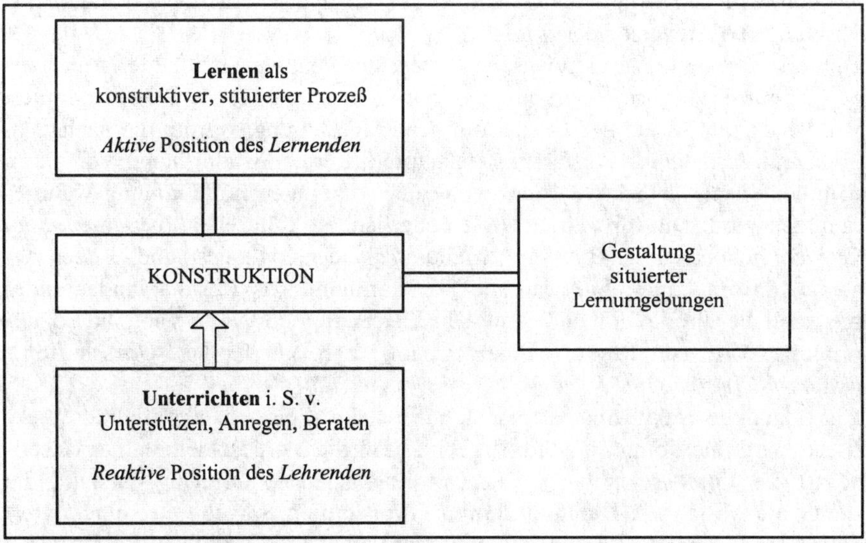

Abb. 2.9: Die konstruktivistische Unterrichtsphilosophie (vgl. *Mandl/Reinmann/Rothmeier* 1995, 28)

Aus der Sicht „situierter Theorien“ wird vor allem kritisiert, daß traditionell schulische Wissensvermittlung kontextungebunden auf symbolischer, abstrakter Ebene stattfindet und nicht in Verbindung zu außerschulischen Situationen steht. Das dürfte auch eine der Hauptursachen für das Phänomen sein, daß das theoretische Wissen, das in der Schule gelehrt wird, in außerschulischen Situationen zumeist nicht angewendet werden kann und somit als sog. *träges Wissen* folgenlos für das Handeln und die Praxis bleibt (vgl. *Brown* 1992).

Der *„soziale“ Konstruktivismus* konzentriert sich auf die Konstruktion und Entstehung sozialer Systeme und deren inneren Aufbau. Er ist soziologisch bzw. sozialpsychologisch orientiert und versucht die Produktion und Überlieferung gesellschaftlichen Wissens zu ergründen (vgl. *Gerstenmaier/Mandl* 1995, 871). Er transformiert die Idee der Konstruktion von Wirklichkeit auf die Ebene der sozialen Interaktion. Nach dieser Vorstellung konstruiert nicht allein das Individuum Realität, sondern die gesamte Gesellschaft. Die Konstruktion von Wirklichkeit basiert sowohl auf individuellen als auch auf sozialen Konstruktionsprozessen, die voneinander abhängig sind. Allerdings ist „die Realität, in die das Individuum hineinwächst und die es nachkonstruiert [...] schon vorab eine sozial-kulturelle Realität, sie ist von den Mitgliedern der Gesellschaft konstruiert.“ (*Vester* 1988, 350) Ein entscheidender Aspekt dieser Theorie ist, daß die Realität von den Mitgliedern einer Kultur nicht als konstruiert, sondern als wirklich existent verstanden wird.
Der bekannteste konstruktivistische Ansatz der neueren Soziologie ist der des „social constructivism“, der von *Berger* und *Luckmann* (1966, 1970) formuliert wurde. Dieser Ansatz befaßt sich mit der Fragestellung, warum die nach *Bergers* und *Luckmanns* Auffassung selbstproduzierte Sozialordnung von ihren Mitgliedern als „objektive“ und „von außen vorgegebene“ Ordnung wahrgenommen wird. Die fortwährende Veränderlichkeit kultureller Phänomene und Gegebenheiten, wie z. B. Werte, Meinungen oder Glaubens- und Wissenssysteme, deuten darauf hin, daß die Sozialordnung das Resultat andauernder menschlicher Produktion und somit kein Bestandteil der Natur sei. „Die Sozialordnung wird von Menschen gemeinsam, d. h. als Kollektiv erschaffen.“ (*Knorr-Cetina* 1989, 87)
Der Sozialkonstrukivismus erforscht, auf welche Weise soziale Realität objektiviert wird und kommt zu dem Ergebnis, daß die Vorgeschichte einer Gesellschaft die Voraussetzung der Existenz einer sozialen Ordnung darstellt, die durch die Mittel wie Habitualisierung, Typisierung, Sprache etc. objektiviert wurde (vgl. *Knorr-Cetina*, 1989, 88). Vergleicht man verschiedene Kulturen miteinander, so ist es offenkundig, daß unterschiedliche Konstruktionen von Realität existieren (vgl. *Vester* 1988, 350).

Auf den Kerngedanken reduziert heißt das: Der *soziale Konstruktivismus* analysiert die Konstruktion von Wirklichkeit auf der Ebene der sozialen Interaktion und befaßt sich mit der Frage, warum Mitglieder einer bestimmten Kultur die selbst konstruierte Sozialordnung als objektiv vorgegeben wahrnehmen. Unter der Berücksichtigung, daß Wissenserwerb sich im sozio-kulturellen Kontext in Familie, Schule, Betrieb und Gesellschaft vollzieht und damit kulturell geprägt ist, erweist sich Lernen immer auch als ein Prozeß der Sozialisation bzw. Enkulturation, in dem sich „kollektive Konstrukte" herausbilden.
Die verschiedenen *kognitionistisch-konstruktivistischen Lerntheorien* betonen bei aller Unterschiedlichkeit in ihrer jeweiligen Ausprägungsform bei der Mikrobetrachtung des Lernprozesses die besondere Bedeutung der mentalen Verarbeitungsprozesse gegenüber den Stimulusbedingungen. Die entsprechenden pädagogischen und didaktischen Theorien verweisen bei der Makrobetrachtung im Hinblick auf die Gestaltung von Lehr- und Lernprozessen auf die besondere Bedeutung, die den Lernenden als selbständig Handelnden zugesprochen wird.
Kognistivistisch-konstruktive Konzeptionen des Lernens betonen, wie *Friedrich* und *Mandl* feststellen:

- „den Vorrang der Eigenaktivität der Lernenden gegenüber der Bedeutung der Stimulusseite,
- die Situiertheit von Wissen gegenüber seiner transsituationalen Konsistenz und
- die Bedeutung sozialer Interaktion für das Lernen."

(*Friedrich/Mandl* 1997, 259)

Und *Weinert* stellt im Hinblick auf die Bedeutung sozialen Lernens in der Schule fest: „Ohne Zweifel wird die neue Lernkultur auch und nicht zuletzt eine Kultur des sozialen Lernens in der Schule sein." (*Weinert* 1997, 19)

2.5.2 Konstruktivistische Grundsätze zur Gestaltung von Lernumgebungen

Gemäß der konstruktivistischen Auffassung des Lernens vollziehen sich Lernprozesse in aktiver Auseinandersetzung des Lernenden mit der Umwelt. In neueren konstruktivistischen Ansätzen spielt daher im Hinblick auf die Frage des selbstgesteuerten und kooperativen Lernens die Gestaltung der Lernumgebung eine besondere Rolle. Da den Lernenden eine aktive und konstruktive Rolle beim Wissenserwerb zugestanden wird, setzen die Vertreter des Konstruktivismus vorrangig auf eine indirekte Förderung des selbstgesteuerten Lernens durch Gestaltung von Lernumgebungen. „Die Lernumgebung, die Lernräume, die Lernmittel beeinflussen in erheblichem Maße die Qualität der Lern-

prozesse.“ (*Kaiser* 1996, 11) Selbstgesteuerte Lernprozesse sind somit in besonderem Maße von einer didaktisch gestalteten Lernumgebung abhängig.
Der Begriff der Lernumgebung zielt auf die Gestaltung von umfangreichen, reichhaltigen und anregenden Lernwelten. „Der Begriff der Lernumgebung umfaßt alles, was räumlich, personell und instrumentell für Lernprozesse zur Verfügung steht und womit Lerner in einer Wechselbeziehung stehen.“ (*Müller* 1996, 81) Der Begriff soll zum Ausdruck bringen, „daß das Lernen von ganz verschiedenen Umgebungsfaktoren abhängig ist, die sich in ganz unterschiedlichem Ausmaß von außen gestalten lassen. Eine Lernumgebung besteht aus einem Arrangement von Unterrichtsmethoden und -techniken sowie von Lernmaterialien und Medien. Sie stellt gleichzeitig aber auch die aktuelle zeitliche, räumliche und soziale Lernsituation dar und schließt letztlich auch den jeweiligen kulturellen Kontext ein.“ (*Mandl/Reinmann-Rothmeier* 1995, 15)
In einer engeren Fassung des Begriffes Lernumgebung sind didaktisch gestaltete Lernmaterialien und die Denkstrategien gemeint, die den Erwerb von Wissen und Fähigkeiten ermöglichen. „Um selbstgesteuertes Lernen zu ermöglichen, müssen Lernumgebungen gestaltet werden, die Denk- und Handlungsspielräume eröffnen und Lernende zu ihrer Nutzung anregen.“ (*Beitinger/Mandl* 1992, 3) Für den Erwerb von neuem Wissen und neuen Fähigkeiten ist den Lernenden die Möglichkeit zu eröffnen, Lerninhalte zu verstehen, in ihr Vorwissen zu integrieren und Zusammenhänge zwischen den verschiedenen Lerngegenständen herzustellen. Auf dieser Grundlage sollen sie in neuen Lernsituationen erkennen, welche erworbenen Kenntnisse und Fähigkeiten sie zu deren Bewältigung abrufen können, welche sie noch zu erwerben haben und auf welche Weise sie die Situation erfolgreich bewältigen können (vgl. *Dubs* 1996, 161). Solch eine Lernumgebung bietet ausreichende Möglichkeiten, die Selbständigkeit der Lernenden zu fördern.
Während instruktivistische Ansätze direkt versuchen, die Lernenden zu verändern, wird bei indirekten Förderansätzen versucht, die Lernumgebung so zu gestalten, daß den Lernenden Freiheitsgrade zur Selbststeuerung gewährt werden. Allerdings zeigt sich, daß auch Lernumgebungen, die viele Chancen der Selbststeuerung bieten, keineswegs bei allen Lernenden Selbststeuerung aktivieren (vgl. *Dubs* 1993, *Henderson/Cunnigham* 1994). Das bedeutet: Die Kompetenz zur Selbststeuerung muß in vielen Fällen durch entsprechende Anleitung, Instruktion und Trainingsmaßnahmen aufgebaut werden. In der Auseinandersetzung mit konstruktivistischen Lernparadigmen wird daher zu Recht darauf verwiesen, daß sich die Verabsolutierung der konstruktivistischen Lernphilosophie, auch wenn ihr vor dem Hintergrund der Handlungskompetenz eine große Bedeutung zukommt, als problematisch erweist (vgl. *Mandl/Reinmann-Rothmeier* 1995, 49; *Dubs* 1993, 454; *Euler* 1997, 8).

Die folgenden drei Ansätze haben im Zusammenhang mit dem Erwerb und der Konstruktion von Wissen eine besondere Bedeutung erlangt (vgl. *Gerstenmaier/Mandl* 1995, 868 ff.; *Dubs* 1995, 890 ff.; *Stark u. a.* 1995, 290 f.):

- Der cognitive flexibility-Ansatz bzw. die random access instruction *(Spiro, Feltovich, Jacobsen/Coulson)*: Hier wird betont, daß die Lernenden beim Problemlösen multiple Perspektiven einnehmen sollen, um ein Wissen zu entwickeln, welches flexibel nutzbar ist.
- Der cognitive apprenticeship-Ansatz (*Collins, Brown/Newman*): Dieser Ansatz zielt im wesentlichen darauf ab, für die Gestaltung von Lernumgebungen unterschiedliche Grade bzw. Ausmaße von (äußeren) Anleitungen für die Bewältigung des Problemlösens einzusetzen.
- Der anchored instruction-Ansatz (*Cognition and Technology Group at Vanderbilt*): Es wird angeregt, die Lernenden zur Auseinandersetzung mit einer komplexen Problemsituation zu konfrontieren, indem diese mit Hilfe eines Videofilms oder per Bildplatte präsentiert wird.

Diese Instruktionsmodelle haben u. a. die gemeinsame Ausgangsannahme, daß das Lernen durch ein komplexes Ausgangsproblem motiviert werden soll (situativer Kontext), damit das zu erwerbende Wissen sogleich zur Anwendung gelangen kann. Ferner beschränken sich die neueren konstruktivistischen Ansätze nicht auf die Gestaltung von Rahmenbedingungen für selbstgesteuertes Lernen, sondern beziehen Formen der Anleitung des Lernens und der belehrenden Vermittlung ein. „Der *cognitive apprenticeship*-Ansatz weist besonders auf die Bedeutung instruktionaler Unterstützung der Lernenden beim Umgang mit komplexen Lernaufgaben hin.“ (*Stark u. a.* 1995, 290) Vor diesem Hintergrund erweist sich eine Verabsolutierung des konstruktivistischen Ansatzes als problematisch (vgl. *Dubs* 1995, 39 ff.). Die Aussage, objektives Wissen gäbe es nicht, ist beispielsweise vor dem Hintergrund berufsrelevanter Gesetzestexte fragwürdig.

Konstruktivistisches Lernen ist grundsätzlich sehr zeitaufwendig und eher weniger geeignet, systematisch geordnete Wissensbestände zu vermitteln. In situativen Kontexten gewonnenes Handlungswissen läßt sich nur auf andere Situationen übertragen, wenn es gelingt, dieses Wissen von der singulären Erfahrung zu abstrahieren und zu dekontextualisieren. Offene Lernumgebungen können insbesondere bei ‘schwächeren’ Schülern, die über ein geringes fachbezogenes Vorwissen verfügen oder im Hinblick auf eine Selbststeuerung des Lernens weniger geübt sind, zu einer Überforderung führen.

Mandl/Reinmann-Rothmeier plädieren vor dem Hintergrund dieser Befunde für eine Verknüpfung von traditionellen Elementen der Wissensvermittlung mit Konstruktionsleistungen der Lernenden. „Es scheint uns daher entscheidend zu

sein, die Vereinbarkeit instruktionaler Aktivitäten mit aktiv-konstruktiven Lernprozessen herauszuarbeiten. [...] Es ist weder möglich noch sinnvoll, allein auf die Konstruktionsleistungen der Lernenden zu vertrauen. Auf der anderen Seite kann man Lernenden nicht ständig fertige Wissenssysteme nach festen Regeln vermitteln." (*Mandl/Reinmann-Rothmeier* 1995, 49 f.)
Hinsichtlich der Gestaltung von Lehr-/Lernprozessen sowie der Ausgestaltung entsprechender Lernumgebungen, die selbstgesteuertes und kooperatives Lernen fördern sollen, haben *Mandl* und seine Mitarbeiter, die sich als Vertreter eines „moderaten Konstruktivismus" verstehen, folgende konstruktivistische Prinzipien bzw. Leitlinien aufgestellt (vgl. *Mandl/Reinmann-Rothmeier* 1995, 58 f.; *Renkl u. a.* 1994, 20):

Leitlinie 1: Situiertheit anhand authentischer Probleme
Ausgangspunkt des Lernens sind authentische und komplexe Problemsituationen, die aufgrund ihres Realitätsbezugs und der beruflichen Relevanz Lernprozesse anregen und den Erwerb sog. trägen Wissens vermeiden, indem sie einen hohen Anwendungsbezug des Wissens ermöglichen.
– Minimale Realisierung: Die systematische Wissensvermittlung knüpft an aktuelle Probleme, authentische Fälle oder persönliche Erfahrungen an.
– Maximale Realisierung: Die Lernenden werden mit einer authentischen Problemsituation konfrontiert, die reales Handeln für ihre Bewältigung erforderlich macht.

Leitlinie 2: In multiplen Kontexten lernen
Inhalte sind in verschiedenen Kontexten zu lernen, damit die erworbenen Kenntnisse und Fähigkeiten nicht auf eine bestimmte Situation fixiert bleiben. Auf diese Weise wird die Anwendung des Wissens gefördert.
– Minimale Realisierung: Während der systematischen Wissenserarbeitung wird auf verschiedene Anwendungssituationen hingewiesen.
– Maximale Realisierung: Die Lernenden werden dazu angeregt, ihr Wissen in neuen Problemsituationen anzuwenden.

Leitlinie 3: Unter multiplen Perspektiven lernen
Die Flexibilität der Wissensanwendung kann gefördert werden, wenn die Unterrichtsinhalte aus unterschiedlichen Perspektiven betrachtet werden.
– Minimale Realisierung: Während der systematischen Inhaltsvermittlung werden die Lernenden auf die verschiedenen Sichtweisen hingewiesen.
– Maximale Realisierung: Die Lernenden werden dazu angeregt, ihr Wissen in unterschiedlichen Rollen als Wirtschaftssubjekte anzuwenden.

Leitlinie 4: Im sozialen Kontext lernen
Soziale Kontexte stellen den Ausgangspunkt einer 'Enkulturation' dar, indem die Zusammenarbeit von Lernenden untereinander und mit Experten wesentlicher Bestandteil der Lernprozesse ist.
- Minimale Realisierung: In die Unterrichtsarbeit werden Phasen mit Gruppenarbeit einbezogen.
- Maximale Realisierung: Die Lernenden erwerben ihr Wissen und ihre Fertigkeiten auf der Basis von Lernen und Arbeiten in einer Expertengemeinschaft.

Diese Grundsätze enthalten zentrale Annahmen zur kognitiven Entwicklung einer Wissensstruktur und zur situativen Transformation des Wissens für die Bewältigung neuer komplexer Aufgabenstellungen. Im Rahmen kooperativen Lernens fördert die Artikulation der Lern- und Problemlöseprozesse und die anschließende Reflexion über diese den Wissenserwerb. Durch die Externalisierung nicht unmittelbar zugänglicher kognitiver Vorgänge können diese für die Lernenden verständlich gemacht werden.

Auf der Basis der bisherigen Ausführungen läßt sich festhalten: Die Vertreter des „gemäßigten Konstruktivismus" verstehen den Lernprozeß als einen *aktiven, selbstgesteuerten, sozialen* und *situativen* Prozeß. Die vorgeschlagenen Gestaltungsprinzipien sollen diesen Prozeßmerkmalen Rechnung tragen und eine Lernumgebung schaffen, die autonomes und soziales Lernen an komplexen Problem- und Aufgabenstellungen ermöglicht. Dabei wird der Selbststeuerung des Lernprozesses besondere Aufmerksamkeit geschenkt. Im Gegensatz zu Konzeptionen, die auf Grundsätze des radikalen Konstruktivismus zurückgreifen, halten wir gleichwohl Anleitung, Unterstützung und auch Instruktion für unerläßlich. Insbesondere wenn es darum geht, grundlegende Begriffe, Konzepte und theoretische Konstrukte zu erwerben, sind traditionelle Methoden der Vermittlung für die Konstruktion von Wissen unabdingbar.

2.5.3 Bedeutung instruktionaler Maßnahmen für die selbständige Bewältigung komplexer Lernaufgaben

In der Literatur finden sich erste empirische Belege, daß ein Maximum an Selbststeuerungsmöglichkeiten für die Bewältigung von komplexen Lernaufgaben sich in vielerlei Hinsicht nicht als optimal erweist. „Neuere Befunde aus der Instruktionspsychologie weisen darauf hin, daß bei der Implementation komplexer, offener Lernumgebungen zum Teil 'die Rechnung ohne die Lernenden gemacht wurde'. Der begründete Verzicht auf Komplexitätsreduktion und systematisch geordnete Präsentation der Lerninhalte führte im Verbund mit der gutgemeinten Absicht, die Konstruktivität und Eigeninitiative der Lernenden möglichst wenig einzuengen, nicht selten zu deren Überforderung.“ (*Stark u. a.* 1995, 294) Folgen sind u. a., daß entdeckendes Lernen kaum stattfindet, tiefere kognitive Verarbeitungsformen ausbleiben und Fehler nicht erkannt und nicht verbessert werden.

Im Zusammenhang mit der Diskussion um eine „neue“ Lernkultur gewinnen Überlegungen zum selbständigen Lernen und zur Vermittlung von Lern- und Denkstrategien (z. B. Probleme lösen, Entscheidungen treffen) zunehmend an Bedeutung (vgl. *Dubs* 1995, 191 ff.). Selbständiges Lernen ist dadurch gekennzeichnet, daß der Lernende grundlegende Entscheidungen, ob, wie, was und woraufhin er lernt, gezielt und weitgehend selbstbestimmt beeinflussen kann (vgl. *Reinmann-Rothmeier/Mandl* 1997, 7; *Mandl/Reinmann-Rothmeier* 1995, 58 f.). Der Lernende ist Initiator und Organisator seines eigenen Lernprozesses. Selbständiges Lernen ist keine Fähigkeit, die ein Individuum besitzt oder nicht besitzt, sondern es handelt sich eher um ein Kontinuum zwischen zwei Extremen, nämlich dem vollkommenen Unvermögen, selbstbestimmt zu lernen, und der gänzlichen Unabhängigkeit des Lerners vom Einfluß externer Instanzen, wobei die Übergänge fließend sind. Beide Extreme treten relativ selten auf, da jede Form des Lernens Elemente der Fremdsteuerung und der Selbststeuerung beinhaltet. Im Falle stärker fremdgesteuerten Lernens liegt der Schwerpunkt der Einflußnahme auf den Lernprozeß eher bei einer externen Instanz, im Falle des mehr selbstgesteuerten Lernens eher beim Lerner selbst (vgl. *Simons* 1992, 251).

Selbständiges Lernen kann durch fünf Kriterien charakterisiert werden (vgl. *Dubs* 1993, 114; *Simons* 1992, 254):

- ❑ Die Lernenden sind in der Lage, sich selbst Ziele zu setzen.
- ❑ Sie planen die zur Erreichung der Zielsetzung erforderlichen Lernschritte selbständig.
- ❑ Die Ausführung der Lernschritte wird von den Lernenden ohne fremde Hilfe realisiert.
- ❑ Die Lernenden können ihren Lernprozeß kritisch reflektieren (Metakognition) und Rückschlüsse für das weitere Vorgehen ziehen.
- ❑ Sie können sich selbst motivieren und die Konzentration eigenständig aufrechterhalten.

Hinsichtlich der Gestaltung schulischer Lernprozesse ist davon auszugehen, daß diese Fähigkeiten Schritt für Schritt zu erwerben sind.

Für die Durchführung selbständigen Lernens sind Lern- und Denkstrategien von besonderer Wichtigkeit (vgl. *Dubs* 1995, 191 ff.). Angesichts der beständig anwachsenden Wissensmenge und der Verkürzung der 'Halbwertszeiten' des erworbenen Wissens erlangen zunehmend Fähigkeiten für das Lernen Bedeutung, die den Lernenden in die Lage versetzen, die Komplexität der Wissensfülle kognitiv zu durchdringen und gezielt nach notwendigen Informationen zu suchen, die die Bewältigung von Problemstellungen ermöglichen.
Lern- und Denkstrategien lassen sich begrifflich nach folgenden Ebenen unterscheiden (vgl. *Krapp* 1993, 291):

- Taktiken (Lerntechniken) ermöglichen den geordneten Abruf elementarer kognitiver Operationen (Skills) für die Bewältigung eines eng begrenzten Aufgabengebiets.
- Strategien im engeren Sinn bestehen aus einer Kombination solcher Taktiken zu einem bestimmten Plan, um ein bestimmtes Problem zu bewältigen.

Verwendet ein Lernender in vielen unterschiedlichen Situationen ähnliche Strategien, so hat sich ein *kognitiver Lernstil* herausgebildet.

Lern- und Denkstrategien können wie folgt taxonomisch nach unterschiedlichen Lernbereichen differenziert werden (vgl. *Mandl/Friedrich* 1992):

- ❑ Primärstrategien vs. Stützstrategien: Primärstrategien leiten während des Lernens die unmittelbaren kognitiven Prozesse der Informationsaufnahme und -verarbeitung an. Stützstrategien sind auf die nichtkognitiven (z. B. motivationalen) Faktoren gerichtet, von denen angenommen wird, daß sie das kognitive Lernen erleichtern.
- ❑ Spezifische vs. allgemeine bzw. generelle Strategien: Spezifische Strategien sind nur für eine bestimmte Gruppe von Lernaufgaben bzw. Situationen geeignet, allgemeine Strategien sind hingegen in vielen verschiedenen Lernsituationen verwendbar.
- ❑ Strategien für bestimmte kognitive Operationen: Im Rahmen von Primärstrategien unterstützen bestimmte Verhaltensmuster (z. B. Elaborationen, Organisationsprozesse, Kontrollstrategien) spezielle Funktionen oder Aspekte der Informationsverarbeitung.
- ❑ Mikro-, Meso- und Makrostrategien: Strategien können auf unterschiedlichen Hierarchieebenen des Lernens eingesetzt werden (z. B. Lerntechniken als Mikrostrategien, Lernstile als Makrostrategie).

Mit Hilfe von Denkstrategien und heuristischen Prinzipien werden 'wichtige' Informationen von 'unwichtigen' getrennt. Sog. allgemeine heuristische Prinzipien (z. B. Mittel-Zweck-Analyse) sind unabhängig von bestimmten Aufgaben-

bereichen vorhanden, während spezielle heuristische Prinzipien auf bestimmten Erfahrungen basieren und mit bestimmten Problemsituationen assoziiert werden.
Auch *Weinert* weist in seinem Beitrag „Lernkultur im Wandel“ (1997) darauf hin, daß es in der Psychologie inzwischen „völlig unbestritten“ ist, daß neben der geistigen Aktivität des Lernenden, der Erwerb allgemeiner Lernstrategien und metakognitiver Kompetenzen für das produktive Lernen außerordentlich bedeutsam ist. Zugleich stellt er fest: „Gleichzeitig gibt es aber eine überwältigende Evidenz zur Bedeutung des inhaltlichen Wissens für die Verarbeitung neuer Informationen, für das weitere Lernen und für die Erzielung hoher Leistungen.“ (*Weinert* 1997, 24)

Hinsichtlich des Erwerbs von Lern- und Denkstrategien verstärkt sich tendenziell die Meinung, „Denkstrategien seien in den einzelnen Fächern im Zusammenhang mit den Fachinhalten zu entwickeln und ausdrücklich dialogisch (im Lehrgespräch) einzuführen.“ (*Dubs* 1995, 201). Die flexible und aufgabenangemessene Kombination von Strategien in unterschiedlichen Situationen stellt einen längerfristigen Entwicklungsprozeß dar. „Zuerst erwirbt das Individuum aufgabenspezifische Strategien und Prozeduren. Diese sind zunächst noch labil und wenig flexibel, d. h. in hohem Maße an die Situation und Aufgabenklasse gebunden, in der sie erworben wurden. Erst dann, wenn diese Strategien so ‘überlernt’ bzw. automatisiert sind, daß sie keine bzw. nur noch geringe kognitive Kapazität, sprich Aufmerksamkeit, beanspruchen, können sie selbst auf neue Aufgabenbereiche ausgedehnt werden.“ (*Friedrich/Mandl* 1992, 23)
Die Vermittlung dieser Strategien ist – im Sinne der Anleitung zum selbständigen Lernen – durch einen komplexen Lernprozeß gekennzeichnet, der einen längeren Zeitraum umfaßt und in verschiedene Phasen unterteilt werden kann (vgl. *Dubs* 1995, 205 ff.; *Ehrhard* 1995, 116 f.):

(1) *Phase maximaler Fremdleistung*: Der Lehrer demonstriert die Lösung eines Problems, indem er beispielsweise mit Hilfe lauten Denkens eine Problemlösung Schritt für Schritt entwickelt. Die Lernenden vollziehen diesen Prozeß gedanklich nach und erkennen allmählich die Struktur des eingesetzten Problemlösemodells.
(2) *‘On-line’-Evozierung*: Die Lernenden werden aktiver in den Problemlöseprozeß einbezogen, indem der Lehrer jeden einzelnen Problemlöseschritt durch Fragen evoziert. Die Lernenden werden kleinschrittig angeleitet, den Problemlöseprozeß durchzuführen. Je besser sie in der Lage sind, die einzelnen Schritte selbständig durchzuführen, desto weniger Impulse sind vom Lehrer erforderlich.

(3) *'Off-line'-Evozierung*: Wenn die Lernenden die Struktur eines Problemlöseschemas und das entsprechende Vorgehen verstanden haben, sind nur noch für die Einleitung des Problemlöseprozesses Impulse und Fragen von Seiten des Lehrers erforderlich. Die Lernenden führen die Problemlösung weitgehend selbständig durch.

(4) *Phase minimaler Fremdsteuerung*: Nach der Präsentation der Aufgabenstellung ist keine weitere Hilfe des Lehrers für die Durchführung des Problemlöseprozesses erforderlich. Die Schüler haben ein relevantes Problemlöseschema verinnerlicht, kennen die einzelnen Teilschritte genau und setzen jeden einzelnen Schritt bewußt zur Problembewältigung ein.

Im Verlauf der Durchführung der Phasen nimmt der Erwerb von Kompetenzen für das selbständige Problemlösen allmählich zu. Das entsprechende Lehrerverhalten ist durch *fading* und *scaffolding* gekennzeichnet, d. h. die „anfängliche Lernsteuerung und die Hilfestellung durch die Lehrkraft werden in dem Maße abgebaut, wie sich die Fähigkeiten der Lernenden zum selbständigen Lernen entwickeln." (*Dubs* 1995, 263)

Im Hinblick auf die Bedeutung von Denkstrategien zeigt sich, daß Personen, die über erhebliches Vorwissen verfügen, sogenannte Experten, "Informationen gezielter suchen, besser ausnutzen, vielfältiger integrieren und den Informationsprozeß effizienter steuern." (*Gemünden* 1993, 863) Hierbei ist nicht nur das Expertenwissen in einem bestimmten Sachgebiet, sondern auch die Kenntnis und das Beherrschen von heuristischen Strategien des Wissenserwerbs und der Wissensverwertung ausschlaggebend. "Vor dem Hintergrund eines sich ständig wandelnden Wissens kann ein Experte seinen Status nur aufrechterhalten, wenn er über Strategien verfügt, die es ihm erlauben, sich laufend neues Wissen anzueignen und dieses mit dem bisherigen zu verknüpfen." (*Gemünden* 1993, 864) Vergleiche von 'erfolgreichen' mit 'erfolglosen' Problemlösern verdeutlichen, "daß erfolgreiche Problemlöser ein angemessenes Abstraktionsniveau wählen, ihre Themen weniger sprunghaft wechseln, ihre Schritte systematischer planen, eine größere Anzahl Hypothesen aufstellen und diese auch kritisch prüfen." (*Gemünden* 1993, 863)
Handlungsorientierte Personen passen ihre heuristischen Strategien an die Gegebenheiten einer Situation an (vgl. *Kuhl* 1983). Sie verzichten auf aufwendige Strategien und nehmen das Risiko einer Fehlentscheidung in Kauf, wenn sie beispielsweise unter Zeitdruck stehen oder die Folgen einer Entscheidung eher unwichtig sind. Im umgekehrten Fall aber verwenden sie komplexere Strategien, um das Risiko einer Fehlentscheidung zu reduzieren (vgl. *Stiensmeier-Pelster u. a.* 1991, 109 f.).

Lageorientierte Personen zeigen unabhängig von Situationsfaktoren wie Zeitdruck oder die Wichtigkeit möglicher Folgen einer Entscheidung die Tendenz, zeitaufwendige und komplexe Strategien anzuwenden, um das Risiko einer Fehlentscheidung zu verringern. Die Lageorientierung ist durch ein hohes Maß an Planungszentrierung gekennzeichnet. Das gilt insbesondere, wenn das Individuum sich nicht zu einer Entscheidung durchringen kann, weil es zu sehr auf das Abwägen von Handlungsalternativen fixiert ist.
Eine Reihe von Studien machen darauf aufmerksam, daß Lernende ohne zusätzliche instruktionale Unterstützung überfordert sein können, wenn sie komplexe Lernumgebungen bewältigen sollen (vgl. *Fischer u. a.* 1997, 63 ff.; *Stark u. a.* 1995, 290 ff.). Die mit der Darbietung multipler Lernkontexte verbundene Komplexitätserhöhung macht ein erhöhtes Ausmaß an instruktionaler Unterstützung der Lernenden notwendig. Instruktionale Maßnahmen können dahingehend unterschieden werden, ob sie den Erwerb und die Anwendung von Lern- und Denkstrategien direkt oder indirekt fördern (vgl. *Fischer u. a.* 1997, 66 ff.; *Friedrich/Mandl* 1992, 29 ff.):

- ❑ Direkte Förderung der Strategieanwendung: Bei der direkten Förderung werden die Strategien explizit begründet und erläutert. Im Anschluß an die Vermittlung wird den Lernenden Gelegenheit gegeben, die Strategien bei der Lösung eines Problems anzuwenden.
- ❑ Indirekte Förderung der Strategieanwendung: Bei der indirekten Förderung wird die Lernumgebung so gestaltet, daß die Anwendung von Strategien angeregt wird. Die entsprechenden Strategien werden jedoch nicht explizit begründet und erläutert.

Die Wirksamkeit von Lern- und Denkstrategien hängt hierbei von der jeweiligen Domäne, der Art der Strategie und den Lernvoraussetzungen ab.

Eine Möglichkeit der Realisierung instruktionaler Unterstützung von Lernprozessen in komplexen Lernumgebungen stellt das sog. geleitete Problemlösen dar (vgl. *Stark u. a.* 1995, 294 ff.). Eine entsprechende Anleitung zum Problemlösen enthält ein Problemlöseschema, mit dessen Hilfe eine komplexe Aufgabenstellung systematisch bewältigt werden kann. Die Anweisung gibt die erforderlichen Denkaktivitäten jedoch nicht kleinschrittig vor, sondern enthält eine Grobgliederung, an der sich die Lernenden orientieren können. Insofern werden Denkprozesse zur Problembewältigung angeregt. Die Anleitung wird mit den Lernenden vor Beginn des Lernprozesses durchgesprochen, um die Intention zu verdeutlichen und Verständnisschwierigkeiten zu klären.
Die Bedeutung geleiteten Problemlösens für die Bewältigung komplexer Lernaufgaben bzw. multipler Kontexte wird am Beispiel der Untersuchung ei-

nes Planspiels wie folgt charakterisiert: „Untersuchungsteilnehmer(innen) mit uniformen Lernkontexten kamen [...] bei der Systemsteuerung auch ohne zusätzliche Anleitung relativ gut zurecht. Jene mit multiplen Kontexten waren jedoch bei der Steuerung ihres 'Unternehmens' wenig erfolgreich, wenn sie nicht zusätzlich durch das geleitete Problemlösen unterstützt wurden. Am effektivsten war die Kombination von multiplen Kontexten und geleitetem Problemlösen." *(Stark u. a.* 1995, 301) Multiple Kontexte ohne zusätzliche Unterstützung führen in jedem Fall zu unterdurchschnittlichen Lernleistungen.
Geleitetes Problemlösen induziert ein systematisches Vorgehen und bewirkt, daß die Lernenden ihren Überlegungen 'auf den Grund gehen'. „Die beste Systemsteuerung wurde von Schülerinnen und Schülern erzielt, die bei der Bearbeitung multipler Lernkontexte zusätzlich durch geleitetes Problemlösen unterstützt wurden." (*Stark u. a.* 1995, 304) Zusammengefaßt kann festgestellt werden, daß die Darbietung von komplexen Lernumgebungen nur dann Erfolg verspricht, wenn die Lernenden für die Durchführung des Lernprozesses eine entsprechende Unterstützung beispielsweise in Form von angeleiteten Problemlösungsstrategien und Arbeitsanweisungen erhalten.

2.5.4 Selbstgesteuertes Lernen in multimedialen Lernumgebungen aus konstruktivistischer Sicht

Mit dem zunehmenden Einsatz der Neuen Informations- und Kommunikationstechniken (NIKT) in Betrieben und öffentlichen Verwaltungen stellt sich die Frage, wie sich diese für die Entwicklung von Lernumgebungen für individuelles und kooperatives selbstgesteuertes Lernen nutzen lassen. Welche Bedeutung den NIKT im Bereich der beruflichen Bildung zugemessen wird, läßt sich daran erkennen, daß seit 1983 bereits über 100 Modellversuche vom Bundesministerium für Bildung, Forschung und Technologie im beruflichen Schulwesen und in der außerschulischen Berufsbildung gefördert worden sind (vgl. *Faber/Kaiser* 1998). Die NIKT sind im Bildungsbereich nicht nur als Gegenstand der informtionstechnischen Bildung bedeutsam, vielmehr wird ihr Potential auch als Werkzeug, Kommunkationsmittel und Unterrichtsmedium im Rahmen von Aus- und Weiterbildungsprozessen genutzt (vgl. *Schröder* 1998, 13 f.).
Das Lernen mit Hilfe der NIKT vollzieht sich zumeist auf der Basis entsprechender Lernsoftware. Dabei lassen sich folgende grundlegende Organisationsformen unterscheiden, in denen die Lernsoftware zum Einsatz gelangt:

- das individuelle Lernen mit einer Lernsoftware ohne einen direkten Kontakt zu dem Lehrenden oder anderen Lernenden,
- das Telelernen mit mittelbarer sozialer Einbettung über digitale Netze und

- das mediengestützte Lernen im unmittelbaren sozialen Kontext, innerhalb dessen die Lernsoftware einzelne didaktische Funktionen übernehmen kann, dabei aber dem sozialen Geschehen der Lerngruppe untergeordnet ist (vgl. *Euler* 1997).

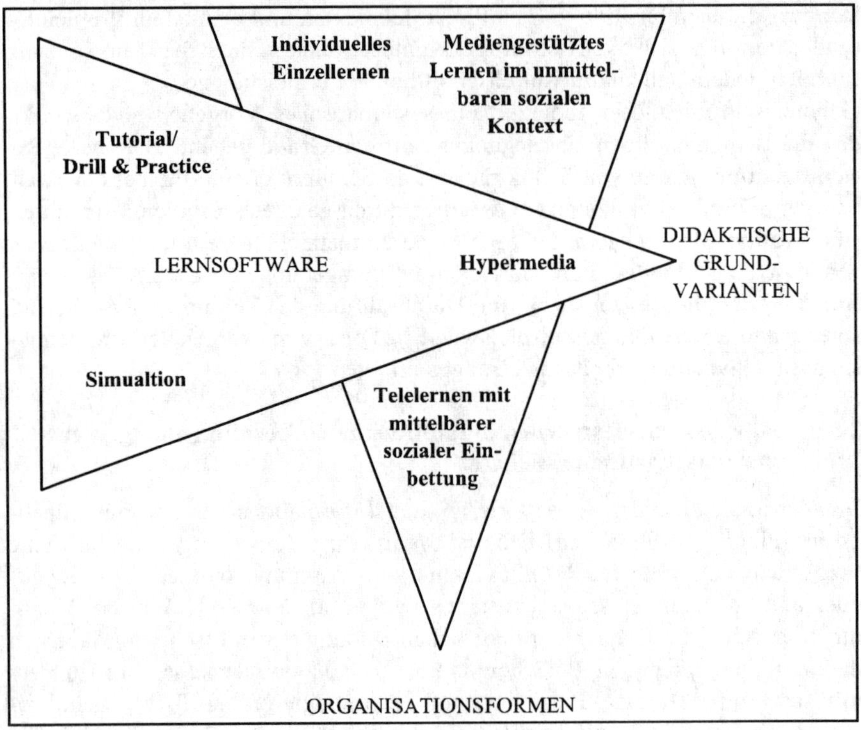

Abb. 2.10: Didaktische Grundvarianten und Organisationsformen des multimedialen Lernens, aus: *Euler* 1997, 4

Besondere Beachtung verdienen in diesem Zusammenhang computerbasierte Multimediasysteme, die sich durch rechnergestützte, integrierte Erzeugung, Manipulation, Darstellung und Speicherung von Informationen sowie deren Austausch mit anderen Systemen auszeichnen. Die entsprechenden Informationen können dabei in verschiedenen perzeptiven Medien wie z. B. Text, Graphik oder Video vorliegen. „Die dafür notwendigen Komponenten eines Multimediasystems umfassen die Hardware, die Software und die Multimediadokumente, die die Informationen in unterschiedlichen perzeptiven Medien abbilden." (*Schröder* 1998, 38 f.) Abb. 2.11 stellt die Merkmale von Multimedia dar, wobei die Möglichkeit zum Informationsaustausch jedoch nicht berücksichtigt wird.

Eng verwandt mit dem Begriff Multimedia ist der Begriff Hypermedia, der häufig synonym benutzt wird. Das charakteristische Merkmal eines hypermedialen Dokumentes besteht darin, daß Text, Animation usw. miteinander nicht linear verknüpft sind. Wenngleich Hypermedia technologische Möglichkeiten beinhaltet, die über Multimedia hinausgehen, hat sich inzwischen der Begriff Multimedia als Sammelbegriff durchgesetzt, unter dem Hypermedia wie auch Internet nicht selten subsumiert werden.

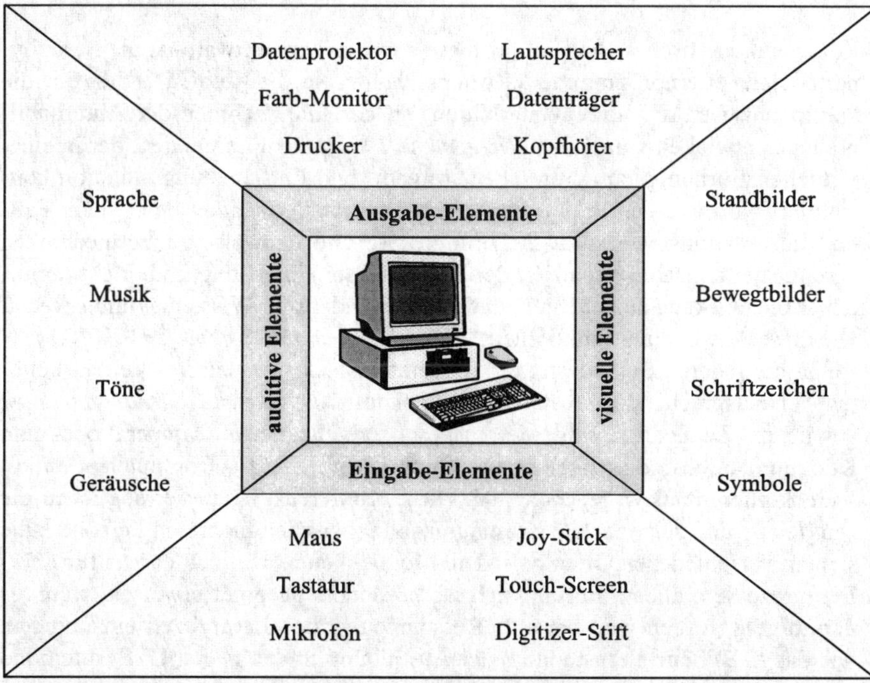

Abb. 2.11: Merkmale von Multimedia, aus: *Bauer* 1997, 378

Die audiovisuelle Informationsaufbereitung der Multimediasysteme mit den Möglichkeiten zur Interaktion und Datenübertragung erweitern die Einsatzmöglichkeiten des Computers als Unterrichtsmedium wesentlich. Das betrifft

insbesondere den Einsatz verschiedener Medientypen und die Möglichkeit zur Realisierung eines interaktiven und selbstgesteuerten Lernens bei der Gestaltung von Lernsoftware. „Während traditionelle, tutorielle Lernprogramme einem objektivistischen Lernverständnis Rechnung tragen, ermöglichen neuere Formen von Lernsoftware und fallbasierte Lernprogramme auch die Initiierung konstruktivistisch geprägter Lernprozesse." (*Schröder* 1999, 306)
Inzwischen sind auch erste Hypermediasysteme entwickelt worden, die den Charakter von „fallbasierten Lernprogrammen" tragen (vgl. *Schröder* 1998, 57 ff.). Ausgangspunkt für die Lernprogramme sind in der Regel authentische Problem- und Entscheidungssituationen. In hypermedialen Datenbeständen wird das Wissen zur Recherche bereitgestellt, das zur Problemlösung und Entscheidungsfindung erforderlich ist.

Ein charakteristisches Beispiel für diese Art von Lernsoftware ist die Serie hypermedialer Lernprogramme „Kostenrechnung in Fallstudien", die für die kaufmännische Aus- und Weiterbildung in Großunternehmen der Automobilbranche entwickelt wurde (vgl. *Niegemann* 1995). Dem Lernenden, der in einer virtuellen Büroumgebung mit einer Problem- und Entscheidungssituation konfrontiert wird, werden in den hypermedialen Datenbeständen neben dem Fall- und Informationsmaterial auch Lernhinweise und Hinweise zu Lerntechniken bereitgestellt. „Dabei exploriert der Lernende die Umgebung und erlebt unmittelbar die Wirkung seiner Manipulation, er wendet sein Wissen an und erkennt, wie diese Anwendung funktioniert." (*Mandl/Reinmann-Rothmeier* 1997, 15)
Einen besonderen Stellenwert für kooperatives selbstgesteuertes Lernen könnten bei entsprechender Gestaltung in Zukunft *telematische Lernumgebungen* gewinnen. Zu nennen sind hier insbesondere die neuen Kooperations- und Kommunikationsmöglichkeiten, die durch ISDN, E-Mail, Computer-, Audio-, Videokonferenz usw. gegeben sind. Diese Konferenzsysteme ermöglichen die zeitgleiche und zeitversetzte Kommunikation zwischen mehreren Personen, die sich an verschiedenen Orten befinden. Möglichkeiten, die sich daraus für Lehr-Lernprozesse ergeben, dürften sich als besonders geeignet erweisen, wenn es darum geht, örtlich weit verteilte Ressourcen in den Lernprozeß einzubinden, wie das z. B. beim Fernstudium, der Ausbildung in den neuen IT-Berufen und auch häufig bei der betrieblichen Weiterbildung der Fall ist. *Geyken* und *Mandl* (1993) zeigen beispielsweise, wie selbstgesteuertes Lernen bzw. Lernen mit „stand alone" CBT durch telematisch organisierte personale Beratung und Betreuung gestützt werden kann.
Allerdings hat sich gezeigt, daß sich die telematische Kommunikation und Kooperation erheblich von der Kommunikation in „face-to-face-Gruppen" unterscheidet. Wenn Kommunikation und Kooperation in Netzwerken erfolgreich

für Lernprozesse genutzt werden sollen, verlangt das von den Lehrenden und Lernenden nicht nur die Handhabung von Hard- und Software und die Auseinandersetzung mit dem Lernstoff, sondern auch die Beachtung neuer Kommunikationsregeln.
Wenngleich erwartet werden darf, daß multimedial gestaltete Lernumgebungen geeignet erscheinen, unterschiedliche Sinnesmodalitäten anzusprechen und damit sowohl Interesse und Motivation zu erhalten als auch „gedächtniswirksamere" Lerngelegenheiten anzuleiten, haben bisherige Versuche die Grenzen multimedialen Lernens deutlich werden lassen. So besteht insbesondere in Hypertext-Systemen die Gefahr, daß der Lernende, sofern er nicht ausreichende instruktionelle Unterstützung erhält, verloren geht. Ein Hauptkritikpunkt betrifft die oft beklagte Informationsüberflutung, da die Menge an Informationen, mit denen jeder täglich konfrontiert wird, durch die Verfügbarkeit und leichte Kopierbarkeit digitaler Daten enorm steigt (vgl. *Blumstengel* 1989, 60).
Wenn im Hinblick auf die Gestaltung multimedialer Lernumgebungen nicht sorgfältig darauf geachtet wird, daß die Lernsysteme entsprechend didaktisch aufbereitete Inhalte zur Verfügung stellen, die Selektion und Klassifikation von Informationen unterstützen, könnten sich für schulisches Lernen mit Multimedia Effekte einstellen, die *Stoll* in seiner provokanten These wie folgt beschreibt: Lernen am Computer ist „wie Trinken aus einem Feuerwehrschlauch. Man wird ziemlich nass und zieht doch durstig von dannen."
Inwiefern in einer konkreten Lernsituation das Lernen durch eine Hypertextumgebung verbessert werden kann, hängt von einer Vielzahl Faktoren ab. Diese sind vor allem:

- die technische Realisierung,
- die zugrundeliegende Lerntheorie,
- das organisatorische Umfeld der Nutzung,
- die individuelle Unterschiede der Lerngruppe,
- die curriculare Einbindung,
- sowie der Grad der Interaktivität (vgl. *Blumstengel* 1995, 63 f.).

Bezogen auf die Frage der zugrundeliegenden Lerntheorie und der curricularen Einbindung vertreten wir die Auffassung, daß im Hinblick auf die Gestaltung von Multimedia insgesamt eine stärkere Ausrichtung an kognitionstheoretischen und konstruktivistischen Lernkonzepten bei der praktischen Realisierung wünschenswert ist. Das gilt insbesondere für die Forderung nach einem hohen Grad an Authentizität, multiplen Kontexten und Perspektiven und der Berücksichtigung der sozialen Einbindung. Gleichwohl dürfte sich in vielen Fällen ein weitgehender Verzicht auf Instruktion negativ auf den Lernerfolg auswirken. *Mandl* und Mitarbeiter fanden in ihren Studien heraus, daß lediglich Lernende

mit besseren generellen Lernvoraussetzungen in der Lage sind, eine Hypertext-Lernumgebung angemessen zu nutzen (vgl. *Mandl/Schnotz/Picard/ Henninger* 1992). Im Hinblick auf das Fertigkeitsniveau konnten *Recker* und *Pirolli* in ihrer Studie feststellen, daß nur für Personen mit einem bereits relativ hohen Fertigkeitsniveau die Hypertextumgebung im Vergleich zu einem traditionellen, linearen Lernprogramm zu höherem Lernerfolg führte (vgl. *Recker/ Pirolli* 1995; *Mandl/Gruber/Renkl* 1995).
Eine sinnvolle Verwendung von Hypermedia als Unterstützung selbstgesteuerten und problemorientierten Lernens dürfte überall dort sinnvoll sein, „wo Lernende mit entsprechenden Lernvoraussetzungen sich selbständig in komplexe, häufig interdisziplinäre Sachgebiete einarbeiten bzw. bei komplexen Rollenstellungen gezielt und flexibel auf Informationen einer umfangreichen Datenbasis zurückgreifen sollen.“ (*Tergan* 1997, 128) Erst die weitere Forschung und Entwicklung multimedialer Lernumgebungen wird deutlich machen, in welchem Umfang und unter welchen Bedingungen die NIKT und Hypermediasysteme sinnvoll genutzt werden und zur Effektivierung des Lernens beitragen werden.

2.6 Konsequenzen für ein handlungsorientiertes Methodenkonzept

Die lern- bzw. handlungstheoretischen Grundannahmen *Aeblis* verdeutlichen, daß es im Hinblick auf die Realisierung erfolgreicher Lernprozesse insbesondere darauf ankommt, Lehr- und Lernarrangements so zu gestalten, daß die Schüler die Möglichkeit erhalten, durch weitgehend selbstgesteuertes Lernen theoretisches Wissen im Zusammenhang mit praktischen Problemstellungen und Handlungsvollzügen aufzubauen. Handlungsorientiertes Lernen enthält, wenn es bildungswirksam werden soll, die Komponenten Zielorientierung, Interaktion, situative Distanz und kritische Reflexion. Entscheidend ist, daß nicht nur Handlungen ausgeführt werden, sondern diese begleitet werden von kommunikativer Reflexion. "Handlungen, Operationen und Begriffe müssen durchgearbeitet, d. h. vielfältigen Transformationen unterworfen und aus verschiedenen Perspektiven beleuchtet werden, damit sie beweglich werden. Nach ihrer Konsolidierung in der Übung müssen Handlungen, Operationen und Begriffe in neuen Situationen und Gegenständen und Erscheinungen erprobt und angewendet werden. Symbolische Darstellungen müssen mit realen Handlungen und Beobachtungen an der Sache selber in Verbindung gebracht werden. Echte Kommunikations- und Kooperationssituationen müssen hergestellt werden." (*Aebli* 1987, 31)

Der Rückgriff auf die lern- und handlungstheoretischen Annahmen *Aeblis* soll nun keineswegs suggerieren, daß die Vorstellung eines handlungsorientierten Unterrichts ein völlig neues Konzept sei. Die ausschließliche Begründung eines handlungsorientierten interaktiven Konzeptes auf lerntheoretischer Basis würde überdies zu kurz greifen.
Vielmehr gilt es darauf hinzuweisen, daß die Ansätze "handlungsorientierten Lernens" an die lange Tradition der Richtung in der Erziehungsgeschichte anknüpfen, die "Handlung" in den Dienst der Erziehung und des Unterrichts stellt und von *Comenius* (1592–1670) und *Pestalozzi* (1746–1827) über *Kerschensteiner* (1854–1932), *Gaudig* (1860–1923) bis hin zur kritisch-konstruktiven Erziehungswissenschaft bzw. Bildungstheorie der Gegenwart (*Blankertz, Klafki, v. Hentig, Deutscher Bildungsrat*) u. a. reicht (vgl. *Kaiser* 1987a, 16 f.).

Vor dem Hintergrund dieser bildungstheoretischen Tradition geht es letztlich um die Bildung von "Kopf, Herz und Hand", wie *Pestalozzi* das formuliert hat, oder im Hinblick auf die Gestaltung ganzheitlicher Lernprozesse um die "Verbindung von Tun und Denken". Im Mittelpunkt steht die Frage, wie durch organisierte Lernprozesse der Anspruch eingelöst werden kann, den *Goethe* im *Wilhelm Meister* auf die Formel gebracht hat: "Denken und Tun, Tun und Denken, das ist die Summe aller Weisheit, von jeher anerkannt, von jeher geübt, nicht anerkannt von einem jeden: Beides muß wie Aus- und Einatmen sich im Leben ewig fort hin und wieder bewegen, wie Frage und Antwort sollte eines ohne das andere nicht stattfinden. Wer sich zum Gesetz macht, was jedem Neugeborenen das Genie eines Menschenverstandes heimlich ins Ohr flüstert, das Tun am Denken, das Denken am Tun zu prüfen, der kann nicht irren, und irrt er, so wird er sich bald auf den rechten Weg zurückfinden." (*Goethe,* Wilhelm Meister) Ein solcher Anspruch muß allerdings vor dem Hintergrund der gesellschaftlichen Entwicklungen von jeder Generation für jede Schulform neu gestellt und neu beantwortet werden.
Es darf nicht verschwiegen werden, daß der inflationäre und undifferenzierte Gebrauch des Begriffs "Handlung" zu vielfältigen Mißverständnissen geführt hat. Zugleich gilt es darauf hinzuweisen, daß es bisher keine einheitliche Handlungstheorie und im Hinblick auf die handlungstheoretischen Grundannahmen eine Vielzahl neuerer wissenschaftlicher Legitimations- und Begründungsmuster gibt, wie sich an dem von *Lenk* herausgegebenen sechsbändigen Werk „Handlungstheorien – interdisziplinär“ ablesen läßt (vgl. *Lenk* 1978).
In einem umfassenden Bildungskonzept muß Schule neben den Voraussetzungen für die Grundbedingungen handlungsorientierten Lernens komplementär die Voraussetzungen für Muße, Ruhe und Besinnung schaffen. Bildung darf nicht nur darauf ausgerichtet sein, den Menschen zu helfen, die Welt zu bewäl-

tigen. Bildung hat auch die Aufgabe, dem Menschen zu helfen, sich und seine Stellung in der Welt besser zu verstehen. "Wahre Menschenbildung will den Sinn dafür wecken und den Blick schärfen für das, was die Menschen für wahr, schön, gerecht halten und was den Sinn des Lebens ausmacht. Eine so verstandene Bildung erfordert eine bewußte Verbindung der Ideale der 'vita contemplativa' und der 'vita activa'." (*Kaiser* 1987a, 20)

Handlungsorientierte Lernkonzepte greifen immer dann zu kurz, wenn sie soziale und emotionale Komponenten des Lernens ungenügend berücksichtigen und die Sinnfrage, d. h. die Frage nach dem "richtigen Handeln" ausblenden. "Die Ethik und Erkenntnis werden unvermeidlich im Handeln und durch das Handeln miteinander verbunden. Das Handeln bringt gleichzeitig das Wissen und die Werte ins Spiel. Jede Handlung drückt eine Ethik aus, dient bestimmten Werten oder ist ihnen abträglich, stellt eine Wertentscheidung dar oder gibt es vor." (*Monod* 1985, 111)
Für menschliches Handeln, und das gilt auch für ökonomisches Handeln, ist die Sinnfrage von entscheidender Bedeutung. Bezogen auf die Leitfunktionen von Wertvorstellungen und Wertkonflikten heißt das:

- ❑ Sinnvolles Handeln auch in ökonomischen Systemen beinhaltet grundsätzlich eine normative Analyse.
- ❑ Ökonomische Fragen sind stets verbunden mit den Fragen nach den rechten Zielen und dem verantwortlichen Handeln für die Gesamtgesellschaft und den einzelnen.
- ❑ Auseinandersetzungen auch in sogenannten Sachfragen enthalten oft verdeckte Auseinandersetzungen normativer Art.

Zusammenfassend ergibt sich aus den bisherigen Überlegungen folgende Konsequenz für ein handlungsorientiertes Lernkonzept, wie wir es verstehen:

(1) Handlungsorientierter Unterricht ist ausgerichtet auf Handlungskompetenz. Der Erwerb von Handlungskompetenz beinhaltet zugleich die Vermittlung von Fachkompetenz, Sozialkompetenz und Methodenkompetenz sowie die Fähigkeit zum permanenten Umlernen und Weiterlernen.

(2) Handlungsorientierter Unterricht ist ausgerichtet auf die Förderung der vielseitigen Persönlichkeit und Handlungskompetenz durch die Gestaltung von ganzheitlichen Lernprozessen, die Wissen und Handeln so miteinander verbinden, daß wertorientiertes und theoriegeleitetes Denken und Handeln in komplexen Situationen entwickelt (gefördert) werden.

(3) Handlungsorientiertes Lernen ist in dreifacher Weise auf Handlung bezogen: Es ist *erstens* theoretisches Lernen, das auf Handeln vorbereitet, *zweitens* ein Lernen durch Handeln und *drittens* kritische und interaktive Reflexion über das Handeln.

(4) Handlungsorientiertes Lernen zielt ab auf ein Methodenkonzept, das darauf ausgerichtet ist die Schüler zu befähigen, sich selbständig Wissen anzueignen, Probleme zu lösen, neue Situationen zu bewältigen, ihre Lebens- und Umwelt mitzugestalten, lebenslang lernfähig und lernbereit zu bleiben.

(5) Die Realisierung eines handlungsorientierten Lernkonzeptes zeichnet sich aus durch Methodenpluralismus und Pluralität der Lernorte, so daß auf allen Stufen an unterschiedlichen Lernorten und in unterschiedlichen Erfahrungszusammenhängen Lernprozesse initiiert werden.

(6) Handlungsorientierter Unterricht ist stets verbunden mit der Frage nach den rechten Zielen und dem verantwortlichen Handeln für die Gesamtgesellschaft, den einzelnen und die Umwelt. Das beinhaltet zugleich die Fähigkeit, moralische Konfliktsituationen zu bewältigen.

(7) Handlungsorientierter Unterricht initiiert Lehr- und Lernprozesse, die konsequent aus der Perspektive des Lernenden rekonstruiert sind, d. h. das lernende Subjekt in den Mittelpunkt stellen.

(8) Handlungsorientiertes Lernen setzt auf Lernprozesse, die zunehmend von den Lernenden selbst bzw. autonom gesteuert werden, indem systematisch Planungs- und Arbeitstechniken und Lerntechniken vermittelt und offen gestaltbare Medien in Form von Lernmaterialien mit Arbeitsaufträgen und Leitfragen bereitgestellt werden für die Selbstorganisation der Lernprozesse.

(9) Handlungsorientiertes Lernen verlangt Lehrer, die sich in ihrer traditionellen Rolle der Wissensvermittler zurücknehmen und vorrangig die Schüler anleiten, sich selbständig Wissen anzueignen, Probleme zu lösen und Aufgaben zu bewältigen. Sie schaffen die Bedingungen, die Selbstorganisation der Lernenden erst ermöglicht.

3 Alltagswirklichkeit des Ökonomieunterrichts

3.1 Notizen aus dem Schulalltag

1. Der Berufsschulalltag der Marthe Hanau

"Ach ja, Marthe Hanau kann privat viel Pech haben. Dazu die allgemeinen Zeitumstände, die kaum ermutigend wirken – wohl niemand in der Familie wird sich wundern, wenn Marthe nach 'so mancher Enttäuschung', nach einigen, 'bitteren Erfahrungen' Anfang der zwanziger Jahre Sicherheit sucht in neuer Berufstätigkeit: und sie wird beispielsweise Lehrerin in einer Gewerbeschule, unterrichtet hier vor allem im Fach Betriebswirtschaft – hier kennt sie sich ein bißchen aus, hat einige geschäftliche Erfahrungen gemacht, damals vor dem Weltkrieg. Und vielleicht hat sie auch ein paar Semester Nationalökonomie studiert zu einer Zeit, als sie noch Hoffnungen hatte, aber dann ging ja alles schief und überhaupt.

Und so definiert Marthe Hanau an Hand eines Lehrbuches jedes Jahr neu die Aufgabe und das Wesen der Wirtschaft. Da sagt sie denn, an dem erhöhten Tisch sitzend oder durch Bankreihen gehend, daß sich von Geburt an im Menschen Bedürfnisse regen, erst unbewußte Bedürfnisse, dann immer bewußtere Bedürfnisse, und diese Bedürfnisse hören erst auf mit dem Lebensende. Über die Bedürfnisbefriedigung dieser Bedürfnisse wird Marthe Hanau nun so sprechen, wie sie im Vorjahr über die Bedürfnisbefriedigung dieser Bedürfnisse gesprochen hat, in den Jahren davor über die Bedürfnisbefriedigung dieser Bedürfnisse gesprochen hatte, in den kommenden Jahren über die Bedürfnisbefriedigung dieser Bedürfnisse sprechen wird: Jahr für Jahr spricht Lehrerin Hanau über die Bedürfnisbefriedigung dieser Bedürfnisse durch Güter und Dienstleistungen.

Und diese jährlich wiederholten Wiederholungen machen sie unzufrieden: war man nicht eigentlich zu Besserem geboren? War da nicht der Antrieb, sich hervorzutun, sich auszuzeichnen, eine führende Rolle zu spielen? Aber nun sind ihr alle Möglichkeiten versperrt. "Ich fühle mich wie eine Maus im Käfig", kann sie sagen. Oder: "Ich komm mir vor wie ein Hamster im Laufrad". Jedes Jahr der gleiche Stoff, die gleichen Fragen, die gleichen Antworten, Jahr um Jahr. Eine sichere Position, gewiß. Aber: ohne Risiko, das weiß sie noch, gibt es kaum Gewinne.

Manchmal möchte sie aus der Haut fahren, aber sie kommt aus dieser Haut nicht heraus. Soll sie etwa die Stelle kündigen, in diesen unsicheren Nachkriegsjahren? Wer aus seiner Haut heraus möchte, ohne aus seiner Haut heraus zu können, der will wenigstens zeitweise vergessen, in welcher Haut er steckt, will sich wenigstens in Gedanken in eine andere Haut versetzen – und das kann ermöglicht werden durch Lektüre. So kann Gewerbeschullehrerin Hanau stundenlang sitzen und schmökern: in ihrem Zimmer ein Schrank in fettem Rotbraun, ein ovaler Tisch mit rubbeliger Tischdecke, ein Schreibtisch mit Aufsatz: Säulchen, Balustraden; dann ein Kachelofen, an dem sie im Winter ihren runden Körper entlangrollt, sich mit Wärme vollsaugt, und hinter eisernem Flügeltürchen steht eine Kanne Tee, aus der sie während der Lektüre öfter mal nachgießt.

Besonders gern liest Marthe Hanau beispielsweise von einem Bauernmädchen namens Thérèse Daurignac, geboren 1856 in einem Dorf bei Toulouse. Als Thérèse ungefähr 14 ist, stirbt ihr Vater, der Bauer; er hinterläßt so viele Schulden, daß die Familie sofort das Bauernhaus verkaufen muß. Die Mutter eröffnet einen Wäschereiladen in Toulouse. Tochter Thérèse arbeitet als Wäscherin im Haus des Gustave Humbert. Das ist ein angesehener Mann: erst Professor der Rechte an der Universität Toulouse, dann Mitglied der Nationalversammlung, schließlich, nach einem Wahlsieg seiner Partei, Generalprokurator am Obersten Rechnungshof.

In seinem Haus arbeitend, erzählt Thérèse, phantasiebegabt, verschiedenen Personen Wunderbares: Mademoiselle de Marcotte, ein sehr altes Fräulein, besitzt ein Schloß mit weiten Ländereien, und dieses Schloß und diese Ländereien hat dieses alte Fräulein ihr, der Thérèse Daurignac, übermacht: sobald die Marcotte tot ist, zieht Thérèse in Schloß Marcotte ein [...]

So ein Schloß müßte man tatsächlich erben! Da würde man seinen Lebensstil augenblicklich ändern! Da wäre man wie ausgewechselt! Da würde man sich wieder wohlfühlen in seiner Haut!
Stattdessen? Stattdessen steckt sie in ihrer Haut, weiterhin, in der sie nicht stecken möchte. Da steht sie Jahr um Jahr in den gleichen Klassenräumen. Da sagt sie einführend Jahr um Jahr, daß die Wirtschaft ein wichtiger Lebensbereich ist. Was ist die Wirtschaft? Ein wichtiger Lebensbereich. Antwortet gefälligst in ganzen Sätzen! Die Wirtschaft ist ein wichtiger Lebensbereich. Richtig, die Wirtschaft ist ein wichtiger Lebensbereich und als solcher verbunden mit anderen Lebensbereichen, etwa mit Recht und Religion, mit Kunst und Wissenschaft, mit Technik und Politik. Wiederholt das jetzt mal im Zusammenhang!

Die Wirtschaft ist ein wichtiger Lebensbereich und als solcher verbunden mit anderen Lebensbereichen.

Ja, sie ist wirklich froh, wenn sie das alles zurückläßt, und sie kann beispielsweise wieder schmökern, etwa in einem Lebensbericht über Thérèse Daurignac, berühmt geworden als Thérèse Humbert. Diese Thérèse erzählt als Wäscherin gern, daß sie nicht bloß Wäscherin ist, sondern Erbin eines Schlosses mit umliegenden Ländereien, und sie wartet nur noch auf das Ableben des alten Fräuleins, das ihr, Thérèse Daurignac, den Besitz testamentarisch vermacht hat, nur der Himmel darf wissen, aus welchen Gründen [...]

Aber wie soll Marthe zur großen Marthe werden in so einer Gewerbeschule? Wie aufsteigen, wo der Tageslauf eingeschient ist, der Vormittag parzelliert in Unterrichtsstunden, und nach der Schule ist sie müde, muß erst mal was schlafen, und nachmittags korrigieren, und abends ein bißchen schmökern? Lehrerin Hanau ist mit ihrem Beruf, mit ihrem Leben überhaupt nicht zufrieden. Schon gar nicht, wenn sie von so märchhenhaften Möglichkeiten liest, die nachweislich verwirklicht wurden." (*Kühn* 1973, 23 ff.)

Der Bericht über die Erfahrungen der Berufsschullehrerin Marthe Hanau während ihrer Berufstätigkeit Anfang der 20er Jahre gibt einen Einblick in die Enttäuschungen über deren Schulalltag. Zugleich vermittelt er ein Bild des traditionellen Unterrichts, der ausschließlich lehrerzentriert und vom Lehrbuch gestützt abläuft. Von dem erhöhten Sitz doziert sie, definiert Begriffe und vermittelt Wissen, das von den Schülern repetiert wird. Ihr Unterricht läuft tagaus tagein, Jahr für Jahr nach dem gleichen Schema, ohne jeden methodischen Wechsel, in den gleichen Klassenräumen ab. Da ist es nicht verwunderlich, daß sie ebenso wie ihre Schüler die Schule als öde, langweilig und frustrierend empfindet. Und da sie keine anderen Möglichkeiten sieht, mit ihrer beklagenswerten Situation fertig zu werden, flüchtet sie in die Traumwelt der Romanciers.
Das Bild, das der Dichter *Dieter Kühn* vermittelt, ist sicher überzeichnet und bezieht sich zudem auf eine Zeit, die ca. 80 Jahre zurückliegt. Seit dieser Zeit hat sich die Berufsschule erheblich gewandelt, und die Lehrer dozieren seit langem nicht mehr von einem Podest aus. Gleichwohl ist für viele Schüler der Ökonomieunterricht auch heute noch öde und langweilig, und gelegentlich ergeben sich unterrichtliche Situationen, die den Lehrer überfordern, wie ein Bericht aus einem Berufsgrundschuljahr dokumentiert:

„Vierzehn Schüler sind anwesend. Von Disziplin kann keine Rede sein. Manchmal fesselt sie das Thema, wenn der Bezug zu ihrem gegenwärtigen und

vergangenen Leben gelingt. Dann träumen sie wieder, und der Unterricht zieht an ihnen vorbei wie ein gestörtes Telefon.
Streit bricht aus. Ausdrücke von der Straße, Handgreiflichkeiten, von der kurzen Pause in das Klassenzimmer hinaufgetragen. Sie fallen übereinander her, im Zorn und vor Langeweile und mit der Seligkeit einer körperlichen Berührung."

Auch dieser Bericht gibt sicherlich eine Extremsituation wieder. Dennoch läßt sich nicht leugnen, daß Unterricht sich häufig genug so vollzieht, daß der Lehrer die Lerninhalte definiert und vermittelt und die Schüler diese aufnehmen, speichern und reproduzieren. Die Defizite schulisch organisierter Lernprozesse sind im Hinblick auf den Wirtschaftslehreunterricht an Berufsschulen in der wirtschaftspädagogischen Literatur hinlänglich beschrieben worden (vgl. *Achtenhagen* 1984 u. 1992; *Golas* 1969; *Kaiser* 1987a; *Krumm* 1973; *Reetz* 1984; *Reetz/Witt* 1974; *Senatskommission für Berufsbildungsforschung* 1990; *Sembill* 1984).
Die Hauptkritikpunkte beziehen sich u. a. auf die Stofffülle und die detaillierte Ausdifferenzierung bzw. Parzellierung wirtschaftsberuflicher Curricula, die fehlenden fächerübergreifenden Bezüge, den mangelnden Realitätsbezug und die mangelnde Anschaulichkeit, die Linearisierung der Lerninhalte, die unzureichende Berücksichtigung der systemtheoretischen Betrachtungsweisen und damit zugleich der sozialen, politischen und ökologischen Dimension wirtschaftlichen Handelns. Darüber hinaus werden die Interessen, das Vorwissen und die emotionale Befindlichkeit der Schüler vernachlässigt. Fast ausnahmslos wird festgestellt, daß der lehrerzentrierte Unterricht nach wie vor dominierend ist und selbständige und kooperative Arbeitsformen nur selten zum Tragen kommen.
Selbst wenn man in Rechnung stellt, daß die in der wirtschaftspädagogischen Literatur vorgetragenen Kritikpunkte am traditionellen Unterricht eine Kumulation vorhandener Defizite ausmachen, so läßt sich im Hinblick auf die methodische Gestaltung des Unterrichts feststellen, daß nach wie vor der lehrerzentrierte Unterricht vorherrscht und methodische Vorgehensweisen, die die Eigenaktivität der Schüler in den Mittelpunkt stellen, nur selten zum Tragen kommen.
Die Befunde einer empirischen Studie, die in jüngster Zeit von der Fern-Universität Hagen zum "Methodenrepertoire von Lehrern" (*Hage u. a.* 1985) durchgeführt wurde, bestätigen im Grundsatz, daß auch in anderen Schulformen in der Unterrichtspraxis nach wie vor ein ausgeprägter Methodenmonismus im Sinne des lehrerzentrierten Frontalunterrichts vorherrscht.

In der Erhebung, in der 181 Unterrichtsstunden von 88 berufserfahrenen Lehrerinnen und Lehrern an nordrhein-westfälischen Hauptschulen, Gesamtschulen und Gymnasien (Sek. I) im 5-Minuten-Takt im Detail analysiert worden sind, kommt im Hinblick auf die Häufigkeit der Sozialformen zu folgendem Ergebnis:

Frontalunterricht	6,86 %
Einzelarbeit	10,24 %
Partnerarbeit	2,88 %
Gruppenarbeit	7,43 %
Klassenkooperation, im Sinne eines Unterrichts, in dem der Lehrer als Leitender in den Hintergrund tritt	2,59 %

(*Hage u. a.* 1985, 38).

Auch wenn nur der Unterricht für die Fächer Deutsch, Gesellschaftslehre und Naturlehre untersucht wurde und nicht der Unterricht der eher praktisch orientierten Fächer Sport, Kunst, Technikunterricht und Hauswirtschaft, was sicherlich das Ergebnis relativiert hätte, läßt sich für den Wirtschaftslehreunterricht aus unserer Erfahrung sagen, daß auch hier die in der Studie festgestellte "methodische Monostruktur des Unterrichts" (*Hage u. a.* 1985, 147) vorherrschend ist, wenn man von den außerhalb der Schule durchgeführten Erkundungen und Praktika einmal absieht.

3.2 Unterrichtsplanung in der Alltagswirklichkeit

Gedanken-Spiele bei der Unterrichtsvorbereitung

Mathematik, Deutsch, Musik, ..., Mathematik ist klar ..., Seite 35: Übungsaufgaben durchsprechen ... Deutsch ... ach, da werd' ich noch mal ein Übungsdiktat schreiben und den Deutschaufsatz weiter vorbereiten ... kein Malheur ... Musik ... nächste Woche ist Schulfest ... ich soll mit der Klasse noch einen Kanon einüben ... mit meinen Chaoten ... na, ja, was soll's.
Was haben wir noch ... ach du lieber Gott, Wirtschaft ... da kann ich den Nachmittag abhaken ... so ein trockener Mist ... mir hängt's zum Halse raus ... der Klasse ebenfalls ... wenigstens darin sind wir uns mal einig ..., was hab' ich denn gemacht in der letzten Stunde ... der Verbraucher im Wirtschaftsgeschehen ... ach, das haben wir ja abgeschlossen .. wie geht's weiter ... Geld und Zahlungsverkehr ... was ist das denn überhaupt? ... da hat uns doch auf der letzten Lehrerfortbildungstagung jemand so ein einfaches Buch empfohlen ...

wo habe ich denn das Buch hingelegt ... man kommt mit seinem eigenen Kram schon nicht mehr zurecht ... Seite 94 ... Zahlungsverkehr, bargeldloser Zahlungsverkehr --- Überweisung bei Banken und Sparkassen, Zahlung durch Scheck ... Postscheckverkehr ... Wechsel ... hab ich da nicht von der Sparkasse eine Mappe mit Folien und Formularen bekommen ... wo liegt das Zeug denn schon wieder ... richtig .. na endlich etwas, was man mal gebrauchen kann ... wenn meine Kameraden was zum Ausfüllen haben, sind sie schon zufrieden ... haben sie wenigstens etwas davon ... muß sofort die Sparkasse anrufen ... ich brauche 28 Mappen ... könnte sie mir gleich noch abholen ... bei der letzten Fortbildungstagung waren sie mit dieser Mappe nicht einverstanden ... Tenor: Was hat das denn überhaupt mit Ökonomie-Unterricht zu tun ... können gut reden ... sollten uns lieber das System der multiplen Giralgeldschöpfung ansehen ... aber später in der Ausbildung fragt kein Mensch nach multipler Giralgeldschöpfung .. ich bilde meine Kameraden emanzipatorisch aus und im Betrieb läßt man sie emanzipatorisch durchfallen ... wenn ich noch an das Theater auf der letzten Elternversammlung denke ... sollten mit den Schülern Dinge machen, die sie später gebrauchen können ... das Thema käme viel zu kurz ... die sollten mal meinen Schulrat sehen, wenn ich dem eine Übungsstunde vorführen würde ... und dann die Industrie- und Handelskammer mit ihrer letzten Untersuchung ... sicher, der Wahlkampf steht vor der Tür ... könnten weder Schreiben noch Lesen, aber kritisieren, hätten Problembewußtsein, könnten sich nicht mehr anpassen ... wie spitz doch letztens mein Kollege Heimann war ... Herr Kollege, wie phantastisch ihre Klasse ist. ... die wissen, daß 2 x 7 das Gleiche ist wie 7 x 2 ... er fänd's aber auch nicht schlecht, wenn sie wüßten, daß 2 x 7 = 14 sind ...

Blödmann ... wie mach' ich es denn morgen ... mit 'nem Beispiel anfangen ... dann Gruppenarbeit ... nee ... nee ... das kostet zu viel Zeit ... Tische umstellen .. die quatschen mir dann zu viel ... eh du dich versiehst, ist die Stunde rum ... ich hab da in meiner Mappe noch ein Tafelbild ... ist immer noch am besten ... man weiß wenigstens, was am Ende rauskommt ... können sich das abschreiben ... und haben was in der Hand ... kann darauf dann auch bei der nächsten Klassenarbeit zurückgreifen ... brauche ja noch eine bis zu den Zeugnissen ... wer ruft denn jetzt an ... ja, Carola, ... ob du mit mir sprechen könntest .. gut, morgen in der Pause ... wer weiß, was sie wieder für Probleme hat ... kein Wunder bei der Mutter ... wenn Carola mich wieder mit ihren sinnigen Augen ansieht ... dann weiß ich schon was gestern los war ... Disco-Time ... wie ich meinen Türken die unterschiedlichen Mitbestimmungsmodelle klarmachen soll ... man sollte 'ne Sprechstunde für einen Psychotherapeuten einrichten ... hier wieder der dämliche Kommentar in der Zeitung: Lehrer, Faulenzer der Nation ... das

ist wieder typisch haben keine Ahnung, was in der Schule so läuft, aber immer Geschrei ... zu viel Freizeit .. zu lange Ferien ...
Morgen kommt der neue Student, um seinen Vorbereitungsdienst zu beginnen ... wer weiß, was das für ein Typ ist ... wird wohl wieder die ganz neue Pädagogik frisch vom Universitätsfaß servieren ... Rollenspiele, Gruppenarbeit ... Fallstudien ... schülerorientierter Unterricht ... das wird in den ersten Wochen wieder ein Spaß werden ... man hat nur wieder doppelte Arbeit, bis du den 'mal eine Stunde allein lassen kannst ... Herr Kollege, sie haben doch schon mal einen Studenten gehabt ... ja, ja, unser Rektor ... Mensch, dann muß ich mich für morgen doch noch etwas vorbereiten ...
... Christel wollte aber mit mir noch in die Stadt ... Anzug kaufen ... wo ist sie bloß ... was für Ratschläge gibt man denn dem Neuen ... straff, straff ... wenn Sie die Zügel erstmal schleifen lassen, dann bekommen sie keinen Boden mehr unter die Füße ... nachher kann man ja dann mal langsamer gehen lassen ...
Ach, da ist Christel schon, wo kommst du denn her ... war auf der Bank ... hab' die Rechnungen überwiesen ... du, das muß ich dir sagen ... freundlich sind die ja ... ich wußte nicht so recht mit den neuen Formularen weiter ... die haben mir meine Formulare fein ausgefüllt ... bild' dir nur nicht ein ... das machen sie bei jedem ... wann gehen wir nun in die Stadt ... ich hab' gleich etwas Geld abgehoben ... Du, einen Augenblick brauch' ich noch ... eine halbe Stunde ... also, was wollt' ich noch ... ach, ja ... Zahlungsverkehr ... Formulare ausfüllen ... und danach könnte eigentlich die Preisbildung dran sein ...

Bei systematischer Analyse der Alltagswirklichkeit von Schule im allgemeinen und des Ökonomieunterrichts im besonderen, sollte man sich von der Vorstellung lösen, *Unterrichtsplanung* sei ein täglich bewußt vollzogener und kontinuierlicher Planungsprozeß, bei dem pädagogische, fachdidaktische, bildungspolitische und methodische Überlegungen jeweils optimiert werden. Je eher man sich von dieser Vorstellung verabschiedet, um so realistischer wird die Einschätzung geraten, welche pädagogischen, methodischen und sonstigen Innovationen Eingang in die Schule finden können. Die bei empirischen Studien immer wieder festgestellte Gesamtvorbereitungszeit für den nächsten Unterrichtstag (ohne Korrekturzeiten) übersteigt in seltenen Fällen eine Zeitstunde; Kenner des Unterrichtsalltags halten selbst diese Zeit für zu optimistisch.
Es ist hier nicht beabsichtigt, Empfehlungen zur Unterrichtsplanung und Unterrichtsvorbereitung zu entwickeln. Dafür kann auf die einschlägige Literatur verwiesen werden (vgl. z. B. *Jank/Meyer* 1991; *Schorch* 1991, 704 ff.; *Glöckel* 1990; *Peterssen* 1988; *Hiller* 1980, 119–141). Vielmehr soll auf einige Faktoren aufmerksam gemacht werden, die in besonderer Weise den Ökonomieunterricht in der Sekundarstufe I beeinflussen und die vorrangig bedingt sind durch

seine "innere Situation". Vor allem soll auf eine fragwürdige Unterrichtspraxis hingewiesen werden, die sich durch problematische fachliche und fachdidaktische Vorentscheidungen für die methodische Ausgestaltung des Unterrichts ergeben und auf diese Weise Verhaltensempfehlungen für Schüler zum Verbraucherverhalten bzw. Umweltverhalten präjudiziert werden, die irrealen Charakter haben. Inhaltlich wird dies an zwei Beispielen verdeutlicht, die sich auf die zu beobachtende Praxis von Preiserkundungen beziehen sowie mit einem Beispiel, das sich mit einer umwelterzieherischen Fragestellung des Ökonomieunterrichts auseinandersetzt.
Zunächst sind jedoch einige Anmerkungen zur inneren Situation des Ökonomieunterrichts in der Sekundarstufe I zu berücksichtigen. Die Beobachtungen beziehen sich vorrangig auf Hauptschule und Realschule, weil in der Regel nur in diesen Schulformen Fächer wie Wirtschaft, Arbeit/Wirtschaft, Wirtschaftslehre, Arbeitslehre, Wirtschaft/Politik unterrichtet werden.

Insgesamt lassen sich folgende Feststellungen treffen:

- Generell ist festzustellen, daß sich das Fach im Bewußtsein der Schüler noch zu häufig als eine Kette von Unterrichtseinheiten widerspiegelt, ohne daß dem Schüler der inhaltliche Zusammenhang der Themenstellungen bewußt ist. Als "Identifikationskern" des Faches gelten zumeist das Betriebspraktikum und die Betriebserkundung als Methoden bzw. der Berufswahlunterricht als Themenbereich.
- Der Anteil fachfremd unterrichtender Lehrkräfte ist – trotz aller Aus- und Fortbildungsanstrengungen – immer noch unverhältnismäßig groß (vgl. a. *Kruber* 1989, 6 ff.). Häufig wird das Fach von Lehrkräften des 2. Bildungsweges oder solchen Lehrkräften unterrichtet, die im Rahmen von Halbwochen-Kursen nur eine sehr unsystematische Ausbildung für das Fach erfahren haben.

  Trotz des zu beobachtbaren Engagements vieler Lehrkräfte erschwert der mangelnde Ausbildungsstand ihre fachdidaktische Souveränität im Umgang mit Inhalten und Methoden des Wirtschaftsunterrichts. Dieser Sachverhalt ist bei der Entwicklung von Lernkonzepten zu berücksichtigen, zumal besonders die aktiven, "handlungsorientierten" Lernkonzepte hohe Anforderungen an die didaktische Kompetenz der Lehrkräfte stellen.
- Darüber hinaus gibt es keinen Zweifel, daß die Reputation eines Faches in der Schule wesentlich davon abhängt, wie kompetent es fachwissenschaftlich und fachdidaktisch vertreten wird.
- Die Heterogenität der möglichen fachlichen Zugänge zu den Inhalten des Faches ist so groß, daß eine sinnhafte fachliche Struktur für den Bereich Wirtschaft sich nicht ohne weiteres und zweifelsfrei beschreiben läßt. Dies

hängt vor allem mit der Vielzahl der fachwissenschaftlichen Bezugsdisziplinen für das Fach zusammen, angefangen mit den Wirtschaftswissenschaften, Soziologie und Politologie bis hin zu verschiedenen arbeitswissenschaftlichen Disziplinen. Besonders die Arbeitslehrefächer sind in der Bundesrepublik mehr didaktische Konstrukte als historisch gewachsene und definierte Inhaltsbereiche mit deutlich ausgewiesenen universitären Bezugsdisziplinen, wie dies z. B. für Fächer wie Physik, Mathematik o. ä. gilt.

Insgesamt führt der Ausbildungsstand der Lehrkräfte in der Schule nicht selten dazu, Themen mehr nach subjektiver Wertschätzung als nach ihrem erschließenden Charakter für Sachverhalte der Arbeits- und Wirtschaftswelt auszuwählen und vor allem die ökonomischen Fachanteile zu vernachlässigen, weil sie als zu "theoretisch" gelten und für Schüler nicht verständlich oder erfahrungsbezogen darstellbar zu sein scheinen (vgl. *Kruber*, 1989) und deshalb in der subjektiven Präferenzskala von Lehrkräften dann ebenfalls keinen Stellenwert haben.

- Wie auch schon für die Berufsschule festgestellt, gibt es einen Methodenmonismus, der im auffälligen Kontrast zur Häufigkeit steht, mit der z. B. aktive Lernverfahren in der pädagogischen Literatur sowie in Fort- und Weiterbildungsveranstaltungen diskutiert werden. Fallstudien, Projekte, Planspiele usw. gehören eher zur "Feiertagsdidaktik" als zum gängigen Unterrichtsalltag. Dies gilt selbst für den Einsatz von Betriebserkundungen und Betriebspraktika.
- An den Schulen gibt es – abgesichert z. B. über die Fachkonferenz – nur in seltenen Fällen ein didaktisches Gesamtkonzept für das Fach nach dem einheitlich verfahren wird und das sich vom 7. bis 10. Jahrgang Schritt für Schritt aufbaut, was sich u. E. auch nachteilig beim Einsatz von Planspielen, Projekten o. ä. und für den Einsatz von Betriebserkundungen bemerkbar macht, weil bei diesen Methoden langfristige organisatorische Regelungen zu treffen sind. Dies gilt auch für das Problem der Kooperationsabsprachen zwischen den Fächern.

Es sei noch einmal auf die Untersuchung von *Hage u. a.* verwiesen, „daß die Verwirklichung alternativen unterrichtsmethodischen Handelns in viel stärkerem Ausmaß als wir erwartet hatten, von Schulorganisation, Bildungspolitik, Tradition, bildungstheoretischen und makrodidaktischen Rahmenbedingungen und nicht von didaktischen Wahlmöglichkeiten im engeren Sinne abhängt." Dieses Ergebnis ihrer Untersuchung, scheint zur Unzeit zu kommen, „denn der Trend des erziehungswissenschaftlichen Forschungsinteresses geht in letzter Zeit eindeutig weg von Fragen der „äußeren" Struktur und hin zu Fragen der „inneren" Verfassung von Schule und Unterricht" (*Hage u. a.* 1985, 150).

Generell muß man sich davor hüten zu glauben, daß "abstraktes" Theoriewissen, sei es im methodischen, fachwissenschaftlichen oder fachdidaktischen Bereich, sich linear auf den Unterricht übertragen ließe. Vielmehr besteht in der Regel eine Lücke zwischen dem theoretischen Erkenntnisstand und dem unterrichtspraktischen Realisationsniveau. Es gibt offensichtlich komplexere Instanzen, die das Handeln der Lehrer steuern und eng mit seiner Persönlichkeitsentwicklung verknüpft sind. *Meyer* (1987b, 26) nennt verschiedene, eng miteinander verknüpfte Faktoren:

1. die im Verlauf der Berufs- und Fachsozialisation aufgebauten Unterrichtsbilder;
2. die diese Bilder einschließenden, aber noch durch viele weitere Faktoren geprägten Lehrerhaltungen;
3. das in der Unterrichtspraxis aufgebaute und sicher beherrschte Methodenrepertoire und schließlich
4. die diesem Repertoire zugrundeliegende unterrichtsmethodische Handlungskompetenz (kurz: Methodenkompetenz).

- **Unterrichtsbilder**
- **Lehrerhaltungen**
- **Methodenrepertoire**
- **Methodische Handlungskompetenz**

führen zur **Routinebildung**

schrittweise Automatisierung und Verinnerlichung von zunächst bewussten, erlebten und gesteuerten Handlungs- und Entscheidungsprozeduren.

- Arbeits- und Organisationsroutinen (z. B. Tafelarbeit, Aufrufen und Drannehmen, Diktieren, ...)
- Interaktionsroutinen (z. B. Stundenöffnungsrituale, Disziplinierungsrituale, ...)
- Reflexionsroutinen (z. B. bestimmte Fehlererklärungen mit eingeschliffenen Argumentationsmustern, ...)

Abb. 3.1: zusammengestellt nach *H. Meyer* 1987b, 25–50

Die „Unterrichtsbilder" über die ein Lehrer verfügt und die sein Wahrnehmen und sein Handeln steuern und die Summe einer gewachsenen „Sicht" von Un-

terricht und Methodik darstellen, beeinflussen seine Lehrerhaltung. Sein Methodenrepertoire setzt sich aus einem Satz von Handlungsmustern, Arbeitstechniken und Verfahrensweisen zusammen, mit denen er gute unterrichtliche Erfahrungen gemacht hat, die gefühlsmäßig bejaht und immer wieder – insbesondere in Streßsituationen eingesetzt werden. Mit der schrittweisen Automatisierung und Verinnerlichung von zunächst bewußten, erlebten und gesteuerten Handlungs- und Entscheidungsprozeduren kommt es zur Routinebildung mit unterschiedlichen Routinetypen (Arbeits- und Organisationsroutinen, Interaktionsroutinen, Reflexionsroutinen). Geht man davon aus, daß die Lehrertätigkeit auch immer ein Prozeß zunehmender Routinebildung darstellt und darstellen muß, dann muß für die Veränderung der methodischen Handlungskompetenz der Lehrkräfte dieser Prozeß der Routinebildung zum Gegenstand der gedanklichen Auseinandersetzung gemacht werden.
Wir sind uns bewußt, daß die Darstellung von neuen unterrichtlichen Handlungsmustern (vgl. Kapitel 4.2 ff.) nicht schon zu ihrer Übernahme in das Methodenrepertoire von Lehrkräften führt und deren methodische Handlungskompetenz automatisch erweitert. In jeder neuen Methode stecken auch immer Aspekte, die im Widerspruch zu den bisher vorhandenen "Unterrichtsbildern" stehen und gefühlsmäßig bejaht, aber auch abgelehnt werden.

Aus den bisherigen Anmerkungen zur „inneren" Situation des Faches sowie zur Entwicklung der Methodenkompetenz von Lehrkräften sollte deutlich werden, daß die Weiterentwicklung und Erneuerung des methodischen Handelns der Lehrkräfte nicht das Produkt eines linearen Transfers des fachdidaktischen Erkenntnisstandes in die Schule darstellt. Bei der Entwicklung von Lernkonzepten müssen auch die innere Situation des Faches, die institutionellen Rahmenbedingungen, Ausbildungsstand und Fachsozialisation der Lehrerschaft, politische und gesellschaftliche Orientierungen beachtet werden, wenn methodische Innovationen die Schulklasse erreichen sollen.
Wie die Alltagswirklichkeit des Ökonomieunterrichts besonders durch die fehlende grundständige Ausbildung von Lehrkräften bestimmt wird und damit u. E. methodisch und fachlich problematische Vorentscheidungen begünstigt werden, soll an drei Beispielen verdeutlicht werden.

1. Beispiel: Preisvergleiche durch Schülererkundungen

Die Durchführung von Preisvergleichen durch Schülererkundungen hat eine lange Tradition. Ziel solcher Erkundungen ist nicht selten, daß Einsichten in die Preisbildung gewonnen und ein preisbewußtes Verhalten der Schüler gefördert werden soll. So führen Schüler dann beispielsweise zahlreiche Preisvergleiche bei einem "schülernahen" Gerät (z. B. Kassettenrecorder) durch. *Steffens* (1983, 248 ff.) beschreibt plastisch die Enttäuschung eines Lehrers, der glaubt, die Motivation der Schüler von der Durchführungsphase (Preiserhebung) in die Auswertungsphase hinüberretten zu können, um die Ergebnisse in den größeren Sachzusammenhang "Preisbildung" einzubetten. Mitnichten! Die Schüler wollten weitere Preiserhebungen durchführen und sperrten sich gegen den Versuch, ihre durchgeführten Preiserhebungen in den theoretischen Zusammenhang "Preisbildung" zu bringen. Diese berichtete Erfahrung ist Ausgangspunkt für unsere weiteren Überlegungen:

- Die Durchführung einer Preiserhebung ("Die Schule verlassen ... das machen meine Schüler ja so gerne... ") hat keinen Wert an sich, sondern sie hat nur einen Wert – zumindest in der Institution Schule – im Rahmen einer bestimmten didaktischen Zielsetzung. Diese Zielsetzung darf in den verschiedenen Phasen der Unterrichtseinheit nicht aus den Augen verloren werden.
- Nicht die Durchführung einer Preiserhebung an sich – als ein möglicherweise vordergründiges Motivationsvehikel – kann im Mittelpunkt der Unterrichtseinheit stehen, sondern die Frage "Wie kommt es zu unterschiedlichen Preisen bei gleichen Produkten" o. ä., und wie können wir dies untersuchen? Die Klärung dieser Zielsetzung ist für alle Beteiligten (Schüler und Lehrer) unabdingbar, damit der "rote Faden" als gedankliche Einheit von Problemstellung, Planung, Durchführung und Auswertung immer im Bewußtsein der Handelnden gegenwärtig bleibt und als gemeinsames, handlungsleitendes Interesse identifiziert wird. Handlungen werden vom Ziel her geplant (Was wollen wir, warum wollen wir es, wie hängt das Ziel mit unseren übrigen Ideen, Zielvorstellungen zusammen?) (vgl. Kap. 2.4).
- Das Scheitern einer komplexen Handlung, wie im Fall der Preiserhebung, liegt zum Teil begründet in der Freude der Schüler an der gekonnten, beherrschten Teil - Handlung - ein offensichtliches Paradoxon! Dieses Phänomen läßt sich mit dem von *K. Bühler* geprägten Begriff "Funktionslust" erklären. Sie ist eine Empfindung, die sich dann einstellt, wenn die geübte Tätigkeit reibungslos abläuft, weil sie vom Schüler beherrscht wird, ihm als Übenden angemessen ist. Dem Schüler macht die Preiserhebung offensichtlich Spaß, er kann sie; der psychische Aufwand minimiert sich, er weiß, wie er vorgehen muß, wie er seinen Erhebungsbogen auszufüllen hat. Die Aufregung, die bei der Durchführung der Erhebung im ersten Geschäft noch geherrscht haben mag, verringert sich von Mal zu Mal. Und jetzt soll der Schüler unvermittelt mit dieser Tätigkeit abbrechen und sich damit auseinandersetzen, was man unter "Preisbildung" versteht und welche Faktoren diese Preisbildung beeinflussen. Er versteht den unterrichtlichen Teilschritt, aber er hat keine Klarheit, wie diese Preiserhebung mit der Gesamtzielset-

zung der Unterrichtseinheit zusammenhängt. Die Eigendynamik einer Handlung wird so groß, daß die Gesamtzielsetzung aus den Augen gerät, zumal diese Zielsetzung ihm als gedankliches Korrektiv gar nicht bewußt ist.

- Abb. 3.2 zeigt in vereinfachter Weise, welche Aspekte bei der Vorbereitung eines Preisvergleiches durch die Schüler denkbar sind und bei didaktischen Entscheidungen berücksichtigt werden müßten.

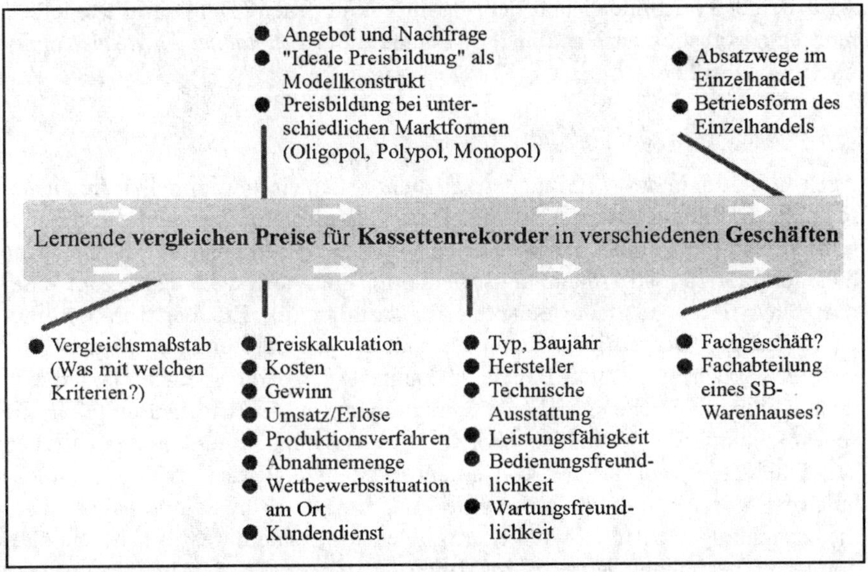

Abb. 3.2: Begriffsnetz eines Preisvergleiches

Der Auftrag "Schüler vergleichen Preise für Kassettenrecorder in verschiedenen Geschäften" ist eingebunden in ein Begriffsnetz, das auf unterschiedlichen Ebenen zu bearbeiten wäre, um daraus sinnvolle Aufgabenstellungen für die Durchführung von Preisvergleichen zu entwickeln, die auch einen Beitrag für die Analyse der Preisbildung leisten kann.

- Die immer wieder zu beobachtenden Schwierigkeiten mit den Auswertungsphasen von Betriebserkundungen, Betriebspraktika, Projekten usw. liegen zum Teil in nicht deutlich definierten Aufgabenstellungen begründet, so daß beispielsweise die Ergebnisse von organisationsaufwendigen Preisverglechen zuweilen in keinem Verhältnis zu den erkennbaren Lernerträgen stehen.

Zwar läßt sich zeigen, daß Lernprozesse immer wieder mit der Handlung einsetzen, aber darüber hinaus muß auch immer wieder angestrebt werden, daß das, was handelnd erarbeitet worden ist, schrittweise verinnerlicht, systematisiert und sprachlich kodiert werden muß.

Auch beim Entwickeln abstrakter ökonomischer Zusammenhänge, wie z. B. der Analyse der Preisbildung und dem damit verbundenen "Denken in Modellen" muß es zu "abstrakten Handlungen" kommen (vgl. *Buddensiek/Kaiser/Kaminski* 1981, 98–122).

2. Beispiel: Preis- und Qualitätsvergleiche

Auch im Rahmen der Verbrauchererziehung als einem traditionellen Inhaltsbereich des Ökonomieunterrichts haben Preis-Qualitäts-Vergleiche, die von Schülern durchzuführen sind, einen hohen Stellenwert. Zum einen wird ihnen eine hohe lernmotivierende, "handlungsorientierte" Funktion zugewiesen, zum anderen gelten sie als adäquate Beispiele für das sinnvolle Einüben von Verbraucherverhalten. Beide Einschätzungen müssen jedoch durchaus kritisch betrachtet werden, wie schon Beispiel 1 zeigte. Aber darüber hinaus lassen sich noch weitere fachliche Gesichtspunkte anführen und zwar im Anschluß an die sog. ökonomische Verhaltenstheorie. Die Annahme eines rationalistischen Menschenbildes, bei der der Konsument in gewisser Weise als Permanentkalkulator für Preise und Qualitäten agiert und auf dieser Basis optimale Konsumentscheidungen trifft, ist wohl eher problematisch und unrealistisch. Die ökonomische Verhaltenstheorie (*Krol* 1993, 17 ff.; *Becker* 1993; *Kirchgässner* 1991; *Frey* 1990) geht von folgendem Grundgedanken aus: Den Individuen, ob als Verbraucher, Politiker, Bürokrat, Manager usw. wird absichtsvolles Handeln unterstellt, d. h. sie wollen mit ihren Entscheidungen die eigene Situation verbessern. Diese Nutzenmehrung bzw. Nutzenmaximierung beschränkt sich nicht nur auf "materialistische" Werte wie Geld, Einkommen, Güter, sondern kann auch auf immaterielle Werte abzielen.

Wenn angenommen wird, daß menschliches Verhalten durch die Erlangung eines individuellen Nutzens motiviert ist, dann muß das Individuum zwischen Alternativen entscheiden, gleichgültig ob es sich dessen bewußt ist und die Alternativen kennt oder nicht. Ökonomisch ausgedrückt, ließe sich sagen: Jede Handlung verursacht Opportunitätskosten, die im Verzicht auf die beste Alternative bestehen. Da der Kostenbegriff sich nicht auf die Größe "Geld" beschränkt, sind ebenfalls psychische und soziale Kosten in Form von Risiken für den Entscheider mitumfaßt. Nun zeigen *Kramer/Krol* (1989, 2) am Beispiel von Preisvergleichen auf, daß angesichts der hohen Informationskosten und der hohen Kosten der Durchführung der Kaufentscheidung bei Gütern des alltäglichen Bedarfs "die Herausbildung von Gewohnheiten ein effizienterer, d. h. für Konsumenten kostengünstigerer Weg sein (kann), um mit den Unsicherheiten in einer mäßig dynamischen Umwelt fertig zu werden, effizienter jedenfalls als ein umfassender, jederzeitiger Preis-/Qualitätsvergleich." Daraus werden zwei Prämissen für weitere Überlegungen formuliert, die sowohl für die Verbraucherpolitik als auch für die Verbrauchererziehung hilfreich sein können und die ebenfalls bedeutsame Konsequenzen für eine Methodenentscheidung haben:

(1) Die Verbraucherpolitik muß dort ansetzen, wo es unter den Informationsrestriktionen sowie den zeitlichen Restriktionen realistisch ist, eine Verhaltensänderung zu bewirken und

(2) eine Strategie zur Beeinflussung des Kaufverhaltens der Verbraucher sollte gezielt nur in Bereichen ansetzen, wo effektive Einsparungen unter den Handlungsrestriktionen realisiert werden können.

Es besteht an dieser Stelle keine Möglichkeit, sich mit dem Konzept von *Krol* abschließend auseinanderzusetzen, aber es zeigt Perspektiven, wie die Verbrauchererziehung auf eine fachlich und fachdidaktisch solidere Basis gestellt werden kann und dem Verbraucher keine unhaltbaren Lösungsstrategien abverlangt werden, wie sie *Krol* bemängelt:

„– Verhaltensempfehlungen an die Verbraucher, die diese unter den übrigen Restriktionen alltäglichen Verhaltens nicht leisten können, obwohl die Verhaltensempfehlungen logisch richtig und nachvollziehbar sind.
– Verhaltensanforderungen an das Angebotssystem, die dessen Handlungszielen und nicht selten Handlungszwängen nicht gerecht werden.
– Forderungen an den Staat (Exekutive, Legislative, Judikative), die von den Determinanten politisch administrativen Handelns/Unterlassens abstrahieren.“ (*Krol* 1989, 1 ff.)

Was ergibt sich aus dieser Überlegung für den Ökonomieunterricht?

"Didaktische Konzepte, die umfassende Preis-Qualitäts-Vergleiche unter Einbeziehung von Informationssuchprozessen auch für Alltagskäufe in der Erwartung fordern, die gewünschten Produkte würden jeweils dort erworben, wo sie am preisgünstigsten angeboten werden, lassen sich zwar unterrichtsdramaturgisch erfolgreich gestalten, bleiben aber für das zukünftige Verhalten irrelevant. Auch wenn ein System von Verbraucherinformation (über Preise, Qualitäten) die Informationskosten wirksam verringern könnte, würden doch diese "Kosten" der Kaufdurchführung stark ansteigen, wenn Alltagsgüter in verschiedenen und jeweils wechselnden Geschäften erworben werden müßten." (*Diermann/Krol* 1985, 3) Im vorliegenden Falle würde sich deshalb die Frage ergeben: Soll der Konsument Markentreue bei Bezugsquellenflexibilität oder Bezugsquellentreue bei Markenflexibilität als angemessene Konsumentenstrategie wählen? *Kramer/Krol* zeigen mit durchgeführten empirischen Untersuchungen, daß didaktische Konzepte verhaltensirrelevant sind, wenn Preisvergleiche die Empfehlung nach sich ziehen, Produkte dort allein zu verkaufen, wo sie am (preis)günstigsten angeboten werden; vielmehr wäre es didaktisch sinnvoller, deutlich zu machen, daß der Konsument seine Markentreue teuer bezahlt und die Markenflexibilität sich für den Konsumenten vorteilhaft auswirkt. Eine Markterkundung könnte dann zwei Zielsetzungen haben:

a) herauszufinden, wie groß die Einsparung beim Erwerb bestimmter Waren ist, wenn man sich markentreu, aber bezugsquellenflexibel verhält, d. h. die gewünschten Marken jeweils in den Geschäften kauft, wo sie am günstigsten angeboten werden. Die Kosten dieser Strategie (Zeit, Fahrt, Kosten etc.) müssen mitprotokolliert werden und
b) dieser Strategie gegenüberzustellen, wie hoch die Einsparungsmöglichkeiten einer bezugsquellentreuen, aber markenflexiblen Beschaffungsstrategie sind, d. h. daß man für die zu erwerbende Produktart die jeweils preisgünstigste Marke im durch die Bezugsquelle vorgegebenen Sortiment wählt. Es zeigt sich, daß die letztere Strategie nicht selten die für den Konsumenten günstigere ist.

3. Beispiel: Umwelterziehung

Mit einem weiteren Beispiel soll deutlich werden, wie eng fachwissenschaftlicher Erkenntnisstand und fachdidaktische Entscheidungen für das methodische Handeln zusammenhängen. Hierfür ist gegenwärtig kaum ein Inhaltsbereich so repräsentativ wie die Umwelterziehung (vgl. Hübner 1993). Es wird sich zeigen, daß auch hier die ökonomische Verhaltenstheorie uns wichtige Hinweise für die Beurteilung der Problematik geben kann (vgl. Krol 1993).
Zunächst läßt sich feststellen, daß eine Diskrepanz zwischen "Umweltwissen und -bewußtsein" einerseits und dem tatsächlichen Verhalten der wirtschaftlichen Akteure anderseits auf allen gesellschaftlichen Ebenen festzustellen ist. In der Schule gibt es eine Vielzahl von unterrichtlichen Aktivitäten zur Ökologieproblematik, die den Schüler zuweilen aber mehr und mehr langweilen und entmotivieren. In fast jedem Schulfach, bei jeder Projektwoche wird die Ökologieproblematik abgehandelt, ohne daß nachhaltige Veränderungen im Verhalten der Beteiligten zu erkennen sind. Dafür sind – ohne daß die Gründe hierfür im einzelnen dargestellt werden können – zumindest zwei Gesichtspunkte zu

beachten. Erstens ist die fachwissenschaftliche Fundierung des Unterrichts über ökologische Fragen höchst unzureichend, weil ihre genuin ökonomische Dimension zumeist unterrichtlich ausgeblendet bleibt (vgl. Hübner 1993, 19 ff.), und zweitens wird mit der unzureichenden fachwissenschaftlichen Fundierung auch die fachdidaktische Dimension der Ökologieproblematik nicht angemessen faßbar. Zumeist verbleibt der Unterricht bei ungeprüften Verhaltensempfehlungen, moralischen Appellen usw., für die im konkreten Alltag die institutionellen und ökonomischen Rahmenbedingungen einfach fehlen.

Für die Interpretation dieses Sachverhaltes gibt uns die ökonomische Verhaltenstheorie ebenfalls wichtige Hinweise (vgl. *Krol* 1993). Sie setzt nicht an einer Veränderung des Menschen an, um notwendige Verhaltensänderungen zu bewirken, sondern fragt nach den Verhaltensdeterminanten, die Verhalten bewirken oder verändern (können), d. h. sie fragt nach den institutionellen Bedingungen, die sich zumeist als situationsabhängige Handlungsbeschränkungen erweisen.
Bezieht man dies auf das Umweltverhalten der gesellschaftlichen Akteure, dann sind die institutionellen Bedingungen (Entscheidungssysteme, Organisationen, Normen und Traditionen) in den Blick zu nehmen, die die Diskrepanz zwischen Umweltbewußtsein und Verhalten noch befördern (vgl. *Frey* 1990). Dann würde der Ansatzpunkt in dem Versuch liegen, diese institutionellen Bedingungen zu verändern, um letztlich Verhaltensänderungen hervorzurufen.
Aus der Sicht der ökonomischen Verhaltenstheorie läßt sich das o. g. Diskrepanzproblem z. B. auf der Basis der Theorie öffentlicher Güter und der Entstehung externer (Umwelt-)Kosten so beschreiben (vgl. *Wicke* 1991): Solange der Verbrauch der Umwelt quasi kostenlos erfolgen kann und nicht über entsprechende Preise in der eigenen Wirtschaftsrechnung zu spüren ist, steht jeder, der umweltbewußt handeln will, vor einem Dilemma: Er kann zwar verschiedene Handlungsmöglichkeiten gegeneinander abwägen, aber für den Konsumenten oder Produzenten ist es naheliegend, den eigenen Geldbeutel zu schonen und Kosten eher anderen oder der Umwelt aufzuerlegen.
Solange die Umwelt den Charakter eines öffentlichen Gutes hat und ihre Nutzung oder ihr Verbrauch nicht mit Preisen oder Verboten belegt ist, besteht für den einzelnen kein unmittelbarer Anreiz, sich umweltgerecht zu verhalten. Dies läßt sich am sog. Gefangenen-Dilemma aufzeigen, das – bezogen auf das Umweltproblem - letztlich auf der Theorie der öffentlichen Güter und des Entstehens von externen Umweltkosten basiert (vgl. *Kaiser* u.a. 1993).
Mit dem Gefangenen-Dilemma wird das Problem beschrieben, daß zwischen individueller Rationalität und kollektiver Rationalität keine Übereinstimmung besteht, d. h. daß rationales, kooperatives Verhalten nicht automatisch zu einem

positiven Ergebnis für das Kollektiv oder für die Gesellschaft führt. In der Realität kann es nämlich für Individuen rational sein, eine bestimmte Verhaltensstrategie zu wählen, obwohl es eine andere Strategie gibt, die alle Beteiligten besser stellen würde. Dem Individuum stellt sich das Problem, daß, wenn es sich kooperativ verhält, die anderen aber nicht, es allein die Nachteile in Kauf nehmen muß. *Kirchgässner* (1991, 50 ff.) verdeutlicht das Gefangenen-Dilemma mit folgendem Beispiel: "In einem Prozeß seien zwei Gefangene angeklagt, die gemeinsam eine Reihe von Verbrechen begangen haben. Die Beweislage des Staatsanwalts ist schlecht. Ohne Geständnis kann er beide nur geringer Straftaten überführen. Daher versucht er, beide als Kronzeugen gegen den jeweils anderen Angeklagten zu gewinnen. Damit ergibt sich für die Gefangenen, die sich untereinander nicht verständigen können, folgende Lage: Gestehen beide, so werden beide mit jeweils 10 Jahren schwer bestraft. Gesteht keiner, so kommen sie beide mit einer vergleichsweise geringen Strafe von 2 Jahren davon. Gesteht aber nur einer, so geht er als Kronzeuge frei aus, während der andere mit 12 Jahren Gefängnis sehr schwer bestraft wird. Für beide Gefangenen wäre es in dieser Situation sinnvoll, sich kooperativ zu verhalten und nicht zu gestehen. Keiner kann sich jedoch sicher sein, daß der andere nicht doch gesteht. Dann aber ist es für jeden einzelnen sinnvoll (individuell rational) zu gestehen, da er sich damit besser stellt, was immer der andere auch tut. Dies führt dazu, daß beide gestehen und zu hohen Gefängnisstrafen verurteilt werden."
Übertragen wir dieses Theorem auf die Ökologieproblematik, ergibt sich folgende "klassische" Situation: Jedes Individuum hat einen Kostenvorteil, wenn es seine Präferenzen für ein öffentliches Gut verbirgt, und hofft, die anderen werden schon für die Herstellung des öffentlichen Gutes sorgen oder bezahlen und ihn dann später nicht vom "Konsum" ausschließen. Der einzelne steckt damit, wenn er sich umweltgerecht verhalten will, in dem beschriebenen "Gefangenen-Dilemma" (vgl. *Krol* 1988, 166 ff.; *Brettschneider/Hübner/Kaminski* 1989, 4 ff.): Nehmen wir deshalb an, der Konsument steht vor der Situation, sich unter Kosten-Nutzen-Gesichtspunkten für die Verwendung von umweltfreundlichen Mehr- oder eher umweltschädlichen Einwegbehältnissen beim Getränkekauf zu entscheiden. Das Kosten-Nutzen-Verhältnis meint hier nicht nur Geldvorteile, sondern auch psychisch-soziale Vorteile. Welche Situationen sind denkbar? (vgl. Abb. 3.3)

Verhalten des Individuums		Verhalten der anderen Individuen: Umweltverträglich	Verhalten der anderen Individuen: Nicht umweltverträglich
	Umweltverträglich	(I) Nutzen 200 EH % Kosten 100 EH Nettonutzen +100 EH	(III) Nutzen 0 EH % Kosten 100 EH Nettonutzen -100 EH
	Nicht umweltverträglich	(II) Nutzen 200 EH % Kosten 0 EH Nettonutzen +200 EH	

Abb. 3.3: Das Umweltproblem als „Gefangenen-Dilemma"

a) Der Konsument befindet sich nur in der zweitbesten sozialen Situation, wenn er und alle anderen Mehrwegbehältnisse kaufen. Alle nehmen gleichermaßen Kosten (Zeit, Geld, Unbequemlichkeit) auf sich, verbunden mit positiven Folgen für die Umwelt, da diese von allen in gleicher Weise geschont wird.
b) Er würde sich in der besten sozialen Situation befinden, wenn er Einwegbehältnisse kauft, während alle anderen Mehrwegbehältnisse erwerben. Die Einwegbehältnisse sind für ihn bequem und nicht selten billiger. Außerdem ist es nicht erforderlich, diese Behältnisse zu sammeln oder zurückzutragen, da sie einfach weggeworfen werden können. Der einzelne hat also ausschließlich Nutzen von seiner Verhaltensweise, während die anderen höhere Kosten in Form von Geld, Zeit oder Unbequemlichkeiten auf sich zu nehmen haben. Durch das Verhalten des einzelnen sind negative Wirkungen auf die Umwelt vermutlich nicht spürbar, so daß für ihn kein Anreiz besteht, sich umweltgerecht zu verhalten, zumal dies teurer für ihn wäre.
c) In der schlechtesten sozialen Situation befindet sich der Konsument, wenn er Mehrwegbehältnisse kauft, während alle anderen Einwegbehältnisse kaufen. Er trägt allein die höheren Kosten, alle anderen haben geringere Kosten und Unbequemlichkeiten, und eine Verschlechterung der Umweltqualität ist durch sein positives Einzelverhalten auch nicht aufzuhalten.

Daraus läßt sich die Schlußfolgerung ziehen, daß unter den gegebenen rechtlichen und ökonomischen Rahmenbedingungen des Wirtschaftssystems umwelt-

schädigendes Verhalten so lange wahrscheinlich ist, bis beispielsweise die Umweltpolitik das ökonomische Argument für sich selbst nutzt und umweltschädigendes Verhalten ökonomisch bestraft, d. h. dieses Verhalten für den Konsumenten bewußt teurer macht als ein umweltverträgliches Verhalten.
Daraus folgt: Solange der Verbrauch der Umwelt quasi kostenlos erfolgen kann und über entsprechende Preisstruktur nicht in der eigenen Geldbörse zu spüren ist, steht jeder umweltbewußt Handelnde vor dem beschriebenen Dilemma. Aus der Sicht der ökonomischen Verhaltenstheorie gelingt es nur dann, den sozial besten Zustand für alle zu erreichen (Feld I, Abb. 3.3), wenn durch gesellschaftliche Institutionen auch eigennützige Individuen dazu gebracht werden, sich kooperativ (umweltverträglich) zu verhalten. Die soziale Realität zeigt (vgl. *Weise* 1985, 71), daß dies bei anderen Problembereichen als dem Umweltproblem national und international eine gängige gesellschaftliche Praxis ist (Verträge, Eigentumsrechte, GATT, EU usw.).

Was bedeutet dieser Befund aus fachdidaktischer Sicht? U. E. wären bei dieser Sicht der Umweltproblematik folgende Grundannahmen der Umwelterziehung und Umweltbildung zugrunde zu legen: Umwelterziehung müßte

- ❑ nicht nur Handlungsmöglichkeiten für umweltverträglicheres Verhalten (Präferenzen) thematisieren, sondern auch dessen Grenzen und Erschwernisse bzw. Behinderungen (Diskrepanz zwischen Umweltwissen und -bewußtsein und Verhalten);
- ❑ innovative Problemlösungen im Sinne integrierter Lösungen (nicht nur beschränkt auf Entsorgungstechnologien und Recycling) hervorheben. (Umwelt als öffentliches Gut und die Entstehung externer (Umwelt-)Kosten, umweltpolitische Ansätze);
- ❑ die ökologischen und ökonomischen Wirkungen des Verursacherprinzips in den Vordergrund stellen, wobei soziale (z. B. verteilungspolitische) Konflikte zu thematisieren sind und
- ❑ über das umweltpolitische Handeln relativer Institutionen aufklären.

Diese fachdidaktischen Grundannahmen lassen sich wiederum nur einlösen, wenn sie im Zusammenhang mit den entsprechenden ökonomischen Theorieansätzen stehen. Dies würde bedeuten, daß bei der fachlichen Fundierung unterrichtlicher Ansätze zur Umwelterziehung zumindest die Umwelt als gesamtwirtschaftliche Kategorie gesehen wird, der Property-Rights-Ansatz und die Theorie der öffentlichen Güter berücksichtigt werden, die Reichweite individuellen Handelns im Lichte der ökonomischen Verhaltenstheorie interpretiert wird und umweltpolitische Ansätze in ihren ordnungspolitischen Zusammenhang gestellt werden. *Hübner* (1993, 195 ff.) und *Diermann/Krol* (1993) zeigen

mit vielen Beispielen, daß dies unterrichtlich möglich ist und so eine Problemschärfe der Umwelterziehung zu erreichen ist, die sich von den allenthalben zu beobachtenden "Umweltprojekten" wohltuend abhebt. Dem Lernenden wird mit moralischen Verhaltensappellen nicht etwas abverlangt, was nur ein selbst- und interessenloses Wesen einlösen könnte.
Zwar bleibt es auch weiterhin für Konzepte zur Umwelterziehung unverzichtbar, das individuelle Verhalten im Sinne eines umweltgerechten Verhaltens positiv zu stimulieren und das Bewußtsein der Lernenden zu sensibilisieren, aber darüber hinaus muß die Kenntnis und Beurteilung ökonomischer und politischer Zusammenhänge hinzukommen und die zentrale Bedeutung staatlicher Umweltpolitik erkannt werden. Dieses heißt auch zu erkennen, daß pädagogische Verhaltensappelle, die sich gegen die ökonomische Sozialisationskraft eines Wirtschaftssystems allein durchsetzen sollen, naiv und apolitische sind, die Gutwilligkeit von Schülern unbewußt auszunutzen wissen und in der Bewährungsprobe des alltäglichen Verhaltens scheitern werden.

Bei keiner anderen Thematik zeigt es sich so deutlich, wie der jeweils unterlegte Zusammenhang zwischen fachlichen, fachdidaktischen, intentionalen und methodischen Überlegungen sich auf die Qualität der Umwelterziehung auswirkt und welche weitreichenden Folgen, z. B. die Ausblendung ökonomischer Theorieansätze für die Konzeptionierung der Umwelterziehung insgesamt hat.
Es ist naheliegend, daß sich damit des weiteren auch erhebliche Konsequenzen für ein Lernkonzept in der Umwelterziehung ergeben. Die zu beobachtende Projektpraxis an den Schulen in der Umwelterziehung wäre z. B. bei der Themenwahl darauf hin zu überprüfen, inwieweit damit Motivation der Lernenden "verbraucht" wird und Handlungsmöglichkeiten suggeriert werden, die weder kritischen Nachfragen standhalten können, kaum die Bewußtseinsbildung fördern, noch der Kenntnisgewinnung der Schüler in ökologischen Fragen dienen.

3.3 Beziehungs-, Handlungs- und Prozeßstruktur - Unterrichtsskizze zur Preisbildung

Am Beispiel einer Skizze zum Preisbildungsmodell soll deutlich werden, daß sich Unterricht in Handlungssituationen vollzieht, die sich mit Blick auf die methodische Gestaltung in eine Beziehungs-, Handlungs- und Prozeßstruktur unterscheiden lassen und methodisches Handeln sich nicht nur in komplexen Handlungsmustern zeigt, wie sie ab Kapitel 4.2 ff. dargestellt werden, sondern sich aus vielen Komponenten zusammensetzt.

3.3.1 Preisbildungsmodell im Ökonomieunterricht

Für die Erklärung des Marktgeschehens spielt das Preisbildungsmodell traditioneller Weise eine wichtige Rolle. Alle Lehrpläne in der Bundesrepublik enthalten dementsprechende Themenstellungen zu diesem Sachbereich. Nicht selten wird in Schulbüchern den Lernenden das Modell der "Idealen Preisbildung" präsentiert, ohne daß diese über die Prämissen und Reichweite des Denkmodells Kenntnis erlangen, d. h. Modellannahmen wie atomistische Marktstruktur, völlige Markttransparenz, rationales Verhalten der Wirtschaftssubjekte, Abwesenheit von Präferenzen werden schlicht aus einer falsch verstandenen didaktischen Reduktion nicht thematisiert.
Die Darstellung der "Idealen Preisbildung" – umgangssprachlich im Satz verdichtet "Angebot und Nachfrage bestimmen den Preis" – ist u. E. nur dann gerechtfertigt, wenn nicht nur die ökonomischen Gesetzmäßigkeiten, sondern auch deren Annahmen expliziert und tatsächlich vorhandene Abweichungen von der "Idealen Preisbildung" auf unterschiedlichen Märkten überprüft werden und das Modell als Werkzeug bzw. Erkenntnismittel zur Analyse realer Marktgeschehnisse auch tatsächlich genutzt wird. Nur solche Vorgehensweise verdeutlicht den Schülern den Erkenntniswert, den Modelle haben können und welchen produktiven Erklärungswert sie besitzen, um die komplexe Wirtschaftlichkeit für die Lernenden durchschaubar zu machen.
Bei genauerer Betrachtungsweise von Markt und Preisbildung müßte noch ein weiterer Erkenntnisschritt vollzogen werden, denn Märkte werden in didaktischen Materialien herkömmlicherweise nur als Orte des Zusammentreffens von Angebot und Nachfrage betrachtet. Dies ist sicherlich nicht falsch für das Verständnis von Märkten in marktwirtschaftlichen Systemen aber in keiner Weise ausreichend. Geeigneter scheint die Definition nach *Schneider* (1995):

„Markt heißt eine beobachtbare Menge an
(1) Wissensänderungen über gewünschte oder angebotene Dienste, Sachen und Verfügungsrechte,
(2) Verhandlungen, um zu Tauschvereinbarungen zu kommen, und
(3) Tauschhandlungen durch Übereignung von Verfügungsrechten, wobei diese Marktprozesse geordnet werden nach faktischen Einflußgrößen (Marktstruktur) und durch Regelsysteme für das Ausüben von Marktprozessen, einschließlich der Marktverfassung."

Wenn der Markt als eine Organisation samt der institutionellen Regelungen und der sie schaffenden und anwendenden Menschen gesehen wird, dann reichen die üblichen Modellannahmen der idealen Preisbildung nicht mehr aus. Bei einer institutionentheoretischen Betrachtungsweise müssen darüber hinaus die Transaktionstätigkeiten, einschließlich der damit verbundenen Transaktionskosten für die Inanspruchnahme von Märkten, in den Blick genommen werden (vgl. *Richter/Furubotn* 1996, 309 ff.). Dies sind z. B. die Tansaktionstätigkeiten und Transaktionskosten, die vor Vertragsabschluß durch Suche und Inspektion, bei und nach Vertragsabschluß durch Erfüllung, Überwachung und Durchsetzung entstehen inklusive der Institutionen der Rechtsordnung (vgl. *Kaminski* 1997a, 1997b).

Ein tieferes Verständnis von Markt und Preisbildung könnte beispielsweise durch die nähere Betrachtung der Marktorganisation im Hinblick auf die Entwicklung von Intermediären wie Kaufhäuser, Versandhäuser, Filialketten und die Entwicklung von modernen Vertragsarten, wie z. B. Joint-Ventures, Franchising, Leasing oder Factoring erreicht werden. So läßt sich zeigen, daß auf Märkten nicht physische Einheiten wie Brot, Käse oder Fahrräder, sondern Verfügungsrechte gehandelt werden und wie unsinnig es ist, „daß Ökonomen den Tauschvorgang diskutieren, ohne den institutionellen Aufbau genauer zu beschreiben, in dessen Rahmen der Handel stattfindet. Auf jeden Fall sind die Zeiten vorbei, in denen Ökonomen bis in das kleinste Detail analysieren konnten, wie zwei Individuen am Rande eines Waldes Nüsse gegen Beeren tauschen, und daß diese Wissenschaftler dann auch noch das Gefühl hatten, ihre Betrachtung des Tauschprozesses sei vollständig“. (*Coase* 1994, 190 f.)

Im folgenden wird versucht, eine Strukturskizze für die Behandlung des Preisbildungsmodells im Unterricht darzustellen. Es steht dort als ein Element innerhalb der Unterrichtseinheit "Markt und Marktgeschehen" (vgl. Abb. 3.4, Punkt 2).

Unterrichtseinheit „Markt und Marktgeschehen“

1. Unterschiedliche Märkte
- notwendige Regelungen für einen funktionsfähigen Markt, z. B. Wochenmarkt
- Markttag in einer mittelalterlichen Stadt
- Abbildungen und Texte zu unterschiedlichen Märkten
- Kleinanzeigen zu unterschiedlichen Angeboten und Nachfragen

2. Preisbildung am Markt
- Schüleraufsatz zur Preisbildung
- Modelle als Erkenntnishilfen
- Preisbildungsmodell

3. Marktwirklichkeit
- Kosten für den Marktbenutzer (Such- und Informationskosten, Verhandlungs- und Entscheidungskosten, Vertragsdurchsetzungskosten, Kontroll- und Anpassungskosten)
- Analyse der Marktwirklichkeit mit Hilfe des Preisbildungsmodells
- Faktoren, die die Preisbildung im realen Marktgeschehen beeinflussen
- unterschiedliche Marktformen (polypolistische, oligopolistische, monopolistische)

4. Wettbewerb, Konzentration und Marktmacht
- Wettbewerbssituation und Konzentration im Einzelhandel
- Macht auf regionalen Märkten
- Kartelle und Konzerne
- Aufgaben des Bundeskartellamtes

Abb. 3.4: Grundstruktur der Unterrichtseinheit

- In einem ersten Unterrichtsschritt werden die Schüler mit unterschiedlichen Märkten konfrontiert und die Frage geklärt, welche Märkte es gibt, wo es sie gibt, angefangen vom Markt in einer mittelalterlichen Stadt bis hin zu den Märkten in den Gemeinden und Städten der Gegenwart, wie sie sich dem Schüler darstellen, und den „abstrakten" Märkten, die sich im Anzeigenteil einer Tageszeitung wiederfinden.
- Im zweiten Unterrichtsabschnitt wird von einem fiktiven Schüleraufsatz ausgegangen, in dem ein Schüler seine Vorstellungen und Anschauungen wiedergibt, die er von den Preisbildungsprozessen am Markt hat. Um die "naiven" Vorstellungen des Schülers beurteilen zu können, wird mit den Schülern das Marktmodell erarbeitet. Dabei geht es vor allem darum, das Preisbildungsmodell zu nutzen, Marktprozesse zu erklären bzw. bewußt das Denken in Modellen zu üben. Mit Hilfe der zwei Abbildungen sind die grundlegenden Modellmerkmale zu erarbeiten, wie:
  Intentionalität = Zielgerichtetheit
  Akzentuierung = Hervorhebung und Betonung bestimmter Aspekte
  Perspektivität = spezielle Sichtweise
- Im dritten Unterrichtsabschnitt werden das Modell und die Modellannahmen der "Idealen Preisbildung" als Instrument benutzt, um unterschiedliche Märkte zu analysieren und Faktoren herauszuarbeiten, die die Preisbildung im realen Marktgeschehen beeinflussen können. Darüber hinaus werden unterschiedliche Marktformen dargestellt.
- Im vierten Unterrichtsabschnitt werden vertiefend durch Erkundungen die Wettbewerbssituation und die Konzentrationstendenzen im Einzelhandel sowie die Marktmacht auf regionalen Märkten untersucht. Kartelle und Konzerne und die Aufgaben des Bundeskartellamtes werden in diesem Zusammenhang auf elementarer Ebene dargestellt. Abschließend wird eine Projektskizze, die sich mit der Entwicklung des Lebensmittelmarktes in der Region auseinandersetzt, entworfen. Besonders die Projektskizze bietet einen alternativen unterrichtlichen Zugang, sich vertiefend mit Wettbewerbsstrukturen in einer Region zu beschäftigen.

3.3.2 Schülermaterialien zu Modellen als Erkenntnishilfen

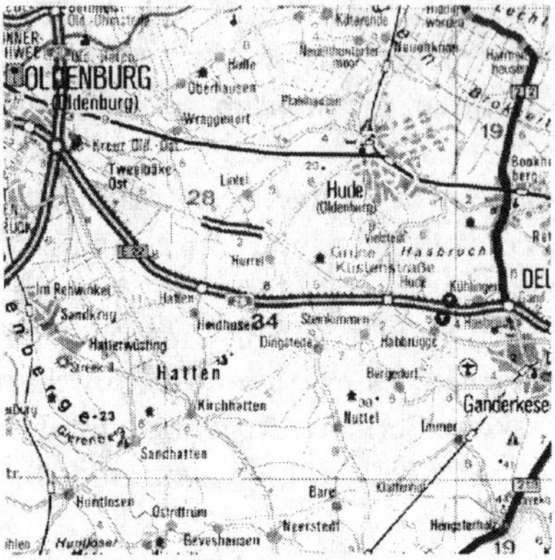

Abb. 3.5: Karte

Abb. 3.6: Flugzeugmodell

(1) Gegenstandsmodelle – Gedankenmodelle

Die zwei Bilder stellen jeweils ein Modell dar. Vergleicht ihr z. B. das Flugzeugmodell mit einem tatsächlichen Flugzeug, dem Original, dann stellt ihr fest, daß das Modell zwar eine Anschauung und Vorstellung von einem wirklichen Flugzeug vermittelt, nicht aber das Original selbst ist. Das Flugzeugmodell ist beispielsweise sehr viel kleiner. In ihm sind nicht alle Apparaturen wie im Original usw. Dennoch vermittelt euch das Modell eine Vorstellung von der Gestalt des Original-Flugzeugs. Ähnliches gilt ebenso für die Landkarte. Auch in einer Landkarte sind nur Angaben enthalten, die z. B. für einen Auto- oder Radfahrer wichtig sind. Alles andere ist weggelassen.

Die Menschen schaffen sich sehr häufig Modelle, damit sie die Wirklichkeit besser erkennen können. Manche Modelle beziehen sich nicht auf konkrete Gegenstände, sondern auf Gedanken und Vorstellungen. Durch die Modelle können wir dann anderen solche Gedanken und Vorstellungen deutlich machen. Wir arbeiten auch bei anderen Themen mit einem Denkmodell, z. B. mit dem „Wirtschaftskreislauf“. Aber Vorsicht! Modelle haben auch ihre Tücken. Sie haben nämlich die Eigenschaft, nie die ganze Wirklichkeit zu erfassen.

(2) Das Modell vom Markt

Angebot und Nachfrage bestimmen den Preis! Wer kennt nicht diese Aussage. Aber Vorsicht: Auf jedem Markt finden komplizierte Abläufe statt, die auf die Preise der angebotenen Sachgüter und Dienstleistungen Einfluß nehmen. Damit wir diesen Vorgang besser verstehen können, konstruieren wir uns ein Marktmodell. Dieses Marktmodell soll ganz bestimmte Eigenschaften aufweisen.
Wir nehmen deshalb an: In unserem Marktmodell gibt es viele Anbieter, die sich Konkurrenz machen, aber auch viele Nachfrager, d. h. Personen, die etwas kaufen wollen. Keiner kann deshalb allein den Markt beherrschen. Wir nehmen weiter an, daß die Nachfrager zum günstigsten Preis kaufen wollen und die Anbieter einen möglichst hohen Gewinn erzielen wollen. Wir nehmen an, daß die auf dem Markt angebotenen Produkte absolut gleiche Qualität haben und deshalb die Höhe des Preises die einzige Richtschnur für den Kauf der Produkte ist. Wenn wir dies alles für unseren Modellmarkt so annehmen, dann bestimmen Angebot und Nachfrage den Preis. Was heißt das?
Werden viele Waren angeboten, für die es aber nur wenige Käufer gibt, dann wird der Preis niedrig sein. Werden dagegen nur wenige Waren angeboten, diese aber gleichzeitig von vielen Personen verlangt, dann sind die Käufer auch bereit, einen höheren Preis zu bezahlen.

(3) Die Arbeit mit dem Marktmodell

Unser Marktmodell ist sehr einfach und auf den ersten Blick sicherlich auch einsichtig. Wenn wir für unser Marktmodell bestimmte Eigenschaften annehmen, dann bestimmen Angebot und Nachfrage tatsächlich den Preis. Aber leider haben die Märkte in der Wirklichkeit selten die Eigenschaften unseres Marktmodells. Und wir werden an den nachfolgenden Beispielen erkennen, wo unser Marktmodell von der Wirklichkeit abweichen kann. Aber dennoch ist das Marktmodell für uns eine wichtige Hilfe, um das tatsächliche Geschehen auf den Märkten besser verstehen zu können.

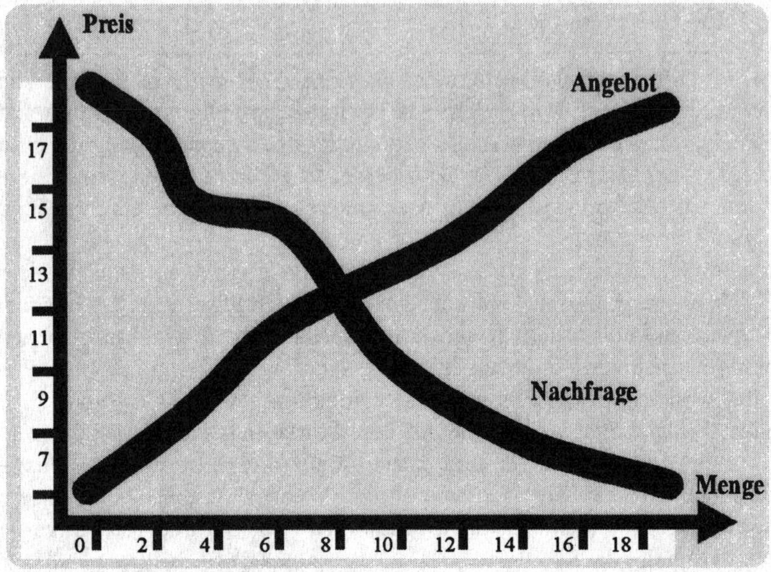

Abb. 3.7: Preisbildung im Modell

(4) Schüleraufsatz: Preisbildung auf dem Markt

Was auf einem Markt alles passiert *Wenn man vom Markt spricht, stellt sich der gewöhnlich Sterbliche meistens einen Wochenmarkt vor, wo an vielen Ständen Obst, Gemüse, Pullover, Blumen, Unterhosen, Töpfe usw. herumliegen. Vor den Tischen drängeln sich die Kunden, <u>gucken</u> und fragen nach diesem und jenem. Die Marktfrauen locken die Kunden mit lauter Stimme herbei und <u>bitten</u> ihre Waren an.*	*Prüfen*

Es gibt also Angebot und Nachfrage. Wie wir im Unterricht gelernt haben, entsteht immer, wenn die beiden aufeinanderprallen, ein Markt. Dann bilde ich sogar mit "Tante Emma" für kurze Zeit einen Markt, wenn ich mir in Ihrem Laden eine Limo kaufe. So sind eigentlich alle Menschen ständig von ungeheuren Mengen von Märkten umgeben.

Das Wort "treffen" paßt hier besser

Einige Märkte sind Weltbekannt, wie zum Beispiel der Hamburger Fischmarkt, der Pariser Flohmarkt oder der Grundstücksmarkt, der Baumarkt, der Viehmarkt und so fort. Manche Märkte heißen garnicht Markt, sondern Börse, was einen schon verwundert. Da gibt es unter anderem die Wertpapierbörse, die Frachtenbörse, die Getreidebörse.

"Börsengeschäfte" begannen im 15. Jahrhundert. Treffpunkt war das Haus der Familie Beurse in Brügge. Daher der Name.

Natürlich kosten alle Waren und Dienstleistungen, die man haben möchte, Geld, aber nicht immer gleichviel. Der Preis richtet sich nach Angebot und Nachfrage, wie man sehr gut beim Obst und Gemüse sehen kann. Im Sommer, wenn der Salat am Schießen ist, und die Pflaumen nur so rangeschwemmt werden, ist das Angebot größer als die Nachfrage.

Deutsch!

Wenn der Händler nicht auf seiner Ware sitzenbleiben will, muß er die Preise senken. Im Winter, wo jeder scharf ist auf Vitamine und was Grünes, ist die Nachfrage nach frischem Obst und Gemüse oft größer als das Angebot. Dann steigen die Preise, und zwar so lange, bis sich Angebot und Nachfrage ausgeglichen haben.

Das ist dann der "Gleichgewichtspreis"

So kann man eigentlich sagen, daß der Preis eine Art Wegweiser ist, nicht nur für Verbraucher, sondern auch für Untetnehmer.

In unserer Marktwirtschaft wird nämlich niemand gezwungen, ein Produckt zu einem bestimmen Preis zu kaufen oder zu verkaufen.

Sind die Preise niedrig, verdient der Händler wenig oder nichts. Es sind eben zu viele Konkurrenten auf dem Markt, die sich gegenseitig überbieten. Für den Verbraucher ist das duftе. Aber das Ding hat einen Pferdefuß.	*Nicht so schnoddеrig*
Wenn die Unternehmer nicht mehr genug verdienen, besteht die Gefahr, daß sie pleite gehen. Das ist auch nicht der wahre Jakob: Denn wenn weniger anbieten, können die Übriggebliebenen höhere Peise verlangen.	
Bei hohen Preisen macht der Unternehmer einen schönen Reibach. Der lockt wieder andere Unternehmer an wie Honig die Bienen. Sie bieten die gleichen Waren auch an, und was passiert? Die Preise rutschen.	*Schreibe lieber "gutes Geschäft"*
Schon die alten Marktforscher wußten: Konkurenz belebt das Geschäft. Nehmen wir nur mal den Automarkt. Hier stehen unheimlich viele Marken und Modelle zur Auswahl. Die Auto-Hersteller buhlen um die Kunden rum und preisen ihre Wagen in den höchsten Tönen. Der eine lobt die Zuverlässigkeit seines Autos, der andere die Sparsamkeit, der nachste preißt den niedrigen Preis, die vielen Extras und was der Dinge mehr sind.	*Wortwahl beachten! Du nervst mich mit Deiner schrecklichen Sprachschluderei*
Und was tut der Käufer? Er kauft seinen fahrbaren Untersatz bei dem Hersteller oder Händler, der ihm das günstigste Angebot macht.	
So zieht der Verbraucher seinen Nutzen aus dem Wettbewerb, der auf den Märkten herrscht. "Und das" sagt mein Vater, "ist bereits eine soziale Leistung unserer Marktwirtschaft Aber das ist ein Kapitel für sich.	*Stimmt*

Abb. 3.8: Schüleraufsatz: Preisbildung auf dem Markt

(5) Schöbers auf dem Wochenmarkt

Abb. 3.9: Wochenmarkt

Eine Gemüsesuppe soll's heute bei Familie Schöber geben. Karl geht mit seinem Vater auf den Wochenmarkt. Es herrscht ein dichtes Gedränge, nur schwer kommt man an den langen Reihen der Obst- und Gemüsestände vorwärts. Beim ersten Gemüsestand holt Herr Schöber den Einkaufszettel hervor. Für die Gemüsesuppe benötigen sie Möhren, Erbsen, Blumenkohl, Rosenkohl, Porree, Schnittlauch, Petersilie, Kohlrabi. Die schönen Möhren kosten 80 Pfennig das Pfund. Sie werden genommen. Auch die Erbsen und Porreestangen gefallen ihnen. "Herrlicher Blumenkohl, herrlicher Blumenkohl, außerordentlich preisgünstig", schallt es vom anderen Ende des Marktes herüber. "Laß uns dort mal hingehen", meint Karl zu seinem Vater. Sie drängeln sich weiter über den Markt. An Meiers Gemüsestand entdeckt Herr Schöber, daß die Möhren hier nur 70 Pfennig kosten und die Erbsen 10 Pfennig billiger sind. "Das ist aber ärgerlich", denkt Herr Schöber. "Eigentlich kaufen wir dort doch immer, auch wenn meine Frau mit über den Wochenmarkt geht." Endlich kommen sie an den Stand, wo der Blumenkohl so marktschreierisch angeboten wird. "Sieh mal, Karl, 1,80 der Kopf. Gerade sind wir noch an einem Stand vorbeigekommen, an dem der Kopf,

genauso groß und schön wie hier, nur 1,60 kostet. Und sieh mal, wie der die Leute durch sein Schreien anzieht! Aber der Kohl sieht wirklich nicht schlecht aus. Ich laufe nicht noch mal zurück, die 20 Pfennig machen auch nichts mehr aus. Und den Rosenkohl und Schnittlauch nehmen wir auch gleich mit, denn ich muß unbedingt noch das Bügeleisen von Elektro-Meier abholen..."
Kurz vor zwölf kommen sie auf dem Heimweg noch mal am Wochenmarkt vorbei. Nur noch wenige Käufer sind auf dem Markt. "Schau mal dort den Stand, die Marktfrau ändert gerade das Preisschild für den Blumenkohl." "Zwei Köpfe jetzt für zwei Mark", ruft sie.

(6) Aufgaben

a) In den Abb. 3.5 - 3.6 werden Modelle vorgestellt. Beschreibt, wofür diese Modelle benutzt werden können.

b)

Preis	Anzahl der angebotenen Schallplatten	Anzahl der nachgefragten Schallplatten
8 DM	2	12
9 DM	3	10
10 DM	4	7
11 DM	5	5
12 DM	6	4
13 DM	9	2
14 DM	12	1

Lest in der Tabelle ab, wie groß jeweils Angebot und Nachfrage bei einem bestimmten Preis sind und erklärt. Schaut euch dazu auch die Abb. 3.7 an.

c) Stellt euch vor: Videorecorder überschwemmen den Markt.
- Wie müßten sich nach der Regel die Preise entwickeln?
- Welche Auswirkungen könnte das auf einzelne Recorder-Hersteller haben?
- Was geschähe dann mit dem Preis?

d) Fertigt eine Tabelle mit zwei Spalten an.
- Tragt in die erste Spalte untereinander die Annahmen ein, die das Marktmodell macht.
- Lest den Text "Schöbers auf dem Wochenmarkt" und tragt dann in die zweite Spalte ein, inwieweit das Geschehen auf dem Wochenmarkt und das Verhalten der Schöbers den Annahmen entspricht, die das Modell macht.

e) Überlegt, welche Gesichtspunkte neben Preis und Qualität das Einkaufsverhalten noch beeinflussen.

3.3.3 Analyse des Unterrichtsprozesses

An der Unterrichtsskizze läßt sich zeigen, daß sich der Unterrichtsprozeß in Handlungssituationen vollzieht, die man im Hinblick auf die methodische Gestaltung des Unterrichts, wie im Kapitel 2.4 bereits ausgeführt wurde, in drei Grundmustern systematisch erfassen kann:
a) Beziehungsstruktur
b) Handlungsstruktur
c) Prozeßstruktur

Im Hinblick auf eine variantenreiche Gestaltung des Unterrichts werden bei der Behandlung einer Thematik eine Vielzahl von *Sozialformen* zum Tragen kommen. So kann z. B. der Lehrer im Frontalunterricht als Einführung die Ziele der Unterrichtseinheit darstellen und die beabsichtigte Vorgehensweise erläutern. Außerdem kann er den Rückbezug zum vorherigen Unterricht herstellen. Er kann Arbeitsblätter einsetzen, die die Schüler anleiten, sich in Partner- oder Gruppenarbeit mit unterschiedlichen Marktformen auseinanderzusetzen bzw. aus dem Anzeigenteil einer Zeitung Anzeigen für unterschiedliche Märkte herauszusuchen und diese nach verschiedenen Kriterien zu differenzieren.
Im weiteren Verlauf des Unterrichtsgeschehens kann der Lehrer die Schüler z. B. mit einem fiktiven Schüleraufsatz (vgl. Abb. 3.8) konfrontieren, mit ihnen das Modell der "Idealen Preisbildung" erarbeiten und das Ergebnis als Tafelbild festhalten. Darüber hinaus kann er mit den Schülern einen Wochenmarkt erkunden und anhand der Geschichte "Schöbers auf dem Wochenmarkt" einen Modell-Realitäts-Vergleich durchführen. Schließlich können sie sich durch eine Reihe von Übungsaufgaben mit der Wirkungsweise des Preismechanismus auseinandersetzen. Die Unterrichtseinheit könnte aber auch durch ein Projekt "Wir untersuchen die Wettbewerbssituation im Einzelhandel in unserer Region" abgeschlossen werden.

a) *Beziehungsstruktur*

Die Sozialformen, wie Frontalunterricht, Einzelarbeit, Partnerarbeit und Gruppenarbeit, bestimmen die Beziehungsstruktur des Unterrichts.

Betrachtet man die "äußere Seite" der Sozialformen im Hinblick auf die Beziehungsstruktur, dann werden diese schon allein dadurch beeinflußt, welche Räume zur Verfügung stehen, wie diese ausgestattet und ausgestaltet sind und welche Sitzordnung herrscht. Diese Raumstruktur entscheidet auch, inwieweit Kreisgespräche, Gruppenunterricht, Planspiele usw. durchgeführt werden können. Welche Sozialformen sich realisieren lassen, hängt darüber hinaus davon ab, ob der Unterricht nach Jahrgangsklassen, Kursen, Lehrgängen oder Arbeitsgemeinschaften organisiert ist.

Betrachtet man die "innere Seite" oder auch sozialkommunikative Struktur des Unterrichts, so kann der Unterricht eher lehrer- oder schülerzentriert, hierarchisch oder symmetrisch, diszipliniert, anarchisch bzw. spontan ausgeprägt sein. Welche Sozialformen im einzelnen zum Tragen kommen, hängt nicht zuletzt von der Schulform, den expliziten Zielvorstellungen, der Lerngruppe, der Fähigkeit des Lehrers, einzelne Sozialformen zu handhaben, seinen bisherigen Erfahrungen sowie seiner didaktischen Phantasie und erworbenen Routine ab.

b) *Handlungsstruktur*

Untersucht man im Zusammenhang mit den Sozialformen die Handlungsmuster, so ergeben sich für die "äußere Seite" folgende Inszenierungsweisen: Die Schüler hören zu, reden, lesen Texte, stellen graphische Modelle her, untersuchen die regionale Wettbewerbsstruktur des Einzelhandels. Für den Aufbau von Handlungskompetenzen, die als Verinnerlichung der Handlungen betrachtet werden können, ist zu erkennen, daß Schüler Texte nicht nur einfach lesen, sondern diese interpretieren, lernen in Modellen zu denken, Modell-Realitäts-Vergleiche vornehmen, Hypothesen (= Modellannahmen) überprüfen, Zusammenhänge erkennen, Sachverhalte bzw. Erscheinungsformen des wirtschaftlichen Geschehens analysieren und problematisieren.

c) *Prozeßstruktur*

Das Beispiel "Preisbildung" zeigt zugleich, daß jeder Unterricht in zeitliche Abschnitte gegliedert abläuft und eine Prozeßstruktur besitzt. Darin sind explizit oder implizit Annahmen des Lehrenden enthalten, wie der Lernprozeß am sinnvollsten für die Lerngruppe organisiert werden könnte. Damit wird zugleich die erkenntnis- und die lerntheoretische Dimension des Unterrichts angesprochen. Die Prozeßstruktur kann, von der "äußeren Seite" betrachtet, mehr groß- oder kleinschrittig in einer bestimmten zeitlichen Konsistenz und Kontinuität angelegt sein. Bezogen auf die "innere Seite" des Lernprozesses kann sich die methodische Gestaltung des Unterrichts deduktiv oder induktiv, analytisch oder synthetisch, ganzheitlich oder elementar ausformen. Auf die Einzeldarstellung der verschiedenen Sozialformen und die unterschiedlichen Artikulationsschemata zur Prozeßstruktur des Unterrichts, von denen es eine Fülle gibt (vgl. *Herbart, Roth, Galperin, Leontjew und Aebli*), wird hier bewußt verzichtet.

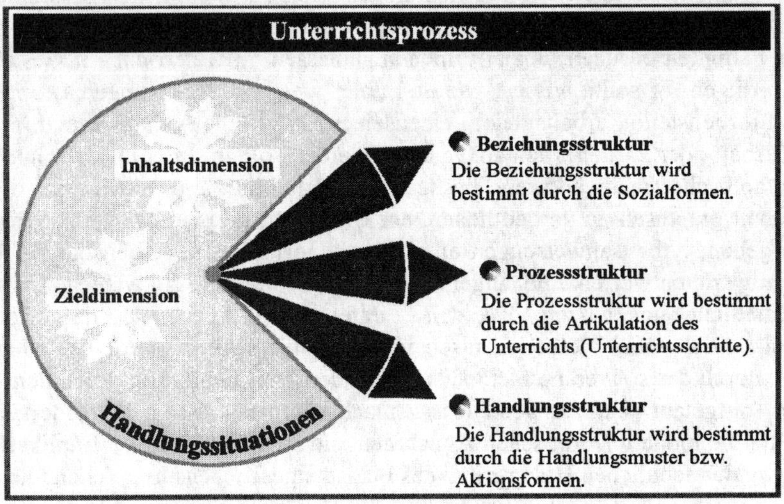

Abb. 3.10: Strukturmodell methodischen Handelns

Insgesamt läßt sich feststellen: Welche Sozialformen, welche Aktionsformen und welche Unterrichtsschritte gewählt werden, hängt ab von der *Zieldimension*, d. h. von der inneren Zielgerichtetheit verschiedener Formen methodischen Handelns und deren Rückwirkung auf die Lehrziele des Lehrers und die Handlungsziele der Schüler (vgl. *Meyer* 1987a, 222). Von zentraler Bedeutung ist ferner die *Inhaltsdimension,* die mit der Wechselwirkung von methodischer Inszenierung und inhaltlicher Strukturierung tatsächlich zum Tragen kommt. Soll am Beispiel der Preisbildung beispielsweise gleichzeitig das Denken in Modellen geschult werden, dann muß die Grundstruktur der "Idealen Preisbildung" mit ihren unterschiedlichen Annahmen erarbeitet werden, bevor der Modell-Original-Vergleich durchgeführt und die Leistungsfähigkeit des Preisbil-

dungsmodells insgesamt für den Erkenntnisprozeß einschätzbar gemacht werden kann.
Bei der Entwicklung von Lernkonzepten für den Ökonomieunterricht erhalten die *Aktionsformen*, wie Rollenspiele, Fallstudien, Projekte, Betriebserkundungen, Szenarien, Planspiele usw. einen besonderen Stellenwert, weil die Komplexität der Arbeits- und Wirtschaftswelt ein Methodeninstrumentarium voraussetzt, das Lehrer und Schüler in die Lage versetzt, diese Komplexität lernwirksam zu erhellen und transparent zu machen. Zugleich wird deutlich, daß die Methodenkompetenz eines Lehrers aus vielen Komponenten zusammengesetzt ist. Wer beispielsweise ein Planspiel mit seiner Klasse durchführt, sollte die Fähigkeit besitzen, Sozialformen angemessen im Unterricht zur Gestaltung zu bringen. Er sollte wissen, wie und unter welchen Bedingungen Gruppenarbeit (arbeitsteilig, arbeitsgleich) einzusetzen ist, welche Aufgaben evtl. in Einzelarbeit oder Partnerarbeit angegangen werden sollten. Er sollte aber auch das methodische Handwerkszeug besitzen, ein Tafelbild zu gestalten, einen Sachverhalt graphisch zu verdeutlichen, ein Unterrichtsgespräch zu leiten, Impulse zu geben, Arbeitsanweisungen eindeutig zu formulieren, Arbeitsblätter folgerichtig zu entwerfen und angemessene Übungsformen zu wählen. Er sollte schließlich auch wissen, daß z. B. Leittexte oder Planspiele "tiefgefrorene" Ziel-, Inhalts- und Methodenentscheidungen ihrer Konstrukteure darstellen, die erst durch das souveräne methodische Handeln von Lehrern und Schülern wieder "aufgetaut" und lerngenießbar gemacht werden müssen. D. h. der Lehrer sollte die modelltheoretischen Annahmen und spieltheoretischen Implikationen sowie den fachlichen Hintergrund des Planspielgeschehens hinreichend kennen.

In den Kapiteln 4.2 – 4.11 werden die Handlungsmuster dargestellt, die u. E. eine besondere Bedeutung für den Ökonomieunterricht gewinnen. Der Lehrer sollte sich immer wieder vergegenwärtigen, daß der Unterricht nur dann erfolgversprechend sein wird, wenn der Gesamtzusammenhang der fünf Dimensionen methodischen Handelns angemessen berücksichtigt wird. Das Projekt, die Fallstudie, die Expertenbefragung, die Betriebserkundung usw. sind nur dann lernwirksam und evtl. anderen Handlungsmustern überlegen, wenn sie pädagogische und fachliche Ziele in angemessener Weise berücksichtigen, der fachwissenschaftliche Hintergrund (Begriffe, Theorien, Modelle) beachtet wird und wenn eine darauf abgestimmte Wahl von Sozialformen in Verbindung mit Annahmen über eine wirksame Prozeßstruktur von Unterricht erfolgt.

4 Aktionsformen als Handlungsstruktur des Unterrichts

Im Hinblick auf die Darstellung der Aktionsformen stehen in diesem Kapitel Handlungsmuster im Mittelpunkt, die in besonderer Weise geeignet erscheinen, die Schüler zu befähigen, komplexe Lebenssituationen zu bewältigen und von daher in der didaktisch-methodischen Literatur als besonders attraktiv für den Wirtschaftslehreunterricht angesehen werden. In der Regel werden diese Methoden nur sporadisch und dann nicht selten in kryptomaner Form eingesetzt (z. B. Fallstudie, Planspiel, Projekte), oder traditioneller Unterricht wird mit willkürlich durchsetzten Elementen aus diesen Handlungsmustern entsprechend als Fallstudie, Planspiel, Projekt usw. etikettiert. Daher ist es das Bestreben, diese Handlungsmuster differenziert in ihren spezifischen Ausprägungsformen, Verlaufsstrukturen und ihrer Bedeutsamkeit für den Ökonomieunterricht darzustellen. Die Leittextmethode, Systemanalyse, Szenariotechnik und Zukunftswerkstatt sind erst in jüngster Zeit entwickelt und im Unterricht erst in Ansätzen erprobt. Diese Handlungsmuster wurden aufgenommen, um Lehrer, Referendare und Studenten zu ermuntern, neue unterrichtliche Wege zu gehen und ihr Methodenrepertoire zu erweitern.
Von den traditionellen Methoden, die in der pädagogisch-didaktischen Literatur hinlänglich und umfangreich dargestellt und erörtert wurden, werden in Kapitel 4.1 wichtige Gesprächs- und Vortragsformen aufgrund ihrer grundlegenden Bedeutung in ihren wesentlichen Grundzügen präsentiert. Wenn Unterricht im Sinne der konstruktivistischen Auffassung nicht nur auf den Erwerb von Faktenwissen und spezifischen Fertigkeiten ausgerichtet ist, sondern auch auf den Erwerb von Denkmustern, Expertenkniffen, Überzeugungssystemen und ethischen Standards, behalten Gesprächs- und Vortragsformen ihre fundamentale Bedeutung.
Daher soll an dieser Stelle noch einmal darauf aufmerksam gemacht werden, daß keines der in den Kapiteln 4.2 bis 4.11 dargestellten Handlungsmuster erfolgreich eingesetzt und mit den Schülern eingeübt werden kann, wenn der Lehrer nicht die Fähigkeit besitzt, im Gespräch oder auch im Vortrag in die jeweilige Themenstellung einzuführen, Strukturzusammenhänge zu verdeutlichen, theoretische Zusammenhänge zu veranschaulichen, klare Arbeitsanweisungen zu geben, Lernprogramme zu initiieren, Erkenntnisprozesse anzuregen und zu fördern, Problemlösungsstrategien, Handlungsstrategien, aktuelle ökonomische und wirtschaftspolitische Ereignisse ins Gespräch zu bringen sowie Werte- und Normenfragen angemessen zu thematisieren.

4.1 Gesprächs- und Vortragsformen

Gespräche sind eine der ältesten Kommunikationsformen, in der Menschen sich etwas mitgeteilt, Meinungen gebildet und sich etwas beigebracht haben. Sprechen und Verstehen sind unverzichtbare Bestandteile fast aller ökonomischen Handlungssituationen. Das Gespräch ist auch in einem handlungsorientierten Wirtschaftslehreunterricht ein notwendiges Handlungsmuster, das der Lehrer beherrschen muß, um die Persönlichkeit des Schülers entwickeln, seine Kommunikationsfähigkeit fördern und ihn auf die Anforderungen der Arbeits- und Wirtschaftswelt vorbereiten zu können. Das Gespräch, d. h. die verbale Kommunikation ist ein Grundelement aller Lehr- und Lernverfahren, und die verbale Verständigung der Lernenden bleibt für die Durchführung dieser Methoden eine Grundvoraussetzung.

Aus der bereits zitierten Studie von *Hage u. a.* geht hervor, daß

- das Unterrichtsgespräch in Form des Lehrer-Schüler-Gesprächs bei starker Lehrerdominanz in der Schulpraxis immer noch die vorherrschende Methode hinsichtlich der Gesprächslenkung ist. Der Befund der empirischen Erhebung weist aus, daß in der Unterrichtspraxis der Lehrer ca. zwei Drittel und die Schüler nur zu einem Drittel Redeanteile im Unterrichtsgespräch haben (vgl. *Hage u. a.* 1985; *Meyer* 1987b, 282 ff.). Dieses Verhältnis gilt es zugunsten der Erhöhung des Redeanteils der Schüler zu verändern.
- Gesprächsteilnehmer und Akteure sind Individuen, die sich jeweils als Einzelpersönlichkeit mit unterschiedlichen Interessen, Meinungen, Erkenntnissen, Wissens- und Erfahrungsschätzen u. a. mit in das Gespräch einbringen. Notwendig ist für den Gesprächsleiter die Beherrschung von Techniken der Gesprächsführung, damit er auf jeden einzelnen Schüler im Gespräch eingehen kann.

Um im Gespräch selbständiges Denken und Lernen von Schülern anregen und unterstützen zu können, muß der Lehrer Methodenkompetenz hinsichtlich unterschiedlicher Gesprächs- und Vortragsformen besitzen. Sprache bzw. das Gespräch werden hier als Medium für Lehr- und Lernprozesse im Unterrichtsgespräch verstanden (vgl. *Thiele* 1981).
Unterrichtsgespräche unterliegen einer Reihe von Einschränkungen, die im alltäglichen Gespräch in dieser Form nicht gegeben sind. Unterrichtsgespräche dienen dem Austausch von Gedanken und Meinungen im Medium der Sprache.

Sie haben i. d. R.

- ❑ einen festgelegten Anfang
- ❑ ein sichtbares Ende und
- ❑ eine innere Zielgerichtetheit.

Schüler lernen im Unterrichtsgespräch, ihren Bestand an Wissen, Einstellungen und Werten, Fähigkeiten und Fertigkeiten zu erweitern. Unterrichtsgespräche sind geeignet, "Eigentätigkeit und geistige Aktivität der Schüler freizusetzen, selbständigkeitsfördernde Lernformen zu unterstützen, die Gesprächsfähigkeit zu fördern und demokratische Kommunikationsformen zu entwickeln." (*Thiele* 1981, 9) Voraussetzung und Bedingung erfolgreicher Unterrichtsgespräche – im Sinne einer Problemlösung – sind die Einübung von Gesprächsbereitschaft und Gesprächsfähigkeit bei Lehrern und Schülern. Gesprächsfähigkeit bedeutet, die eigene Angelegenheit ins Wort fassen und ein verständiges Gespräch mit Personen anderer Prägung führen zu können.

Unterrichtsgespräche sind durch ihre dialogische Struktur gekennzeichnet. Grundelemente des Dialogs sind Anrede und Erwiderung im wechselseitigen Gespräch, d. h. These und Antithese. Mit der Bildung der Synthese soll als Ziel des Dialogs eine neue Erkenntnis auf einer *kognitiv höheren Stufe* gewonnen werden, die die kognitive Struktur des Lernenden erweitert.

Die dialogische Struktur des Gesprächs bedingt die Fähigkeit der Gesprächsteilnehmer, auf die Argumente anderer eingehen, zuhören, schweigen und abwarten zu können (vgl. *Meyer* 1987b, 280 ff.; *Panzenböck* 1979, 49 ff.; *Lemmermann* 1990 und 1991). Zuhören bildet die Grundvoraussetzung jedes kommunikativen Prozesses. Aktives Zuhören ermöglicht es, in der konkreten Gesprächssituation den Argumenten des Redenden zu folgen, den Sinn seiner Argumente zu verstehen, sie mit der eigenen Position zu vergleichen und individuell und situationsangemessen reagieren zu können.

Die fundamentale Bedeutung des *Zuhörenkönnens* für das Gespräch und die Beziehungen der Menschen untereinander wird besonders eindringlich deutlich in der nachfolgenden kurzen Geschichte, in der über die Fähigkeit des Zuhörens der kleinen Momo berichtet wird.

Zuhören:

Was die kleine Momo konnte wie kein anderer, das war: Zuhören. Das ist doch nichts Besonderes, wird nun vielleicht mancher Leser sagen, zuhören kann doch jeder. Aber das ist ein Irrtum. Wirklich zuhören können nur ganz wenige Menschen. Und so wie Momo sich aufs Zuhören verstand, war es ganz und gar einmalig.

Momo konnte so zuhören, daß dummen Leuten plötzlich sehr gescheite Gedanken kamen. Nicht etwa, weil sie etwas sagte oder fragte, was den anderen auf solche Gedanken brachte, nein, sie saß nur da und hörte einfach zu, mit aller Aufmerksamkeit und aller Anteilnahme. Dabei schaute sie den anderen mit ihren großen, dunklen Augen an, und der Betreffende fühlte, wie in ihm auf einmal Gedanken auftauchten, von denen er nie geahnt hatte, daß sie in ihm steckten.

Sie konnte so zuhören, daß ratlose oder unentschlossene Leute auf einmal ganz genau wußten, was sie wollten. Oder daß Schüchternde sich plötzlich frei und mutig fühlten. Oder daß Unglückliche und Bedrückte zuversichtlich und froh wurden. Und wenn jemand meinte, sein Leben sei ganz verfehlt und bedeutungslos und er selbst nur irgendeiner unter Millionen, einer, auf den es überhaupt nicht ankommt und der ebenso schnell ersetzt werden kann wie ein kaputter Topf – und er ging hin und erzählte alles das der kleinen Momo, dann wurde ihm, noch während er redete, auf geheimnisvolle Weise klar, daß er sich gründlich irrte, daß es ihn, genauso wie er war, unter allen Menschen nur ein einziges Mal gab und daß er deshalb auf seine besondere Weise für die Welt wichtig war.

So konnte Momo zuhören.
(aus: *Ende* 1973., 15 f.)

Unterrichtsgespräche haben, wie menschliche Kommunikation generell, einen Inhalts- und einen Beziehungsaspekt (vgl. *Watzlawik u. a.* 1974). Auf der Beziehungsebene des Gesprächs wird – gewollt oder nicht gewollt – die Gesprächsatmosphäre reguliert, wobei ein positives Gesprächsklima Grundbedingung für erfolgreich verlaufende Erkenntnisprozesse im Dialog ist. Psychologisch kann die zwischenmenschliche Kommunikation unterschieden werden nach (vgl. *Schulz von Thun* 1981, 25 ff.):

- *Sachinhalt:* Jede Nachricht enthält zunächst eine Sachinformation.
- *Selbstoffenbarung:* In jeder Information stecken Hinweise über die Person des Senders, mit denen er Teilbereiche seiner Persönlichkeit enthüllt.
- *Beziehung:* Aus jeder Nachricht geht hervor, wie der Sender zum Empfänger steht und *macht der Tonfall die Musik* in dem Sinne, in welcher Weise sich die persönliche Beziehung weiterentwickelt.
- *Appell:* Im Gespräch versucht der Sender einer Information, Einfluß auf den Empfänger der Nachricht zu nehmen und ihn zu einem bestimmten Verhalten zu bewegen.

Ein Unterrichtsgespräch kann nur dann als *gelungen* gelten, wenn neben der Erkenntnisgewinnung bei den Lernenden auch die seelischen Vorgänge und zwischenmenschlichen Verwicklungen berücksichtigt werden, d. h. wenn Ich, Wir und die Sache aneinandergeraten. Eine günstige Voraussetzung dafür ist, daß sich die Gesprächsteilnehmer ansehen können, wofür der Kreis die ideale Sitzordnung bei einer Personengruppe darstellt.

Es ist schwierig, Gesprächs- und Vortragsformen zu unterscheiden, weil die Struktur des Gesprächverlaufs jeweils variieren kann und Abgrenzungen nicht immer eindeutig zu ziehen sind (vgl. *Becker* 1988b, 240 ff.). Für den Wirtschaftslehreunterricht kann idealtypisch das Lehren im Gespräch nach folgenden Gesprächsformen und -arten sowie Vortragsformen unterschieden werden (vgl. *Kammann* 1981; *Meyer* 1987b, 280 ff.; *Thiele* 1981, 11 ff.).
Nach dem *Ausprägungsgrad der Lehrerlenkung* können als Gesprächsformen unterschieden werden:

- Im *Lehrgespräch* bestimmt der Lehrer durch ein hohes Maß an direkter Lenkung maßgeblich den Verlauf des Gesprächs (vgl. *Thiele* 1981, 29 f.). In der Regel steht die Wechselrede zwischen Lehrer und jeweils einem Schüler in Form von Frage und Antwort im Zentrum dieser Gesprächsform, die Interaktion zwischen den Schülern stellt die Ausnahme dar. In kleinen Schritten wird – in Anlehnung an die *sokratische Methode* – ein Unterrichtsinhalt erarbeitet und der Erkenntnisprozeß gezielt angeregt.
- Im sogenannten *gelenkten Unterrichtsgespräch* sollen Schüler – bei möglichst zurückhaltender Lenkung durch den Lehrer – im erörternden Gespräch zur möglichst selbständigen Erarbeitung eines Unterrichtsinhalts angeleitet werden (vgl. *Thiele* 1981, 16 ff.). Der Verlauf des gelenkten Unterrichtsgesprächs ist in groben Umrissen insofern vorstrukturiert, als das zu erreichende Ergebnis und der entsprechende Lösungsweg weitgehend festliegen. Der Lehrer greift immer dann in das Gespräch ein, wenn die Schüler eine bestimmte Denkleistung nicht selbständig erbringen.
- Beim *Schülergespräch* führen die Schüler in relativer Selbständigkeit sachbezogene Gespräche (vgl. *Ritz-Fröhlich* 1977). Der Lehrer verzichtet weitgehend auf Eingriffe in die Gesprächslenkung, tritt über längere Phasen kaum in Erscheinung und greift nur dann ein, wenn die sachliche Richtigkeit oder der Gesprächsfluß dieses erfordern. Dieses setzt bei den Schülern eine ausreichende Sachkenntnis und notwendige Fähigkeiten der Gesprächsführung voraus, die entsprechend vorher eingeübt werden müssen.
- Beim *Partnergespräch* findet kurzfristig zwischen zwei Gesprächspartnern ein Gedanken- und Meinungsaustausch zu einem vorgegebenen Thema statt.

- Beim *Kleingruppengespräch* bilden ca. drei bis sechs Schüler für eine kurze Zeit einen Gesprächskreis, führen selbständig ein Gespräch zur Lösung einer unterrichtlichen Aufgabe bzw. Problemstellung durch oder eignen sich vorwiegend Kenntnisse über persönliche Erfahrungen, Bewertungen und Einstellungen an (vgl. *Flechsig* 1991, 26 ff.).
- *Streitgespräch und Debatte* können zwar ohne direkte Lehrerlenkung stattfinden, wenn z. B. die Gesprächsleitung von einem Schüler übernommen wird. Aber festgelegte Rollenzuweisungen für die Schüler und ein relativ formales Schema des Gesprächsablaufs strukturieren den Gesprächsverlauf verhältnismäßig stark vor. Die Teilnehmer eignen sich in Form von Rede und Gegenrede vornehmlich Argumentations- und Urteilsfähigkeit an (vgl. *Meyer* 1987b, 293 ff.; *Flechsig* 1991, 7 ff.). Im Streitgespräch müssen die Schüler in einer simulierten Konkurrenzsituation übernommene Rollen, Positionen oder Thesen durch Argumentieren vertreten. In Form einer Pro- und Contra-Diskussion stoßen zwei unterschiedliche Standpunkte aufeinander, und es geht darum, eine Zuhörerschaft von der eigenen Position zu überzeugen, indem die eigene Meinung anschaulich vorgetragen und begründet und in der Argumentation die Position des Gegners als unsinnig entlarvt wird. Die Debatte ist eine Variante des Streitgesprächs und in ihrer Vorgabe noch stärker verregelt. Hier ist eine klare Entscheidungsalternative vorgegeben, z. B. in Form eines Antrags. Ziel der Debatte ist es, den Antrag anzunehmen, abzulehnen oder zu modifizieren. Der Antragsteller erhält eine begrenzte Zeit zur Begründung des Antrags, ein oder mehrere Opponenten können Gegenpositionen vortragen, der Vorsitzende eröffnet anschließend eine allgemeine Debatte und läßt schließlich über den Antrag abstimmen.
- *Diskussion, Streitgespräch, Debatte,* die stark verregelt sein können, haben ihren Ursprung in den Universitäten des Mittelalters, wo *Disputationen* in Form des wissenschaftlichen Streitgesprächs in allen Fakultäten öffentlich und regelmäßig stattfanden (vgl. *Flechsig* 1991, 8). Im Rahmen des Ökonomieunterrichts gewinnen Diskussions- und Streitgespräch vor allem im Hinblick auf wirtschaftspolitische Zielvorstellungen und Konflikte eine herausragende Bedeutung. Dabei gilt das Prinzip: Alles was in der Wirtschaft und Politik kontrovers ist, muß im Sinne einer *demokratischen Streitkultur* auch im Unterricht kontrovers diskutiert werden.

Auch wenn es sehr schwierig und nicht unproblematisch ist, "verbindliche Strukturierungsvorschläge" (*Meyer* 1987b, 289) zu machen, soll in der nachfolgenden Abbildung 4.2 ein idealtypischer Phasenverlauf für die Durchführung einer Diskussion unterbreitet werden:

1. Phase	*Vorstellung und Begrüßung*
2. Phase	*Einleitung zur Diskussion* Problemdefinition Zielstellung
3. Phase	*Vertrauensbasis herstellen*
4. Phase	*Diskussionsverfahren* Bekanntgabe durch den Diskussionsleiter Erarbeitung durch die Teilnehmer
5. Phase	*Diskussion* Koordinierung der Wortmeldungen Unterschiedliches Fachwissen ausgleichen Fachwissen an Teilnehmer weitergeben Achten auf die Redezeit Motivierung durch Verbalisieren von erreichten Teilzielen Wesentliches schriftlich festhalten Angebot von Lösungsmöglichkeiten
6. Phase	*Zusammenfassung* Resümee der erarbeiteten Schwerpunkte Hervorheben der Gemeinsamkeiten Gegenüberstellung von "Pro" und "Contra" Zu realisierende Lösungsmöglichkeiten zusammenfassen
7. Phase	*Abschluß* Beschlußfassung Dank an die Teilnehmer für die Mitarbeit Anerkennung für die erbrachten Leistungen
8. Phase	*Protokollerstellung*

Abb. 4.1: Durchführung einer Diskussion

Nach dem *Inhaltsaspekt* bzw. *thematischen Schwerpunkt* können folgende Gesprächsarten unterschieden werden (vgl. *Thiele* 1981, 33 ff.):

- Im *interpretierenden Unterrichtsgespräch* werden Unterrichtsinhalte auf ihre Aussage und ihren Sinngehalt hin befragt und ausgelegt. Hier steht das hermeneutische Verstehen im Zentrum des Gesprächs.
- *Meinungsbildende Unterrichtsgespräche* "[...] werden über Lehrinhalte geführt, die zu unterschiedlichen Auffassungen, Einstellungen, Bewertungen und Urteile zu bestimmten Situationen, Sachverhalten oder Verhaltenswei-

sen herausfordern. Ziel des Gesprächs ist es, den Gesprächsgegenstand in argumentativer Auseinandersetzung zu problematisieren und zu klären, Standpunkte einander gegenüberzustellen, zu relativieren oder zu korrigieren, aber auch zu neuen Erkenntnissen, zu einem Konsens zu gelangen und sich gegenseitig zu überzeugen." (*Thiele* 1981, 38)

- Beim *Metagespräch* wird das Gespräch selbst zum Gegenstand der Reflexion. Gesprächsverlauf und das Verhalten im Gespräch sollen durchschaubar gemacht werden mit dem Ziel, Gesprächsverhalten zu verändern, d. h. verbessern zu können und reflektiertes Verhalten im Gespräch im Sinne der Verbesserung des Handelns hinsichtlich des Inhalts- und Beziehungsaspekts zu befördern.

Lernen im Gespräch vollzieht sich als Veränderung der kognitiven Struktur im Sinne von Erweiterung, Differenzierung oder Umstrukturierung von Wissen und Fähigkeiten (vgl. *Thiele* 1981, 48 ff.). Im Gespräch

- müssen Informationen in die bestehende kognitive Struktur eingeordnet bzw. integriert werden,
- muß, wenn die vorhandene kognitive Struktur zur Informationsverarbeitung nicht ausreicht, die neue Information transformiert, d. h. umstrukturiert bzw. reorganisiert werden, um sie anschließend integrieren zu können und
- muß schließlich die Wissenstransformation bewertet, d. h. geprüft werden, wie weit sie dem angestrebten Anwendungszweck angemessen ist.

Ein konvergierender Gesprächsverlauf dient der Erarbeitung eines bestimmten Ergebnisses, welches dem Gesprächsleiter bekannt ist. In divergierenden Gesprächen sollen im Verlauf Einfälle und Lösungsmöglichkeiten für eine unterrichtliche Problemstellung gesammelt und ein breites Spektrum möglicher Antworten und Lösungen gesucht werden (vgl. *Becker* 1988b, 242 f.).

Für eine *erfolgreiche Gesprächsführung* können die folgenden Lehrertätigkeiten unterschieden werden (vgl. *Thiele* 1981, 67 ff.):
Steuerungs- und Anregungsmittel im Unterrichtsgespräch ist der *Impuls*:

- Durch die *Lehrerfrage* wird bei einer Wissenslücke das Erfassen bestimmter Merkmale eines Erkenntnisobjektes und das Schließen dieser Lücke angeregt (vgl. *Aebli* 1987, 362 ff.).
- Beim *Denkanstoß* regt der Lehrer mit nicht in Frageform formulierten Aussagen zum Mit- und Nachdenken an.

- *Nonverbale Impulse* fördern die Kommunikation mit Hilfe von Mimik, Gestik, Kopf- und Körperbewegungen, Blickkontakt oder bespielsweise Schweigen (vgl. *Becker* 1988b, 182 ff.).
- *Schweigen* schafft Besinnungs- und Verarbeitungszeit und ermöglicht die Beobachtung der Gesprächsteilnehmer.
- *Sachimpulse* sind Denkanstöße, die von unterschiedlichen Unterrichtsmedien ausgehen können.
- *Direkte Impulse* lenken die Denkleistung stärker, während indirekte Impulse zu größerer Eigenaktivität anregen.
- Hinsichtlich der *Lehrtätigkeiten* bei der Gesprächsführung können unterschieden werden:
- Beim *Informieren* wird den Schülern etwas mitgeteilt, was sie vorher noch nicht gewußt haben.
- *Fundieren lassen* im Unterrichtsgespräch bedeutet, für ein Basiswissen zu sorgen, welches die Grundlage für weiterführende anspruchsvollere Denkleistungen ist.
- *Verstärkungen* erhöhen die Wahrscheinlichkeit des Auftretens eines bestimmten Verhaltens und stabilisieren es.
- *Ermutigen* macht Mut zur Beteiligung am Gespräch und zu bestimmten Aussagen.
- Durch *Aufgreifen und Weiterführen* von Schülergedanken kann dem Gespräch eine neue Richtung verliehen werden.
- Mit dem *Problematisieren* wird eine Wissenslücke aufgegriffen, deutlich gemacht und nach Möglichkeiten gesucht, diese zu schließen.
- *Nachhaken* regt dazu an, eine oberflächliche oder unpräzise erste Antwort noch einmal zu überdenken und zu präzisieren.
- *Akzentuieren* beinhaltet, daß bestimmte Gesprächsbeiträge, die für den Fortgang des Gesprächs von besonderer Bedeutung sind, hervorgehoben werden.
- *Erklären bzw. Begründen lassen* fördert, daß Ursachen, Motive, Bedingungen, Beziehungen zwischen Elementen erkannt, begründet und mit Fakten belegt werden.
- Beim *Folgern lassen* sind die Bedingungen einer Erscheinung bekannt, wird eine Folgerung als Schluß abgeleitet und werden Bedingungen und Folgerungen durch Gesetze, Regeln, Normen u. a. m. logisch verbunden.
- Beim *Bewerten lassen* werden über eine Entscheidung Werturteile geäußert.
- *Zusammenfassen lassen* dient der Sicherung eines Zwischen- oder Abschlußergebnisses eines Gesprächs.
- Mit *Moderieren* sind alle Lehrtätigkeiten gemeint, die auf den Ablauf und Fortgang des Unterrichtsgesprächs gerichtet sind. Unterrichtsgespräche

müssen mit einem *Türöffner* problembezogen in Gang gebracht, zielorientiert in Gang gehalten, strukturiert und zur Ergebnissicherung zusammengefaßt werden.

In Kulturen, die weder über Bücher noch über Schulen verfügten, ersetzte das Erzählen die schriftliche Überlieferung (vgl. *Aebli* 1987, 33 ff.). Erzählen ist eine ursprüngliche Form der Begegnung und wird aus der Vorstellung über einen Sachverhalt, einem inneren Bild heraus gewonnen. Das Vortragen eines Sachverhalts kann unmittelbar ansprechen, lebhafte Eindrücke vermitteln und bleibt auch in unserer schriftlichen Kultur unverzichtbarer Bestandteil des Unterrichts. Für den Unterricht können folgende Vortragsformen unterschieden werden (vgl. *Meyer* 1987b, 296 ff.):

- Um zu erreichen, daß Schüler einen Sach-, Sinn- oder Problemzusammenhang erfassen, ist der *Lehrervortrag* immer noch eine wirksame Darbietungsmethode (vgl. *Grell/Grell* 1981, 199 ff.). Er schafft aber nur - in der Darbietung eines Unterrichtsinhalts - die Voraussetzungen, damit die Schüler möglicherweise Wissen aufnehmen, behalten und verstehen. Bedingung ist das aktive Zuhören, indem beispielsweise bisheriges Wissen aktiviert, Fragen im Geiste gestellt oder Gegenargumente erwogen werden. Ein Lehrervortrag sollte einfach zu verstehen, übersichtlich gegliedert, nicht zu weitschweifig, aber auch nicht zu knapp sein und ein sinnvolles Maß an zusätzlicher Stimulanz beinhalten.
- Ein *Schüleraufsatz* übt Schüler u. a. in das Vortragen eines Unterrichtsinhaltes ein.
- Gutes *Geschichtenerzählen* nimmt auch heute immer noch die Zuhörer gefangen. Erzählungen aktivieren stärker als ein Vortrag affektive und werthafte Elemente in einer Darstellung. Erzählen erfordert den Einsatz der ganzen Person. Es darf jedoch nicht zur Indoktrination mißbraucht werden und erfordert in der Reflexionsphase, daß kritische Distanz zum Erzählten gewonnen wird.
- Unterrichtsgespräche beinhalten einen "utopischen Überschuß" (*Meyer* 1987b, 282), indem sie auf eine vernünftige, diskursive Verständigung zwischen Schülern sowie Lehrern und Schülern zielen, bei allem angestrebten Konsens die Meinung des einzelnen gelten lassen und auf eine möglichst herrschaftsfreie, symmetrische Kommunikation im Klassenzimmer abzielen.

4.2 Fallstudie

4.2.1 Ausgangsbasis und historische Entwicklung

Ihren Ausgangspunkt nahm die Fallstudie oder Fallmethode von der Harvard Business School (HBS) in Boston. Die Lehrerschaft dieser Hochschule verzichtete im Jahre 1908 – angeregt durch die Kasuistik der Juristen – auf die traditionelle Vorlesungsmethode. In den Mittelpunkt ihres Lehrbetriebs stellte sie stattdessen die Diskussion praktischer Fälle aus dem Wirtschaftsleben. Inzwischen hat die HBS eine umfangreiche Fallsammlung angelegt und die Fallmethode zu einer eigenständigen Lehrkonzeption ausgebaut, so daß die Fallmethode nicht selten in der Literatur auch als Harvard-Methode bezeichnet wird (vgl. *Kaiser* 1976, 54).

In Deutschland hat die Fallstudie insbesondere Verbreitung in der Managementschulung und an den Wirtschaftswissenschaftlichen Fakultäten der Hochschulen gefunden. Im Zusammenhang mit den Bemühungen, den Unterricht praxisnah und handlungsorientiert zu gestalten, hat die Behandlung praktischer Fälle zunehmend Eingang in den Unterricht der allgemeinbildenden und beruflichen Schulen, insbesondere in den Fächern Arbeits- und Wirtschaftslehre, Gesellschaftslehre, Geschichte und Geographie, erhalten. Dabei stützen vor allem didaktische Prinzipien der Reformpädagogik die Fallstudienmethodik. So formulierte bereits 1957 *Kosiol* im Hinblick auf die Fallstudie als Methode:

"Die Methode der praktischen Fälle fördert das selbständige Kennenlernen von Sachzusammenhängen in hohem Maße, gibt, unabhängig von der Art der Fragestellungen, ständige Impulse zum Nachforschen. Es gilt aufzuspüren, welche noch fehlenden Kenntnisse erworben werden müssen, wo sich Informationslükken befinden und welche Überlegungen anzustellen sind, um die Problemlösung zu finden. Die Aneignung des Wissens und die methodische Einkreisung erfolgt stets in selbständiger Arbeit. Das Diskussionsverfahren entspricht im Gegensatz zur Lern- und Belehrungsschule mehr der Idee der Arbeitsschule." (*Kosiol* 1957, 33)

4.2.2 Verlaufstruktur des Lernprozesses nach der Fallstudie

Die Grundstruktur der Fallstudie beruht darauf, daß die Schüler mit einem aus der Praxis bzw. Lebensumwelt gewonnenen Fall konfrontiert werden, den Fall diskutieren, für die Fallsituation nach alternativen Lösungsmöglichkeiten suchen, sich für eine Alternative entscheiden, diese begründen und mit der in der Realität getroffenen Entscheidung vergleichen.

Die Zielsetzung der Fallstudie, die Lernenden zur Entscheidungsfähigkeit zu erziehen, legt es nahe, den Lernprozeß als Entscheidungs- und Problemlösungsprozeß zu organisieren. In Anlehnung an die Konzeption offener Modelle des Entscheidungsverhaltens, läßt sich der Entscheidungs- und Problemlösungsprozeß, den die Schüler während der Fallbearbeitung durchlaufen, in 6 Phasen darstellen:

1. *Konfrontation* mit dem Fall	Ziel: Erfassen der Problem- und Entscheidungssituation
2. *Information* über das bereitgestellte Fallmaterial und durch selbständiges Erschließen von Informationen	Ziel: Lernen, sich die für die Entscheidungsfindung erforderlichen Informationen zu beschaffen und zu bewerten
3. *Exploration:* Diskussion alternativer Lösungsmöglichkeiten	Ziel: Denken in Alternativen
4. *Resolution*: Treffen der Entscheidung in Gruppen	Ziel: Gegenüberstellen und Bewerten der Lösungsvarianten
5. *Disputation*: Die einzelnen Gruppen verteidigen ihre Entscheidung	Ziel: Verteidigen einer Entscheidung mit Argumenten
6. *Kollation*: Vergleich der Gruppenlösungen mit der in der Wirklichkeit getroffenen Entscheidung	Ziel: Abwägen der Interessenzusammenhänge, in denen die Einzellösungen stehen

Abb. 4.2: Verlaufsstruktur der Fallstudienarbeit, aus: *Kaiser* 1983, 26

Die Verlaufsstruktur soll im folgenden mit Hilfe eines Fallbeispiels aus der Regionalökonomie verdeutlicht werden:

Konfrontation: Die Schüler werden mit einem Fall zum Zielkonflikt zwischen Ökonomie und Ökologie aus der Regionalökonomie konfrontiert (vgl. *Kaiser/Kaminski* 1991, 11 f.). Anhand des Konfrontationsmaterials werden die Lernenden damit vertraut gemacht, daß die Stadt P. neue Industrieflächen bereitstellen will. Dafür hat die Stadt das Gebiet Dreihausen ausgewählt. Als Konfrontationsmaterial enthält der Fall (vgl. Kapitel 4.2.3):

- Originalflugblatt der Schutzgemeinschaft Dreihausen
- Ablauf einer Fallstudie
- Zeitungsausschnitt: "Stadt braucht Dreihausen"
- Flächennutzungsplan der Stadt P.
- Zeitungsartikel: "Pro und Contra Dreihausen"

Das Problem im Hinblick auf die geplante Industrieansiedlung besteht darin, daß das Gebiet Dreihausen in einem schönen und erhaltungswürdigen Naherholungsgebiet für die Stadt P. liegt, so daß die Diskussion um das Industriegebiet unter den betroffenen Bürgern der Stadt zu einem Konflikt zwischen wirtschaftlichen Interessen und Umweltschutz führt.

Die erste Stufe des Lernprozesses dient vorrangig der Erfassung der Problemsituation. Nur wenn Klarheit über die gegebene Situation besteht, ist eine erfolgreiche Behandlung des Falles gewährleistet. Insgesamt umfaßt die Stufe der *Konfrontation*

- eine Problem- und Konfliktanalyse,
- eine Situationsanalyse und
- eine Normen- und Zielanalyse.

Im Hinblick auf die Normen- und Zielanalyse ist letztlich die Frage zu diskutieren, inwieweit ökologische und ökonomische Zielsetzungen in Einklang zu bringen sind und unter welchen Bedingungen sich ökonomische Zielsetzungen mit realistischen Aufwendungen verwirklichen lassen.

Information: In der zweiten Phase gilt es, die vorliegenden Informationen gründlich zu analysieren, zu bewerten und auszuwerten bzw. neue Informationen zu beschaffen oder evtl. vor Ort Erkundigungen einzuholen und unterschiedliche Argumente und Meinungen zusammenzutragen und für die Entscheidungsfindung heranzuziehen.

Exploration: Ein besonderes Gewicht erhält neben der Problem- und Zielanalyse die Entwicklung von Alternativen und deren Bewertung. Die Stufe der Exploration dient vorrangig dazu, die Teilnehmer zu befähigen, in einer gegebenen Situation stets nach mehreren Lösungen zu suchen und sich damit vom eindimensionalen Denken zu befreien. Im vorliegenden Fall könnten folgende Alternativen erwogen werden:

Alternative 1: Die Stadt entscheidet sich für Dreihausen und trifft eine Reihe von Maßnahmen für den Umweltschutz.
Alternative 2: Die Stadt sucht ein anderes geeignetes Gelände.
Alternative 3: Die Stadt verzichtet aus Gründen des Umweltschutzes überhaupt darauf, zusätzliche Flächen für Industrieansiedlungen bereitzustellen.
Alternative 4: Die Stadt schiebt die Entscheidung hinaus, bis weitere Analysen von Experten durchgeführt sind.

Resolution: Jede Alternative birgt Vor- und Nachteile und bestimmte Konsequenzen in sich, die es zu bedenken gilt. Für die Entscheidungsfindung ist es daher unerläßlich, daß die Varianten gegeneinander abgewogen und die Konsequenzen gründlich überdacht werden, ehe eine Entscheidung getroffen wird. Im Hinblick auf die Entscheidungssituation des Falles Dreihausen wird in besonderer Weise deutlich, wie schwierig es sein kann, eine Entscheidung zu treffen und welche Interessenkonflikte es dabei durchzustehen gilt.
Wichtig ist, daß die Teilnehmer erkennen, daß es Situationen gibt, in denen man sich nicht vor einer Entscheidung drücken kann, auch wenn diese noch so schwerfällt, da auch das Hinausschieben einer Entscheidung schwerwiegende Folgen nach sich ziehen kann. Eine Entscheidungsübersicht verschafft die Möglichkeit, die Vorteile und Nachteile sowie die Konsequenzen systematisch gegenüberzustellen, zu diskutieren und gegeneinander abzuwägen. Zur Verdeutlichung dient die folgende Abbildung:

	Vorteile	Nachteile	Konsequenzen
Variante 1			
Variante 2			
Variante 3			

Abb. 4.3: Entscheidungsmatrix, aus: *Kaiser* 1976, 76

Differenziert betrachtet vollzieht sich die vierte Phase, in der eine Entscheidung getroffen wird, in vier Teilschritten:

- ❑ Gegenüberstellung der Alternativen
- ❑ Vergleich der Werte der Alternativen
- ❑ Treffen der Entscheidung
- ❑ Schriftliche Begründung der Entscheidung

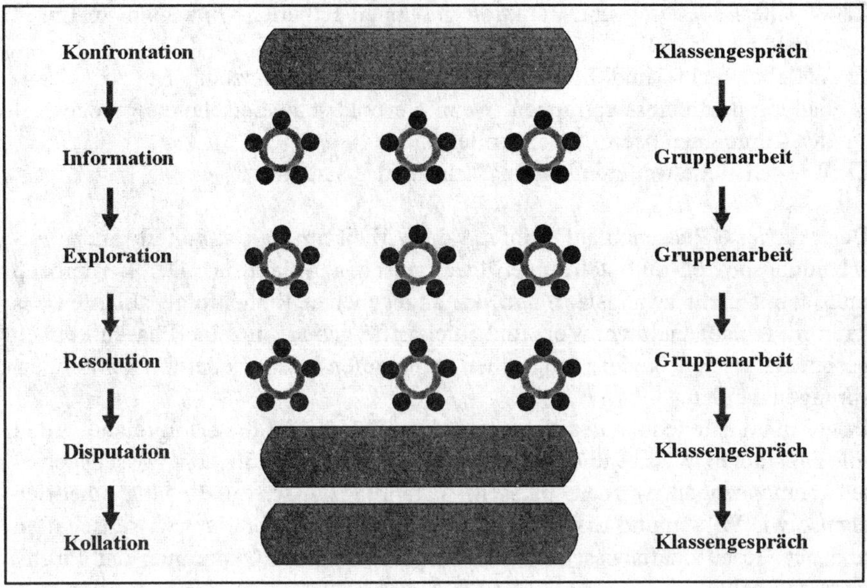

Abb. 4.4: Ablaufdiagramm

Disputation: In der fünften Phase werden die in der Regel in Kleingruppen getroffenen Entscheidungen im Plenum vorgetragen und erneut diskutiert. Dabei zeigt sich, ob man alle wichtigen Aspekte bedacht hat und auch nach dieser weiteren intensiven Diskussionsrunde zu seiner Entscheidung stehen kann.

Kollation: Auf dieser Stufe wird den Schülern die vom Rat der Stadt getroffene Entscheidung vorgelegt. Der Vergleich mit der in der Wirklichkeit getroffenen Entscheidung bietet die Möglichkeit zu untersuchen, wie und unter welchen Bedingungen politische Entscheidungen getroffen werden. Dabei kann u. a. besonders in den Blick genommen werden:

- ❑ Welchen Einfluß hat die Stadtverwaltung auf der Planungs- und Entscheidungsebene?
- ❑ Wie haben sich die Ratsmehrheit sowie die anderen Parteien verhalten, und wie haben sie abgestimmt?
- ❑ Was haben die "Schutzgemeinschaft Dreihausen" und andere Bürgerinitiativen an Aktivitäten geleistet, und was haben sie damit bisher erreicht?

- ❑ Welche Bedeutung und Funktion gewinnen Experten-Gutachten im Entscheidungsprozeß?
- ❑ Welche Rechte und Einflußmöglichkeiten haben einzelne Bürger, Verbände und Interessengruppen, wenn sie politische Entscheidungprozesse der Kommunen beeinflussen wollen?
- ❑ Wie sehen die weiteren Planungsschritte der Stadt aus?

Der skizzierte Phasenablauf während der Arbeit am Fall simuliert einen Entscheidungsprozeß und stellt einen idealtypischen Ablauf dar. Der Lernprozeß muß somit nicht zwangsläufig in der angegebenen Reihenfolge ablaufen. Es kann im Ablauf vielmehr Vor- und Rückgriffe geben, einzelne Phasen können besonders schnell, andere langsamer durchlaufen oder wiederholt bzw. übersprungen werden.
Insgesamt dürfte jedoch deutlich geworden sein, daß für die erfolgreiche Arbeit mit Fallstudien Wissen und Erkenntnisse aus unterschiedlichen Wissensgebieten herangezogen werden müssen: Erfahrungswissen und Alltagstheorien ebenso wie Wissen und Erkenntnisse aus dem Bereich der Naturwissenschaften und der Gesellschaftswissenschaften insbesondere der Ökonomie, der Politik und des Rechts.
Hierzu gehören ferner Einsichten in ökologische, ökonomische und politische Zusammenhänge ebenso wie die Verwendung und der Einbezug von Expertenwissen, um mit den Problemen auch die Ursachen und Hintergründe zu durchdringen und erfassen. Das erfordert Sprünge von Alltagserfahrungen zu wissenschaftlichen Erkenntnissen oder vom "Alltag zur Wissenschaft", wie *H. Siebert* es formuliert hat (vgl. *Michelsen/Siebert* 1985, 81).
Letztlich geht es bei der Bearbeitung von Fällen nicht um logische Ableitungen, sondern um Abhängigkeiten realer Phänomene. Diese schließen sich jedoch – wie *C. F. v. Weizsäcker* es ausgedrückt hat – oft im Kreise (vgl. *Weizsäcker* 1962, 9). Die durch Fallstudien erworbene Erkenntnis zeichnet sich dadurch aus, daß sie Erkenntnis von der Wirklichkeit und nicht von ausgedachten Dingen ist. Beim Einsatz der Fallstudie im Unterricht gilt es besonders zu berücksichtigen, daß Wertvorstellungen und Wertkonflikte im Hinblick auf Entscheidungsprozesse eine Leitfunktion besitzen.

4.2.3 Schülermaterialien zum Fall „Dreihausen“

Informations-Flugblatt der „Schutzgemeinschaft Dreihausen“
Das Landschafts- und Wasserschutzgebiet „Dreihausen“, ein wesentlicher Bestandteil des bekannten Sander Bruchs, soll Industriegebiet werden. Wir, die „Schutzgemeinschaft Dreihausen“, protestieren gegen diese sinnlose Zerstörung einer Naturlandschaft, die erst vor kurzem flurbereinigt und landwirtschaftlich aufgebessert wurde.
Dieses im Norden Paderborns an der B 68 und A 33 gelegene Gebiet ist ein herrliches Areal zum Wandern und um sich zu erholen. Die „Schutzgemeinschaft Dreihausen“ bittet um Unterstützung und Ihre Unterschrift bei der anlaufenden Aktion ein Stück Natur zu erhalten, denn wenn erst einmal industrialisiert ist, läßt sich das Gebiet auch jederzeit von 150 ha auf 300–400 ha erweitern.
Die „Schutzgemeinschaft Dreihausen“ ist der Meinung, daß genug Arbeitsplätze im Handwerk und Gewerbe auf den vorhandenen, noch nicht bebauten Gebieten geschaffen werden können.
Blind, wie städtische Planer nun einmal sind, kennen sie nur ihre Zeichnungen und gehen an den Tatsachen einer schönen und lebensnotwendigen Natur vorbei. Der Mensch muß erst leben, ehe er arbeiten kann.
Um Ihre Unterschrift bittet Sie die „Schutzgemeinschaft Dreihausen“
gez. Heribert Steffens

Abb. 4.5: Flugblatt "Dreihausen"

Abb. 4.6: Piktogramm zur Verlaufsstruktur einer Fallstudie, aus: *Kaiser/Kaminski* 1991, 13

Ohne Industrieflächen – wirtschaftlicher Rückschritt

Stadt braucht Dreihausen

Klare Aussage der Kammern: Zahl der Lehrlinge steigt um 10 Prozent

Paderborn (ds) Wenn die günstige Wirtschaftsentwicklung des Raumes Paderborn in den vergangenen Jahrzehnten nicht stagnieren oder gar in einen Rückschritt umgekehrt werden soll, dann braucht die Wirtschaft für eine weitere Expansion große Flächen für neue Industrien, was häufig mit Flächen für die Großindustrie verwechselt werde. Im nächsten Jahrzehnt müßten im Großraum Paderborn zusätzlich etwa 12 000 Arbeitsplätze geschaffen werden, wolle man eine Abwanderung der hier lebenden und in den Arbeitsprozeß nachrückenden jungen Menschen verhindern. Diese Auffassung vertraten übereinstimmend Vertreter des Arbeitsamtes Paderborn sowie der Handwerks- und Industrie- und Handelskammer bei einer Pressekonferenz über die derzeitige Situation auf dem Ausbildungsstellenmarkt im Hochstift Paderborn. Bei der augenblicklichen Diskussion über den Industriestandort Dreihausen, bei der die Natur- und Umweltschützer einseitig den Ton angäben, drohe der Kern des Konfliktes – die Schaffung neuer Arbeitsplätze – aus den Augen zu geraten. Arbeitsamtdirektor Alfons Nohl wies erneut auf die Notwendigkeit weiterer Betriebsansiedlungen zur strukturellen Verbesserung der Arbeits- und Ausbildungslage hin. Georg Wilhelm Sassenroth, Geschäftsführer der Industrie- und Handelskammer in Paderborn, sprach sich klar für Dreihausen aus, weil dieses Gelände am verkehrsgünstigsten erschlossen werden könne – Autobahn und Eisenbahn. Niemand beabsichtige, hier Stahlwerke oder Erdölraffinerien anzusiedeln. Auch Arbeitsamtsdirektor Nohl hält die Umweltbelastung dieses neuen Industriegebietes für gering, dafür werde schon die Gewerbeaufsicht mit ihren Auflagen sorgen. Wie Josef Tack, Geschäftsführer der Kreishandwerkerschaft, betonte, sind auch die heimischen Handwerker auf neue Gewerbeflächen angewiesen, da dieser Wirtschaftszweig, sowohl was die Zahl seiner Betriebe als auch der Beschäftigten angehe, expandiere.

Westfälisches Volksblatt, 28.4.1979

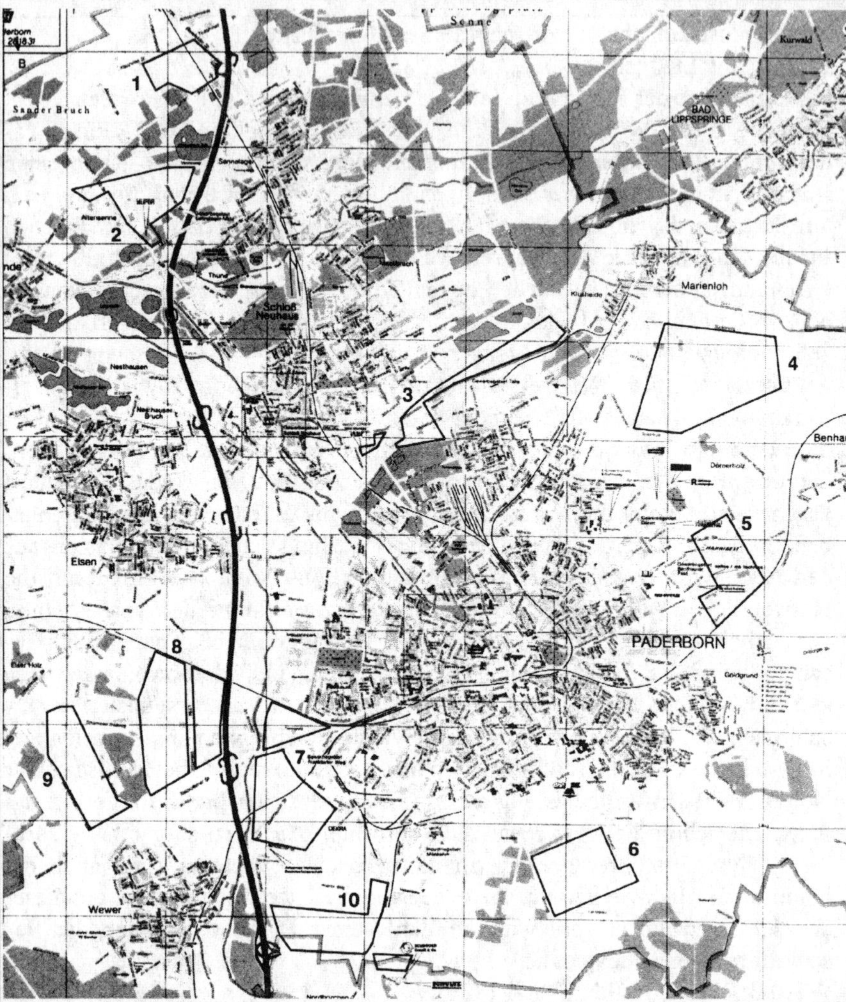

Die alternativen Standorte

1. Dreihausen
2. Altensenne
3. Tallewiesen
4. Seskerbruch
5. Driburger Straße/ Piepenturm
6. Haxterberg
7. Barkhausen
8. Elsener Feld

Abb. 4.7: Teilausschnitt des Flächennutzungsplans der Stadt Paderborn

Argumente in der Diskussion um "Dreihausen"

Pro:

Verkehrsmäßig gut zu erschließen

- Ein großflächiges Industriegebiet, wie es "Dreihausen" darstellen würde, kann im Vergleich zu mehreren kleineren, im Stadtgebiet verstreuten Industrieflächen kostengünstig erschlossen werden.
- „Dreihausen" könnte verkehrsmäßig gut angebunden werden – eine wichtige Standortvoraussetzung für Industrieansiedlung. Sowohl ein unmittelbarer Anschluß an die neue Autobahn A 33 wie auch ein Gleisanschluß über die Bahnlinie Paderborn-Bielefeld wäre möglich.
- Keine zusätzliche Verkehrsbelastung von Wohngebieten.
- Laut Erläuterungsbericht zum Flächennutzungsplan „günstige Abstände" zu Wohngebieten.
- Ebenes Gelände, geringe Bodenqualität, landwirtschaftlicher Wert durch Flurbereinigung „deutlich reduziert".

Contra:

Mögliche Gefahren für die Umwelt

- Mehr als 100 Anwohner fühlen sich direkt oder indirekt von einem Industriegebiet "Dreihausen" betroffen. Umsiedlungen würden notwendig.
- Ein Industriegebiet "Dreihausen" bedeutet Eingriffe in ein Landschaftsschutzgebiet.
- Das Wasserschutzgebiet „Boker Heide" wäre am Rande betroffen, u. U. Absinken des Grundwasserspiegels.
- Unmittelbare Nähe zum 600 Hektar großen Freizeit- und Erholungsgebiet rund um den Lippesee.
- Mögliche Emissionsgefahren für das Heilbad Lippspringe, vor allem bei westlicher Wetterlage.
- Mögliche Beeinträchtigungen für Klima und Natur der reizvollen Seenlandschaft.

Neue Westfälische, 5.4.1979

4.2.4 Varianten der Fallstudie

Die Lernenden befinden sich während der Fallbearbeitung nicht in der passiven Rolle eines Wissensempfängers, sondern stehen durch die gewählte Form der Gruppenarbeit im Mittelpunkt eines Problemlösungsprozesses, der als Interaktions- und Entscheidungsprozeß organisiert wird. In der Regel werden größere Gruppen in kleinere und damit zumeist auch aktivere Arbeitsgruppen von vier bis sechs Personen aufgeteilt. In den Kleingruppen werden das "Fallmaterial" studiert und Lösungsvorschläge erarbeitet, die im Plenum zur Diskussion gestellt werden.

Die Fälle können im Hinblick auf ihren Umfang und Problemgehalt sehr unterschiedlich sein, je nachdem welche Bildungsziele verfolgt, welchen Kenntnisstand die Schüler haben und welche Lösungs- und Entscheidungshilfen bzw. Arbeitsmittel gegeben werden müssen. Inzwischen gibt es eine Vielzahl von Versuchen, verschiedene Fallarten zu unterscheiden und zu typologisieren. Im Hinblick auf die Darstellung der Fall-Vorlage, die Art der Informationsgewinnung und Informationsverarbeitung, der Entscheidungsfindung, der Problemlösung und der Lösungskritik lassen sich vier methodische Varianten unterscheiden, die in der Abb. 4.8 wiedergegeben sind.

Methode	**Erkennen von Problemen**	**Informationsgewinnung**	**Ermitteln alternativer Lösungsvarianten**	**Problemlösung/ Entscheidung**	**Lösungskritik**
Case-Study-Method	*Schwerpunkt*: Verborgene Probleme müssen analysiert werden	Informationen werden gegeben	Mit Hilfe der gegebenen Informationen werden Lösungsvarianten des Problems ermittelt und Entscheidungen gefällt		Vergleich der Lösung mit der Entscheidung in der Wirklichkeit
Case-Problem-Method	Probleme sind ausdrücklich genannt	Informationen werden gegeben	*Schwerpunkt*: Mit Hilfe der vorgegebenen Probleme und der Informationen werden Lösungsvarianten ermittelt und eine Entscheidung getroffen		evtl. Vergleich mit der Entscheidung in der Wirklichkeit
Case-Incident-Method	Der Fall wird lückenhaft dargestellt	*Schwerpunkt*: Informationen müssen selbständig beschafft werden			
Stated-Problem-Method	Probleme sind vorgegeben	Informationen werden gegeben	Die fertigen Lösungen einschließlich der Begründungen werden gegeben: evtl. Suche nach zusätzlichen Alternativen		*Schwerpunkt*: Kritik der vorgegebenen Lösungen

Abb. 4.8: Schwerpunkte der methodischen Fallstudienvarianten, aus: *Kaiser* 1976, 55

- *Case-Study-Method*: Diese Variante ist dadurch gekennzeichnet, daß die Fälle oft sehr umfangreich sind, da neben der Fallschilderung auch das gesamte Informationsmaterial dem Fall beigefügt ist oder von den Teilnehmern angefordert werden kann. Im Mittelpunkt der Fallbearbeitung stehen die Problemanalyse, die Problemsynthese und die Entscheidungsfindung.
- *Case-Problem-Method:* Bei dieser Variante werden mit der Fallschilderung die Probleme bereits ausdrücklich genannt, so daß dort mehr Zeit verbleibt, Lösungsvarianten zu erarbeiten und die Entscheidungen ausführlich zu diskutieren.
- *Case-Incident-Method:* Diese Fallvariante zeichnet sich dadurch aus, daß der Prozeß der Informationsbeschaffung in den Mittelpunkt rückt. Der zu bearbeitende Fall wird daher häufig unvollständig und lückenhaft dargestellt. Wenngleich diese Form sehr zeitaufwendig ist, so kann sie vor allem deshalb als besonders praxisnah angesehen werden, weil auch im praktischen Leben das Beschaffen der Informationen einen wesentlichen Bestandteil des gesamten Entscheidungsprozesses darstellt.
- *Stated-Problem-Method:* Diese Fallart ist dadurch gekennzeichnet, daß bereits fertige Lösungen und deren Begründungen präsentiert werden. Die Lernenden sollen in erster Linie Einsichten in die Entscheidungsstruktur realer Entscheidungsvorgänge gewinnen, getroffene Entscheidungen kritisch beurteilen und eventuell alternative Lösungsmöglichkeiten suchen.

Sieht man sich die Fallstudien der Harvard Business School näher an, so stellt man fest, daß der überwiegende Teil lediglich aus einigen beschriebenen Seiten besteht. Es handelt sich hierbei also um "Verbale Fallstudien" (verbal cases), die Studenten und Hochschullehrer mit Informationen über reale wirtschaftliche und gesellschaftliche Situationen erst versorgen müssen.
Die Situation, die in einem Fall beschrieben ist, wird zumeist so geschildert, daß die Studenten/Schüler im Hinblick auf die Situation eine Entscheidung zu treffen haben. "A case is a description of an administrative decision or problem. It is normally written from the point of view of the decisionmaker involved." (*Leenders/Erskine* 1973, 11)
Wenngleich sich die meisten bisher entwickelten Fallstudien als "Verbale Fallstudien charakterisieren lassen, können diese sehr unterschiedliche Formen annehmen und so gestaltet sein, daß sie Informationen nicht nur als "geschriebenen Text" enthalten. "Unter mediendidaktischen Gesichtspunkten zeichnen sich gut gestaltete Fallstudien dadurch aus, daß sie neben dem Medium Sprache Tabellen, Diagramme, Symbole, Fotografien, Schaubilder, Karikaturen, Szenarien für Rollen- und Planspiele u. a. enthalten." (*Kaiser* 1983, 24)

Darüber hinaus lassen sich durch die Medien Tonband, Film und Video, Fallstudien so ausstatten, daß die Fallschilderung gewissermaßen Live-Charakter gewinnt, indem Personen der Entscheidungssituation im Film oder Video präsentiert und interviewt werden. Das Handlungsgeschehen des Falles kann vor Ort eingefangen und die Beteiligten mit ihren Ansichten und Werteinstellungen können durch Filmszenen und Interviews den Schülern live vor Augen geführt werden.

Schließlich können Fallstudien auch so gestaltet sein, daß sie aktuelle Entscheidungs- und Konfliktsituationen aufgreifen. Damit eröffnet sich die Möglichkeit, an einer realen Entscheidung mitzuwirken und den Betroffenen Lösungsmöglichkeiten zu unterbreiten, die diese berücksichtigen können. Solche "lifecases" gewinnen durch ihre Eingriffsmöglichkeiten in die Wirklichkeit den Charakter einer spezifischen Form des projektorientierten Unterrichts.

4.2.5 Voraussetzungen für den unterrichtlichen Einsatz

4.2.5.1 Lerntheoretische Grundlagen

Die Fallstudie als Unterrichtsverfahren erlaubt einen lernorganisatorischen Rahmen, der in besonderer Weise geeignet ist, komplexe Realität am Fall zu analysieren. Für die Fallstudie gelten die Grundannahmen einer handlungsorientierten Didaktik, die von der Grundüberlegung getragen wird, das Lernen auf die Bewältigung konkreter Lebens- und Handlungssituationen auszurichten. Die Auswahl der Inhalte und der Themen eines Lernbereiches bzw. Fachgebietes orientiert sich danach nicht vorrangig an den Fachwissenschaften, sondern an lebensbedeutsamen Problem-, Handlungs- und Entscheidungssituationen, mit denen der Jugendliche unmittelbar konfrontiert wird. Aus dieser Zielperspektive ergeben sich auch die wesentlichen Kriterien für die Auswahl der Fälle, die im Unterricht behandelt werden. Das Postulat der Wissenschaftsorientierung des Lernens wird beim Einsatz der Fallstudie zwar nicht aufgehoben, erhält jedoch nur insoweit Bedeutung, als die Wissenschaften bzw. deren theoretische Konstrukte einen Beitrag zur Durchdringung und Bewältigung der Lebenssituationen leisten können (vgl. *Wöhler* 1979).
Fachliches Wissen bzw. fachwissenschaftliche Theorien und Modelle werden in der Regel nur dann herangezogen, wenn sich seine Überlegenheit gegenüber dem Alltagswissen herausstellt oder es zur Lösung des Falles benötigt wird. "Erziehung wird hier nicht als Wissenshäufung verstanden. Ihre Aufgabe soll es sein, die Einzelnen zu befähigen, die immer neuen Probleme einer sich dau-

ernd verändernden Umgebung zu meistern. Die Fähigkeiten, die erforderlich sind, um bei neuen und ungewohnten Situationen sinnvoll zu handeln, versucht sie nachhaltig zu entfalten. Neue Situationen zu meistern erfordert selbständiges Denken, das sich von alten eingelernten Schablonen löst und schöpferisch neue Erfahrungen verwertet." (*Schmidt* 1958, 116)
Als ein besonderes Problem erweist sich an dem handlungsorientierten Didaktikansatz, den *Gerdsmeier* als Modell eines induktiven Unterrichts charakterisiert, die immer wieder aufgeworfene Frage, wie man im Rahmen eines induktiven Unterrichts durch die Bearbeitung von Einzelfällen zu verallgemeinerungsfähigen Aussagen gelangt, die auf andere Bereiche übertragbar sind (vgl. *Gerdsmeier* 1979). Diese Frage läßt sich vermutlich nur dann zufriedenstellend beantworten, wenn man für die Fallstudie die Dialektik als grundlegende Erkenntnisweise anerkennt. Daraus folgt, daß nicht die induktive Methode, sondern das dialogische Moment die zentrale Rolle im Unterricht gewinnt. Das bedeutet zugleich, daß die subjektiven Erfahrungen, Gefühle und Sichtweisen des einzelnen in der Auseinandersetzung mit realen Situationen eine herausragende Bedeutung für den Erkenntnisprozeß gewinnen. Die Fälle müssen so ausgewählt und präsentiert werden, daß die Lernenden sich in besonderer Weise herausgefordert fühlen, sich dem Fall zu stellen und ihre Urteile, Meinungen und Sichtweisen einzubringen.
Im dialektischen Erkenntnisprozeß werden die unterschiedlichen Erklärungsmuster, Einschätzungen, Emotionen, Wertungen, die die Gesprächspartner bewegen, zur Sprache gebracht, geprüft, modifiziert, in Frage gestellt, bestätigt und als Beitrag zur gemeinsamen Wahrheitsfindung genutzt. Als Schlußfolgerung für die methodische Vorgehensweise ergibt sich aus dem bisher Gesagten: Ein steter Wechsel von Alltagserfahrungen bzw. Alltagswissen zu wissenschaftlichen Erkenntnissen, von konkreten Erfahrungen zum theoretisch Erkennbaren wird zwingend. "Auf diese Weise kommen wir vom Alltag über die Wissenschaft wieder zurück zum Alltag. Diese Sprünge vom Alltag zur Wissenschaft und Wissenschaft zum Alltag sollte die Pädagogik bewußt machen und erlernbar machen." (*Michelsen/Siebert* 1985, 81)

Auch für den Einsatz der Fallstudie gilt die Maxime, daß schulisches Lernen sich vor allem dann als bildungswirksam erweist, wenn Lernen mit dem Leben selbst verknüpft wird und wir unterrichtlich das aufarbeiten, was wir unmittelbar sehen, hören und erleben. Insgesamt sollte der im Unterricht eingesetzte Fall folgenden didaktischen Anforderungen genügen:

(1) Der Fall sollte lebens- und wirklichkeitsnah und so gefaßt sein, daß ein unmittelbarer Bezug zu den bisherigen Erfahrungen und Erlebnissen sowie künftigen Lebenssituationen der Schüler hergestellt werden kann. (2) Der Fall sollte eine Interpretation aus der Sicht der Teilnehmerrolle eröffnen. (3) Der Fall sollte problem- und konflikthaltig sein. (4) Der Fall sollte überschaubar und unter den zeitlichen Rahmenbedingungen und individuellen Voraussetzungen der Kenntnisse, Fähigkeiten und Fertigkeiten der Schüler lösbar sein. (5) Der Fall sollte mehrere Lösungsmöglichkeiten zulassen.

Abb. 4.9: Didaktische Anforderungen an einen Fall

Während der Fallbearbeitung sind die Lernenden nicht in der passiven Rolle von "Wissensempfängern", sondern stehen im Mittelpunkt eines Problemlösungsprozesses, der als Interaktions- und Entscheidungsprozeß organisiert ist. Dennoch können die Fälle so gestaltet sein, daß sie von den Studenten bzw. Schülern nicht angenommen bzw. als Zumutung empfunden werden. Das kann mehrere Gründe haben. Nicht selten liegen die Ursachen in der sprachlichen Abfassung der Fälle.

Wie erfolgreich die Arbeit mit Fallstudien ist, hängt daher wesentlich davon ab, wie gut die Fallschilderung geschrieben ist. Eine gute Fallstudie zu schreiben ist jedoch nicht ganz einfach, da die Fallstudie eine besondere literarische Form ist. "I think that it is fair to say, that a case is really a distinct form. It is obviously not a poem. It is not purely a narrative, but it has important elements of narration. It is not purely an exposition. It is not purely argumentation. It is not just fiction, but as I´ve just indicated it may have an important analogy to a detective story." (*McNair* 1971)

Wesentlich im Hinblick auf die sprachliche Gestaltung ist, daß die Fallstudie wirklichkeitsnah und überschaubar ist und Problem- und Entscheidungssituationen enthält, die für das gegenwärtige und zukünftige Leben der Lernenden bedeutsam sind. Das bedeutet: Die Fallschilderung muß so geschrieben sein, daß der Lernende sich herausgefordert fühlt.

4.2.5.2 Grundsätze und Kriterien für die Konstruktion und Bewertung von Fällen

Lothar Reetz hat in seinen Untersuchungen festgestellt, daß nicht selten sowohl die theoretische Auswahl der Fälle wie auch ihre didaktische Gestaltung keine hinreichende Basis für einen bildungswirksamen Einsatz bieten. Danach weist die Gestaltung der Fälle insbesondere folgende Mängel auf:

"1. Der Zusammenhang von Fall und inhaltlichem Lernziel ist oft nur vage erkennbar (Beispiel: Anhebung der Preise in einem Supermarkt ist kein repräsentatives Beispiel für Inflation; Spaziergang durch Essener Innenstadt hat keinen Bezug zu Konzernbilanzen).
2. Der Realitätsgehalt ist oft sehr gering, da entweder der realistische Hintergrund fehlt (Beispiel: Unternehmer ohne Bankkonto) oder ein an sich realistischer Hintergrund unrealistisch gestaltet wird (Beispiel: Dialoge sind mit Definitionen und Gesetzesaussagen überladen) oder der realistische Hintergrund falsch gewählt wird (Beispiel: Modeboutique als Kommissionär).
3. Der Fall wird nicht konkret, sondern abstrakt formuliert (Beispiel: A will B etwas verkaufen).
4. Der Fall enthält kein Problem bzw. keinen Konflikt (Beispiel: Sortimentsentscheidung ohne Darstellung der vorgängigen Alternativen).
5. Der Fall enthält keine Einladung zur Rollenteilnahme/Identifikation (Beispiel: Sachbearbeiterperspektive wird vernachlässigt).
6. Der Fall ist extrem rudimentär und zu offen, um einen gezielten Lernprozeß in Gang zu setzen (Beispiel: Kaufmann A will Umsatz steigern, was kann er tun?)." (*Reetz* 1988, 148 f.)

Didaktisch aufbereitete Fallstudien zeichnen sich dadurch aus, daß sie zusätzlich zum Fall, also neben der Fallschilderung weitere Basisinformationen sowie Lern- und Arbeitshilfen in Form von Leitfragen und Arbeitsanweisungen enthalten. Besondere Stilelemente und Zusatzinformationen, die den Charakter von Leittexten gewinnen können, sind z. B. Schaubilder, Briefe, provokative Kundenäußerungen, Karikaturen, Statistiken, Gutachten, Situationsbeschreibungen, Szenarien.

Reetz hat im Hinblick auf den exemplarischen Charakter von Fällen für deren Konstruktion bzw. Bewertung 4 Kriterien ausgemacht. Die Kriterien weisen das Spannungsfeld auf, in dem sich die Konstruktion von Fällen vollzieht. Die von ihm benannten Kriterien *situative Repräsentation* und *wissenschaftliche Repräsentation* betreffen das Lernobjekt, während die Kriterien *subjektive Bedeutsamkeit* und *subjektive Adäquanz* (Faßlichkeit, Lernbarkeit) subjektbezogen sind.

(1) Situative Repräsentation

Das Kriterium S*ituative Repräsentation* beinhaltet, daß der Fall einen praxis- und berufsbedeutsamen Ausschnitt der Wirklichkeit repräsentieren soll. Dieses Kriterium läßt sich am besten durch authentische Fälle aus der Wirklichkeit erklären. Sogenannte "ausgedachte" Fälle laufen leicht Gefahr, daß der Realitätsbezug verloren geht und die beschriebenen situativen Bedingungen, in die jeder Fall eingebettet ist, die Realität unangemessen repräsentieren. Die Maxime der Harvard Business School lautet daher: "No armchair-cases" – keine im Lehnstuhl ausgedachten Fälle. Zur Sicherung der situativen Repräsentation lassen sich nach *Reetz* folgende Prüfkriterien heranziehen, die sich auf die exemplarische Repräsentation, auf Realitätsbezug und Handlungsabfolge beziehen:

Situative Repräsentation:

1. Ist der Fall exemplarisch für den gesamten – mit dem Lernziel gemeinten Realitätsausschnitt (Situation)?
2. Ist der Fall praxisgerecht, z. B. branchentypisch gewählt und realistisch gestaltet?
3. Ist eine Handlungsabfolge mit handelnden Personen gegeben?

(2) Wissenschaftliche Repräsentation

Das Prinzip der *Wissenschaftlichen Repräsentation* soll dadurch eingelöst werden, daß für die Problemlösung wissenschaftliche Theorien und Modelle in vereinfachter Form zur Problemlösung herangezogen werden und im Zusammenhang mit der Fallbearbeitung verallgemeinerungsfähige Aussagen gewonnen werden können, mit denen auch ein Anschluß an die wissenschaftliche Systematik möglich ist. Daraus ergeben sich, in Frageform, folgende Prüfkriterien:

Wissenschaftliche Repräsentation:

1. Läßt sich der im Fall gestaltete Realitätsausschnitt so verallgemeinern, daß er einer (wissenschaftlichen) Theorie bzw. dem Teil einer wissenschaftlichen Systematik entspricht?
2. Werden Erkenntnisse (Theorien, Modelle, Begriffe) der Wirtschafts- und Sozialwissenschaften konkret abgebildet?
3. Entspricht die im Fall gestaltete Thematik allgemeiner wissenschaftlicher Erkenntnis (Widerspruchsfreiheit)?

(3) Subjektive Bedeutsamkeit

Das Kriterium *Subjektive Bedeutsamkeit* verlangt, daß der Fall im Hinblick auf die gegenwärtige und zukünftige Berufs- und Lebenssituation des Lernenden so gestaltet ist, daß seine Neigungen und Interessen angesprochen werden und er sich mit den agierenden Personen indentifizieren kann. Daraus lassen sich folgende Fragen als Prüfkriterien ableiten:

Subjektive Bedeutsamkeit:
1. Ist der Fall bedeutsam für jetzige und zukünftige berufliche (außerberufliche) Situationen des Lernenden?
2. Lädt der Fall zur Rollenidentifikation ein?
3. Spricht der Fall (Alltags-)Probleme des Lernenden an?

(4) Subjektive Adäquanz/Faßlichkeit

Das Kriterium der *Subjektiven Adäquanz/Faßlichkeit* verlangt, daß bei der Fallgestaltung die episodische Komplexität so reduziert wird, daß der Fall für den Schüler übersichtlich, anschaulich und faßlich bleibt.
Da die volle Komplexität der Situation, in die der Fall eingebettet ist, in der Regel nicht vermittelbar ist, steht der Fallkonstrukteur vor der schwierigen Aufgabe der Auswahl, Reduktion und Akzentuierung im Hinblick auf die angestrebten Zielsetzungen. Als Prüfkriterien ergeben sich daraus folgende Fragen:

Subjektive Adäquanz/Faßlichkeit:
1. Ist die Komplexität der Situation (des lernzielrelevanten Realitätsausschnittes) angemessen reduziert (sequenziert) worden?
2. Ist der Fall konkret formuliert, so daß er das Vorstellungsvermögen anregt?
3. Motiviert der Fall durch einen (kognitiven) Konflikt oder eine andere Störung?

Die Kriterien können sowohl bei der Suche und Konstruktion von Fällen als auch zur Bewertung und Beurteilung von fertigen Fällen herangezogen werden. Dabei darf nicht außer acht gelassen werden, daß die vier Kriterien in einem interdependenten und zugleich konkurrierenden Zusammenhang stehen.
Da die Kriterien miteinander konkurrieren, ist eine ideale Konstellation kaum erreichbar. *Reetz* ist dennoch ohne Einschränkung zuzustimmen, wenn er im Hinblick auf die Konstruktion und Bewertung von Fällen feststellt: "Je gründli-

cher die Praxisrecherche, je klarer die Vorstellungen von den zu erlernenden Begriffen und Regeln, desto erfolgreicher die Reduktionsarbeit und die Umwandlung in einen Handlungsbedarf." (*Reetz* 1988, 151)

4.3 Simulationsspiel

Im Zusammenhang mit komplexen Lehr- und Lernstrategien findet in der wirtschaftsdidaktischen Diskussion die Bezeichnung Simulationsspiel als weitgefaßter Oberbegriff für unterschiedliche Lernstrategien mit spielerischen Elementen zunehmend Verbreitung. Hinter dem Begriff Simulationsspiel verbirgt sich eine verwirrende terminologische Vielfalt, die von Begriffen wie Rollen-, Konflikt-, Konferenz- und Entscheidungsspiel über Planspiel und gesellschaftsbezogenes Unterrichtsspiel bis zur Computersimulation auf Planspielbasis reicht.

Die unterschiedlichen Begriffe kennzeichnen in der Regel nur sehr vage oder unzureichend die entsprechenden Ausprägungsformen. Aufgrund ihrer besonderen unterrichtspraktischen Relevanz werden das *Rollenspiel* und das *Planspiel* als spezifische Ausprägungsformen des Simulationsspiels näher dargestellt. Die einfachste Begriffsdefinition des Simulationsspiels der Society for the Advancement of Games and Simulations in Education and Training (*Sagset*) lautet:
"A Simulation Game combines the features of a game (competition, cooperation, rules, players) with those of a simulation (incorporating the critical features of reality)." (*Jones* 1986, 49)
Nach dieser Definition kombiniert das Simulationsspiel die Spielmerkmale Wettbewerb, Kooperation, Regeln und Spieler mit den Merkmalen einer Simulation, in der die charakteristischen Eigenschaften von Realität verkörpert werden.

4.3.1 Rollenspiel

4.3.1.1 Ausgangsbasis und theoretische Grundlagen

Die Bedeutung des Spiels als Erziehungsmittel und die Wechselbeziehung von Spiel und Lernen haben vor allem *A. Flitner, H. Scheuerl* und *E. E. Geissler* herausgearbeitet (vgl. *Flitner* 1972; *Scheuerl* 1954; *Geissler* 1967).
Überall wo es gelingt, Lernprozesse in Spielform zu kleiden, wird unterrichtliches Tun zum spielerischen und damit freudebereitenden Tun. Das Spiel als Lern- und Erziehungsmittel bietet durch die ihm eigentümlichen Charakteri-

stika die Möglichkeiten, Lernen reizvoller zu gestalten. Die konkreten Erscheinungsformen des Spiels sind außerordentlich vielfältig. Genannt seien hier nur neben den bereits im Säuglingsalter auftretenden Bewegungsspielen die Wettkampf- und Abenteuerspiele, die Glücks-, Geschicklichkeits- und Gesellschaftsspiele sowie die Phantasie-, Rollen- und Computerspiele.
Ganz allgemein läßt sich feststellen: Das *Spiel* ist Grundbestandteil jeder Kultur und erfüllt für den Menschen befriedigende Funktionen. Das Spiel besitzt den Charakter einer gewissen Unwirklichkeit. Es ist aus der Freiheit geboren, verschafft Spannung, Freude und Glück und setzt einen anderen Wertmaßstab, als er sonst im Leben gilt. Es verfolgt keinen unmittelbaren praktischen Zweck, weist nicht über sich hinaus. "Denn während bei jeder Arbeit ein Zweck das Handeln bestimmt, kreist spielerisches Tun gleichsam in sich." (*Geissler* 1967, 121)

Daher ist es von entscheidender Bedeutung, daß im Rahmen von Lehr- und Lernprozessen Spiele unterrichtlichen Zwecken nicht so weit untergeordnet werden, daß der freudebereitende Charakter des Spiels verschüttet oder gar verloren geht. Die meisten Definitionen des Rollenspiels enthalten die einheitliche Aussage, daß das Rollenspiel als eine Methode zum Training sozialer Verhaltensweisen angesehen werden kann und in besonderer Weise geeignet ist, das eigene Rollenverhalten sowie das Verhalten anderer zu erforschen (vgl. *Kaiser* 1976).

Das Rollenspiel bietet als Lernstrategie die Möglichkeit, Lernprozesse als Spielhandlungen zu gestalten und ausgewählte Konflikt- und Entscheidungssituationen des gesellschaftlichen Lebens zu simulieren. *Shaftel/Shaftel* betrachten das Rollenspiel als "das spontane Üben von Rollen zur Einübung des Verhaltens, das in bestimmten kulturellen Situationen erforderlich ist." (*Shaftel/Shaftel* 1973, 64) Das besondere didaktisch-methodische Interesse am Rollenspiel ist begründet in der Annahme, daß ein direkter Zusammenhang zwischen dem Rollenspiel des Kindes und dem Rollenspiel der Erwachsenen besteht und Kinder sich schon sehr früh durch Rollenspiele auf die verschiedenen Rollen des Erwachsenenlebens vorbereiten. "Kinder übernehmen im Spiel vornehmlich Erwachsenenrollen und imitieren die beobachteten Handlungsweisen der Erwachsenen. Sie erläutern einander die Funktionen und Charaktere und machen sich die Gesten vor. Sie sorgen durch die Ausgestaltung des Spiels dafür, daß dabei sowohl das unmittelbare Spielvergnügen – an der Teilhabe, an den Funktionen, an der Darstellung – als auch ihre Macht- und Überlegenheitsgelüste – im Übertreiben und Karikieren, im Verfügen über das Handeln der Erwachsenen – auf ihre Rechnung kommen. Im Rollenspiel der Kinder ist also, wenn irgendwo, das Thema der kindlichen Auseinandersetzung mit dem Sozialverhalten und der Rollenbestimmtheit in der Gesellschaft gegenwärtig. Was liegt näher, als diesem Spiel selber erzieherische Aufmerksamkeit zuzuwenden, ja dieses Spiel zur Förderung des kindlichen Rollenlernens einzusetzen." (*Flitner* 1972, 97)

Die bisherigen Versuche in verschiedenen Klassenstufen haben erkennen lassen, daß Rollenspiele – vor allen anderen Methoden – geeignet sind, gesellschaftliche Konflikte und Interessengegensätze zu erhellen, soziale Verhaltensweisen einzuüben und Lösungsstrategien zu entwickeln und zu erproben. Insbesondere zur Darstellung sozialer Wirklichkeit sowie Erhellung sozialer und wirtschaftlicher Konflikte kann das Rollenspiel zum festen Methodensatz des Ökonomieunterrichts gezählt werden. Mit Hilfe des Rollenspiels als didaktisch-methodischem Mittel wird im Unterricht angestrebt,

- ❑ den Schüler mit Konfliktsituationen des Arbeits-, Berufs- und Wirtschaftslebens vertraut zu machen,
- ❑ ihn zu befähigen, Konflikte zu meistern,
- ❑ auf Konfliktsituationen angemessen zu reagieren.

Insgesamt soll der Jugendliche befähigt werden,

- ❑ Konfliktsituationen zu durchschauen und durchzustehen,
- ❑ den eigenen Handlungsspielraum und die eigene Handlungskompetenz zu erweitern,
- ❑ die Folgen sozialen Handelns zu erkennen und zu deuten,
- ❑ Einsichten über eigene und fremde Wertungsmaßstäbe kritisch zu überprüfen und zu korrigieren.

In traditionellen soziologischen *Rollentheorien* ging man davon aus, daß das Zusammenleben in einem Sozialsystem umso reibungsloser funktioniert, je eindeutiger die Rollennormen festgelegt sind und je widerspruchsloser die Rolleninhaber diese Rollen hinnehmen.

Neuere Rollentheorien berücksichtigen in ihrer Rollendefinition stärker die Wechselwirkung von Gesellschaft und Individuum oder die Interessengegensätze zwischen Gruppen und Individuen, da Rollen immer in bezug auf andere Rollen gespielt werden. Die Rollennormen sind nicht eindeutig festgelegt, vielmehr können diese in unserer vielfältig aufgegliederten Gesellschaft sogar widersprüchlich sein und sich zudem häufig mit den Bedürfnissen und Vorstellungen der Rolleninhaber nicht decken. Die Übernahme von Rollen und die Auseinandersetzung mit Rolleninhalten erfolgt flexibel und als aktive Auseinandersetzung mit den angebotenen Normen und Werten. Das setzt voraus, daß zwischenmenschliche Verständigung möglich wird und überall dort, wo vorgegebene Normen der spezifischen Situationsbewältigung nicht mehr angemessen sind, der einzelne die Möglichkeit hat, "[...] in Interaktion und durch Kommunikation mit anderen zur Einigung (agreement) auf gemeinsame den Situationen gerecht werdende Sinnverständnisse, Typisierungen, Handlungsweisen und Haltungen zu kommen." (*Coburn-Staege* 1973, 105)

Soziologische und sozialpsychologische Rollentheorien charakterisieren das Rollenspiel als eine "soziale Interaktionsform in einer konstruierten nicht ernsten Handlungssituation." (*Buddensiek* 1981, 262) Das Rollenhandeln im Sinne des interaktionistischen Rollenbegriffs setzt neben der Kenntnis von *Rollenerwartung* vier Grundqualifikationen voraus:
Kommunikative Kompetenz: Fähigkeit, seine Absichten und Bedürfnisse so zu artikulieren, daß sie vom Interaktionspartner verstanden werden.
Rollendistanz: Fähigkeit, von übernommenen Rollennormen Abstand zu gewinnen und sie bei veränderten Situationen zu hinterfragen und ggf. neu zu bestimmen.
Emphatie: Einfühlungsvermögen; Fähigkeit, sich in die Lage eines Interaktionspartners zu versetzen und dessen Erwartungen zu erschließen.
Ambiguitätstoleranz: Fähigkeit, divergierende Erwartungen und mehrdeutige Situationen zu ertragen und auch dann Interaktionen aufzunehmen, wenn die eigenen Bedürfnisse dabei nur in geringem Umfang befriedigt werden.

Didaktisch aufbereitete Rollenspiele konfrontieren die Lernenden mit einer vorgegebenen Konflikt- und Problemsituation, die von den Rollenspielteilnehmern durch spielerisches Handeln bewältigt werden soll. Hinsichtlich ihrer didaktischen Struktur sind Rollenspiele als eine einfache Form des Simulationsspiels zu sehen. "Gegenüber komplexeren Simulationsspielarten zeichnen sich Rollenspiele vor allem durch einen relativ geringen Formalisierungsgrad und einen vorwiegend durch Mitspielern und Spielleitern strukturierten *Reaktionsbereich* aus." (*Buddensiek* 1981, 262)

Das Rollenspiel eröffnet Schülern die Möglichkeit, soziale Verhaltensweisen in *realitätsnahen Spielsituationen* zu erproben, ohne daß sie bei entsprechendem Fehlverhalten ernsthafte Sanktionen befürchten müssen. Sie erhalten im Spiel die Möglichkeit, *straffrei* Erfahrungen zu sammeln.

4.3.1.2 Verlaufsstruktur für die Durchführung von Rollenspielen

Im Hinblick auf die methodische Organisation des Unterrichts unterscheidet *R. Steinchen* beim Einsatz von Rollenspielen drei Phasen:

(1) *Motivationsphase*: Spielanlaß, Rollenübertragung und Beobachtungsaufträge
(2) *Aktionsphase*: Rollenspiel
(3) *Reflexionsphase*: Befragung und Diskussion - Generalisation

Da insbesondere die Motivationsphase für den Spielablauf entscheidend ist, gilt es im Hinblick auf die Spielsituation bzw. den Spielanlaß, für die Übertragung der Rollen auf die einzelnen Spielteilnehmer und der Beobachtungsaufträge auf die Zuschauer gründliche Vorüberlegungen und Vorbereitungen zu treffen. In der Literatur zum Rollenspiel wird häufig ein sogenannter *Erwärmungsprozeß* vorgeschlagen, der die Gruppe in die Spielsituation einführt. "Der Lehrer kann z. B. so anschaulich wie möglich eine Situation schildern, bei der der Konflikt sich mehr und mehr zuspitzt. Er bricht seine Darstellung an dem Punkt ab, an dem sich verschiedene Lösungsmöglichkeiten entwickeln lassen. Hier setzt das spontane Rollenspiel, das auch offenes Rollenspiel genannt wird, ein: Der Ausgang bleibt offen. Beim geschlossenen Rollenspiel dagegen wird auf ein vorher festgelegtes Ende hin gespielt. Die Spielimpulse können – außer von der Lehrererzählung – z. B. von Bildern, Bilderfolgen, Kurzfilmen und Fernsehsendungen aus dem Kinderprogramm ausgehen." (*Steinchen* 1974, 274)

In der Aktionsphase erweist es sich als vorteilhaft, wenn während des Spiels oder in einem zweiten Spiel dieselbe Spielsituation durch Rollentausch nochmals gespielt wird. Für die Reflexionsphase sollten noch vor Spielbeginn Beobachtungsaufgaben festgelegt werden. Es hat sich bewährt, daß verschiedene Gruppen unterschiedliche Arbeitsbögen erhalten, in die sie während der Aktionsphase Beobachtungen, Fragen und Anmerkungen eintragen können. Die Spielphasen und die daran anschließende Reflexion können mehrmals wiederholt werden. Erst durch den Vergleich der einzelnen Spiele kann die Situation repräsentativen Charakter erhalten und so generalisiert werden. Die Generalisation wird im Hinblick auf die Realität fortgesetzt. Aus diesem Grundmuster ergibt sich das von *R. Steinchen* entwickelte Grundmodell zur Organisation von Rollenspielen (vgl. Abb. 4.10).

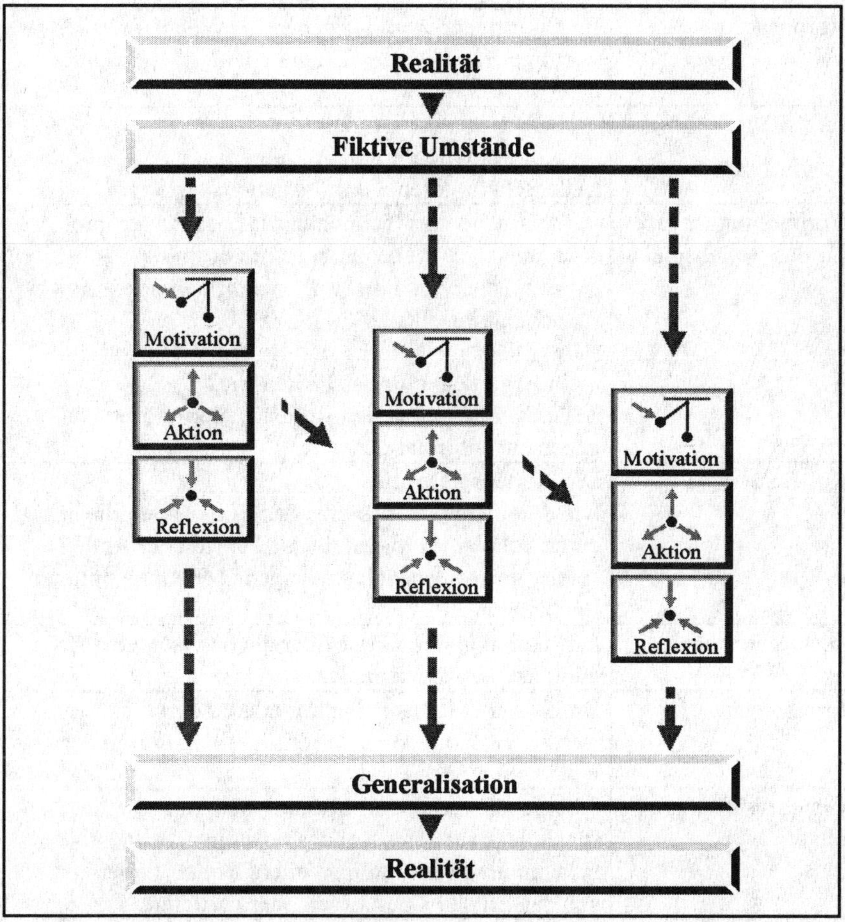

Abb. 4.10: Modell zur Organisation von Rollenspielen, in Anlehnung an: *Steinchen* 1974

Wenn sich das Rollenspiel auch möglichst offen gestalten soll, so kann der Lehrer dennoch nicht auf einen systematisch-methodischen Aufbau des Spielgeschehens und damit detaillierte Strukturierung des Lernprozesses verzichten. Auf der anderen Seite sollte der Lehrer während des Spielgeschehens weitgehend in den Hintergrund treten und niemals ohne zwingenden Grund in das Spielgeschehen eingreifen. Als Planungshilfe wird für den Ablauf des didaktisch angeleiteten Rollenspiels folgender Stufenaufbau empfohlen:

Vorphase	Im Unterricht der vorausgehenden Wochen werden wichtige Begriffe zum Thema erläutert, z. B. Unternehmen, Lohn usw.
Informationsphase	– *Anwärmen* der Gruppe – Konfrontation mit dem Problem (Alle Schüler lesen die Informationskarte)
Vorbereitungsphase für das Rollenspiel	– Aussuchen der Teilnehmer für das Rollenspiel – Planen des Szenenaufbaus/Sitzordnung – Zuschauer auf ihre Rolle als teilnehmende Beobachter einstellen (Die Rollenspieler lesen ihre Rollenkarten und sammeln Argumente für das Rollenspiel) (Alle Schüler, außer den Rollenspielern, lösen Aufgaben zur Informationskarte)
Rollenspielphase	Das Rollenspiel läuft: Die Spielteilnehmer spielen das Rollenspiel, die anderen Schüler verfolgen die Diskussion der Rollenspieler und bilden sich eine eigene Meinung, notieren Beobachtungen.
Diskussionsphase	Diskussion in der Klasse über die beobachteten Argumente der Rollenspieler.
Ergebnisphase	Durch den Spielleiter, Lehrer oder andere Schüler werden die Ergebnisse der Diskussion zusammengefaßt (z. B. an der Tafel).
Generalisierungsphase	Alle Schüler erhalten Informationen, die über das spezielle Thema des Rollenspiels hinaus allgemeine Erkenntnisse vermitteln. Weitere Rollenspieler können das Ergebnis bestätigen oder vertiefen.
Transferphase	Die gewonnenen Informationen und Erkenntnisse aus dem Rollenspiel ermöglichen die Lösung analoger Fallsituationen.

Abb. 4.11: Stufenaufbau des Rollenspiels, aus: *Kaiser/Steuer* 1982, 92 f.

4.3.1.3 Methodische Varianten des Rollenspiels

In seiner didaktischen Ausgestaltung präsentiert sich das Rollenspiel in den unterschiedlichsten Formen, vom *spontan gewählten Rollenspiel*, in dem die spielenden Kinder sich selbst anleiten und ohne Hemmung zwischen Spiel- und Regieanweisungen wechseln, über die *szenische Kurzdarstellung*, wo Ereignisse aus dem Schulalltag zum Gegenstand sozialen Lernens gemacht werden, bis hin zum *didaktisch angeleiteten Rollen- und Interaktionsspiel*, das vom Lehrer in seinem methodischen Aufbau systematisch vorüberlegt, geplant, durchgeführt und nachbereitet wird.
Das *spontane Rollenspiel* entsteht aus Spontansituationen durch Handlungen einzelner Kinder oder Kindergruppen ohne Anleitung eines Spielleiters. Das spontane Rollenspiel, das von den Kindern ohne Reflexion vollzogen wird, ist in besonderer Weise geeignet, das Verhalten, die Sichtweise, die Bedürfnisse der Kinder, insbesondere der Vorschulkinder und Kinder im Grundschulalter, zu erforschen und Probleme zwischenmenschlicher Beziehungen zu lösen.

Struktur und Ablauf *szenischer Kurzdarstellungen* unterscheiden sich insofern vom spontanen Rollenspiel, als der Lehrer Ereignisse aus dem Schulleben bewußt aufgreift und die Situationen schafft, die zum Spiel führen und mit einem Mindestaufwand an Zeit in den Unterricht eingebaut werden. Anlässe für Spielsituationen aus dem Schulalltag können sein: Schwierigkeiten im Sozialverhalten einzelner Schüler, Schwierigkeiten bei der Durchführung der Partnerarbeit und Einführung der Gruppenarbeit oder bei Realisierung schulischer Projekte oder bei der Aufgabe, Schüler zur Mitbestimmung in Fragen des Schullebens und des Unterrichts zu befähigen.
Szenische Kurzdarstellungen zielen darauf ab, "die Notwendigkeit kritischen Verhaltens in Spielsituationen erkennen zu lassen, entsprechende Verhaltensweisen auszubilden und zu üben, um sie künftig im Schulalltag anzuwenden und damit auch auf ihre Wirksamkeit zu erproben." (*Rabenstein* 1974, 525) Unter dieser Zielsetzung gewinnt die szenische Kurzdarstellung bereits den Charakter eines didaktisch angeleiteten Rollenspiels, in dem der Lehrer als Spielleiter in einer ganz bestimmten didaktischen Absicht die Spielsituation auswählt und vorstrukturiert, den Spielrahmen festlegt und durch Informationen und Hinweise den Ablauf des Spielgeschehens und den damit verbundenen Lernprozeß steuert.

Besondere Anregungen hat das schulische Rollenspiel durch das *Soziodrama* erhalten, das in erster Linie eingesetzt wird, um soziale Konflikte in Gruppen zu lösen und ein Übungsfeld für das Treffen von Entscheidungen zu schaffen.

„Beim Sozialdrama kommen die betroffenen Gruppen zusammen, um ihr Problem gemeinsam zu behandeln, z. B. die Einwanderung von Flüchtlingen in ein westdeutsches Dorf oder im Untergrund bestehende politische Probleme. Anstatt dieses Problem theoretisch zu behandeln, machen sich die Teilnehmer daran, mittels dramatischen *Durchlebens* eine Lösung ihrer eigenen Lage herbeizuführen." (*Moreno* 1954, XXVIII)

Spontanes Rollenspiel	Entwickelt sich spontan aus bestimmten Situationen heraus. Spielende Kinder leiten sich selbst an und wechseln ohne Hemmung zwischen Spiel und Regieanweisung.
Szenische Kurzdarstellung	Lehrer oder Spielleiter greifen bewußt Ereignisse aus dem Schulalltag auf, die in Kurzszenen gespielt und so mit geringem Zeitaufwand zum Gegenstand sozialen Lernens gemacht werden.
Didaktisch angelegtes Rollenspiel	Die im Spiel dargestellten Konfliktfälle und Entscheidungssituationen werden eingebettet in einen systematischen Lernprozeß. Wesentliche Elemente dieses Rollenspiels sind: Kritik, Variation, Rollentausch, Diskussion und Reflexion.
Soziodrama	Für Konflikte und Probleme, die innerhalb einer Gruppe auftreten, wird versucht mittels dramatischen *Durchlebens* eine Lösung herbeizuführen.
Psychodrama	Differenziert ausgearbeitete Verfahrensweise zur Therapie psychisch gestörter Patienten. Psychische Komplexe werden mit speziellen Verfahren des Rollenspiels behandelt. Die Verfahrensweise verlangt den psychotherapeutisch geschulten Fachmann.

Abb. 4.12: Methodische Varianten des Rollenspiels

Problematische Ereignisse, Konfliktfälle, Entscheidungssituationen aus den gesellschaftlichen Lebensbereichen Schule, Familie, Politik, Arbeit und Beruf sind in der Regel die Ausgangsbasis für das Rollenspiel. Ziel der Inszenierung von Rollenspielen ist es, den Schülern zu verdeutlichen, wie Menschen innerhalb von Organisationen miteinander leben, Geschäftsbeziehungen aufbauen, Vereinbarungen treffen, Anordnungen befolgen, sich ihnen widersetzen und Konflikte regeln bzw. austragen. Thema, Rolle und Rollenverhalten, Dialog-

und Bewegungsformen sind mit der Auswahl einer Situation in entscheidenden Punkten vorgegeben.

4.3.1.4 Voraussetzungen für den unterrichtlichen Einsatz

Wesentlich für das Gelingen von Rollenspielen ist, daß die Spieler vom bloßen Agieren zur Interaktion gelangen und im Spiel die Möglichkeit gegeben ist, die grundlegenden Interaktionsfähigkeiten zu erproben und zu entwickeln. Nur so kann das Rollenspiel sich immer neu und spontan entfalten und zu vielfältigen Spielmustern führen. Wo sich Rollenspiele im Rahmen des Ökonomieunterrichts in einem dynamischen Lernprozeß zu vielfältigen Spielmustern gestalten, rücken diese in die Nähe der Forschungsstrategien, die von der Verhaltensforschung angewandt werden und auf der Simulationstechnik und Spieltheorie beruhen.
Die Rollenspielpraxis hat gezeigt, daß die Methodik des didaktisch angeleiteten Rollenspiels nur durch "vielfach variierte Darstellungsformen in langfristig durchgeführten Erprobungen" zur vollen Entfaltung gelangen kann (vgl. *Gümbel* 1974, 518).
Im Rollenspiel vollziehen sich gesteuerter Unterricht und zufälliges Lernen gleichzeitig. Wenn sich das Rollenspiel auch möglichst offen gestalten soll, so kann der Lehrer dennoch nicht auf einen systematisch-methodischen Aufbau des Spielgeschehens und damit auf eine detaillierte Strukturierung des Lernprozesses verzichten. Auf der anderen Seite verlangt das Rollenspiel vom Lehrer ein hohes Maß an Einfühlungsvermögen. Er sollte während des Spielgeschehens weitgehend in den Hintergrund treten und niemals ohne zwingenden Grund in das Spielgeschehen eingreifen. Er sollte daher sowohl mit seiner Kritik als auch mit seinen Vorschlägen sehr zurückhaltend sein und sich seiner Funktion als Spielleiter immer bewußt sein. Diese Funktion besteht darin, die zu spielenden Situationen auszusuchen, die Rollenspiele auszuwählen, den Rollentausch anzuregen, die Diskussion während der Auswertungsphase zu leiten und zu entscheiden, wann ein Spiel abgebrochen und erneut aufgegriffen werden soll.

Die Rolle des Lehrers läßt sich stichwortartig zusammengefaßt wie folgt beschreiben: Er

- ❑ leitet, lenkt, setzt Zäsuren,
- ❑ bricht ab, wenn es ihm zweckmäßig erscheint,
- ❑ bestimmt den Wiederbeginn,
- ❑ sorgt für Medien, Tafelbilder, Flip-Charts,
- ❑ faßt zusammen,

- wertet mit der Klasse aus,
- stellt den Transfer her,
- gibt Arbeitsaufgaben und fungiert als Experte für Schülergruppen.

Wenn im Rahmen von schulischen Rollenspielen Konfliktsituationen und Entscheidungssituationen angemessen durchgespielt werden sollen, gilt es zu berücksichtigen, daß in jeder Phase des Konfliktes und des Entscheidungsprozesses soziale und psychische Vorgänge ablaufen, die die kognitiven Prozesse begleiten und nachhaltig beeinflussen. Eine Konflikt- und Entscheidungssituation aus dem Familienleben soll das verdeutlichen.

4.3.1.5 Rollenspiel: Der Konflikt der Familie Hambach

(1) Ausgangssituation:

"Familie Hambach besteht aus einem 4-Personenhaushalt. Herr und Frau Hambach haben ihrem Sohn Peter, der 17 wird, ein Moped versprochen. Ursula, die 11 Jahre ist, wünscht sich schon seit längerem ein neues Fahrrad.
An dem Abend, an dem Herr Hambach seinem Sohn das Moped kaufen will, kommt er verspätet mit dem Bus nach Hause. Sein Wagen ist auf dem Heimweg liegen geblieben und mußte in die Werkstatt abgeschleppt werden. Der Motor des Wagens ist hin. Herr Hambach würde am liebsten jetzt einen neuen Wagen kaufen, wenngleich er ursprünglich den Wagen noch zwei Jahre weiterfahren wollte. Einen neuen Wagen kann die Familie sich aber allenfalls leisten, wenn

- *der Sohn auf sein Moped verzichtet,*
- *die Tochter jetzt kein neues Fahrrad bekommt,*
- *auf die geplante Urlaubsreise nach Spanien in diesem Jahr verzichtet wird.*

Die Mutter plädiert dafür, einen preisgünstigen Wagen oder einen neuen Motor zu kaufen.
Das Problem der Familie Hambach ist eines der ökonomischen Probleme, mit denen jede Familie fast täglich zu kämpfen hat. Wie soll man mit dem Einkommen auskommen? Familie Hambach hat die Entscheidung zu treffen, ob sie sich ein neues Auto kaufen soll oder einen Gebrauchtwagen.
Die Meinungen der einzelnen Familienmitglieder gehen dabei auseinander. Das gleiche Problem stellt sich für jedes Mitglied anders dar." (Kaiser 1981, 60)

(2) Spielszene in der Familie:

Mutter bügelt, und Vater nagelt eine Fußleiste fest. Sohn kommt aus der Küche.
Sohn: Was wird nun....? Ich will endlich wissen, ob ich mein Moped bekomme oder nicht.

Vater legt den Hammer zur Seite und steht auf, inzwischen kommt die Tochter auch in das Zimmer.
Vater: Freut euch, ich habe noch 'mal alles genau durchgerechnet. Bald steht der neue Golf vor der Tür. Wir müssen zwar Schulden machen, aber mit den 243,-DM, die wir monatlich übrig haben, können wir die Raten abzahlen. Das reicht gerade. Unsere Nachbarn werden staunen.

Sohn: Natürlich! Und ich darf auf das Moped verzichten. Wie stehe ich vor meinen Klassenkameraden da? Klaus und Dieter haben ihr Moped sicher.

Mutter: Peter hat nicht ganz unrecht. Ein Gebrauchtwagen würde es sicherlich auch tun oder vielleicht ein neuer Motor.... Dann brauchen wir auch nicht auf die Urlaubsreise zu verzichten.

Vater: Mit dem alten Rostschlitten fahre ich nicht mehr. In spätestens zwei Jahren müßten wir so oder so einen neuen Wagen haben. Und damit ihrs klar wißt, ich habe gestern mit dem Händler gesprochen. Der Kauf ist so gut wie perfekt. Ich muß froh sein, daß er mir so kurzfristig einen neuen Wagen besorgen kann.

Sohn: Das ist doch wieder mal typisch!
Sohn verläßt wütend das Zimmer und knallt die Tür zu.

Mutter: Ich versteh' dich wirklich nicht, Albert.

Tochter: Was hast du eigentlich erwartet? Hast du es schon mal erlebt, daß Vater eine Entscheidung nicht alleine trifft? Du kennst doch seine Meinung. Wer das Geld nach Hause bringt, der entscheidet auch, wofür es ausgegeben wird.

Vater: Ja, ja...ist ja gut.
Vater, Mutter und Tochter diskutieren weiter.

(3) Ablauf eines Rollenspiels:

Spielleiterkarte	
Kurzübersicht über den Ablauf	
INFORMATIONSPHASE ↓	• Konfrontation mit dem Problem • Darstellung der Ausgangssituation • Lesen der Informationskarte
VORBEREITUNGSPHASE ↓	• Aufteilen der Rollen auf die Klasse • Planen der Sitzordnung • Lesen und Besprechen der Rollenkarten in Gruppen, Sammeln der Argumente für die Rollen im Spiel, Besprechen der Strategie und Lösen der Aufgabenkarte • Auswählen der Rollenspieler aus den Gruppen • Vorbereitung der Beobachterrolle und des Beobachtungsbogens
1. ROLLENSPIELPHASE ↓	• Ausspielen der Rollen • Beobachten des Spielgeschehens und Ausfüllen der Beobachtungsbögen
DISKUSSIONSPHASE ↓	• Diskutieren der Argumente und des Verhaltens der Rollenspieler • Auswerten erster Ergebnisse • Austauschen der Rollen bzw. Spielergruppen
2. ROLLENSPIELPHASE ↓	• Spielen der Rollen • Notieren der Beobachtungen und Lösungsvorschläge • Beobachten des Spielgeschehens
ERGEBNISPHASE ↓	• Diskutieren des Spielverlaufs • Zusammenfassen der Argumente und Ergebnisse • Vorstellen und Diskutieren der realen Lösung
GENERALISIERUNGSPHASE ↓	• Erarbeiten allgemeiner Erkenntnisse • Diskutieren der gesellschaftlichen Bedeutung der Vermögensbeteiligung
TRANSFERPHASE ↓	• Vorstellen weiterer Modelle • Überprüfen der Erkenntnisse anhand anderer Beteiligungsmodelle

Abb. 4.13: Ablauf des Rollenspiels: Mitarbeiterbeteiligung, aus: *Kaiser/Steuer* 1982, 132

(4) Aufgaben:

a) Analysiert die beiden Konfliktszenen nach folgenden Kriterien:

Konfliktkategorien	Fragen an die Konfliktszenen
1. Konfliktgegenstand	Worum geht es bei dem Konflikt? Wird der Konfliktgegenstand in der Spielszene benannt oder wird er verschleiert?
2. Konfliktursache	Wo liegen die Ursachen für den Konflikt?
3. Status (Stellung) der Konfliktparteien	Wer argumentiert gegen wen? Wer verbündet sich mit wem?
4. Austragungsweise	Wie wird der Konflikt ausgetragen? Sind die Auseinandersetzungen sachlich, handgreiflich oder emotional (gefühlsbetont)?
5. Argumentation	Wie und durch welche Hinweise begründen die Konfliktparteien ihre Meinungen und Handlungen?
6. Konfliktverlauf	Was gibt den Anstoß zum Ausbruch des Konfliktes?

Abb. 4.14: Darstellung der Konfliktkriterien, in Anlehnung an: *Adick/Reiling* 1979, 17

b) Tragt Eure Ergebnisse in die nachfolgende Tabelle ein:

Konfliktkategorien	Familie A	Familie B
1. Konfliktgegenstand		
2. Konfliktursache		
3. Status (Stellung) der Konfliktparteien		
4. Austragungsweise		
5. Argumentation		
6. Konfliktverlauf		

Abb. 4.15: Konfliktkategorien der Familien A und B

(5) Konfliktanalyse

Es ist nicht verwunderlich, daß alle übrigen Familienmitglieder mit der Entscheidung von Herrn Hambach nicht einverstanden sind. Aber auch unter ökonomischen Gesichtspunkten ist diese Entscheidung fragwürdig.
Doch so ist es im Leben nicht selten. Entscheidungen werden nie ausschließlich nach ökonomischen Gesichtspunkten getroffen, andere Faktoren beeinflussen den Entscheidungsprozeß: soziale Faktoren spielen dabei eine wichtige Rolle, Ansehen, Prestigedanken, die Machtstellung des Vaters in der Familie usw. (vgl. *Kaiser* 1981b, 62 f.).

Die dargestellte Konflikt- und Entscheidungssituation verdeutlicht das von *Janis* hervorgehobene "Zusammenspiel von motivationalen und kognitiven Prozessen in wichtigen persönlichen Entscheidungen." (*Janis* 1968, 577)
Das muß auch in schulischen Lehr- und Lernarrangements, in denen Rollenspiele durchgeführt werden, entsprechende Berücksichtigung finden, indem beispielsweise durch Rollenspiele die Bedeutung von Gefühlen und Affekten im menschlichen Handeln in die Erlebens- und Reflexionsebene der Schüler gehoben wird. Das bedingt, daß Gefühle nicht ignoriert, verdrängt oder unterdrückt werden. Vielmehr kommt es darauf an, ein entsprechendes Programm so zu gestalten, daß die Schüler die Möglichkeit erhalten, Reaktionen zu ergründen und Interaktionen zu erproben, die den Ausdruck von Gefühlen fördern können. Unter anderem gehören dazu:

- aktives Zuhören
- Verbalisieren der Gefühle des Partners
- interessiertes partnerschaftsbezogenes Nachfragen
- Äußern der eigenen Gefühle etc.

Im Hinblick auf die Auswertung des Spielgeschehens in der anschließenden Reflexionsphase, in der die Argumente und das Verhalten der Rollenspieler ausgewertet werden, bietet es sich an, anhand eines gemeinsamen Kriterienkataloges und eines Beobachtungsbogens den Spielverlauf zu verfolgen.

Insbesondere im Hinblick auf Konflikt- und Entscheidungssituationen, die nicht unmittelbar aus dem Erfahrungs- und Lebensbereich der Schüler stammen, empfiehlt es sich, die Ausgangssituation auf Informationskarten und die Rollenbeschreibungen auf Rollenkarten den Spielteilnehmern als Hintergrundinformation für die Vorbereitung auf die Spielphase an die Hand zu geben.

Dabei gilt es besonders der Gefahr entgegenzuwirken, daß die auf vorproduzierten Rollenspiel-Materialien vorgegebenen Informationen die Spontanität, Kreativität und Eigenaktivität der Spieler einengen. Rollenspiele verfehlen ihren Sinn, wenn sie vorrangig unter der Zielsetzung eingesetzt werden, die Fach- und Sprachkompetenz zu erhöhen. Spiele erfordern eine zwangsfreie und offene Lernsituation, die sich mit zweckrationalen Unerrichtskonzeptionen nicht verträgt.

4.3.2 Planspiel

4.3.2.1 Ausgangsbasis und historische Entwicklung

Als Urform des Planspiels werden in der Literatur zur Entwicklung der Planspielidee Kriegsspiele angeführt, die schon im Jahre 3000 v. Chr. entstanden sein sollen (weihai, ein chinesisches Kriegsspiel). Man vermutet, daß strategische Spiele, wie das japanische *go* oder *Schach* sich daraus entwickelt haben. Jedoch erst gegen Ende des 18. Jahrhunderts wurde die Bedeutung des Kriegsspiels als Ausbildungsmittel erkannt. Kriegsführung wurde im voraus geplant und durchgespielt.

Im Jahre 1799 ersetzte *Vinturini* erstmals das Spielbrett durch eine topographische Karte. Eine Weiterentwicklung des militärischen Planspiels erfolgte durch *v. Reisswitz,* der das *Sandkastenspiel* mit Geländenachbildung schuf. Im 20. Jahrhundert wurde die Planspieltechnik von fast allen führenden Nationen zur Erprobung neuer Führungsgrundsätze und zur Vorbereitung militärischer Operationen benutzt. Die japanischen Kriegsspiele wuchsen bald über das Gebiet der militärischen Planspiele hinaus, indem sie wirtschaftliche Faktoren in die Planspieltechnik mit einbezogen.
Die eigentliche Wende zu wirtschaftlichen Planspielen vollzog sich in den USA, wo die logistischen Planspiele zur Lagerhaltung und zum Nachschub zwar militärischen Zwecken dienten, aber die Materialprobleme schon unter ökonomischen Gesichtspunkten behandelt wurden. Den ersten Schritt zu ausschließlich ökonomischen Planspielen vollzog die American Management Association. Sie entwikkelte ein erstes *Simulationsspiel*, das hinsichtlich der Entscheidungen und vom Aufbau des Modells her bereits die wichtigsten Wesensmerkmale der sogenannten *Unternehmensplanspiele* oder *management games* aufweist. Universitäten, überbetriebliche Ausbildungseinrichtungen, Wirtschaftsverbände und Unternehmen griffen die Idee dieser *Ausbildungsmethode* auf. Im *Unternehmensplanspiel* sollen die Manager, Studenten der Hochschulen bzw. kaufmännische Berufsschüler mit Entscheidungsprozessen ver-

traut gemacht und auf ihre Führungsaufgaben vorbereitet werden. Dabei geht man von der Voraussetzung aus, daß die Entscheidung der *Kern des Führens* ist und der Entscheidungsprozeß in hohem Maße ein *Planungsprozeß* ist, der sich im Spiel erfolgreich simulieren läßt.
Inzwischen hat sich die Einstellung zum Planspiel geändert und es wird heute nicht nur im Managementtraining, in der Marketingschulung und in der Gewerkschaftsschulung eingesetzt, sondern auch in beruflichen und allgemeinbildenden Schulen.

Grundlage jedes Planspiels ist ein durch den Spielverlauf in Gang gesetzter Simulationsprozeß. Im angelsächsischen Sprachraum wird daher die Planspielwirklichkeit nicht selten als *Simulation* bezeichnet. Im wesentlichen besteht das Planspiel aus zwei Komponenten:
1. dem Modell
2. dem Spiel.

(1) Mit dem *Modell* wird der Spielrahmen festgelegt und somit die Basis für das Spielgeschehen gelegt. *W. Grimm* definiert das Planspiel als ein Lehrverfahren, "das dem Lernenden Gelegenheit gibt, Entscheidungen für ein wirklichkeitsbezogenes, periodengegliedertes Zeitablaufmodell zu treffen und die Qualität der Entscheidungen auf Grund der quantifizierten Periodenergebnisse zu überprüfen. Das heißt mit anderen Worten: Er macht innerhalb sehr kurzer Zeit Erfahrungen mit den vom Modell akzentuierten langfristigen oder besonders stark risikobelasteten Vorgängen." (*Grimm* 1968, 7)
Das Planspiel kann, das liegt im Wesen des Modells begründet, nicht die ganze Wirklichkeit aufgreifen. Dennoch hat der Spielteilnehmer wie in der Wirklichkeit vom Modell her eine Zukunft vor sich, "die er als ein Gemisch von Gewißheit oder mehr oder weniger kalkulierbarer Wahrscheinlichkeit empfindet. Wo die Wahrscheinlichkeit sich als nicht kalkulierbar erweist, muß er wie in der Realität, mit den Wirkungen zufälliger Ereignisse fertig werden." (*Grimm* 1968, 7) Die Teilnehmer übernehmen im Planspiel Rollen, mit denen sie sich identifizieren und erkennen die Regeln des Modells für die Dauer des Spiels als Regeln der Wirklichkeit an. Die im Modell vorgegebene vereinfachte ökonomische Wirklichkeit ist eine "Auswahl der für relevant gehaltenen Faktoren aus der Gesamtheit der Daten" (vgl. *Rohn* 1964, 12). Von der Qualität der Auswahl dieser Daten hängt die Wirklichkeitsnähe des Modells ab.
(2) Die Form *des Spiels* bietet den Teilnehmern die Möglichkeit, im Rahmen des Modells *Spielentscheidungen* zu treffen. Dadurch wird ein ursprünglich

statisch erscheinender Sachverhalt dynamisiert. Das Modell ändert seine ursprüngliche Form, so wie die Unternehmer- und Käuferentschlüsse fortwährend ein Unternehmen oder einen Markt verändern. Ausgangslage und Orientierungspunkte für die Entscheidungen der Spieler sind die Tatsachen, die durch die Abbildung der wirtschaftlichen Situationen vorgegeben sind bzw. die sich während des Spielverlaufs verändernden und ergänzenden Daten. Eine weitere wesentliche Grundlage, die für das Planspiel charakteristisch ist und es von der Fallstudie unterscheidet, ist seine Gliederung, die in Zeiteinheiten oder Perioden geschieht.

In der Wirklichkeit schreitet die Zeit unaufhaltsam voran, und mit dem Zeitablauf verändert sich die Realität. Dieser dynamische Prozeß wird im Planspiel simuliert, allerdings läuft die Zeit im Spiel in der Regel erheblich schneller als in der Wirklichkeit. Die Spieler können diesem Zeitablauf nicht ausweichen, wodurch das Spiel an Ernsthaftigkeit und Spannung gewinnt.

4.3.2.2 Verlaufsstruktur für die Durchführung von Planspielen

Aus den bisherigen Ausführungen ist deutlich geworden, daß Planspiele sich als Simulationen von Entscheidungsprozessen im Rahmen und in den Begrenzungen einer periodengegliederten Zeit charakterisieren lassen. Da die Spieler jedoch die Auswirkungen ihrer Handlungen nicht immer voll überblicken können, wird es notwendig, daß am Ende jeder Spielperiode die Ergebnisse der Spieler-Aktionen ermittelt und festgehalten werden. Auf der Basis der ermittelten Daten werden die im Spiel getroffenen Entscheidungen und angewandten Strategien während der Reflexionsphase kritisch analysiert. Dadurch eröffnen sich möglicherweise neue Perspektiven und Handlungsalternativen, die in der nächsten Spielphase erprobt werden können. Im Spiel selbst müssen wir zwischen dem *Aktionsbereich* der Spieler und dem *Reaktionsbereich* des Spielmodells unterscheiden. Das Spielmodell wird durch die Spielregeln begrenzt, die den Aktionsspielraum der Spieler einengen. Auf die Aktion der Spieler erfolgt die Reaktion des Modells. Daraus ergibt sich im Spiel eine Zweiteilung, so daß der Spielverlauf einem Kreislauf bzw. einem Regelkreis entspricht, den *Rohn* in einem Kreislaufmodell verdeutlicht hat (vgl. Abb. 4.16).

Kurz zusammengefaßt lassen sich für Planspielmodelle, die Entscheidungsprozesse simulieren, folgende Komponenten herausarbeiten:

1. Die Spielregeln begrenzen das gesamte Modell, sie bestimmen den Aktionsgrad des Spiels, indem sie den Aktionsspielraum einengen. Das geschieht

dadurch, daß sie die Art und Breite des Informationsstromes zwischen Aktion und Reaktion festlegen.

2. Dazu treten die Akteure, die als Spieler eine Rolle übernehmen und den Steuerungskreis in Bewegung setzen.
3. Die Reaktion des Simulationsmodells kann durch einfache Regeln, durch eine Bestimmung der Reaktion, durch Schiedsrichter bzw. Spielleiter oder durch eine Berechnung mittels Elektronenrechner erfolgen (vgl. *Bleicher* 1962, 299).

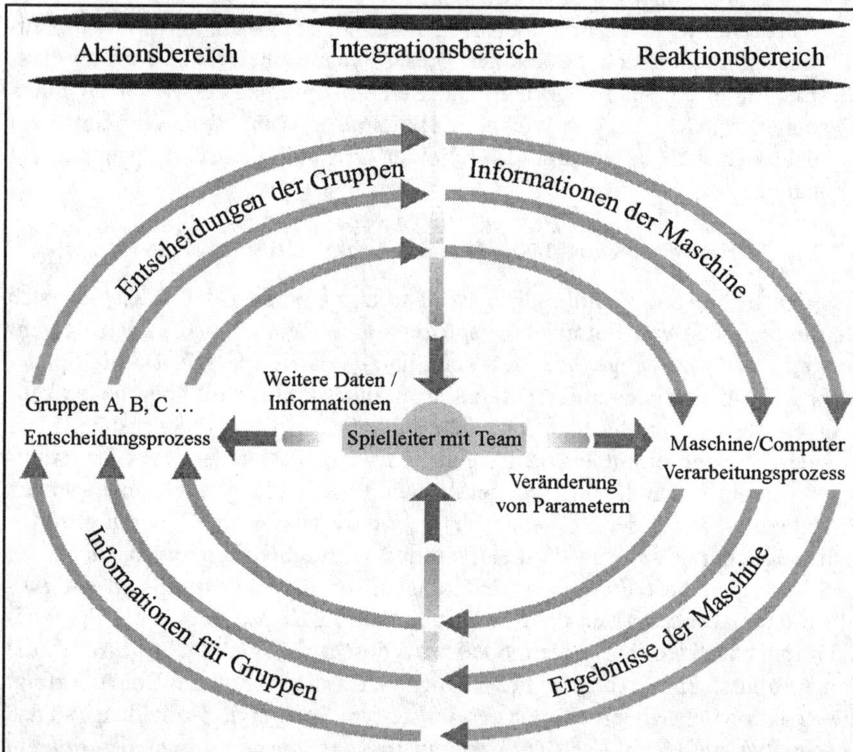

Abb. 4.16: Der Kreislauf des Spielprozesses, aus: *Rohn* 1964, 12

Wenn man von der Annahme ausgeht, daß Planspiele in mehrere Perioden gegliedert sind und eine *Spielvorbereitung* und *Spielauswertung* unerläßlich sind, sofern diese im Unterricht eingesetzt werden sollen, so ergibt sich ein Grundmuster für die idealtypische Verlaufsstruktur (vgl. Abb. 4.17).

- In der *Phase der Spielvorbereitung* werden die Lernenden mit der Ausgangssituation des Spiels konfrontiert, die inhaltlichen Aspekte, das Kernproblem des Spiels und die Interessenpositionen der Spieler herausgearbeitet. Neben der inhaltlichen Vorbereitung müssen die Lernenden auch mit dem formalen Rahmen des Planspiels, mit den Modellannahmen sowie dem Zweck der Spielauswertung vertraut gemacht werden. Zugleich sind die Rollen zuzuweisen.
- Da die *erste Spielphase* bei komplexen Planspielen in der Regel überwiegend oder auch ausschließlich dem Kennenlernen des Spiels dient, wird zumeist im Anschluß an die erste Spielphase eine zweite Vorbereitung bzw. vertiefte Einführung in das Planspiel oder die Klärung offener Fragen, die bei der Handhabung des Modells aufgetreten bzw. für das weitere strategische Vorgehen in der Spielphase von Bedeutung sind, notwendig.
- Die *Reflexionsphase* kann je nach Spielverlauf unterschiedlich akzentuiert sein. In der Regel wird der Auswertungsschwerpunkt zunächst auf einer Diskussion der Spielergebnisse und des Spielverlaufs liegen. Dabei können zugleich die Ursachen und Wirkungen des Entscheidungsverhaltens der Spieler bzw. der Spielergruppen analysiert und Strategien für das Verhalten in der nächsten Spielphase entwickelt werden. In der Reflexionsphase sollten in jedem Fall die Annahmen, die in das Modell eingegangen sind, aufgedeckt werden und ein Modell-Realitätsvergleich durchgeführt werden. Dabei sollte, wie *W. Buddensiek* das formuliert, "den Lernenden eine gesellschaftliche Wirklichkeit ggf. unter Verwendung verschiedener Medien aus mehreren Perspektiven zugänglich gemacht werden." (*Buddensiek* 1979, 215)

Darüber hinaus ist zumeist eine Modellkritik angebracht oder möglicherweise eine Modifikation des Modells wünschenswert und möglich. Das setzt allerdings voraus, daß die Lernenden die Modellkonstruktion des Planspiels durchschaut haben. Je nach Spielmodell wird sich der Wechsel von Spielphase und Reflexionsphase mehrfach wiederholen.

In den nächsten beiden Kapiteln werden vor dem Hintergrund des dargestellten Verlaufskonzeptes die methodischen Varianten des Planspiels dargestellt und die Möglichkeiten des unterrichtlichen Einsatzes an einem Beispiel weiter konkretisiert.

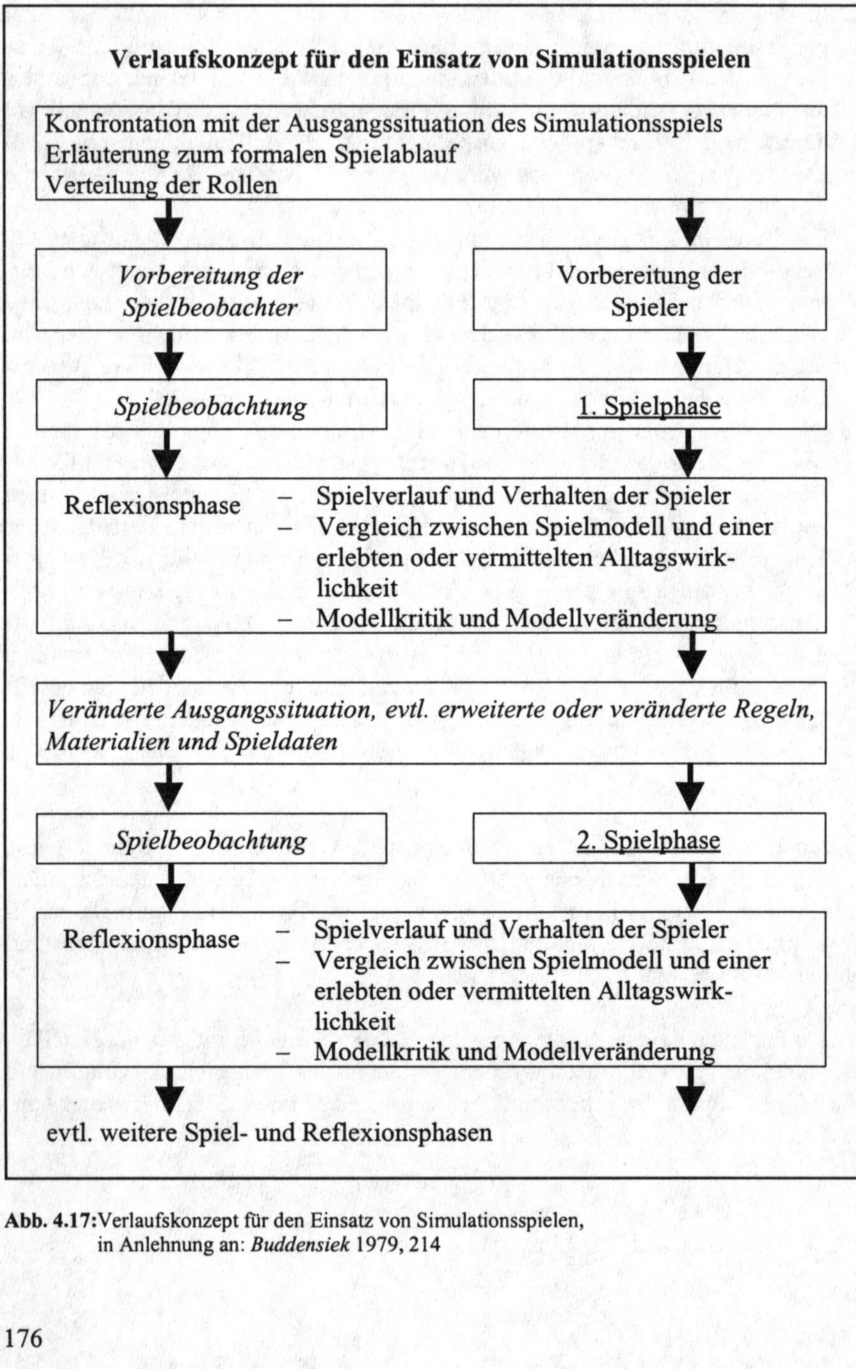

Abb. 4.17: Verlaufskonzept für den Einsatz von Simulationsspielen, in Anlehnung an: *Buddensiek* 1979, 214

4.3.2.3 Methodische Varianten des Planspiels

Günter Ebert, der die auf dem Markt befindlichen Planspiele untersucht und selbst eine Reihe von Planspielen konstruiert hat, klassifiziert Unternehmensplanspiele nach folgenden Gesichtspunkten (vgl. *Ebert* 1992):

- ❑ Umfang des Entscheidungsrahmens und Ebene des Entscheidungsprozesses
- ❑ Unternehmensbranche
- ❑ Freiheitsgrad des Entscheidungsbereiches
- ❑ Entscheidungsabhängigkeit
- ❑ Einfluß anderer Spielgruppen
- ❑ Offenheit der Planspiele
- ❑ Komplexität des Spielmodells
- ❑ Auswertung der Spiele
- ❑ Durchführung der Spiele

Die Übersicht der Varianten verdeutlicht, daß die jeweilige Ausprägungsform durch ein bestimmtes Merkmal gekennzeichnet ist und daß in die Konstruktion eines Planspiels mehrere der Merkmale einfließen können (vgl. Abb. 4.18). Im Hinblick auf den Einsatz im Unterricht geben die Gesichtspunkte dem Benutzer von Planspielen wertvolle Hinweise über die Modellkonstruktion und Handhabbarkeit bestimmter Planspiele für die unterrichtlichen Zwecke und Zielsetzungen.

Gesamtspiele	Teilnehmer übernehmen die Rolle der Unternehmensleitung. Entscheidungen müssen für das Gesamtunternehmen getragen werden.
Teilspiele	Modelle bilden nur bestimmte Teilbereiche der Gesamtunternehmung ab. Spieler übernehmen Rollen unterhalb der Ebene der Unternehmensleitung.
Allgemeine Spiele	Diese Planspiele beziehen sich in der Regel auf mittelgroße nicht näher definierte Industrieunternehmen.
Spezielle Spiele	Es werden die besonderen Gegebenheiten und Probleme bestimmter Wirtschaftszweige, z. B. Handelsbetrieb, Bank usw. simuliert.
Freie Spiele	Freie Spiele sind im Hinblick auf den konkreten Verlauf und/oder eines bestimmten Ergebnisses offen. Der Spielleiter beurteilt die Entscheidungen und setzt neue Ausgangssituationen fest.

Starre Spiele	Spieler haben nur eine begrenzte Anzahl vorgegebener Entscheidungsalternativen. Der Entscheidungs- und Handlungsspielraum ist eng begrenzt.
Deterministische Spiele	Die Ergebnisse sind ausschließlich und eindeutig von den Entscheidungen der Spieler abhängig.
Stochastische Spiele	Diese Spielmodelle enthalten Zufallselemente, die nicht mehr eindeutig durch die Entscheidungen der Spieler bestimmt sind.
Interaktive Spiele	Bei diesen Spielen treten mehrere Unternehmen z. B. auf gemeinsamen Absatzmärkten auf. Entscheidungen und Spielverlauf werden von den anderen Spielgruppen beeinflußt und mitbestimmt.
Nicht-interaktive Spiele	Mehrere Spielgruppen spielen parallel und isoliert nebeneinander. Zwischen den Enscheidungen und Ergebnissen der einzelnen Spielgruppen besteht keine Wechselwirkung.
Offene Spiele	Die Spieler können unmittelbar miteinander in Kontakt treten.
Geschlossene Spiele	Die einzelnen Spielgruppen sind voneinander isoliert. Interaktion und Information erfolgt ausschließlich über die Spielleitung.
Einfache Spiele	Das Modell weist eine einfache Grundstruktur auf. Der Umfang der zu verarbeitenden Information ist gering.
Komplexe Spiele	In jeder Spielperiode sind umfangreiche Einzelinformationen zu verarbeiten. Eine effiziente Durchführung des Spiels ist in der Regel nur mit Hilfe eines Computers möglich.
Manuelle Spiele	Die Durchführung und Auswerung der Ergebnisse erfolgt mit Papier, Bleistift und herkömmlichen Rechenhilfen wie Tischrechner, Rechenschieber, Auswertungstabellen usw.
Computergestützte Spiele	Das Spielmodell ist als Computerprogramm entwickelt und Auswertung bzw. Berechnung der Ergebnisse erfolgt mit einer Datenverarbeitungsanlage.
Vor-Ort Spiele	Spieler und Spielleitung sind bei der Durchführung am gleichen Ort anwesend.
Fernplanspiel	Spieler und Spielleitung der einzelnen Spielunternehmen agieren jeweils an unterschiedlichen Orten. Die Austauschprozesse erfolgen über Briefverkehr, Telefon oder auch über BTX.

Abb. 4.18: Klassifikation von Unternehmensplanspielen, in Anlehnung an: *Ebert* 1992, 30 ff.

Die aufgezeigten Merkmale können dem Modellbenutzer den Blick dafür schärfen, in welcher Weise der Konstrukteur entsprechend seines "abbildungsleitenden Interesses" (*Steinmann* 1992, 158) die Modellelemente, die Ausgangssituationen, Entscheidungs- und Handlungsträger, Spielziele, Entscheidungs-, Handlungs- und Kommunikationsmöglichkeiten für die Spielphasen sowie die Kriterien für die Bewertung der Spielergebnisse gestaltet hat. Eine andere Klassifizierung der Planspiele wählt *Heinz Klippert*, der in seinen Überlegungen zur Implementation des Planspiels in der Schule im Hinblick auf seine Planspielkonzeption ausführt:

"Der Verfasser ist aufgrund langjähriger Experimente – insbesondere in den Klassen 8 bis 10 – zu dem Schluß gelangt, daß einfache Interaktionsspiele, die vorrangig auf Argumentation und gezielte Verhandlungen setzen, durchaus angemessen sind, um die Schüler zu einer aktiven, mehrspektivischen Auseinandersetzung mit lernrelevanten Entscheidungsproblemen zu veranlassen. Auf die Einbeziehung des Computers wurde dabei ebenso verzichtet wie auf umfangreiche formale Rechenoperationen von Hand. Damit wird den organisatorischen und motivationalen Hürden in der Schule Rechnung getragen. Das ist zwar kein generelles Argument gegen computerunterstützte Planspiele in der Sekundarstufe I, wohl aber ein Argument gegen die gelegentlich zu hörende Auffassung, daß ein Planspiel ohne Computer und differenziertes Rechen- und Regelwerk eigentlich kein richtiges Planspiel sei. Diese Auffassung ist falsch und irreführend zugleich, denn sie übersieht, daß es im Planspiel vor allem darum geht, daß sich Schüler vielseitig informieren und geistig-strategisch experimentieren, daß sie planen, diskutieren, disponieren, verhandeln, taktieren, entscheiden, Verträge schließen und das bestehende Problem zu lösen versuchen. Das aber können sie keinesfalls nur im Rahmen computerunterstützter und/oder hochgradig differenzierter und formalisierter Planspiele!" (*Klippert* 1992, 232 f.)

Nun ist sicherlich der Auffassung zuzustimmen, daß ein Planspiel auch ohne Computer und differenziertes Rechen- und Regelwerk ein *richtiges Planspiel* sein kann. Wenn allerdings eine Zuordnung unterschiedlicher Handlungsmuster zu bestimmten Methoden sinnvoll und durch die Unterscheidung für eine effektive Unterrichtsgestaltung nutzbar gemacht werden soll, ist es unerläßlich, nur solche Handlungsmuster als Planspiele zu bezeichnen, die in der Regel von allen Planspielkonstrukteuren und Autoren, die sich mit der Planspieltheorie auseinandersetzen, als grundlegende Elemente benannt bzw. anerkannt werden.

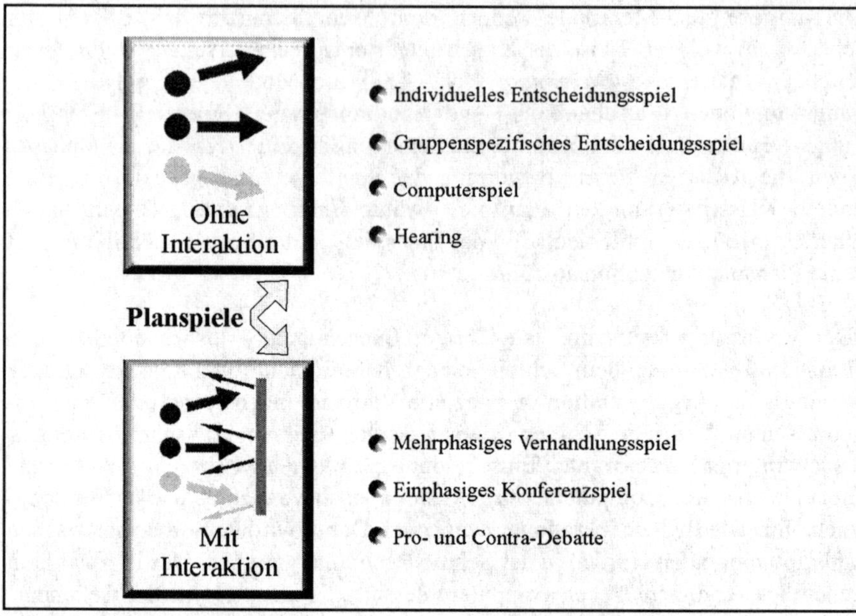

Abb. 4.19: Aspekte und Varianten des Planspiels, nach: *Klippert* 1992, 233

Die Grundbedingungen für ein Planspiel als Lernverfahren sind immer dann gegeben, wenn der Lernende die Gelegenheit erhält, Entscheidungen im Rahmen eines periodengegliederten Zeitablaufmodells zu treffen und die Auswirkungen der Entscheidungen aufgrund der quantifizierten oder qualifizierten Periodenergebnisse zu überprüfen, wie wir das bereits ausgeführt haben.
Unter diesen Voraussetzungen ist es denn auch unter unterrichtspragmatischen Gesichtspunkten schwer nachvollziehbar, wenn *H. Klippert* in seiner Klassifizierung z. B. die *Pro- und Contra-Debatte* und das *Hearing* als eine spezifische Variante des Planspiels bezeichnet (vgl. Abb. 4.19).
Das gilt zumeist auch für die Handlungsentwürfe, die er als *Planspiele* für den Wirtschaftslehreunterricht entwickelt hat und sich auf politisch ökonomische Problemkreise wie Arbeitslosigkeit, Umweltverschmutzung, betriebliche Mitbestimmung, Rationalisierung, kommunale oder internationale Konflikte usw. beziehen (vgl. *Klippert* 1984).

Der außerordentlich hohe Aufwand, den die Konstruktion und Erprobung von Planspielen verlangt, bis diese entsprechend ausgereift sind, ist neben der Unsicherheit der Lehrer, die Methode produktiv für die Behandlung entsprechender Themen zu nutzen, sicherlich einer der wesentlichen Gründe, daß Planspiele bisher nur selten eingesetzt werden. Dieses Defizit kann u. E. nun nicht dadurch behoben werden, daß die Grenzen zwischen Planspielen und anderen aktiven partizipativen Methoden vollständig verwischt werden.

4.3.2.4 Voraussetzungen für den unterrichtlichen Einsatz

(1) Computergestütztes Planspiel *Jeansfabrik*

Das Planspiel ist als Angebotsoligopol konzipiert und simuliert einen Markt, auf dem eine überschaubare Anzahl von Einproduktunternehmen in Konkurrenz zueinander stehen. Das Planspiel wurde in den Schulformen "zweijährige Berufsfachschule-Wirtschaft" (Hauptschulabsolventen) und "einjährige Berufsfachschule-Wirtschaft" (Realschulabsolventen) zu Beginn des Schuljahres als Einstieg in den Wirtschaftslehreunterricht genutzt und erstreckte sich über einen Zeitraum von ca. 7 ½ Wochen, je Woche drei Unterrichtsstunden.

Zu Beginn wurde den Schülern ein Film über die Herstellung und den Verkauf von Jeans gezeigt und im Anschluß daran ein Lernerheft mit Arbeitsblättern ausgehändigt. Das Lernerheft hatte die Funktion der Vorbereitung auf die Situation des eigenen Planspielunternehmens (es lag keine Neugründung vor) sowie der Aufnahme der im weiteren Verlauf zu bearbeitenden Arbeitsblätter.

In der untersuchten Unterrichtsphase spielten die Schüler fünf Planspielperioden, die wie folgt abliefen:

Zunächst hatten die Schüler in einer Phase der Gruppenarbeit Entscheidungen über die durch sie beeinflußbaren Parameter zu treffen. Auf einer ersten Komplexitätsstufe sollten Entscheidungen hinsichtlich der Produktionsmenge und des Angebotspreises für die Jeans getroffen werden (ab der vierten Planspielperiode kamen Entscheidungen über eine mögliche Kapazitätserweiterung sowie über die Nutzung von Werbungsaktivitäten hinzu). Hierbei konnten sie auf Arbeitsblätter zurückgreifen

Dem Arbeitsblatt ‚Planungsinformation' konnten die Schüler Informationen über ihre Produktionskapazität, den Lagerbestand ihres Unternehmens sowie die wichtigsten Daten aus der Vorperiode (produzierte Menge, Angebots-

menge, Absatzmenge, Angebotspreis des eigenen Unternehmens, durchschnittlicher Angebotspreis aller Unternehmen) entnehmen.
Weitere Informationen über das voraussichtliche Verhalten der Kundengruppen (Stammkunden, preisorientierte Kunden, ausschließlich preisorientierte Kunden) sowie über den Verbleib nicht verkaufter Jeans komplettierten das Arbeitsblatt. Im Falle einer Zuschaltung weiterer Entscheidungsparameter wie Kapazitätserweiterung, Werbung oder Darlehnsaufnahme bzw. -tilgung wurden weitere spezifische Informationen gegeben.
Hatten die Schüler eine (vorläufige) Entscheidung über die Produktionsmenge getroffen (bei einer höheren Komplexitätsstufe müssen Entscheidungen über Kapazitätserweiterung, Werbungsaufwendungen, Darlehnsveränderungen zusätzlich berücksichtigt werden), so konnten mit Hilfe des Arbeitsblattes Produktions- und Absatzplanung der Gesamtaufwand bzw. der Stückaufwand berechnet werden (Ansatz der Vollkostenrechnung).
Auf dieser Entscheidungsgrundlage war die Festlegung eines Angebotspreises möglich, so daß Annahmen über erwartete Umsatzerlöse getroffen werden konnten. Auf einer niedrigen Komplexitätsstufe wurden Rechenhilfen angeboten, die der Lehrer aber nach eigenem Ermessen ausblenden konnte.
Stand die Entscheidung fest, gaben die Schüler ihre Werte in den Computer (ein Computer pro Klasse) ein; hier konnten die Entscheidungen aufgrund zahlreicher zusätzlicher Informationshilfen durch den Computer noch einmal überdacht und gegebenenfalls modifiziert werden (vgl. hierzu das Bedienungshandbuch zum Planspiel Jeansfabrik, in: *Preiss* 1992).
Hatten alle Planspielgruppen ihre Entscheidungen getroffen, fand eine graphisch unterstützte Marktsimulation statt. Die einzelnen Rechenschritte blieben im Hintergrund, jedoch konnten die Schüler am Bildschirm verfolgen, wie sich ihr Angebot an Jeans auf die Nachfrage verteilte, wie hoch am Ende ihr Lagerbestand ausfiel und wie hoch ihr Marktanteil war.
Die Ergebnisse der absolvierten Planspielperiode wurden den Schülern in dem Arbeitsblatt ‚Monatsbericht' mitgeteilt. Es enthält in zahlenmäßiger Darstellung Informationen über die Produktion, den Absatz, die erbrachte betriebliche Leistung, den Gewinn und das Reinvermögen. Die Monatsberichte wurden in den Gruppen mit Hilfe des Arbeitsblattes Bericht der Geschäftsführung evaluiert. Erfolge und Schwierigkeiten der vergangenen Periode sollten begründet herausgearbeitet, zudem die Ziele und Maßnahmen der Unternehmen für die kommende Planspielperiode entwickelt werden.
Die aus der Reflexion hervorgehenden Erkenntnisse wurden anschließend im Klassenverband besprochen. Der weiterführende und systematisierende Unterricht diente einerseits der systematischen Aufarbeitung der Ergebnisse der vergangenen Planspielperiode, andererseits wurden hier neue Wissensgebiete

erarbeitet, z. B. die Einführung einer neuen betriebswirtschaftlichen Kennzahl. Ziel dieses Unterrichts sollte die Überführung der am singulären Modell gewonnenen Erkenntnisse in einen allgemeinen Wissenszusammenhang (vgl. *Achtenhagen/Tramm/Preiss/Seemann-Weymar/John/Schunck* 1992, 147) sein. Die von den einzelnen Gruppen erzielten Ergebnisse bezüglich der betriebswirtschaftlichen Kennzahlen hielten die Schüler unter Zuhilfenahme der Daten aus dem Monatsbericht auf an den Wänden hängenden Charts mit Klebepunkten fest, so daß ständig ein Überblick über die bisherige Entwicklung der Situation aller Planspielunternehmen gegeben war. Diese Erkenntnisse sollten die Planungstätigkeit in der folgenden Planspielperiode unterstützen.

aus: *Schunck* 1993, 55f.

(2) Analyse und Schlußfolgerungen für den Einsatz im Unterricht

Wenn man sich das computergestützte Unternehmensplanspiel *Jeansfabrik* näher ansieht, so stellt man fest, daß das von der Göttinger Gruppe um *F. Achtenhagen* entwickelte Planspiel ein Lehr-/Lernarrangement von relativ hoher Komplexität darstellt. Als Begründung für die Konstruktion und den Einsatz von Planspielen wird auch ausdrücklich hervorgehoben, daß es in einer immer schwerer durchschaubaren komplexer werdenden Welt notwendig ist, daß die Schüler bereits in der Schule Erfahrungen im Umgang mit komplexen Problemen und Aufgaben machen können. "Wer Schüler zur Handlungs- und Urteilsfähigkeit erziehen will, muß ihnen bereits im Schonraum der Schule Erfahrungen im Umgang mit komplexen Sachverhalten und Anforderungen ermöglichen." (*Tramm* 1992b, 49)

Zugleich wird an dem Planspiel deutlich, welche Probleme enstehen können, wenn die Komplexität der Realität durch die Modellkonstruktion nicht angemessen reduziert wird und das Planspiel eine so komplizierte Struktur erhält, daß sie für den Schüler nicht mehr durchschaubar ist (vgl. *Dörner* 1987, 18). Wie leicht diese Gefahr gegeben sein kann, wird deutlich, wenn man sich die Vielzahl der Strukturelemente, deren zahlreiche Verknüpfungen und die Dynamik des Modells ansieht (vgl. Abb. 4.20).

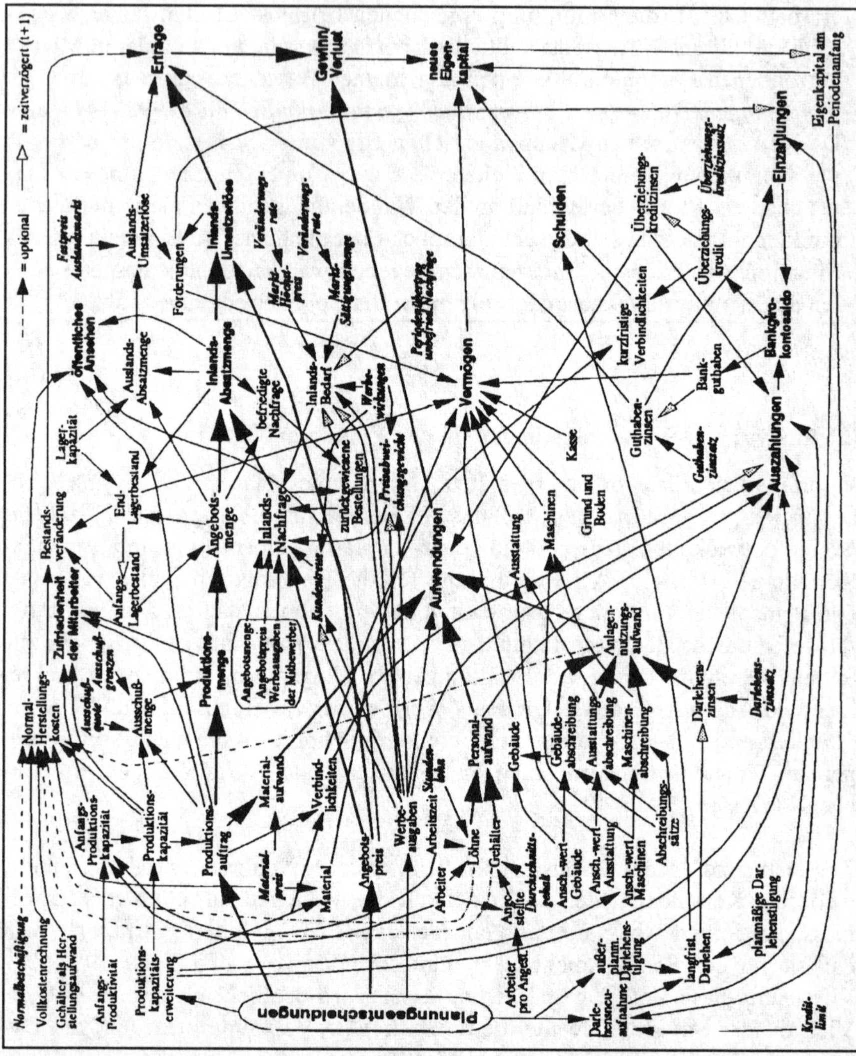

Abb. 4.20: Variablenzusammenhang bei voller Planungskomplexität, aus: *Preiss* 1992, 14

Inwieweit Planspiele für schulische Lernprozesse produktiv genutzt werden können, hängt entscheidend von der Modellkonstruktion, der Zahl der Strukturelemente und der theoretischen Annahmen, die in das Modell einfließen, ab.

Nur wenn diese vom Modellkonstrukteur offengelegt und für die Schüler durchschaubar gemacht werden können und das Modell so offen gestaltet ist, daß Lehrer und Schüler selbst das Modell mit seinen Regeln, Strukturelementen und Annahmen variieren können, läßt sich das Planspiel für schulische Lern- und Erkenntnisprozesse bildungswirksam einsetzen.

Im Hinblick auf das *Lernen im Modell* und das *Lernen am Modell* (vgl. *Kaiser/Weitz/Sarrazin* 1991, 173; *Tramm* 1992a, 208 ff.) ist von entscheidender Bedeutung, daß die Schüler erfahren, daß Modelle Instrumente für die Erfassung von Ausschnitten der Wirklichkeit sind und sich vergewissern, wovon, für wen, wann und wozu etwas Modell ist (vgl. *Stachowiak* 1980). Geschieht das nicht, so besteht die Gefahr, daß die Schüler das Modell für das Original halten. "Wenn Modelle nicht als künstliche Hilfsfunktionen der Erkenntnis erlaubt werden, sondern als wissenschaftlich legitimierte Darstellung von Wirklichkeit an sich mißverstanden werden, können sie zu einer ‚self-fulfilling prophecy' führen." (*Buddensiek* 1979, 127)
Insbesondere im Hinblick auf computerunterstützte Planspiele gilt es zu überprüfen, daß die Modellannahmen nicht in einer *Black Box* des Computers verschwinden, was bei etlichen auf dem Markt befindlichen Unternehmensplanspielen der Fall ist. Der Computer kann nur dann eine hilfreiche und wichtige Funktion übernehmen, wenn er tatsächlich als Hilfsinstrument und Handwerkszeug eingesetzt werden kann. Das heißt, daß er z. B. im Rahmen des Planspiels als Kontrollinstrument für die selbständig durchgeführte Kalkulation der Planspielgruppe genutzt werden kann, aufgrund einer benutzerfreundlichen Menüführung vielfältige Informationen in verbaler und graphischer Form zur Verfügung stellt sowie Prognosen unter gegebenen Bedingungen erlaubt, die Berechnungen der Marktsituation durchführt und die Verteilung von Angebot und Nachfrage anschaulich graphisch präsentiert (vgl. *Schunck* 1993, 67).

Als eine Voraussetzung in komplexen Systemen erfolgreich zu handeln, wird immer wieder die Fähigkeit genannt, *in Systemen zu denken* oder *vernetzt zu denken*. "Wie lebensnotwendig diese Fähigkeit geworden ist, läßt sich vor allem damit begründen, daß die Situationen, die wir heute zu bewältigen haben, nicht mehr voneinander isoliert sind, sondern komplexe Systeme bilden, in denen Neben- und Fernwirkungen von großer Bedeutung sind. *Frederic Vester* formuliert im Hinblick auf diesen Sachverhalt:

„Das, was den Fehlentscheidungen von Behörden, Planern, Politikern und Wirtschaftlern zugrundeliegt, ist also weder mangelnde Intelligenz des einzelnen noch Bösartigkeit, sondern wahrscheinlich hauptsächlich jenes durch die

Art unserer Ausbildung vermittelte einseitige Verständnis der Wirklichkeit, das Fehlen von Grundkenntnissen der Systemgesetzmäßigkeiten, die die Befähigung geben würden, das Verhalten eines Systems und damit seine Überlebensfähigkeit zu beurteilen." (*Vester* 1986, 9 f.)

Dietrich Dörner, der in seinen Experimenten dieser Fragestellung im Hinblick auf Planspiele nachgegangen ist, formuliert in diesem Zusammenhang: „Wenn sich menschliches Denken und Handeln früher isoliert nur auf die jeweilige Situation bezog und Neben- und Fernwirkungen nicht mit einbezog, so war dies wohl meist vernünftig, weil ökonomisch. Wenn Neben- und Fernwirkungen von Handlungen praktisch nicht auftreten, ist es Energieverschwendung, darüber nachzudenken. Heute dagegen kann ein solch isoliertes Denken fatale Effekte haben! Die Anforderungen haben sich gewandelt. Nicht wenige Indizien deuten darauf hin, daß das menschliche Denken sich keineswegs auch gewandelt hat, sondern weitgehend noch immer so abläuft, wie es in der Steinzeit richtig und vernünftig war. Den Erfordernissen sehr komplexer Systeme wird es nicht gerecht." (*Dörner* 1987, 189 f.)

Die spannende Frage, die sich in diesem Zusammenhang stellt, lautet: Lassen sich mit Hilfe von Computer-Planspielen Simulationsmodelle entwickeln, in denen sich dieses geforderte *vernetzte Denken* schulen läßt? *Dörner* hat dazu in zwei Experimenten erste Versuche unternommen. Dies waren einmal das sogenannte *Tanaland-Experiment* und die sogenannte *Lohhausen-Studie*. Beide Systeme existierten als Computermodelle.
Wir beschränken uns darauf, die Lohhausen-Studie kurz zu skizzieren, um daran einige Gesichtspunkte zu erläutern, die im Hinblick auf unsere Fragestellung bedeutsam sind: An der Lohhausen-Studie nahmen insgesamt 49 Versuchspersonen teil. Die Teilnehmer wurden dabei in die Situation versetzt, die Geschicke einer kleinen Stadt als „Bürgermeister" zehn Jahre zu lenken. Die Stadt hatte etwa 3.500 Einwohner und lebte vorwiegend von einem stadteigenen Industrieunternehmen, einer Uhrenfabrik. Darüber hinaus gab es eine Stadtverwaltung, Einzelhandelsgeschäfte, eine Bank, Schulen, Kindergärten usw. Die verschiedenen Aktivitäten und Beziehungen in der Stadt wurden als Computermodell durch ein Netzwerk von Kausalzusammenhängen realisiert. Besonders hervorzuheben gilt, daß die Modellierung sich nicht auf die ökonomischen Beziehungen beschränkte, sondern auch soziale und psychologische Variablen (z. B. *Zufriedenheit*) und demographische Variablen in die Simulation mit einbezog.
In dem System war eine Vielzahl verschiedener Maßnahmen möglich. "Die Versuchspersonen konnten die Produktions- und Absatzpolitik der städtischen

Fabrik beeinflussen, sie konnten Steuersätze ändern, Arbeitsplätze für Lehrer und Kindergärtnerinnen schaffen, Arztpraxen einrichten und verpachten, Wohnungsbau betreiben, für Freizeiteinrichtungen sorgen und so weiter." (*Dörner* 1987, 191 f.)

Im Hinblick auf die Anforderungen einer sehr komplexen Situation und die Frage, wie diese bewältigt werden, ergaben sich bei den Personen eine Reihe erheblicher Defizite. Diese beziehen sich vorrangig auf

- ❑ den *Umgang mit Zielen*
  z.B. Zielantagonismus – Konkretisierung und Ausbalancierung von Zielen – Reparaturdienstprinzip.
- ❑ die *Situationsanalyse*
  Hypothesenbildung über die Hauptprobleme, Schwertpunktbildung nach *Lautstärke* – die Nichtbeachtung der Dringlichkeit exponentieller Entwicklungen – Einkapseln auf den Erfolg in einem bestimmten Bereich.
- ❑ die *Handlungsauswahl*
  Mangelnde Neben- und Fernwirkungsanalyse – Unter- und Übersteuerung – die Attraktivität diktatorischen Handelns – Tendenz, alles selbst machen zu wollen mit der Folge der Überlastung.

Hier soll nicht näher auf die Vielzahl der Defizite eingegangen werden. Es kommt vielmehr entscheidend darauf an, deutlich zu machen, daß wir im Hinblick auf das *Denken und Handeln in komplexen Systemen* erhebliche Defizite haben, die wir abbauen müssen. Ob zur Vermittlung entsprechenden Wissens und zur Förderung dieser Fähigkeit computergestützte Planspiele eine Hilfe sein können, ist eine weithin offene Frage. Auch *Dörner* ist nach seinen bisher durchgeführten Experimenten sehr zurückhaltend:
"Wir haben häufig die Erfahrung gemacht, daß unsere Versuchspersonen ihre Erfahrungen in solchen Simulationsspielen sehr ernst nehmen und subjektiv der Überzeugung waren, viel gelernt zu haben. Wir wissen nicht, inwieweit dieser subjektive Eindruck einer objektiven Leistungsverbesserung entspricht, vielleicht aber könnte man auf diesem Weg weiterkommen." (*Dörner* 1987, 207 f.)

Als vorläufiges Fazit ergibt sich daraus:

- ❑ Auch im Hinblick auf die Planspielmethode gilt, daß diese Methode allein nicht in der Lage sein dürfte, entsprechende Defizite im Hinblick auf das *Denken und Handeln in komplexen Systemen* entscheidend zu fördern. Dazu bedarf es einer Fülle unterschiedlicher Stützungsmaßnahmen anderer Methoden bis hin zu einer neuen Denkweise und allgemeinen Werteerziehung. So dürften bestimmte Fragen der Zielbestimmung und die Fähigkeit, eine adäquate Situationsanalyse durchzuführen, gestützt werden durch Bemühungen hinsichtlich der Ziel-, Problem- und Situationsanalyse, die bei der Bearbeitung von Fällen in Angriff genommen werden.

- Nicht unproblematisch erscheinen unter dieser Perspektive vor allem die ökonomischen Planspiele, die sich ausschließlich auf die Modellierung ökonomischer Beziehungen beschränken und in denen der ökonomische Erfolg (Gewinn) das einzige Erfolgskriterium ist.
- Außerordentlich fragwürdig erscheint es auch, wenn die Grundannahmen der Modellkonstruktion, d. h. die Beziehungen und das Netzwerk von Kausalzusammenhängen im Computer verschwinden und für die Planspielteilnehmer nicht mehr durchschaubar sind.
- Es gilt, die Frage zu klären, welche Erkenntnisse auf der durch den Einsatz des Computers eingeführten doppelten Abstraktionsebene gewonnen werden können und ob die solchermaßen gewonnenen Erfahrungen auf konkrete komplexe Situationen transferiert werden können. Auch die Effektivität von Computermodellen muß unter didaktischen Gesichtspunkten daran gemessen werden, inwieweit sie geeignet sind, komplexe Wirklichkeit durchschaubar zu machen.
- Simulationen, und das gilt gerade für Planspiele, zeichnen sich dadurch aus, daß wir Erfahrungen sammeln können und Irrtümer begehen dürfen, für die wir nicht teuer bezahlen müssen oder bei denen gleich die Welt untergeht. Für unsere Erfahrung benötigen wir aber, daß wir Fehler machen dürfen und deren Konsequenzen erkennen.

Wir leben in einer Welt, in einer sogenannten *Risikogesellschaft*, wie *Ulrich Beck* das formuliert hat, in der wir in vielen Bereichen nichts mehr riskieren können, wo wir uns einfach keine Fehler mehr erlauben können, weil diese Fehler in eine Katastrophe führen würden (vgl. *Beck* 1986). Beim Einsatz von Computerplanspielen ist daher darauf zu achten, daß nicht die Gewißheit vermittelt wird, mit Fremdprognosen und Statistik, mit Planspiel und Computersimulation ließe sich der Irrtum völlig vertreiben. Es gehört zum Wesen des Menschen, und auch dafür muß das Bewußtsein geschärft werden, daß, wo immer wir Entscheidungen treffen, Urteile abgeben, Handeln und in die Zukunft planen, wir Irrtümer begehen und Fehlentscheidungen treffen können.

4.4 Systemanalyse und die Arbeit mit Netzwerken

Auch wenn sich schulische Lernprozesse in einer didaktisch reduzierten Komplexität vollziehen, stellen viele betriebs- und volkswirtschaftliche Fragestellungen für Schülerinnen und Schüler komplexe und schwierig zu durchschauende Problem- und Entscheidungssituationen dar, die systemischen Charakter aufweisen. Dies gilt insbesondere, wenn fächerübergreifende Aspekte zu berücksichtigen sind. Der Einsatz von Netzwerken im Unterricht stellt ein methodisches Verfahren dar, um die Komplexität von Sachverhalten zu reduzieren, Systemdenken und das Erkennen von Zusammenhängen zu fördern (vgl. *Brettschneider* 1997; *Dubs* 1995).

4.4.1 Ausgangssituation und historische Entwicklung

Der Begriff 'System' ist älter als die systemischen Theorieansätze; die Bedeutung des Begriffs geht auf ein griechisches Tätigkeitswort zurück, das 'zusammenstellen', 'verbinden' bedeutet (vgl. *Huschke-Rhein* 1988, 7). Schon eins der ältesten Zeugnisse der abendländischen Philosophie von *Anaximander* aus dem 6. Jahrhundert vor Christus kann als eine Aufforderung zum systemischen Denken interpretiert werden, wenn er sagt: "... denn sie (die Dinge) geben einander alles auf Heller und Pfennig zur gegebenen Zeit zurück, was sie einander angetan haben." (*Herder-Dorneich* 1992, 199) Es wird hier auf die Zusammenhänge zwischen den Dingen verwiesen und darauf, daß Wirkungen mit Rückwirkungen verbunden sein können. Ausgehend von *Platon* und *Aristoteles* hat eine entsprechende ‚ganzheitliche' Weltsicht eine lange Tradition.

In der Literatur werden hinsichtlich der begrifflichen Verwendung des Terminus 'System' drei grundlegende Entwicklungsphasen unterschieden; *Luhmann* spricht in dieser Hinsicht auch von 'Paradigmenwechseln' (vgl. *Ulrich/Probst* 1990, 27 ff.; *Luhmann* 1993, 20 ff.):

- ❑ Im Rahmen des älteren Systembegriffes wird – auf der Grundlage der antiken Tradition – davon ausgegangen, daß ein System mit Hilfe der Kategorien *Teil und Ganzes* bestimmt werden kann. Ein System wird als ein aus Teilen bestehendes Ganzes bzw. als eine Menge von Elementen bezeichnet, die miteinander in Beziehung stehen und die eine Struktur bilden, wobei davon ausgegangen wird, daß das Ganze mehr als die Summe seiner Teile ist.
- ❑ Im Rahmen eines neueren Systembegriffs wird demgegenüber stärker die Beziehung des *Systems mit seiner Umwelt* betont. Unter einem System wird ein Beziehungsnetz zusammengehöriger Elemente verstanden, die

sich von nicht dazugehörigen Elementen abgrenzen lassen. Für die Entwicklung eines Systems werden nicht zum jeweiligen System dazugehörende Elemente als Systemumwelt ausgegrenzt. Es wird davon ausgegangen, daß sich die interne Struktur des Systems aufgrund der Wechselwirkung mit der jeweils relevanten Systemumwelt herausgebildet hat.

- Im Rahmen eines dritten Entwicklungsschubes wurde die Theorie offener Systeme, die sich auf die Beziehungen des Systems zu seiner Umwelt bezog, durch die Theorie *autopoietischer* bzw. *selbstorganisierender Systeme* erweitert. Im Rahmen dieses theoretischen Ansatzes wird davon ausgegangen, daß Systeme zwar offen, aber in ihrem Kern geschlossen sind und gegenüber ihrer Systemumwelt eine eigenständige Struktur bzw. Identität bewahren. Diese innere Geschlossenheit des Systems im Kern ist gleichsam Voraussetzung für die Offenheit von Systemen gegenüber der Umwelt: Systeme bewahren einerseits im Kern ihre Identität und befinden sich andererseits im Austausch mit ihrer Umwelt und verändern sich.

Systeme können nach unterschiedlichen Merkmalen klassifiziert werden, die sich entweder auf materiale oder formale Eigenschaften der Systemdarstellung beziehen (z. B. konkret – abstrakt, natürlich – künstlich, linear – nicht linear). Es können hier nicht alle Klassifikationsvorschläge, die in der Literatur vorhanden sind, diskutiert werden. Auf der Grundlage ihres Verhaltens können Systeme folgendermaßen klassifiziert werden (vgl. *Probst* 1987, 46 ff.; ähnlich *Luhmann* 1993, 16):

- *Mechanische Systeme* entwickeln grundsätzlich keine neuen Elemente, Eigenschaften oder Beziehungen, d. h. ihr Verhalten ist kontrollierbar und voraussagbar. Mechanische Systeme sind triviale Systeme, d. h. auf denselben Input reagieren sie immer in gleicher Weise (z. B. Maschinen). Auf Veränderungen der Umwelt erfolgt ein festes Reaktionsmuster, so daß auch unter veränderten Umweltbedingungen ein vorgegebener Zustand eingehalten wird, d. h. das zentrale Kriterium mechanischer Systeme ist Reaktion.
- *Natürliche (biologische oder ökologische) Systeme* können sich Veränderungen in ihrer Umwelt anpassen. Im Gegensatz zu mechanischen Systemen, die ihren Zweck von außen vorgegeben erhalten, verfolgen natürliche Systeme einen eigenen Zweck, d. h. ihr Ziel ist Überleben, wofür Wachstum und Selbsterhaltung entscheidend sind (z. B. Pflanzen und Tiere). Nur das Überleben ist als 'Ziel' vorgegeben, in der Auswahl des konkreten Verhaltens bestehen im Rahmen des jeweiligen Verhaltensrepertoires gewisse Spielräume. Natürliche Systeme können sich an unter-

schiedliche Umwelten anpassen, d. h. sie besitzen eine Lebensfähigkeit. Ihr zentrales Kriterium ist Anpassung.

- *Soziale (humane) Systeme* besitzen die Fähigkeit, willentlich neue Eigenschaften entwickeln und handelnd bzw. zielorientiert in ihre Umwelt eingreifen zu können. Ein soziales System kann die zu verfolgenden Ziele nach eigenen Zwecken festlegen, es kann aus einem bestimmten Verhaltensrepertoire ein konkretes Verhalten auswählen und das Verhaltensrepertoire auch vergrößern (z. B. Menschen). "Der Zweck sozialer Systeme kann in der 'Entwicklung der eigenen Möglichkeiten' gesehen werden. Darin kommt der freie Wille zum Ausdruck, der für menschliche Systeme typisch ist." (*Probst* 1987, 50) Ihre zentralen Kriterien sind Sinn, Handlungen, Entscheidungen und Wahlmöglichkeiten.

Naturwissenschaftliche systemtheoretische Überlegungen beinhalten weitgehend *deskripive Aussagen* über ökologische Zusammenhänge. Als besonders problematisch erweist es sich, wenn in der Natur ermittelte ökologische Prinzipien im Rahmen von Analogieschlüssen undifferenziert auf soziale Verhältnisse übertragen und zum 'Paradigma' schlechthin für menschliches Leben erklärt werden. Zwar besitzen naturwissenschaftliche Erkenntnisse eine gewisse Plausibilität hinsichtlich menschlichen Handelns mit seinen Folgen für die Natur. *Normative* Handlungsleitlinien können jedoch nur im Rahmen kultur- und sozialwissenschaftlicher Überlegungen entwickelt werden, in denen die spezifischen Unterschiede zwischen Mensch und Natur berücksichtigt werden, wie beispielsweise Entscheidungsfähigkeit, Offenheit des Verhaltens, Macht, Wünsche usw.

Als theoretische Grundlage des Systemdenkens wird in der Literatur auf 'die' Systemtheorie verwiesen. Hierbei handelt es sich um einen interdisziplinären und sehr heterogenen Forschungsbereich (z. B. *Kybernetik, Synergetik, Theorie sozialer Systeme, Ökologie, Selbstorganisationstheorie*), wobei es gegenwärtig kaum möglich ist, von einheitlich verwendeten Begriffen, Axiomen oder abgeleiteten Aussagen auszugehen (vgl. *Luhmann* 1993). Es existiert in der Literatur keine einheitliche Systemtheorie, sondern der Systemansatz hat verschiedene theoretische Wurzeln, auf die hier nicht ausführlich eingegangen werden kann (vgl. als Überblick *Staehle* 1990, 40 ff.).

Allgemeine Systemtheorie und Kybernetik sind als Wissenschaften zu Beginn der 40er Jahre entstanden. Im Rahmen der allgemeinen Systemtheorie, deren Entstehung eng mit dem Namen *Ludwig v. Bertalanffy* verbunden ist, wird als Intention angestrebt, Erkenntnisse unterschiedlicher Wissenschaften mit einer einheitlichen Begrifflichkeit zu erfassen, sie vergleichbar und übertragbar zu machen und allgemeingültige Regeln für das Verhalten von Systemen zu formulieren. Die Kybernetik, die wesentlichen von *Norbert Wiener* beeinflußt wurde, entstand aus der Notwendigkeit heraus, schwierige technische Probleme zu lösen, die mit bisherigen technischen Ansätzen nicht zu beherrschen waren. *Wiener* übertrug Lenkungsvorgänge aus der Natur in die Technik und entwickelte Konzepte für sich selbst – nach dem Prinzip der Rückkopplung – lenkende Maschinen. Von den neueren soziologischen Systemtheorien haben die Ansätze von *Parsons* und besonders von *Luhmann* bedeutenden Einfluß auf systemtheoretische Überlegungen gewonnen (vgl. *Luhmann* 1993). Im Rahmen biokybernetischer Überlegungen ist *Frederic Vester* zu nennen, der von Analogien zwischen Ökosystemen höherer Ordnung und sozialen Systemen als Grundlage sog. vernetzten Denkens ausgeht (vgl. *Vester* 1987a). Mit dem St. Galler Management-Ansatz hat systemisches Denken Eingang in betriebswirtschaftliche Überlegungen gefunden (vgl. *Ulrich/Probst* 1990). Darüber hinaus findet systemisches Denken und Handeln in ganz unterschiedlichen Bereichen Anwendung, wie z. B. Familien- und Individualtherapie, kosmologischen Evolutionstheorien oder spirituellen Ansätzen.

Systemdenken stellt eine sog. 'ganzheitliche' oder holistische Erkenntnismethode dar, mit der angestrebt wird, Probleme der Wirtschaftswelt mit einer den heutigen komplexen Problemstellungen angemessenen Erkenntnisweise zu erfassen. Systemdenken zielt ab auf des Erkennen von Wechselwirkungen zwischen einer Vielzahl von Variablen (vgl. *Ulrich/Probst* 1990). Es beinhaltet den Versuch – gegenüber der Analyse einzelner isolierter Faktoren – die Synthese, d. h. die Einordnung von Einzelerscheinungen in einen Gesamtzusammenhang, zu betonen. Es *ersetzt* analytisches Denken *nicht*, *sondern ergänzt es* um notwendige, aber bisher vernachlässigte Bereiche.
Systemdenken beinhaltet im Kern kausales Denken und Strukturdenken, das wie folgt gekennzeichnet werden kann. Mit Hilfe des Kausaldenkens kann Ordnung in die Eigenschaften der Dinge gebracht, d. h. es kann der Zusammenhang von Ursache und Wirkung ermittelt werden. Das Organisationsprinzip dieser Zusammenhänge stellt die *Kausalkette* dar, wobei die Elemente mit einem *Zeitpfeil* verbunden sind: *Mittel und Zwecke* werden sichtbar, wenn man die Kausalkette in Pfeilrichtung weiterverfolgt; *Ursachen und Wirkungen* zei-

gen sich, wenn man entgegen dem Zeitpfeil an der Kausalkette zurückblickt (vgl. *Herder-Dorneich* 1992, 111 ff.).

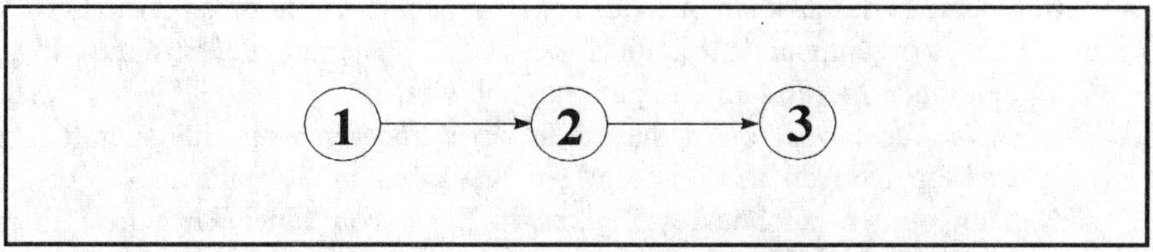

Abb. 4.21: Kausalkette

Die Komplexität vieler Probleme macht deutlich, daß Ereignisse oft mehrere Ursachen und verschiedene Wirkungen haben können, d. h. ein solcher Kausalitätszusammenhang bildet ein Kausalitätsnetzwerk. Die Wirkungen folgen zwar der Ursache, jedoch können dauerhafte Ereignisse übereinander greifen, wodurch Rückkopplungen erfolgen, d. h. ein Ereignis kann gleichzeitig sowohl Ursache, als auch Wirkung eines anderen Ereignisses sein. Diese Art von Kausalität bildet ein Kausalitätsnetzwerk mit Rückkopplung. Entsprechende Strukturen entstehen durch den Verbund von kausalen Ketten.
Systemdenken beruht auf kausalem Denken, jedoch bedeutet der Begriff der Kausalität, daß der ‚naive' Glaube, durch die Manipulation einer Ursache könne eine ganz bestimmte Wirkung herbeigeführt werden, nicht länger zu halten ist (vgl. *Herder-Dorneich* 1992, 112 ff.). Jede Wirkung erzeugt – in einem System – auch Folge- und Nebenwirkungen, die die beabsichtigte Wirkung weit übertreffen können. Systemdenken bedeutet, die wechselseitigen Verflochtenheiten von Ursachen und Wirkungen zu berücksichtigen.

Systemdenken bedeutet als Erkenntnisverfahren, ein angemessenes Verständnis der Strukturen und des Verhaltens hochkomplexer sozialer und ökonomischer Systeme zu erlangen. Es beinhaltet als wesentliche Komponenten (vgl. *Brettschneider* 1997, 116 ff.):

- *Denken in Modellen*: Systeme sind Modelle, da wir die Wirklichkeit nur mit Hilfe gedanklicher Konstruktionen erfassen können. Modelle abstrahieren von realen Erscheinungen und akzentuieren bestimmte ausgewählte Informationen.
- *Denken in verschiedenen Disziplinen*: Für die Entwicklung von Systemen müssen Kenntnisse aus unterschiedlichen wissenschaftlichen Disziplinen herangezogen werden, d. h. es ist ein interdisziplinäres Denken erforderlich.

- *Denken in dynamischen Strukturen*: Die Betrachtung von Strukturen und Prozessen erhält eine zentrale Bedeutung. Das Verhalten eines Systems wird einerseits durch seine Struktur begrenzt, andererseits bewirkt die Dynamik der Vorgänge und Abläufe (Prozesse) in Systemen, daß strukturelle Veränderungen und Entwicklungen möglich werden.
- *Denken in Regelkreisen*: An die Stelle einer linearen Kausalitätsvorstellung tritt ein Denken in kreisförmigen Kausalitäten. Kreisförmige Vorstellungen binden ein lineares Denken in Form von 'einer' Ursache und 'einer' Wirkung mit Hilfe von Regelkreisen und Feedback-Beziehungen in Ursache-Wirkungsketten ein.
- *Antizipatives und partizipatives Denken*: Systemdenken ist darauf ausgerichtet, die Lernenden zu befähigen, in neuen, unbekannten Situationen zu handeln, d. h. es beinhaltet in hohem Maße kreatives Denken.
- *Integrierendes Denken*: Systemdenken erfordert, analytisches und synthetisches Denken zu praktizieren, d. h. die Detailkenntnisse über Elemente, Beziehungen usw. werden immer wieder in einen größeren Zusammenhang eingeordnet und von einer 'Ganzheit' ausgehend beurteilt.

Systemdenken stellt in einer Welt, die sich zunehmend immer weiter arbeitsteilig ausdifferenziert und spezialisiert eine anthropologische Notwendigkeit dar (vgl. *Jensen* 1983). Die Wirtschaftswelt würde sich für uns in Milliarden einzelner Splitter bzw. Einzelteile auflösen, und wir würden in ihr die Orientierung verlieren, wenn wir nicht abstrahieren, zusammenfassen, Beziehungen herstellen oder generalisieren würden, d. h. wir überwinden dieses 'Chaos' nur, indem wir Wahrnehmungen ordnen und in einen Zusammenhang bringen. Die Notwendigkeit, Systemdenken zu praktizieren, gilt auch für kaufmännische Mitarbeiter, wenn davon ausgegangen wird, daß in Zukunft abteilungsspezifische Bürotätigkeiten zugunsten integrierter Sachbearbeitungen zurückgehen und bisher selbständige betriebliche Teilbereiche immer stärker miteinander vernetzt werden (vgl. *Achtenhagen u. a.* 1992b). Diese Entwicklungen machen es erforderlich, daß kaufmännische Sachbearbeiter zunehmend komplexer werdende Aufgabenstellungen zu bewältigen haben.

4.4.2 Verlaufsstrukturen und Varianten der Entwicklung von Netzwerken

Netzwerke stellen ein graphisches Verfahren zur Veranschaulichung und Visualisierung komplexer Zusammenhänge dar. In Netzwerken werden diese Zusammenhänge als System aufgefaßt, d. h. als eine Menge von Elementen, zwischen denen Beziehungen bestehen und die von einer Systemumwelt abgegrenzt werden können. In systemtheoretischer Hinsicht vermitteln Netzwerke zwischen – aufgrund einer Problemstellung – anfallender und kognitiv verarbeiteter Komplexität des einzelnen Lernenden (vgl. *Willke* 1991), d. h. sie beinhalten ein Zusammenhangswissen, mit dessen Hilfe der einzelne versucht, Strukturen komplexer und interdisziplinärer Probleme, über die teilweise auch unter wissenschaftlichen Experten Uneinigkeit besteht, subjektiv in Abhängigkeit von der eigenen kognitiven Leistungsfähigkeit zu ermitteln.

Mit Hilfe des Einsatzes von Netzwerken im Wirtschaftslehreunterricht können folgende Zielsetzungen angestrebt werden (vgl. *Brettschneider* 1997, 145 ff.):

- ❑ Förderung von *Systemdenken* und *Zusammenhangswissen*, indem eine Vielfalt von Wirkungszusammenhängen erfaßt und geordnet wird.
- ❑ Förderung von *interdisziplinärem* und *fächerübergreifendem Denken*, da komplexe Problemstellungen nicht der fachwissenschaftlichen Disziplinbildung entsprechen, sondern nur auf der Grundlage der Erkenntnisse mehrerer wissenschaftlicher Disziplinen bearbeitet werden können.
- ❑ *Reduktion von Komplexität*, indem komplexe Zusammenhänge auf grundlegende dynamische Strukturen reduziert und somit im Rahmen kognitiver Lernprozesse durchschaubar gemacht werden.
- ❑ *Förderung der Urteilsfähigkeit*, indem Zusammenhangswissen die Beurteilung beruflicher wie privater Handlungssituationen erleichtert.

Letztlich ist davon auszugehen, daß ein Zusammenhangswissen die Persönlichkeit des einzelnen bereichert und als notwendiger Bestandteil beruflichen Handelns angesehen werden kann.
Hinsichtlich der Arbeit mit Netzwerken im Unterricht können grundlegend zwei Denkprozesse unterschieden werden (vgl. *Aebli* 1991, 179 ff.):

1. Schüler *betrachten ein vorgegebenes Netzwerk* und versuchen, die dargestellten Zusammenhänge nachzuvollziehen, indem mit Hilfe des vorhandenen kognitiven Wissensbestandes das Netz *gedanklich nachkonstruiert* wird. Es wird das Netzwerk, das personenextern vorliegt, in der kognitiven Struktur nachgestaltet und in diese übertragen.
2. Die Schüler *erstellen ein Netzwerk*, wobei sie zu einem bestimmten Problembereich kognitive Wissensbestände und Begriffszusammenhänge im Rahmen entsprechender kreisförmiger Denkprozesse nutzen und visuell darstellen. In dieser Hinsicht werden *vernetzte Denkstrukturen*, die personenintern vorliegen, *aus der kognitiven Struktur in ein externes Netzwerk übertragen*.

Hinsichtlich der gedanklichen Auseinandersetzung der Schüler mit Netzwerken können prinzipiell drei Lernstrategien angewendet werden:

1. *Vorgabe eines Netzwerkes*, das im Unterricht problematisiert wird. Hiermit verbunden ist ein Nachvollziehen der Wirkungszusammenhänge, das Üben von Kritik und Reflexion, das gedankliche Simulieren alternativer Wirkungen, das Abschätzen der Wirkungsintensitäten u. a. m.
2. *Erstellung eines Netzwerkes*, d. h. es werden – im Hinblick auf eine Problemstellung – kooperativ und diskursiv relevante Netzwerkelemente, ihre Wirkungszusammenhänge, die Verhaltensmöglichkeiten des Systems u. a. m. entwickelt.
3. *Anwendung eines Netzwerkes* zur konkreten Problemlösung und entsprechender Handlungsvollzüge unter Berücksichtigung der Handlungsfolgen und Nebenwirkungen der Handlungen.

Insgesamt ist darauf hinzuwirken, daß das entsprechende deklarative und prozeduale Wissen immer wieder geübt und automatisiert wird, so daß es für neue Anwendungssituationen zur Verfügung steht. Im folgenden wird der Begriff Netzwerk als Oberbegriff für die verschiedenen Verfahren zur graphischen Veranschaulichung von Zusammenhangswissen verwendet (vgl. *Dubs* 1989 u. 1993).

(1) Einfache Netzwerke

Netzwerke können nach ‚einfachen' und ‚zielgerichteten Netzwerken' unterschieden werden. Einfache Netzwerke sind geeignet, um Schüler in die Arbeit mit Netzwerken einzuführen und sie mit den Prinzipien der Netzwerkarbeit vertraut zu machen. Den Lernenden kann gezeigt werden, daß für die Bewältigung eines Problems eine Vielzahl von Faktoren bzw. Elementen zu berücksichtigen sind, die nicht isoliert betrachtet werden können, sondern miteinander vernetzt sind. Die Erarbeitung eines einfachen Netzwerkes kann in folgenden Schritten erfolgen:
1. Schritt: Bestimmen der Problemsituation
2. Schritt: Sammeln von Faktoren und Elementen, die es zu berücksichtigen gilt
3. Schritt: Entwickeln eines ersten Zusammenhangs, wobei die Elemente hinsichtlich ihrer Auswirkungen entsprechend mit Pfeilen verbunden werden
4. Schritt: Erweiterung dieses Zusammenhangs durch Einbeziehen weiterer Elemente
5. Schritt: Entscheidung, wie weit das Netzwerk ausgeweitet werden soll
6. Schritt: Beurteilung des Netzwerkes im Hinblick auf die Problemstellung

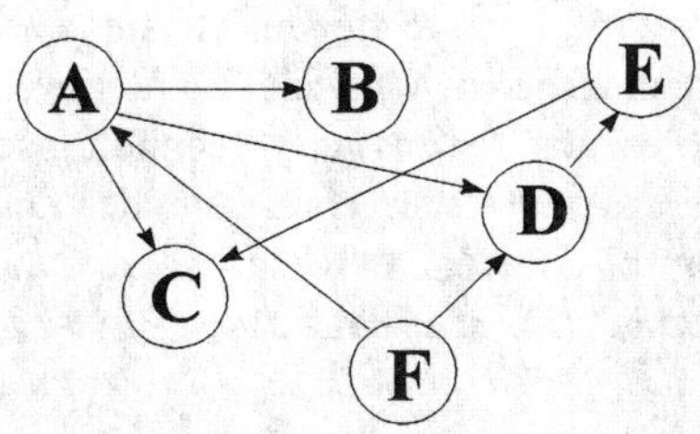

Abb. 4.22: Struktur eines einfachen Netzwerkes

Bisherige unterrichtliche Erfahrungen zeigen, daß einfache Netzwerke von Schülern relativ leicht erstellt werden können (vgl. *Kaiser/Siggemeier/Brettschneider/Flottmann/Schröder* 1995). Entsprechende Diskussionen der Schüler, welche Elemente für eine umfassende Problembetrachtung und das Erstellen eines entsprechenden Netzwerkes zu berücksichtigen sind, verliefen sehr lebendig. So äußerte beispielsweise ein Lehrer, der ein solches Netzwerk im Unterricht erstellt hatte: *"Es war auch für Schüler einmal interessant zu sehen, was eigentlich alles zu berücksichtigen ist und wie die Dinge zusammenhängen."*

(2) Zielgerichtete Netzwerke

Mit einem zielgerichteten Netzwerk können Schülern Unterschiede zwischen linearem und vernetztem Denken aufgezeigt werden, indem nicht eine Ursache und eine Wirkung, sondern mehrere Variablen in die Überlegungen einbezogen werden, um ein Wirkungsgefüge des Problembereiches aufzuzeigen, die Auswirkungen einzelner Variablen einzuschätzen und das Gefüge zu beurteilen (vgl. *Dubs* 1989, 51 ff.). Der Hauptzweck des Einsatzes von zielgerichteten Netzwerken besteht darin, Auswirkungen von Maßnahmen im Hinblick auf eine Problemlösung gedanklich zu antizipieren. Die Schüler werden angeleitet, sich einen Überblick über Neben- und Folgewirkungen von Maßnahmen zu verschaffen. Die Abhängigkeiten im Netzwerk werden auf eine Unterscheidung von positiven und negativen Auswirkungen beschränkt.

Für die Einführung in die Arbeit mit Netzwerken empfiehlt *Dubs* das induktive Lehrgespräch, indem die Schüler "einzelne Variablen aufzählen und die positiven oder negativen Auswirkungen festlegen. Meistens beginnen die Schüler mit Variablen aus der wirtschaftlichen Umwelt. Im Verlauf des Lehrgesprächs fügen sie weitere Variablen aus der sozialen, technologischen und ökologischen Umwelt hinzu. Bei dieser Ausweitung kann dann der Lehrer die Systembegrenzungen erklären, indem er aufzeigt, daß ein engeres und umfassenderes Netzwerk erstellt werden kann." (*Dubs* 1989, 52)

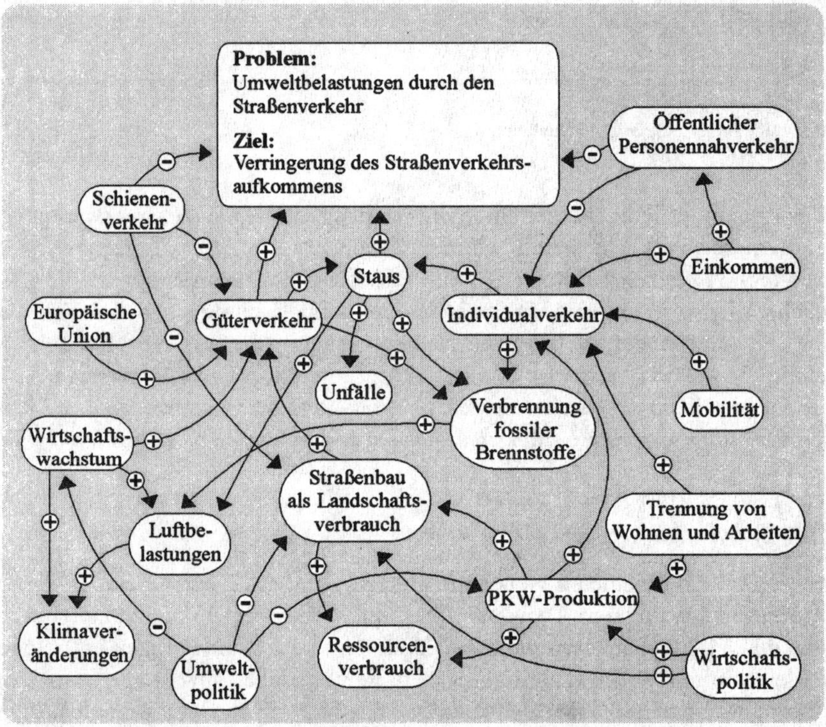

Abb. 4.23: Struktur eines zielgerichteten Netzwerkes

Das Erstellen eines zielgerichteten Netzwerkes kann idealtypisch in fünf Schritten erfolgen (vgl. *Dubs* 1993d, 87):

1. Schritt: Analyse des Problems, Formulieren des Ziels und Festlegen der als geeignet angesehen Maßnahme hinsichtlich der verfolgten Problemlösung
2. Schritt: Festlegen der vordergründigen Variablen
3. Schritt: Festlegen des entsprechenden Wirkungsgefüges, d. h. positiver (+) oder negativer (–) Auswirkungen
4. Schritt: Bestimmen weiterer Variablen und Entscheidung, wie weit das Netzwerk ausgeweitet werden soll, d. h. welche weiteren Variablen in die Betrachtung einbezogen werden sollen
5. Schritt: Beurteilung des erstellten zielgerichteten Netzwerkes und Schlußfolgerungen

Zielgerichtete Netzwerke können immer dann im Unterricht eingesetzt werden, wenn die Lernenden im Hinblick auf eine Zielsetzung nur eine lineare Lösung in Erwägung ziehen (vgl. *Dubs* 1993d, 84). Sie sind geeignet, in Streitfragen undifferenzierte Behauptungen einander gegenüberzustellen und die Diskussion über umstrittene Problemstellungen zu versachlichen. Sie vermögen jedoch keine abschließenden oder beweiskräftigen Antworten zu geben, „weil sie in dieser einfachen Form weder die Auswirkungen des Zeitfaktors noch die Stärke einzelner Wechselwirkungen zu belegen vermögen. Hier bleibt man oft auf individuelle Gewichtungen und Beurteilungen angewiesen.“ (*Dubs* 1989, 53) Kritischer Punkt hinsichtlich der Entwicklung zielgerichteter Netzwerke ist die verfügbare Wissensgrundlage der Lernenden. Fehlerhafte Netzwerke haben nicht selten ihren Grund in einer unzureichenden Wissensbasis der Lernenden.

(3) Feedback-Diagramme zur Erweiterung der Betrachtungsweise

Das Feedback-Diagramm stellt eine Fortentwicklung der zielgerichteten Netzwerke dar und soll das Lösen von komplexen Problemen dahingehend erweitern, daß besonderer Wert auf die Berücksichtigung sog. Denkfehler und ihre Überwindung gelegt wird (vgl. *Dubs* 1989, 55). Mit Hilfe von Feedback-Diagrammen können Abhängigkeiten und Wechselwirkungen, d. h. das Wirkungsgefüge zwischen einer Vielzahl von Variablen aufgezeigt werden. „Dabei soll aber das Wirkungsgefüge nicht nur wie beim zielgerichteten Netzwerk auf ein bestimmtes Ziel hin betrachtet werden, sondern von einer angenommenen Position, einem vermeintlichen Sachzwang oder einem bestehenden Ablauf her sollen anhand weiterer Betrachtungsweisen größere Zusammenhänge erkannt werden. Ziel dieses Feedback-Diagrammes ist es also letztlich vorgefaßte oder festgefahrene Meinungen und Tatsachen in größerem Zusammenhang zu reflektieren.“ (*Dubs* 1993d, 87)

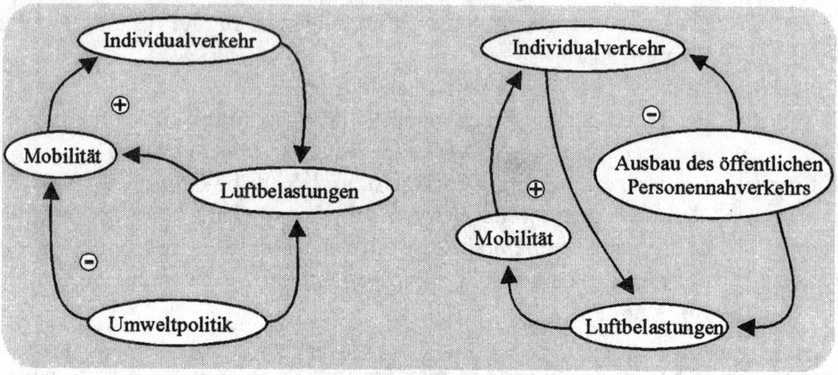

Abb. 4.24: Struktur eines Feedback-Diagramms zur Erweiterung der Betrachtungsweise

Dubs schlägt vor, ein Feedback-Diagramm in folgenden Schritten zu erstellen (vgl. *Dubs* 1993d, 90):

1. Schritt: Festlegen zentraler Elemente bzw. Variablen und eines zentralen Kreislaufes oder 'Motors' hinsichtlich ihrer Zusammenhänge
2. Schritt: Entscheidung über weitere Gesichtspunkte, die einbezogen werden sollen
3. Schritt: Auswahl entsprechender Elemente bzw. Variablen, die in die Darstellung einbezogen werden sollen
4. Schritt: Abschätzen des Wirkungsgefüges hinsichtlich gleichgerichteter Beziehungen (je größer ... desto größer, je kleiner ... desto kleiner, je weniger ... desto weniger, je mehr ... desto mehr), die mit einem Pluszeichen (+) gekennzeichnet und entgegengesetzter Beziehungen (je größer ... desto kleiner, je mehr ... desto weniger, je kleiner ... desto größer, je weniger ... desto mehr), die mit einem Minuszeichen (–) versehen werden
5. Schritt: Interpretation und Beurteilung des Feedback-Diagramms hinsichtlich von Kreisläufen, die sich entweder 'auf-' (+) oder 'abschaukeln' (–) würden

Feedback-Diagramme beinhalten noch keine Aussagen über zeitliche Wirkungen, Stärke der Abhängigkeiten und Wechselwirkungen sowie über Variablen, die gut oder weniger gut beeinflußbar sind.

(4) Feedback-Diagramm mit Kreisläufen

Feedback-Diagramme mit Kreisläufen können im Unterricht dann eingesetzt werden, wenn die Lernenden Wechselwirkungen in Systemen näher betrachten sollen, d. h. beispielsweise in das 'Überschießen' von gewissen Entwicklungen eingeführt werden und mögliche Gegenmaßnahmen überlegen sollen. Diese Diagramme stellen die anspruchsvollste Form von Netzwerken dar; es werden Zusammenhänge bzw. Kreisläufe gesucht und dargestellt, die sich selbst positiv oder negativ verstärken. Mit Hilfe negativer Kreisläufe stabilisiert sich ein System selbst, positive Kreisläufe schaukeln sich gegenseitig auf und es besteht die Gefahr, daß ein entsprechendes System aus dem Gleichgewicht gerät und überschießt (vgl. Dubs 1993d, 90). Feedback-Diagramme mit Kreisläufen beinhalten die Erarbeitung von positiven und negativen Rückkopplungen, die Berücksichtigung des Zeitfaktors, unterschiedliche Verhaltensmöglichkeiten eines Systems sowie die Beurteilung lenkbarer und nicht lenkbarer Variablen.

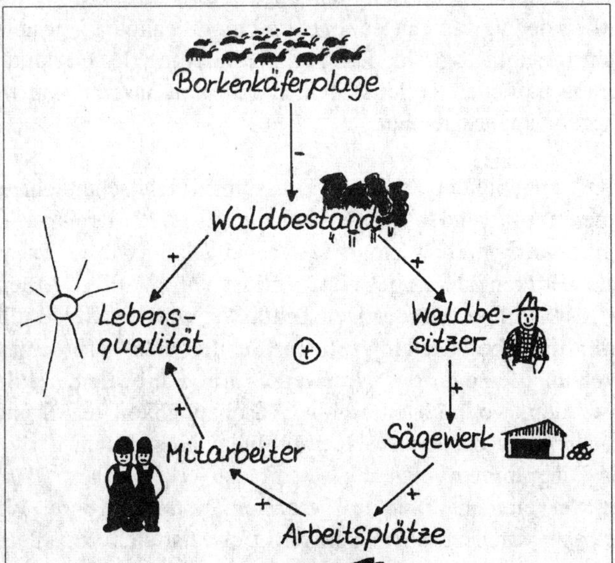

Abb. 4.25: Feedback-Diagramm mit Kreislauf

Ein Feedback-Diagramm mit Kreisläufen kann in folgenden Arbeitsschritten entwickelt werden (vgl. *Dubs* 1993d, 93 f.):

1. Schritt: Festlegen der Ausgangslage, die in ihren Folgen und Zusammenhängen untersucht werden soll
2. Schritt: Erstellen des Feedback-Diagrammes mit allen Variablen, die in die Betrachtung einbezogen werden sollen
3. Schritt: Erfassen des gesamten Wirkungsgefüges: Dabei bedeutet ein positiver Kreislauf sich verstärkende (+ / +) bzw. sich einfrierende (– / –) Wirkungszusammenhänge. Ein negativer Kreislauf (– / +) beinhaltet sich stabilisierende oder ausgleichende Wirkungen
4. Schritt: Erfassen der zeitlichen Dynamik, wobei die Zeitverhältnisse nach kurzfristigen (drei Monate), mittelfristigen (sechs Monate bis ein Jahr) und langfristigen Wirkungen (über ein Jahr) unterschieden und mit entsprechend unterschiedlich gestrichelten Pfeilen eingezeichnet werden können
5. Schritt: Interpretation der Zusammenhänge und Beurteilung der Beeinflußbarkeit der Variablen (lenkbare und nicht lenkbare Variablen)

Der fünfte Schritt zeigt Möglichkeiten zur Veränderung des Gesamtgeschehens auf. Es ist herauszuarbeiten, welche Elemente Symptome sind und wo eine Ursachenbekämpfung anzusetzen hat.

Das beispielhaft abgebildete Feedback-Diagramm veranschaulicht einen Ausschnitt aus einem umfassenden Zusammenhang. Es ist ein Kreislauf dargestellt, der sich – ohne korrigierende Eingriffe – abschaukeln würde. Es wird dargestellt, daß eine ‚Borkenkäferplage‘ zum Verlust von ‚Wald‘, ‚Arbeitsplätzen‘, ‚Einkommen‘ usw. führen würde. Der Zeitfaktor wird im dargestellten Feedback-Diagramm nicht berücksichtigt. In für Schüler sehr ansprechender Weise sind die einzelnen Elemente des Netzwerkes mit Hilfe kleiner Piktogramme verdeutlicht worden, wodurch eine hohe Anschaulichkeit der Darstellung erreicht wird. Allerdings besteht das Kernproblem hinsichtlich der Beurteilung von Feedback-Diagrammen – wie auch von Netzwerken – darin, das Verhalten einzelner Netzwerkelemente und des gesamten Systems in ihrer Wirksamkeit zu beurteilen bzw. vorauszusehen. Schwierig erweist sich vor allem, im konkreten Fall zu bestimmen, welche Elemente mit welchen Beziehungen und in welcher Wirkungsintensität tatsächlich aktiviert werden und zu welcher Gesamtwirkung dieses letztendlich führt.

4.4.3 Versuche der unterrichtlichen Realisierung von Netzwerken

Es liegen bisher noch nicht viele unterrichtliche Versuche vor, Systemdenken und die Arbeit mit Netzwerken in der Schule zu realisieren. Erste Versuche wurden von *Boulding, Senesh* u. a. (vgl. *Boulding/Kuhn/Senesh* 1975) und *Kaiser* (1975) durchgeführt. Neuere Entwicklungsvorhaben wurden besonders von *Achtenhagen/John* (1992) und *Dubs* (1989, 1993) initiiert. Im folgenden werden die Ergebnisse eines Unterrichtsversuchs dargestellt, in dem am Beispiel der Lehrplanthematik ‚Beschaffung' die Schüler in die Arbeit mit Netzwerken und die Erarbeitung fächerübergreifenden Zusammenhangswissens eingeführt worden sind (vgl. *Brettschneider* 1997). Der Unterrichtsversuch wurde in der Höheren Berufsfachschule (Höhere Handelsschule) durchgeführt.
Die Schüler wurden mit der Problemstellung konfrontiert, welche ökologischen Gesichtspunkte zu berücksichtigen sind, wenn ein Unternehmen eine 'konventionelle' Beschaffung mit Lagerhaltung auf eine Just-in-time - Beschaffung umstellen will. Im Unterricht sind die Schüler Schritt für Schritt in das Erstellen von Netzwerken bzw. Feedback-Diagrammen eingeführt worden. Weiterhin wurden sie systematisch darin eingeübt, Strukturelemente in Netzwerken herauszuarbeiten; d. h. es wurde die Bedeutung von aktiven, kritischen, trägen und passiven Elementen in Netzwerken auf der Grundlage der Anzahl der Pfeile der Elemente erarbeitet. Abschließend sollten die Schüler mit Hilfe eines Anwendungsbeispiels ihr erworbenes Zusammenhangswissen in einer neuen Situation anwenden. Sie erhielten die Aufgabenstellung zu klären, welche Konsequenzen sich ergeben, wenn die ‚Salatkopf AG' ihre Produktion nach dem Just-in-time-Prinzip organisiert und sich zu diesem Zweck darum bemüht, eine Autobahnzufahrt direkt in der Nähe des Unternehmens zu erhalten. Insbesondere sollten die Folgen für die angrenzende Kleinstadt und die Umwelt berücksichtigt werden. Eine entsprechende Podiumsdiskussion diente der Informationssammlung als Vorbereitung einer Entscheidung und schloß noch nicht mit der Entscheidungsfindung ab.
Im Anschluß an die Diskussion wurde der Diskussionszusammenhang als Hilfe zur Entscheidungsvorbereitung in einem Netzwerk aufgearbeitet. Im Netzwerk wurden 15 Elemente und 26 Beziehungen verwendet, d. h. hinsichtlich der Vernetzung stellte es das differenzierteste Netzwerk in gesamten Unterricht dar. Strukturelle Aspekte der Problematik sind von den Schülern wie folgt herausgearbeitet und mit Hilfe folgender Elemente und Beziehungen in das Netzwerk einbezogen worden:

- ‚LKW-Anlieferung‘ (sieben Beziehungen) als *aktives* Element,
- ‚Bahn-Anlieferung‘ (sechs Beziehungen), ‚Bau von Kühlhäusern‘ (sechs Beziehungen), ‚Entlastung des Stadtkerns‘ (vier Beziehungen) als *kritische* Elemente,
- ‚Energieverbrauch‘ (vier Beziehungen) und ‚Kosten‘ (sechs Beziehungen) als *passive* Elemente.

Im Netzwerk wurde die betriebswirtschaftliche Problematik einer Just-in-time-Beschaffungsstrategie eines Unternehmens (z. B. erhöhte Nachfrage, LKW-Anlieferung, Kühlhäuser, Kosten, Gewinn) mit regionalökonomischen (Entlastung des Stadtkerns, Attraktivität der Stadt, Lebensqualität) und ökologischen Gesichtspunkten (z. B. Landschaftsverbrauch, Naturschutzgebietzerstörung, Energieverbrauch) in Verbindung gebracht. Das Netzwerk ist um einen wirtschaftlichen Schwerpunkt organisiert. Es dominieren nicht die ökologischen Elemente, sondern sie werden in Abhängigkeit von betriebswirtschaflichen Notwendigkeiten und regionalpolitischen Erfordernissen gesehen. Insofern spiegelt das Netzwerk in Ansätzen eine fächerübergreifende Wissensstruktur der Schüler mit betriebswirtschaftlichem Schwerpunkt wider.

In der empirischen Forschung wird darauf hingewiesen, daß nicht alle Lernenden gleichermaßen von der Arbeit mit Netzwerken profitieren, d. h. es treten unterschiedliche kognitive Effekte auf (vgl. *Fischer/Gräsel/Kittel/Mandl* 1995, 11 ff.). Lernende mit hohen Lernvoraussetzungen scheinen Netzwerktechniken besser anwenden zu können als Lernende mit geringen Voraussetzungen.
Das wesentliche Ergebnis des Unterrichtsversuchs ist in struktureller Hinsicht, daß die Arbeit mit Netzwerken im Unterricht nicht zu einer einheitlichen Veränderung der Wissensstruktur der Schüler geführt hat (vgl. *Brettschneider* 1997, 190 ff.). In der Tendenz haben ‚erfolgreiche‘ Schüler ihr umfangreiches, aber relativ ungesichertes Vorwissen zur Thematik dahingehend ‚gesichert‘, daß sie es inhaltlich auf mittlerem bzw. hohem Wissensniveau präzisiert haben, wobei der Umfang der Wissenskonzepte eingeschränkt worden ist. Weniger ‚erfolgreiche‘ Schüler haben ihr umfangreiches, aber relativ ungesichertes Vorwissen zu einer Thematik inhaltlich auf mittlerem bis geringem Wissensniveau diffuser gestaltet, wobei die Anzahl der Konzepte – ohne inhaltliche Präzisierung – ausgeweitet worden ist.

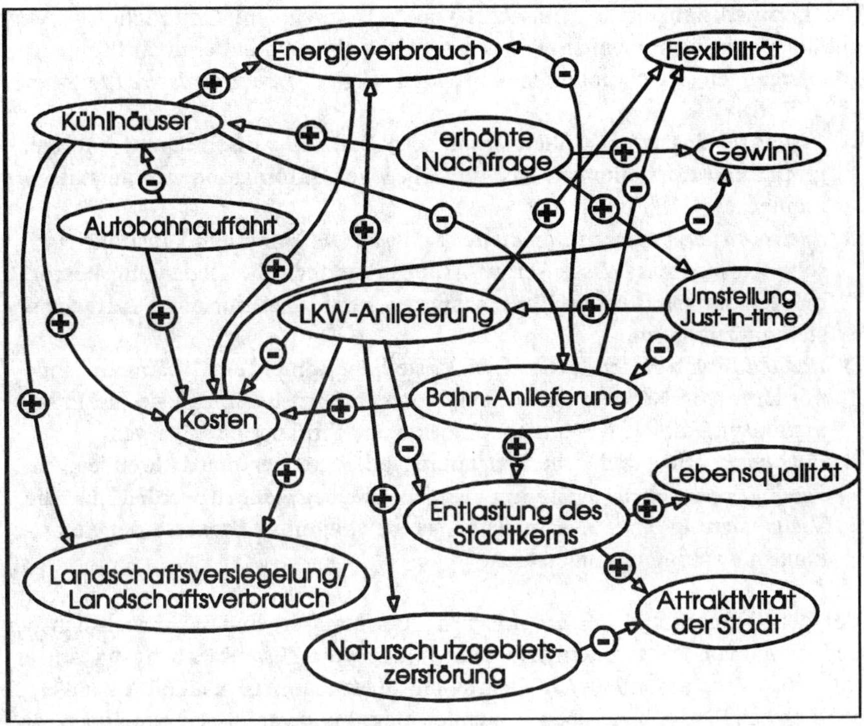

Abb. 4.26: Autobahnanschluß für die Salatkopf AG

4.4.4 Voraussetzungen für den unterrichtlichen Einsatz

Das sichere Erlernen der Verfahrensweise, Netzwerke und Feedback-Diagramme im Unterricht zu erstellen, erfordert gutes Grundlagenwissen und viel Übungszeit, andernfalls besteht die Gefahr, daß der Lernerfolg gering ist. Teilweise gelingt es den Lehrpersonen selber nicht, in jeder Unterrichtssituation gut gestaltete und aussagekräftige Netzwerke zu entwickeln (vgl. *Dubs* 1993d). Daher sind viele Beispiele notwendig, mit denen die Arbeit mit Netzwerken an verschiedenen Stellen im Unterricht eingebaut wird und wiederholt werden kann. Es sind viele Übungsaufgaben im Klassenverband, in Gruppen oder auch einzeln durchzuarbeiten, denn ein Transfer des Verfahrens im Hinblick auf späteres eigenständiges Lernen, Denken und Handeln erfolgt erst, wenn es sicher beherrscht wird.

Die Lernwirksamkeit des Einsatzes von Netzwerken im Unterricht zur Vermittlung von Zusammenhangswissen zur Umweltthematik beruht auf folgenden grundlegenden psychologischen Effekten (vgl. *Fischer/Gräsel/Kittel/Mandl* 1995, 9 ff.):

- *Visualisierungseffekte*: Viele empirische Befunde weisen darauf hin, daß graphische Darstellungen das Verstehen von Informationen unterstützen können.
- *Aktive Auseinandersetzung mit der Information*: Vor allem konstruktivistische Ansätze des Wissenserwerbs heben deutlich die Bedeutung hervor, die der aktiven Auseinandersetzung der Lernenden mit einer Aufgabenstellung zukommt.
- *Reduktion von Komplexität*: Die Darstellung komplexer Zusammenhänge mit Hilfe von Netzwerken verlangt von den Lernenden, daß sie die Informationsvielfalt auf wesentliche Aspekte und Strukturen reduzieren.
- *Feedback*: Die graphische Darstellung erleichtert es den Lehrenden, ein Feedback zu geben. Weiterhin kann davon ausgegangen werden, daß die Visualisierung eines Zusammenhangs metakognitive Prozesse der Selbstkontrolle anregt und unterstützt.

Vor dem Hintergrund der empirischen Forschungsergebnisse hinsichtlich der Bedeutung von Netzwerken zur Vermittlung von Zusammenhangswissen erweist sich eine abschließende Beurteilung ihrer Lernwirksamkeit als außerordentlich schwierig. "Die oben genannten Begründungen lassen annehmen, daß die Verwendung von Mappingverfahren lernförderlich ist." (*Fischer/Gräsel/Kittel/Mandl* 1995, 11) Allerdings verbleibt die grundlegende Problematik, daß allein aufgrund der graphischen Darstellung nicht zu beurteilen ist, in welcher Weise ein entsprechender Wissenszusammenhang von den Lernenden auch *verstanden* worden ist. Entsprechende *Auswertungs-* und *Beurteilungsgespräche* im Unterricht sind daher unerläßlich.
Abschließend ist festzustellen, daß sich in Netzwerken gesichertes Wissen und sog. Halbwissen über Zusammenhänge vermischen. Dieses ist allerdings ein notwendiger Bestandteil von Netzwerken, die zwischen *anfallender* und *kognitiv verarbeiteter* Komplexität vermitteln. Kognitive Bewältigung von Komplexität – gerade auch im Sinne interdisziplinären und fächerübergreifenden Denkens – bedeutet, daß zunächst mehr Elemente in die Überlegungen einbezogen werden müssen, als bisher inhaltlich bekannt sind, um zu einer Problemlösung zu gelangen (vgl. *Willke* 1991, *Dörner* 1989). Diese Charakteristik von Netzwerken ist von Lehrern zu berücksichtigen, um ihre Reichweite und inhaltliche Tiefe für die Vermittlung von Zusammenhangswissen nicht zu überschätzen.

4.5 Szenario

4.5.1 Ausgangssituation und historische Entwicklung

Mit dem Einsatz von Szenarien im Unterricht sollen Schüler befähigt werden, sich im Unterricht systematisch und konstruktiv mit zukunftsorientierten Themenstellungen auseinanderzusetzen. Szenarien sind geeignet, Zukunftsfragen, langfristige Entwicklungen oder globale Weltmodelle zu behandeln; sie sind sowohl für die Behandlung betriebswirtschaftlicher als auch volkswirtschaftlicher Problemstellungen im Unterricht relevant und machen die Schüler mit einer strategischen Planungsmethode aus der betrieblichen Praxis vertraut.
Wo Szenarien als Unterrichtsmethode genutzt werden, wird ein Gruppenprozeß initiiert, in dem antizipatorisch und partizipativ Fragestellungen bearbeitet werden, wobei Schüler bereits erworbenes Wissen anwenden und eigene Erfahrungen in diesen Prozeß einbringen können. Dabei ist es nicht das primäre Ziel, wirtschaftsberufliches Fachwissen zu vermitteln. Mit Hilfe dieser Methode sollen insbesondere sog. Schlüsselqualifikationen wie beispielsweise Kooperationsfähigkeit, Problemlösefähigkeit und Kreativität entwickelt und eingeübt werden.

Im Unterschied zur Zukunftswerkstatt, in der es um das Entwickeln wünschbarer Zukünfte geht (vgl. *Jungk/Müllert* 1989), werden mit Hilfe von Szenarien wahrscheinliche oder mögliche Zukünfte entworfen (vgl. *Weinbrenner/Häcker* 1991). Während mit Hilfe von Szenarien pessimistische und optimistische Zukunftsbilder als logische Konstruktionen aus der Gegenwart heraus entwickelt werden, werden in der Zukunftswerkstatt optimistische Utopien aus Träumen und Wünschen gestaltet und – aufbauend auf einer Kritikphase an den herrschenden Verhältnissen – auf Schwierigkeiten ihrer Realisierung überprüft. Neben diesen Unterschieden in der Zielsetzung und im methodischen Verlauf ist die Zukunftswerkstatt eher an Intuition und Kreativität orientiert, während die Szenario-Methode mehr analytisch-sachlich ausgerichtet ist, ohne daß sich diese beiden Vorgehensweisen gegenseitig ausschließen.

In der Literatur existieren unterschiedliche theoretische Ansätze zur Arbeit mit Szenarien (vgl. *Götze* 1991, 71 ff.). Gemeinsam ist allen Ansätzen das Ziel, alternative Zukunftsbilder zu entwickeln, die den Qualitätskriterien "möglichst breite Berücksichtigung alternativer Möglichkeiten" und "Rekonstruierbarkeit der einzelnen Arbeitsschritte" genügen. Der Anwendungsbereich der Szenario-Methode wird in der Entscheidungsvorbereitung gesehen.

Alltagssprachlich werden häufig weitentfernte Ereignisse oder gegenwärtig unüberschaubare Entwicklungen als Szenarien bezeichnet (vgl. *Jungk* u. a. 1978). Beim wissenschaftlichen Gebrauch des Begriffes ist etwas anderes gemeint. Ursprünge des Begriffes können bis zu *Seneca* zurückverfolgt werden, der es für wichtiger hielt zu wissen, wohin die Dinge gehen, als zu wissen, woher sie kommen (vgl. *Reibnitz* 1987, 11).
Der Begriff 'Szenario' stammt aus der griechischen Sprache. Eine 'Szene' bezeichnet den Schauplatz einer Handlung oder einen kleinen Abschnitt in einem Bühnenstück. Ein 'Szenarium' beschreibt die Ausgestaltung der Bühnen sowie die Reihenfolge der aufgeführten Szenen (vgl. *Götze* 1991, 36). Aus der Bühnensprache wurde der Begriff in den fünfziger Jahren des 20. Jahrhunderts von *Kahn* und *Wiener* in die Wirtschafts- und Sozialwissenschaften übernommen, um – u. a. mit Hilfe von Planspielen – hypothetische Folgen von Ereignissen sowie kausale Prozesse und Entscheidungsmomente betonen zu können.
Der Begriff 'Szenario-Methode' bzw. 'Szenario-Technik' umfaßt ein Verfahren zum systematischen Entwurf mehrerer alternativer, qualitativ dargestellter Vorstellungen von der Zukunft und der jeweiligen Entwicklungspfade dorthin mit dem Ziel, konkrete Handlungsoptionen zu gewinnen. Während 'Prognosen' wissenschaftlich gestützte Voraussagen über künftig gewünschte oder auch nicht gewünschte Ereignisse und Zustände sind, die auf eindimensionalen mechanistischen Beziehungen zwischen Input und Output ohne Berücksichtigung von Störereignissen basieren und auf eine einzige Vorhersage beschränkt sind, können 'Projektionen' als wissenschaftlich begründete Voraussagen hinsichtlich gewünschter und beabsichtigter zukünftiger Entwicklungen bezeichnet werden, die zu Zielgrößen werden und normativen Charakter annehmen können, indem sie Handlungsbedarf hervorrufen. Sie dienen dem Entwurf eines Modells hinsichtlich des angestrebten gewünschten Zustands (vgl. *König* 1988, 265 f.).

Als Methode hat das Szenario-Denken eine militärische und eine wirtschaftliche Entstehungsgeschichte (vgl. *Reibnitz* 1987, 12 ff. u. 1991, 12 ff.). Erste Ansätze sind bei *Moltke* (1800–1891) und *Clausewitz* (1780–1831) zu finden, die, auf den militärischen Bereich bezogen, Prinzipien einer strategischen Planung formulierten und beispielsweise Strategie von Taktik unterschieden. Eine Strategie entwickelte ein Feldherr vor der Schlacht, um langfristig den Feind zu besiegen. Innerhalb dieses Befehlsrahmens war Taktik das, was die Unterfeldherren während der Schlacht unternehmen konnten, um den Krieg zu gewinnen. Militärstrategische Planungsüberlegungen fanden erst Anfang der 70er Jahre des 20. Jahrhunderts Eingang in die Wirtschaftspraxis. Diese Entwicklung beruhte nicht zuletzt auf der spezifischen Situation dieser Jahre, in denen quantitative Planungen zunehmend Fehlschläge erlitten hatten, qualitative Aspekte an

Bedeutung gewannen und die Ungewißheit über die Zukunft wuchs. Es wurde zunehmend deutlich, daß die zukünftigen Marktchancen eines Unternehmens in starkem Maße von den Umweltgegebenheiten abhängen. In dieser Situation versuchte man die Entscheidungsgrundlagen zu verbessern, um zukünftige Entwicklungen besser abschätzen zu können. Es entwickelte sich die strategische Planung als ein Instrument der Unternehmenspolitik, wobei frühe Anwender die von der Ölkrise am stärksten betroffenen Branchen, d. h. die Mineralölkonzerne und die Automobilindustrie waren. Erste systematisch erarbeitete Szenarien wurden zunächst für öffentliche Auftraggeber erstellt, z. B. in den Bereichen Raum-, Forschungs-, Chemie- und Verkehrsplanung. Parallel dazu wurden Weltmodelle hinsichtlich der Zukunft der Erde mit Hilfe von Computersimulationen entwickelt, wie beispielsweise der Bericht des Club of Rome "Die Grenzen des Wachstums" zur Lage der Menschheit (vgl. *Meadows* 1973) oder die Studie an den amerikanischen Präsidenten "Global 2000" (vgl. *Grün/Wiener* 1984; *Bechmann/Michelsen* 1981).

Szenarien sind Instrumente und Hilfsmittel zur Erkenntnisgewinnung und zur Erklärung von 'Welt' oder von Teilen von ihr. "Szenarien sind Zukunftsentwürfe, die die Lebensbedingungen für Menschen zu einem bestimmten oder offen gelassenen zukünftigen Zeitpunkt beschreiben. Die Verständlichkeit von Szenarien wächst, wenn man die einzelnen Schritte analysiert und beurteilt, die auf dem Weg zu einem angestrebten, abgelehnten oder mindestens möglichen Zustand beschritten werden können, sollen oder müssen." (*Tietz* 1986, 22; vgl. ebenfalls *Reibnitz* 1987, 15)
Nach *Götze* (1991, 38 f.) stellt ein Szenario
"a) ein hypothetisches Zukunftsbild eines sozio-ökonomischen Bereichs und den Entwicklungspfad zu diesem Zukunftsbild dar,
b) gibt in Verbindung mit weiteren Szenarien einen Raum möglicher zukünftiger Entwicklungen des untersuchten Bereichs an,
c) wird systematisch und transparent sowie unter Berücksichtigung der Entwicklungen mehrerer Faktoren und der Zusammenhänge zwischen diesen erarbeitet und ist daher plausibel und widerspruchsfrei,
d) enthält quantitative wie auch qualitative Aussagen, die einen ausformulierten Text bilden und
e) dient der Orientierung über zukünftige Entwicklungen und/oder der Entscheidungsvorbereitung."

Diese charakteristischen Merkmale haben – bis auf b) – idealtypischen Charakter.

Eine große Stärke der Szenario-Methode liegt darin, daß nicht nur ein einziges Zukunftsbild entworfen wird (wie z. B. bei traditionellen Prognoseverfahren), sondern daß alternative Vorstellungen von der Zukunft entwickelt werden. Somit kann deutlich gemacht werden, daß die Zukunft nicht eindeutig vorhersagbar, sondern ihre Entwicklung unsicher und unbestimmt ist. Darüber hinaus werden nicht nur Zukunftsbilder entworfen, sondern auch die Wege dorthin beschrieben. Insofern sind Szenarien keine von der gegenwärtigen Wirklichkeit isolierte Utopien, sondern schlüssige Fortsetzungen der heutigen Gegebenheiten.

Szenarien sind hinsichtlich ihres Erstellungs- und Konstruktionsprozesses Modelle und Hilfsmittel für Erkenntnisprozesse; d. h. es sind bei ihrer Beurteilung die Merkmale der Modellbildung zu berücksichtigen: *Abbildung* oder *Repräsentation*, *Reduktion* oder *Verkürzung, Subjektivität* oder *Perspektivität, Akzentuierung, Transparenz, Intentionalität, Instrumentalität.* Modelle bilden eine Erscheinung, d. h. einen Realitätsbereich zwar ab, das Modell erfaßt aber nicht alle Eigenschaften des Originals, sondern beschränkt sich auf solche Elemente, die für den Modellkonstrukteur besonders wichtig sind. In diesem Sinne bilden Szenarien ökonomische Modelle, die qualitative Gesichtspunkte integrieren und dynamische Beziehungen sowie Systemzusammenhänge berücksichtigen.
Die Modellkonstruktion von Szenarien beruht auf dem Systemdenken. Eine systemtheoretische Vorgehensweise geht von größeren Zusammenhängen aus und berücksichtigt viele Einflußfaktoren mit ihren Wechselwirkungen untereinander; sie ist weniger isolierend und zerlegend als die übliche Vorgehensweise bzw. Organisation von Lernprozessen (vgl. *Ulrich/Probst* 1990; *Probst/ Siegwart* 1985; *Bleicher* 1991).

Das hinter der Szenario-Methode stehende Denkmodell wird gewöhnlich mit Hilfe eines Trichters visualisiert, der die Entwicklung von der Gegenwart in die Zukunft graphisch darstellt (vgl. *Geschka/Hammer* 1990, 315). Die gegenwärtige Ausgangssituation (z. B. Klimaveränderungen, Marktveränderungen, Verkehrsprobleme, Auswirkungen der Arbeitsteilung auf die Umwelt) wird als Punkt dargestellt, da sie relativ eindeutig beschreibbar und analysierbar ist. Je mehr Zeit vergeht, desto weniger genau ist die – aus heutiger Sicht – zukünftige Situation eindeutig beschreibbar, weil immer mehr Unwägbarkeiten zu berücksichtigen sind. Die Vielfalt möglicher Entwicklungspfade führt zu einem Bündel alternativer Zukünfte, die sich im Zeitablauf auseinanderbewegen.
Aus Gründen der Übersichtlichkeit werden diese Entwicklungen in der Erarbeitung von Szenarien in der Regel auf zwei einander gegenüberliegende Extremszenarien beschränkt. Die Extremszenarien beinhalten jeweils – auf eine

Problemstellung bezogen – die bestmögliche bzw. schlechtestmögliche Entwicklung, um die Weite und Vielfalt möglicher Zukünfte erfassen zu können und nicht von vornherein mögliche Entwicklungen aus den Überlegungen auszuschließen. Der dem Entwicklungstrend der Vergangenheit entsprechende Zukunftsentwurf wird als Trendszenario bezeichnet und liegt in der Mitte des Trichterquerschnitts. Auf jede der denkbaren Entwicklungslinien können zu jedem Zeitpunkt Störereignisse einwirken. Diese verändern den Linienverlauf und damit den Entwicklungspfad in die Zukunft und erfordern Gegenmaßnahmen, die an bestimmten, jeweils festzulegenden Entscheidungspunkten ergriffen werden müssen.

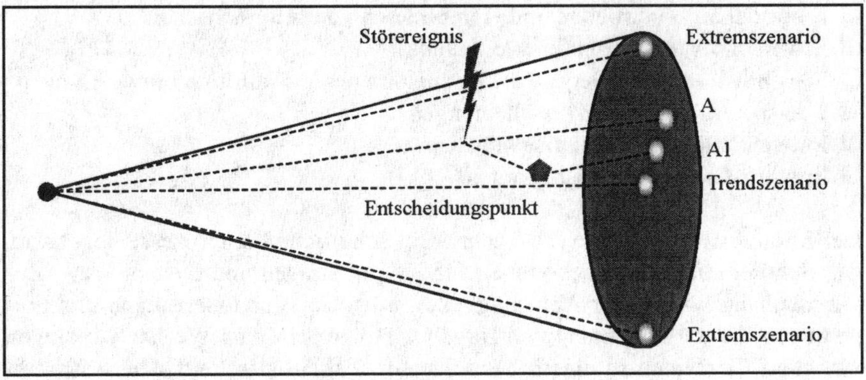

Abb. 4.27: Szenario-Trichter (vgl. *Geschka/Hammer* 1990, 315)

Lernen mit Hilfe von Szenarien ist im Kern durch Antizipation und Partizipation gekennzeichnet, d. h. sie initiieren einen innovativen Lernprozeß (vgl. *Peccei* 1979, 40 ff.). "Antizipation ist die Fähigkeit, sich neuen, möglicherweise nie zuvor dagewesenen Situationen zu stellen; [...] die Fähigkeit, sich mit der Zukunft auseinanderzusetzen, künftige Ereignisse vorauszusehen und die mittel- und langfristigen Konsequenzen gegenwärtiger Entscheidungen und Handlungen auszuwerten." (*Peccei* 1979, 52) Antizipatorisches Lernen ist darauf ausgerichtet, die Lernenden zu befähigen, in neuen, unbekannten Situationen zu handeln.

Während der Begriff Antizipation die zeitliche Dimension innovativen Lernens betrifft, beschreibt der Begriff Partizipation die gesellschaftliche Dimension. "Individuen lernen durch die Teilnahme an den Interaktionen mit der Gesellschaft, und die Gesellschaft lernt durch die Beteiligung von Gruppen und Individuen an gesellschaftlichen Aktivitäten. Ein Maßstab für die Effektivität gesellschaftlichen Lernens ist das Ausmaß, in dem Partizipation möglich ist." (*Peccei* 1979, 60)

Es existieren bisher einige Versuche, die Szenario-Technik als Unterrichtsmethode im Rahmen wirtschaftsberuflicher Bildung zu realisieren (vgl. beispielsweise *König* 1988; *Sprey* 1993; *Brettschneider/Hübner/Meier* 1990). Positive Lerneffekte der Szenario-Methode sind nach *König* (1988, 278):

- Denken in Zusammenhängen
- Wegführen von eindimensionalem Denken
- Entwickeln alternativer Denkweisen
- Zwang zu fundiertem Analysieren
- Einbeziehen, Verarbeiten und Kombinieren von Informationen
- Erwerb aktiven Informationsverhaltens
- Sensibilisierung für Gegenwartserscheinungen und künftige Entwicklungen
- Transparenz komplexer Erscheinungen
- Entwicklung von Problembewußtsein
- Entwickeln von Sozialfähigkeiten

Der Bildungswert der Szenario-Technik für schulische Lernprozesse liegt darin, daß Schüler ein Gespür bekommen für Zukunftsfragen und System- bzw. Zusammenhangswissen, für Abhängigkeiten zwischen Voraussetzungen und Folgerungen, für die Bedeutung von Handlungsfolgen und von Wechselwirkungen zwischen Elementen in einem betrachteten Realitätsausschnitt. Diese Zusammenhänge sind nicht mehr mit eindimensionalem Denken zu bewältigen, sondern verlangen ein Denken in Alternativen.

Der Einsatz der Szenario-Methode sollte auf einer fundierten Wissensbasis beruhen, verbunden mit einer Analyse von Fakten sowie ihrer Synthese und Integration in das zu entwickelnde Zukunftsbild. Hierfür bleibt die Sammlung, Auswertung und Darstellung von Fakten, d. h. ein aktives Informationsverhalten, unerläßliche Voraussetzung. Ein heterogener Wissensstand in der Lerngruppe erweist sich als Vorteil, da so unterschiedliche Gesichtspunkte in das jeweilige Gesamtbild einfließen können. Jeder Schüler sollte sich mit einem eigenständigen Beitrag in die Arbeit einbringen können und erleben, so daß er die Entwicklung von Szenarien mitgestalten kann. Im Arbeitsprozeß lernt er zu argumentieren, Konflikte auszutragen und die Gedanken anderer aufzunehmen (vgl. *König* 1988, 276 ff.; *Peege* 1986, 171). Die Arbeit mit Szenarien setzt Kreativität und Phantasie frei, fördert zukunftsorientiertes, interdependentes, interdisziplinäres und vernetztes Denken.

Zusammenfassend kann festgestellt werden: Mit Hilfe von Szenarien lassen sich Zukunftsentwürfe systematisch entwickeln. Vom gegenwärtigen Zustand ausgehend werden im Sinne eines Gedankenexperiments bzw. von Modellbildungen mögliche Entwicklungen beleuchtet und zukünftige Zustände, die sich daraus ergeben können, in Worten beschrieben. Unausgesprochen oder ausgesprochen werden damit auch Annahmen über die als wahrscheinlich bzw. weniger wahrscheinlich angenommenen Entwicklungen getroffen. Neben Zukunftszuständen wird der Weg aufgezeigt, der aus der Gegenwart dorthin führt. Der Einsatz von Szenarien eignet sich insbesondere für Vorhaben, in denen es um die Bewältigung von komplexen, vernetzten Zukunftsfragen geht. Diese Art der Vorausschau anhand alternativer Zukünfte unterstützt die Entscheidungsvorbereitung bei komplexen Aufgaben und ist ein Hilfsmittel zur Reduktion von Komplexität für Erkenntnisprozesse. Szenarien haben eine Orientierungsfunktion für Entscheidungen und zeigen antizipativ, was passieren könnte.

4.5.2 Verlaufsstruktur für die Durchführung von Szenarien

In der Literatur existieren unterschiedliche methodische Abfolgen der Arbeit mit Szenarien, die hier nicht alle vorgestellt werden können (vgl. *Götze* 1991, 71 ff.; *Brauers/Weber* 1986).

Prinzipiell erfolgt die methodische Vorgehensweise in drei Schritten, aus denen sich alle Phasen ableiten (vgl. *Lehnen* 1979, 72; *Brauers/Weber* 1986, 633):

- In der Analyse-Phase wird die Ausgangssituation beschrieben und der Systemzusammenhang erarbeitet, d. h. hinsichtlich eines Problems werden die Einflußfaktoren herausgearbeitet.
- In der Prognose-Phase werden Annahmen über zukünftige Entwicklungen der Einflußfaktoren entwickelt und mögliche überraschend auftretende Ereignisse in ihren Wirkungen auf die Prognosen in die Überlegungen einbezogen.
- In der Synthese-Phase werden alternative Szenarien entworfen, indem die Entwicklungen der verschiedenen Einflußfaktoren sinnvoll kombiniert werden.

Die folgende Phaseneinteilung (vgl. Abb. 4.28) beruht auf dem methodischen Vorgehen des *Battelle-Instituts* in Frankfurt und Vorschlägen, die von *Ute von Reibnitz* (vgl. 1987 u. 1991; ferner *Geschka/Hammer* 1990) entwickelt worden sind. Die unterrichtliche Entwicklung von Szenarien kann idealtypisch in acht Schritten verlaufen, wobei die acht Stufen nicht nacheinander, sondern iterativ zu durchlaufen sind (vgl. *König* 1988; *Peege* 1986; *Reibnitz* 1991; *Geschka/Hammer* 1990).

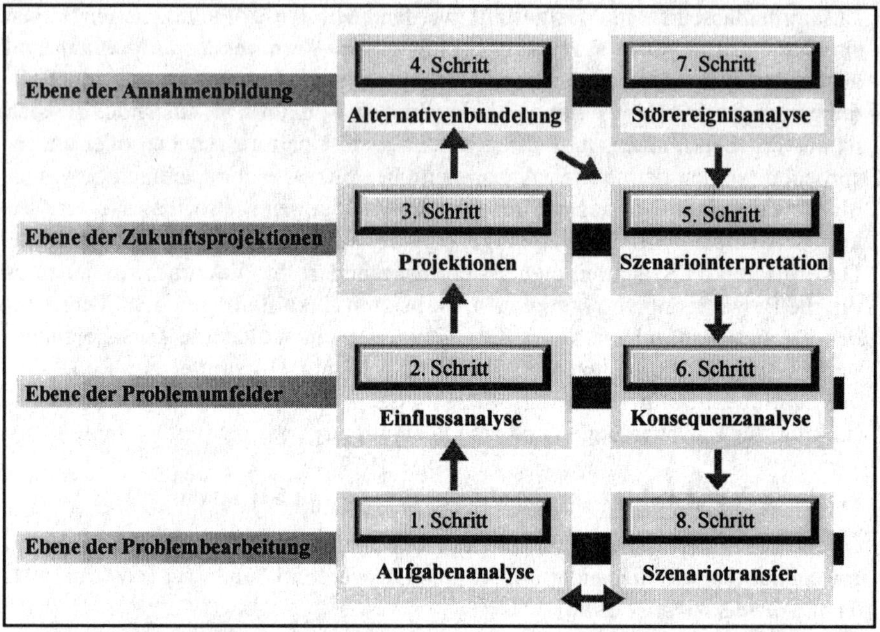

Abb. 4.28: Verlaufsstruktur von Szenarien

Um mit den Schülern die spezifische Denk- und Erkenntnisweise des Szenario-Trichters praktizieren zu können gilt es, jeweils ein positives und ein negatives Extremszenario und – auf dieser Grundlage – ein Trendszenario zu entwickeln. Darüber hinaus ist die Erstellung weiterer Szenarien möglich, aber für das Verständnis der grundsätzlichen Vorgehensweise nicht erforderlich.

(1) *Aufgaben- oder Problemanalyse*

Ziel dieses Schrittes ist es, eine möglichst exakte Formulierung der Aufgabenstellung vorzunehmen, d. h. es sind Informationen zu sammeln und die Ist-Situation zu beschreiben, Stärken und Schwächen zu analysieren, Strukturmerkmale und Problemfelder zu identifizieren und Zeithorizonte der Szenarien festzulegen (z. B. 5, 10, 20 Jahre). In der Realität sind Probleme zwar vorhanden, ihre systematische Definition ist jedoch immer erst zu erarbeiten, damit man nicht bei den Symptomen stehenbleibt, sondern zu den tiefer liegenden Ursachen und Zusammenhängen vordringt.

Hilfreich für die unterrichtliche Durchführung ist die Entwicklung eines Fragenkataloges als Checkliste nach dem Muster „Wie kann man erreichen, daß ...?“, mit der die Problemstellung zunächst erarbeitet werden kann (z. B. „Wie kann man erreichen, daß die negativen Folgen der Arbeitsteilung für die Umwelt vermindert werden können?“). Es geht hierbei darum, die zukunftsbezogenen Problembereiche zu erkennen und festzuhalten. Wichtig ist, daß sowohl quantitative als auch qualitative Aspekte berücksichtigt werden. Darüber hinausgehend kann zur Strukturierung der Informationsfülle eine morphologische Matrix entwickelt werden, in der alle möglichen Konstellationen systematisch gegenübergestellt werden können.

(2) *Einfluß- oder Umweltanalyse*

In dieser Phase werden die externen Einflußbereiche analysiert, die auf einen Untersuchungsgegenstand einwirken. Für ein Szenario 'Umweltorientierte Unternehmensführung' sind dies beispielsweise Umweltschutzgesetze, Energie- und Umweltschutztechnik oder die kritische Öffentlichkeit. Für fast alle Branchen sind dies z. B. Absatzmarkt, Beschaffungsmarkt, Gesetzgebung, Technologie, Wettbewerb, Gesellschaft, Ökologie.
Methodisch können zunächst einzelne Elemente gesammelt werden, durch die Veränderungen am Untersuchungsgegenstand hervorgerufen werden können. Ausgehend von ihrer gegenseitigen Vernetzung können die einzelnen Elemente dann zu übergeordneten Einflußbereichen zusammengefaßt werden. Anschließend sind die Wechselwirkungen zwischen den Einflußbereichen und ihre Folgen für den Untersuchungsgegenstand herauszuarbeiten und zu bewerten. Somit lassen sich beispielsweise besonders aktive, mittlere oder passive Einflußbereiche bestimmen bzw. können diese in eine relative Rangfolge gebracht werden.
Die Ermittlung der Einflußelemente und ihre Zusammenfassung zu Bereichen können z. B. mit Hilfe von Brainstormings bzw. (schriftlichen) Ideenkarten-Brainwritings erfolgen. Darüber hinaus kann für ihre Bewertung – auf der Grundlage von Netzwerken – z. B. eine Vernetzungsmatrix oder ein System-Grid erstellt werden, um systematisch Vernetzungen bzw. Wechselwirkungen herausarbeiten und z. B. aktive, passive, puffernde, kritische Größen (vgl. Kap. 4.4) bestimmen zu können. Bei einer Vernetzungsmatrix werden die Einflußbereiche in einer Matrix systematisch gegenübergestellt und ihr gegenseitiger Einfluß mit Hilfe einer Punktvergabe (z. B. 0 = kein Einfluß, 1 = schwacher oder indirekter Einfluß, 2 = starker Einfluß) eingeschätzt. Die Aktivsumme drückt dann jeweils aus, wie stark der Bereich die anderen beeinflußt, während die Passivsumme zeigt, wie stark der Bereich von anderen beeinflußt wird. In ei-

nem System-Grid können in einer Vier-Felder-Matrix aktive, ambivalente, puffernde bzw. niedrig ambivalente und passive Systemelemente graphisch zugeordnet werden. Ein System-Grid systematisiert die vernetzten Zusammenhänge.

(3) Projektionen oder Deskriptorenanalyse

Ziel dieses Schrittes ist es, auf der Basis der ermittelten Einflußelemente Deskriptoren, d. h. beschreibende Kenngrößen je Einflußbereich zu erarbeiten und ihre Entwicklung auf den gewählten Zeithorizont zu projizieren. Die Einflußbereiche werden in diesem Schritt systematisch mit Hilfe von Kenngrößen inhaltlich präzisiert. Zentrale Kenngrößen für die Problemstellung 'Umweltorientierte Unternehmensführung' sind z. B. angewandte Technologien (Fertigungsverfahren, Einsatzfaktoren, Umweltschutztechnik), Gesetze (Umweltschutzgesetze, Produktionsverbote, Import-/Exportverbote), gesellschaftliche Wertorientierungen (kritische Öffentlichkeit, Umweltschutzverbände, Verbraucherschützer). Die Deskriptoren sind quantitativ und qualitativ zu bestimmen. Wo Unsicherheiten über zukünftige Entwicklungen bestehen, sind Alternativen festzuhalten und zu begründen.
Deskriptoren können systematisch im Gruppengespräch entwickelt werden, wobei auf wertneutrale Formulierungen zu achten ist. Hierbei sind in einem iterativen Prozeß Daten zu interpretieren und Argumentationsketten hinsichtlich zukünftiger Entwicklungen zu bilden. Darüber hinaus kann mit Hilfe von Skalen (z. B. stark, mittel, schwach) die Wirkung der Deskriptoren eingeschätzt werden. Eindeutige Deskriptoren verlaufen relativ zielstrebig, aber nicht geradlinig, während mehrdeutige Deskriptoren alternative Entwicklungsmöglichkeiten beinhalten, die voneinander zu unterscheiden sind. Um den Szenario-Prozeß überschaubar und nachvollziehbar zu gestalten, können die Deskriptoren begründet und schriftlich festgehalten werden.

(4) Alternativenbündelung

In dieser Phase werden die verschiedenen Alternativentwicklungen gebündelt. D. h. hier werden zunächst die mehrdeutigen Deskriptoren hinsichtlich ihrer gegenseitigen Beeinflussung betrachtet und zu möglichen Zukunftsbildern zusammengeführt. Die Deskriptoren können sich gegenseitig neutralisieren, verstärken oder abschwächen, und nach ihrer Zusammenfassung sollen in sich konsistente Annahmenbündel aus logisch zusammengehörenden Deskriptoren entstehen. In der Regel genügt die Bildung von zwei Extremszenarien, die den Kriterien hohe Konsistenz, Stabilität und Unterschiedlichkeit genügen. Die Annahmenbündelung kann entweder ganzheitlich-intuitiv oder systematisch-analytisch erfolgen (vgl. *Reibnitz* 1991, 50). Auf diese Weise entstehen zunächst zwei extreme Szenario-Grundgerüste, die eine positive und negative Ausprägung des Szenariotrichters bilden.

(5) Szenario-Interpretation

Die durch Bündelung der Alternativdeskriptoren entstandenen extremen Szenario-Grundstrukturen werden in diesem Schritt unter Hinzuziehung der eindeutigen Deskriptoren konkretisiert und interpretiert. Ziel dieses Schrittes ist es, die auf der Basis der Konsistenzanalyse ermittelten Strukturen in ein kreatives Gesamtbild, zu integrieren.
Ergebnis dieses Schrittes sind zwei konträre, aber in sich logisch-stimmige und plastische Extrem-Szenarien bzw. Zukunftsbilder, die ggf. in Zeitschritte untergliedert sind (z. B. 5, 10, 20 Jahre) und eine positive und eine negative Entwicklung als Zukunftsbild widerspiegeln. Auf dieser Grundlage kann dann ein Trend-Szenario als drittes mögliches Zukunftsbild entworfen werden, das eine 'realistische' Fortschreibung der Gegenwart und Einschätzung der Gesamtentwicklung enthält.
Die Szenario-Bilder sollten zunächst schriftlich formuliert und graphisch veranschaulicht werden; ist die Szenario-Methode eingeübt, können sie auch zunächst nur verbal beschrieben werden. Hilfreich für die graphische Visualisierung sind z. B. Karteikarten, Pinnwand oder eine Wandzeitung. Hierbei ist zu berücksichtigen, daß nicht der ganze ausformulierte Text, sondern nur Kernaussagen festgehalten werden können. Bei der Szenario-Interpretation gilt es zu beachten, daß Szenarien sich nicht statisch in die Zukunft hinein entwickeln, sondern aufgrund von Wechselwirkungen zwischen den einzelnen Elementen über eine Eigendynamik verfügen.

(6) Konsequenzenanalyse

Im Rahmen der Konsequenzenanalyse werden auf der Basis der jeweiligen Szenarien Auswirkungen bestimmter Entwicklungsverläufe genauer betrachtet und konzeptionelle Lösungsideen entwickelt. Das Erarbeiten von Maßnahmen und Aktivitäten erfolgt erst im nächsten Schritt. Die Chancen und Risiken einer bestimmten Idee sind jeweils abzuwägen, d. h. Chancen sind so gut und früh wie möglich zu nutzen und Risiken soweit wie möglich zu vermindern. Hierbei ist der jeweilige Zeithorizont der Planung zu berücksichtigen, und es können erste Überlegungen hinsichtlich möglicher Maßnahmen angestellt werden. In diesem Schritt sind insbesondere Phantasie und Kreativität gefordert.

(7) Störereignisanalyse

Ziel dieses Schrittes ist, abrupt auftretende externe und interne Ereignisse, die die Richtung von Entwicklungsverläufen beeinflussen und die Szenarien verändern können, zu analysieren. Für die Berücksichtigung von Störereignissen sollte nicht nur ihre Eintrittswahrscheinlichkeit, sondern auch ihre Auswirkungsstärke als Kriterium berücksichtigt werden. Wahrscheinlichkeitsberechnungen sagen nichts über die Stärke einer Katastrophe aus. Störereignisse sind in ihren Folgen zu erfassen, um ein plastisches Bild von den möglichen Veränderungen zu erhalten. Daraufhin sind Präventivmaßnahmen zu entwickeln, um den geplanten Verlauf wiederherzustellen, und es können sog. Reaktiv- bzw. Krisenpläne erstellt werden.
Mögliche Störereignisse können mit Hilfe des Brainstormings gesammelt und anschließend in ihren Folgen analysiert werden. Störereignisauswirkungen können in einer einfachen Tabelle systematisiert werden (vgl. *Reibnitz* 1987, 58). Mögliche Kategorien sind:

- ❑ Veränderungen des Szenarios unter Einwirkung des Störereignisses,
- ❑ direkte und indirekte Auswirkungen z. B. auf ein Unternehmen,
- ❑ Präventivmaßnahmen,
- ❑ Reaktivmaßnahmen (Krisenpläne).

Dieser Schritt kann u.a. genutzt werden, um unter diesem neuen Gesichtspunkt den für die Szenario-Technik notwendigen Denkprozeß zu üben. Ggf. sind die konstruierten Szenarien in Kleingruppen umzuformulieren und endgültig auszuarbeiten.

(8) *Szenario-Transfer*

Ziel dieses Schrittes ist die Erarbeitung von Maßnahmen und Aktivitäten, die positive Entwicklungstrends fördern und negative vermeiden. Auf betriebswirtschaftliche Problemstellungen bezogen könnten z. B. für Unternehmen eine Leitstrategie formuliert und Alternativstrategien festgelegt werden, ggf. kann ein ‚Umweltbeobachtungssystem' etabliert und ein Aktionsplan entwickelt werden. Die Leitstrategie muß robust und flexibel unter unterschiedlichen externen Situationen sein, und der Aktionsplan realisiert die strategischen Entscheidungen auf operativer Ebene. Ein Umweltbeobachtungssystem hat im Sinne eines Frühwarnsystems die Aufgabe, z. B. die Unternehmensumwelt unter Präventionsgesichtspunkten zu beobachten. In diesem Schritt sind Planungsfähigkeit und realistische Überprüfung möglicher Ideen gefordert.

Der Vorteil eines schrittweisen Vorgehens beim Erstellen von Szenarien besteht darin, daß Schrittfolgen Strukturierungshilfen darstellen, die das Bewältigen der Gesamtaufgabe erleichtern. Die unterrichtlichen Realisierungsmöglichkeiten dieser Schrittfolge werden in einer – im Vergleich zu ihrem Einsatz in Unternehmen – Verringerung der Bearbeitungstiefe innerhalb der einzelnen Schritte gesehen.

4.5.3 Versuche der unterrichtlichen Realisierung von Szenarien

Die Szenario-Methode ist sehr flexibel im Hinblick auf den Aufwand, den man betreiben will und kann. Eine verbindliche Aussage über den erforderlichen Aufwand ist nicht möglich, da sich diese Methode für Anwendungen eignet, die vom einfachsten 30-Minuten-Beispiel bis zu umfangreichen, mehrere Personen ein Jahr oder länger beschäftigenden Studien reicht (vgl. *Reibnitz* 1991; *Götze* 1991; *Frei/Ruloff* 1984).
Die Zeitdauer hängt u. a. ab von der didaktischen Intention, dem Komplexitätsgrad der Aufgabenstellung, dem Vorhandensein und der Zugänglichkeit von Informationen und Informationsquellen, dem Umfang des zu verarbeitenden Wissens, der Anzahl der zu entwickelnden Szenarien, arbeitsteiligem oder arbeitsleichem Vorgehen usw.

❑ Der Einsatz von Szenarien kann zunächst als Brainstorming oder Kreativitätstraining beginnen. Um in die Denkweise hineinzukommen, genügt für eine einfache Umsetzung im Unterricht die Formulierung der Frage "Was wäre, wenn ...?" (vgl. *Peege* 1986), z. B. "Was wäre, wenn morgen der Liter Benzin fünf DM betragen würde? Was wäre, wenn aufgrund von Klimaveränderungen das Eis an Nord- und Südpol beginnen würde abzuschmelzen? Was wäre, wenn wir morgen alle zum Leben notwendigen Produkte selber herstellen würden? Was wäre, wenn wir morgen Tomaten kaufen könnten, die größer als Kürbisse sind?"

Für eine einfache Einführung in die Arbeit mit Szenarien stehen zwei Wege zur Verfügung (vgl. *Frei/Ruloff* 1984, 273 ff.). Entweder können, von der Gegenwart ausgehend, verschiedene "Geschichten der Zukunft" beschrieben werden, beginnend mit Fragen wie: "Was könnte morgen geschehen? Wer könnte etwas für uns Relevantes tun? Mit welchem Ziel? Mit welchen Mitteln? Wie könnten Dritte reagieren?" Aufgrund solcher Fragen können Ereignisketten entworfen und Zukunftsbilder beschrieben werden. Oder es wird umgekehrt von der Zukunft ausgegangen, d. h. von einem bestimmten, als schwieriges Problem empfundenen Ereignis. Dann kann beispielsweise die Frage gestellt werden: "Was für eine Entwicklung könnte zu einem solchen Ereignis führen?"

- Hinsichtlich eines "Ausleuchtens" möglicher Zukünfte kann die Gegenwart a) im Sinne von drei am plausibelsten erscheinenden Entwicklungen fortgeschrieben, b) in eine optimistische und c) in eine pessimistische Variante entwickelt werden (vgl. *Frei/Ruloff* 1984, 274). Szenarien können der Entscheidungsvorbereitung unmittelbar nutzbar gemacht werden, indem bei jedem Szenario für jeden Bereich gefragt wird: "Was wären die Folgen z. B. für Einkauf, Produktion, Verkauf, Forschung & Entwicklung, Personalwesen, Konsumenten, Unternehmen, Verbände, Politik, Ausland usw.?"

- Die Arbeit mit Szenarien kann in folgenden drei bzw. fünf Schritten systematisch durchgeführt werden (vgl. *Frei/Ruloff* 1984, 271 ff.):
  (1) Wahl der wichtigsten Einzelentwicklungen, die die Zukunft eines Problemfeldes bestimmen. Diese Auswahl ist auf rund ein halbes Dutzend Elemente zu beschränken, um sie überschaubar zu halten. Die Fülle der sich daraus ergebenden möglichen 'Zukünfte' wird somit nicht allzu groß.
  (2) Annahme unterschiedlicher Entwicklungsverläufe innerhalb der ausgewählten Einzelelemente, eventuell präzisiert und zeitlich gestaffelt für den Zustand in 5, 10 und 20 Jahren. Diese Annahmen können aufgrund allgemeiner Überlegungen mit der Methode des 'gesunden Menschenverstandes' erfolgen.
  (3) Verbindung der Einzelelemente bzw. der auf sie bezogenen unterschiedlichen Annahmen zu verschiedenen Zukunftsentwürfen (Szenarien). Dabei sind die Wechselwirkungen zwischen den Elementen und die denkbaren Auswirkungen in bezug auf weitere Aspekte zu berücksichtigen.
  (4) Eventuell kann der Versuch einer Aussage über die relative Wahrscheinlichkeit der beschriebenen Szenarien erfolgen, d. h. die Szenarien sind nach dem Grad ihrer Eintrittswahrscheinlichkeit einzuschätzen. Dieser Schritt ist freilich in beträchtlichem Umfang willkürlich.
  (5) Da der Vorgang der Erstellung von Szenarien ebenso bedeutsam ist wie das fertige Ergebnis, ist es wichtig, im Zuge der Diskussion über zu entwickelnde Szenarien unterschiedliche Auffassungen zu identifizieren und nicht zu früh auf eine Einigung hin zu drängen. Hierbei ist besonders die Entwicklung gegensätzlicher Szenarien wertvoll, deren Entwicklung bewußt gefördert werden kann, indem man auf jeden Fall ein Gegenszenario entwickeln läßt.

- Aus der Literatur können fertige Szenarien analysiert und daran Grundprinzipien des Einsatzes von Szenarien erarbeitet werden (vgl. *Michelsen* 1988). Unter dem angenommenen Einfluß von bestimmten Störereignissen können sie verändert und neu entwickelt werden.

- Als weiterführende Verfahren sind die Nutzung von Computersimulationen und der Einsatz komplexer Planspiele möglich.

4.5.4 Voraussetzungen für den unterrichtlichen Einsatz

In der *Vorbereitung* auf den Einsatz von Szenarien im Unterricht gilt es darauf hinzuarbeiten, daß die Schüler über eine gute Wissensgrundlage verfügen und notwendige Planungs- und Arbeitstechniken beherrschen (z. B. protokollieren, Anfertigen von Karteikarten, Arbeit mit Wandzeitung und Flip-Chart, Verfahren der Informationssammlung und -auswertung, Brainstorming, Erstellen von Checklisten, Gesprächsführung).

Die Schüler müssen über Möglichkeiten der Informationsbeschaffung informiert sein, wie z. B. Bibliotheken, Wirtschaftsverbände, BTX, Datenbanken, Nutzung des Wirtschaftsteils der Tageszeitung usw. Andernfalls ist eine aktive Informationsbeschaffung und -auswertung kaum zu realisieren. Hilfreich wäre hier eine Handbibliothek im Klassenzimmer mit Nachschlagewerken, Branchenberichten, Statistiken, Wirtschaftsberichten, Broschüren usw. Als Alternative ist hierfür die Nutzung einer Bücherkiste möglich, die z. B. in einem Materialienraum verwahrt und jeweils zum Unterricht in den Klassenraum geholt wird.
Für die unterrichtliche Arbeit mit Szenarien müssen die Schüler überdies in die Methode der Gruppenarbeit eingeführt sein und sie beherrschen. Die Rolle des Fachlehrers verändert sich dahingehend, daß er Moderator für das arbeitsteilige Vorgehen im Unterricht und Ansprechpartner hinsichtlich der Informationsbeschaffung und -auswertung bzw. Darstellung der einzelnen Szenarien wird. Ggf. gilt es, im Vorfeld Institutionen anzuschreiben, um entweder notwendiges Informationsmaterial vorab bekommen zu können oder diese Einrichtungen auf mögliche Erkundungsgänge der Schüler vorzubereiten.

Die *Durchführung* der Szenarien sollte in der Halbjahres- bzw. Jahresplanung berücksichtigt werden, um eine Vorbereitung längerfristig realisieren zu können, die auch in Kooperation mit anderen Fächern erfolgen kann; generell ist die Arbeit mit Szenarien für fächerübergrefenden Unterricht geeignet. Für die Durchführung sind notwendige Arbeitsmittel bereitzustellen, z. B. Arbeitspa-

piere, Kartei-/Pinnkarten, Flip-Chart, Klebemöglichkeiten, Schere, Filzstifte oder Wandzeitungen. Während der Durchführung können Fixpunkte eingeschoben werden, um blinder Betriebsamkeit entgegenzuwirken und die Abstimmung zwischen den Teilgruppen zu erleichtern. Im Rahmen von Metainteraktion können aufgetretene Probleme des Umgangs miteinander aufgearbeitet werden (vgl. *Frey* 1990, 64).
Im Rahmen der *Nachbereitung* sind das inhaltliche Ergebnis und das methodische Vorgehen zu reflektieren und mögliche Anschlußaktivitäten zu überlegen.

4.5.5 Szenario „Umweltorientierte Unternehmensführung"

Unternehmensporträt
Die Möbel-Trend-2000 AG ist ein auf der Grundlage einer erfolgsorientierten Unternehmensstrategie rasch expandierendes Unternehmen der Holz verarbeitenden Industrie, das für die nächsten 5 Jahre das ehrgeizige Ziel der Umsatzmilliarde anpeilt. Das Unternehmen ist in mehrere Tochter- und Beteiligungsfirmen untergliedert und beschäftigt insgesamt 3200 Mitarbeiter. Im Hauptwerk fertigt man überwiegend hochwertige Möbel für den Konsumgüterbereich sowie komplette fertige Inneneinrichtungen für Verwaltungsgebäude von Industrie-, Handels- und Dienstleistungsbetrieben (Banken, Versicherungen, Hotelbetriebe usw.). Als wichtige Säule zur Rohstoffbeschaffung erwarb das Unternehmen 100%ige Beteiligungen an einem großen Sperrholz- und Spanplattenhersteller und an der international operierenden Holzimpex GmbH, die sich den afrikanischen und südostasiatischen Holzmarkt zusammen mit weiteren Unternehmen aus der Industrienation aufteilt. Produkte im Klein- und Billigmöbelbereich – ein zusätzliches Standbein – importiert die Möbel-Trend-2000 AG aus verschiedenen osteuropäischen Ländern oder läßt sie dort nach weniger strengen Produktionsauflagen und Umweltschutzbestimmungen fertigen.

Einige Details zum Hauptwerk
Das Hauptwerk, in dem 1900 Mitarbeiter beschäftigt sind, liegt aufgrund der Nähe der großen Nord-Süd- und Ost-West-Achsen der Autobahnen und Zugverbindungen sehr verkehrsgünstig. Zur Distribution werden bundesweit ausschließlich LKWs mit werbewirksamem Firmenlogo eingesetzt.
Der Betrieb ist an das Stromnetz eines Großunternehmens der Energieversorgung angeschlossen. Für die Klärung der Abwässer besitzt das Werk noch eine Betriebsgenehmigung für eine hauseigene Klärung älteren Baujahres. Bei der Abgasreinigung bewegt man sich innerhalb der gesetzlichen

Normen oder ist bemüht, fristgerecht die Nachrüstungen zur Erfüllung der Grenzwerte vorzunehmen.

Aktueller Diskussionsstand
Die anhaltende Umweltschutzdiskussion hinsichtlich der Verarbeitung von PVC, Lösemitteln, Lacken und Klebern sowie der durch die Produktion verursachten Schadstoffemissionen hat die Situation noch verschärft. Weder rein auf die Abwehr gerichtete PR-Maßnahmen noch der Versuch, eine inhaltliche Diskussion zur Tropenholzproblematik sachgerecht in Fachzeitschriften und Vorträgen zu führen, konnten bis heute das ehemals sehr gute, z.Z. aber „angekratzte" Firmenimage wiederherstellen.

Das Unternehmen verwendet Tropenholz für folgende Produkte:
Möbel, Furniere, Parkett, Holzvertäfelungen, Holzdecken, Intarsien, Spanplatten.

aus: Modellversuch LUKAS, Umweltorientierte Unternehmensführung – Leitstrategie der Zukunft von *Michael Sprey*, Detmold 1993

Aufgaben

1. *Nach Ansicht der Stabsabteilung „Strategische Unternehmensplanung" kann nur eine grundsätzliche und langfristige Lösung der Krise das Überleben der Möbel-Trend-2000 AG sichern.*
   Um auch in Zukunft die Stellung des Unternehmens auf dem Markt und in der Gesellschaft zu gewährleisten, schlägt die Stabsabteilung deshalb vor, das bisherige Unternehmensleitbild zu überprüfen und ggf. zu revidieren. Doch wie sieht dieses Leitbild aus?
   a) *Welche allgemeinen Ziele lassen sich für die Möbel-Trend-2000 AG dem Unternehmensporträt entnehmen?*
   b) *Nennen Sie die klassischen Ziele eines Unternehmens, das – wie die Möbel-Trend-2000 AG – nach dem erwerbswirtschaftlichen Prinzip handelt.*
   c) *Welchen Stellenwert hat bisher der Umweltschutz bei der AG?*

2. *Aufgrund der Analyse gelangt der Vorstand zu der Ansicht, daß das Unternehmen mit dem bisherigen Leitbild und der damit verfolgten Strategie den Herausforderungen der Zukunft bis hinein ins nächste Jahrtausend nicht mehr gewachsen ist. Er erteilt der Stabsabteilung „Strategische Unternehmensplanung" den Auftrag, ein zukunftsorientiertes Leitbild zu entwerfen, das auch dem Umweltschutzgedanken den erforderlichen Stellenwert bei-*

mißt. Zur Vorbereitung sind Informationen zu beschaffen und folgende Fragen zu beantworten:

a) Welche vielfältigen Einflußfaktoren bestimmen den zukünftigen Unternehmenserfolg oder wirken zumindest auf ihn ein?

b) Zu welchen übergeordneten Einflußbereichen lassen sich die Einflußfaktoren zusammenfassen?

c) Welche Einflußbereiche bestimmen am aktivsten die Zukunft der Möbel-Trend-2000 AG? Bilden Sie eine Rangordnung.

3. *Als nächsten Schritt bildet die Strategiekommission zwei Arbeitsgruppen, die die zukünftige Entwicklung der einzelnen Einflußfaktoren mit Hilfe von Experteninformationen einschätzen sollen, um damit unternehmerische Entscheidungen vorzubereiten. Als geeigneter Zeitraum für die Beschreibung der Szenarien wird eine Spanne von 10 Jahren festgelegt.*

Arbeitsauftrag Gruppe A *Offensive Umweltschutzstrategie*
Entwerfen Sie ein Extrem-Szenario für das Jahr 2006

Annahmen: Der Ökologietrend hat sich in allen Einflußbereichen durchgesetzt und wird zu einem dominierenden Faktor im Wirtschaftsleben. Nur Unternehmen, die sich offensiv den ökologischen Herausforderungen stellen und umweltorientiert handeln, können überleben.
Formulieren Sie zu jedem Einflußbereich klare Zukunftsaussagen für die einzelnen Einflußfaktoren.

Beispiel:
Einflußbereich Gesetzgebung/Politik
Einflußfaktor Umweltgesetze: „Die Bundesrepublik besitzt das schärfste Umweltgesetz der Welt. Auch die Europäische Union (EU) macht mit ...“

Arbeitsauftrag Gruppe B *Defensive Umweltschutzstrategie*
Entwerfen Sie ein Extrem-Szenario für das Jahr 2006

Annahmen: Die ökonomischen Realitäten sind stärker als ökologische Fakten. Nur Unternehmen, die den ökologischen Trend nicht überbewertet und ökonomische Überlegungen bei ihren Entscheidungen in den Vordergrund gestellt haben, können überleben.

Formulieren Sie zu jedem Einflußbereich klare Zukunftsaussagen für die einzelnen Einflußfaktoren.

Beispiel:
Einflußbereich Gesetzgebung/Politik
Einflußfaktor Umweltgesetze: „Schärfere Umweltschutzgesetze konnten in der Bundesrepublik gegen den Widerstand der Wirtschaft nicht durchgesetzt werden. Auch in der Europäischen Union (EU) gibt es Umweltschutzregelungen nur auf dem kleinsten gemeinsamen Nenner."

4. *Diskutieren Sie die Aussagen der Extremszenarien A und B hinsichtlich ihrer Realitätsnähe für die Zukunft und entwerfen Sie ein Trendszenario.*

5. *Nach sorgfältiger Abwägung der beiden Szenarien entschließt sich der Vorstand für die offensive Strategie, da er diese für Erfolg versprechender hält. Umweltschutz wird somit zur Chefsache deklariert.*
   a) Nennen Sie Beispiele, welche Funktionsbereiche innerhalb des Unternehmens und welche Ebenen der betrieblichen Hierarchie von dieser Zielvorgabe betroffen sind. Wie wirkt sich diese Zielsetzung auf die Außenbeziehungen der Möbel-Trend-2000 AG aus?
   b) Entwerfen Sie aufgrund Ihrer Ergebnisse ein neues, ökologieorientiertes Unternehmensleitbild für das Unternehmen.

Hilfen zur Festlegung der Einflußbereiche

Einflußbereiche und Einflußfaktoren

A **Gesetzgebung/ Politik**	**B** **Gesellschaft/ Nachfrager**	**C** **Technologie/ Substitution**
□ Umweltschutzgesetze (national/ international) □ Besteuerung □ Produktionsverbot, □ Stillegung, Kontrollen □ Import-/Exportverbote	□ Konsum als Wertorientierung □ Umweltschutzverbände/-initiativen, Verbraucherschützer □ Kritische Öffentlichkeit □ Mode- und Geschmackswandel	□ Einsatzfaktoren (Roh-, Hilfs-, Betriebsstoffe), □ Ersatzprodukte □ Fertigungsverfahren □ Energietechnik □ Umweltschutztechnik

D **Konkurrenz**	E **Wirtschaft**
□ Produkte □ Produktions- und Umweltschutztechnik □ Preise □ Umweltschutzmarketing und -image	□ Kaufkraft, Lebensstandard, □ Arbeitslosigkeit □ Konsumklima □ Entwicklung der □ Absatzmärkte (Inland, Osteuropa, EU...) □ Infrastruktur

Umweltorientierte Unternehmensführung – Leitstrategie der Zukunft

Eine umweltorientierte Unternehmenspolitik ist ein Beitrag zur Sicherung der Zukunft von Umwelt und Unternehmen. Sie nutzt die Marktchancen eines wachsenden Umweltbewußtseins.

Umweltschutz
1. ist den vorrangigen Unternehmenszielen zuzuordnen,
2. ist wichtige Aufgabe der Unternehmensführung, also Chefsache,
3. ist auf allen Ebenen der Betriebshierarchie zu berücksichtigen,
4. betrifft alle Unternehmensbereiche, vor allem Beschaffung, Produktion und Absatz,
5. ist Bestandteil der Forschung und Entwicklung, der Fertigungsplanung, Fertigungssteuerung und Fertigungskontrolle,
6. muß im Rechnungswesen der Unternehmung erfaßt werden, um Schwachstellen zu erkennen und zu beseitigen,
7. bezieht alle Mitarbeiter ein,
8. ist ein Maßstab für die Zusammenarbeit mit Marktpartnern, Kunden und Lieferanten.

vgl. Tutzinger Erklärung 1988; B.A.U.M.-Ehrenkodex 1987

Klassisches Unternehmensleitbild
Mit der bisherigen Leitstrategie verfolgt die Unternehmensführung die klassischen Unternehmensziele:

Hauptziele

- Gewinnmaximierung nach dem erwerbswirtschaftlichen Prinzip
- Sicherung der langfristigen Existenz des Unternehmens

Unterziele

- Umsatzsteigerung
- Erweiterung der Marktanteile
- Steigerung der Rentabilität, Wirtschaftlichkeit und Produktivität
- Kostensenkung und Rationalisierung

Die gleichrangige Verfolgung des Unternehmensziels „Umweltschutz“ stellt aus Sicht der Unternehmensleitung einen Zielkonflikt dar. Gerade staatliche Auflagen für den Umweltschutz werden als Gefährdung der wirtschaftlichen Expansion und Gewinnmaximierung des Unternehmens angesehen.

Aufgaben

1. *Notieren Sie Arbeits- und Funktionsbereiche im Unternehmen, in denen ein umweltorientiertes Unternehmensleitbild und ökologisch verantwortliches Handeln realisiert werden können.*

2. *Bilden Sie zu den verschiedenen Einflußbereichen je zwei Beispiele für praktische Maßnahmen, die ein solches Unternehmen durchführen könnte.*

A Gesetzgebung/Politik

Umwelt
Das Worldwatch-Institut (Washington/USA) wies 1995 auf die negativen Auswirkungen von Umweltschäden (z. B. Überfischung der Meere, Abholzen der Wälder, Wasserknappheit) durch die weltweite Wirtschaftsleistung hin. Das Institut schlug eine weltweite Umweltsteuer vor und verlangte von der UNO finanzielles Engagement beim Umweltschutz. Deutsche Politiker aus allen Parteien und Künstler hatten 1993 ein Programm zum Wiederaufbau der zerstörten Umwelt erarbeitet, den sog. ökonomischen Marshallplan. 1995 forderten die Initiatoren des Plans Umweltpolitiker der Industriestaaten auf, sich auf eine verbindliche Kohlendioxid-Reduktion von 20% bis 2005 zu

einigen, erneuerbare Energien stärker zu fördern und eine Flugzeugbenzinsteuer von 0,05 DM pro Flugkilometer und Gast einzuführen...

aus: Harenberg Lexikon der Gegenwart, Aktuell 1996, 1995, 425 f.

Gutachten Umweltorientierte Reform des Steuersystems
... Die Studien für das BMU bzw. das BMWi kommen im wesentlichen zu gleichen Ergebnissen. Demnach sind nennenswerte umweltpolitisch kontraproduktive Regelungen insbesondere in folgenden Bereichen (Landwirtschaft, Verkehr, Energie) gegeben ...

Verkehr
... Abschaffung der Befreiung des Flugbenzins von der Mineralölsteuer (Diese Befreiung wurde zur Förderung des Luftverkehrs eingeführt und ist inzwischen in der EG-Richtlinie zur Harmonisierung der Strukturen der Verbrauchsteuern auf Mineralöle festgeschrieben. Hier ist also nur ein EU-weites Vorgehen möglich.) ...

aus: Umwelt, Eine Information des Bundesumweltministeriums, Nr. 1/1995, 10

B Gesellschaft/Nachfrager

Fröhliches Fest unter märkischer Kiefer
Weihnachtsbäume aus einheimischen Forsten sind ein Beitrag zur Waldpflege und entlasten zudem die Familienkasse. ... Die noblen Blau-, Silber- und Nordmanntannen haben zur Weihnachtszeit seit einigen Jahren einen starken Konkurrenten bekommen. Immer mehr Familien in Berlin und Brandenburg feiern das Fest unter märkischer Kiefer. ... Der Vorteil: Kiefern behalten länger als andere Weihnachtsbäume ihre Nadeln und sind im Vergleich zu dem über Hunderte Kilometer transportierten Festtagsgrün wesentlich billiger. ... „Keiner braucht ein schlechtes Gewissen zu haben“, versichert Oberförster Christian Naffin vom Landesforstamt in Königs Wusterhausen. „Die Bäume stammen aus Weihnachtsbaumplantagen, die zumeist unter Hochspannungsmasten angelegt werden, weil dort eine andere forstliche Nutzung nicht möglich ist.“

aus: Berliner Zeitung, 95–12–04, 34

TROPENHOLZ

Der Regenwald wird abgehozt, damit aus dem Holz westliche Konsumwünsche erwünscht werden.

	Abachi	Afzelia	Basralocus	Bankirai	Bilinga	Bongossi	Brasilkiefer	Cerejekra	Framiré	Greenheart	Iroko	Red Luan	Limba	Makoré	Padouk	Pockholz	Ramin	Sapelli (Mahagoni)	Sipo (Mahagoni)	Teak	Wengé
Wände / Decken	●	●					●	●	●		●	●	●	●			●		●		●
Treppen		●	●		●		●	●	●		●	●		●				●	●	●	●
Fußböden/Parkett		●	●		●		●	●		●	●			●	●			●	●	●	●
Möbel	●	●					●	●	●		●		●	●	●		●		●	●	●
Möbelfuniere	●							●	●	●			●	●	●		●	●	●	●	●

EINHEIMISCHE ARTEN

Für all die Zwecke, zu denen Tropenholz verwandt wird, gibt es Alternativen aus heimischen Wäldern und Platagen.

	Ahorn	Birke	Rotbuche	Hainbuche	Douglasie	Eiche	Roteiche	Erle	Esche	Fichte	Edelkastanie	Roßkastanie	Kiefer	Lärche	Kirsche	Linde	Pappel	Pflaume	Rüster (Ulme)	Nußbaum	Elbe
Wände / Decken	●	●	●		●	●		●	●	●			●	●	●			●	●		●
Treppen			●	●	●	●	●		●	●			●	●	●				●		
Fußböden/Parkett	●	●	●	●	●	●	●		●	●			●	●	●			●	●		
Möbel	●	●	●		●	●	●	●	●	●	●	●	●	●	●	●	●	●	●	●	●
Möbelfuniere	●	●	●		●	●	●	●	●	●	●	●	●	●	●	●	●	●	●	●	●

aus: Tügel, H.: Hände weg vom Tropenholz, in: natur, das Umweltmagazin, Heft Nr. 7, S. 31

D Konkurrenz

Ökologische Neuordnung der Betriebswirtschaft
Umweltfragen nehmen einen immer größeren Einfluß auf die Strategien der Unternehmensführung ein. Es hat sich bei einem Großunternehmen der Chemischen Industrie gezeigt, daß ein „Umweltunfall", der u.a. durch das Fischsterben erhebliches Aufsehen erregt hat, zunächst eine erhebliche Mehrbelastung des Unternehmens durch strengere Auflagen des Gesetzgebers mit sich brachte. Diese strengen Auflagen wurden kurze Zeit später zum allgemeingültigen Gesetz für sämtliche Unternehmen der Chemischen Industrie erklärt. Hierdurch ergaben sich natürlich im nachhinein für das betroffene Unternehmen Wettbewerbs- und Know-how-Vorteile, so daß der anfängliche betriebswirtschaftliche „Verlust" mehr als wettgemacht wurde. ...

aus: Umwelthaftung und Umweltmanagement,
Hrsg. Prof. Dr. Josef Kwiatkowski, München 1994, 125

E Wirtschaft

Umweltschutz gefährdet den Wirtschaftsstandort Deutschland. Aufgrund strenger Umweltvorschriften verlagern deutsche Unternehmen ihre Produktion ins Ausland. Gleichzeitig hohe Löhne, hohe Steuern zu zahlen und Vorreiter im Umweltschutz zu sein, das kann auf Dauer nicht gut gehen. Dadurch leidet die Wettbewerbsfähigkeit vor allem der mit Umweltschutzkosten überdurchschnittlich betroffenen Wirtschaftszweige. ...
Die Behauptung, daß die in Deutschland vergleichsweise strengen und weitgehenden Umweltvorschriften die Unternehmen zu Standortverlagerungen ins Ausland veranlassen, ist unglaubwürdig. ... Denn der Umweltschutz stellt nicht nur eine Kostenbelastung für umweltintensive Produktionszweige dar, sondern auch einen überdurchschnittlich wachsenden Absatzmarkt. ...
Bei der Belastung der Unternehmen durch Umweltschutzkosten bleibt meist unerwähnt, daß diesen auch Entlastungen duch eine Vielzahl von Förderprogrammen gegenüberstehen. Unerwähnt bleibt auch, daß Umweltschutzkosten nur in dem Umfang Standortnachtei. ... Schließlich setzen sich die Kritiker überhaupt nicht mit dem Argument auseinander, daß sich innerhalb der EU nach und nach eine Angleichung des Umweltrechts vollzieht ...

aus: Broschüre des Umweltbundesamtes: Umweltschutz ein Wirtschaftsfaktor, 1993, 30–34

Aufgaben

1. *Finden Sie Argumente pro und contra Tropenholzverwendung*
   a) aus der Sicht des Möbelherstellers,
   b) aus der Sicht des Konsumenten als Mitglied der Gesellschaft.
   Verwenden Sie auch die bereits erarbeiteten Informationen.

2. *Beschreiben Sie mögliche Zielkonflikte zwischen den klassischen Unternehmenszielen und den nach einem umweltorientierten Unternehmensleitbild angestrebten Unternehmenszielen. Erläutern Sie mögliche Zielharmonien zwischen klassischen und umweltorientierten Unternehmenszielen.*

3. *Der richtige Umgang mit dem knappen Gut Energie ist eine der herausragenden Zukunftsaufgaben unserer Gesellschaft. Die Entscheidung für die zukünftigen Primärenergieträger, die Formen der Energiegewinnung und damit die richtungsweisende Festlegung der Energiepolitik ist nach Meinung vieler Experten eine Überlebensfrage.*
   a) Nennen Sie Beispiele für konventionelle (herkömmliche) Energien und für alternative Energien.
   b) Skizzieren Sie einen Szenariotrichter mit den Extremszenarien A: Konventionelle Energiepolitik und B: Alternative Energiepolitik. Zeichnen Sie ein Trendszenario ein.
   c) Welche möglichen Störereignisse könnten Ihrer Meinung nach diesen Trend verändern? Welche Ausprägung nimmt der Trend nun ein?
   d) Wie müßten Ihrer Meinung nach die Energiepolitik bzw. Energiewirtschaft auf diese Störereignisse reagieren?

4.6 Zukunftswerkstatt

4.6.1 Ausgangssituation und historische Entwicklung

Während die Szenarien als Methode insbesondere darauf ausgerichtet sind, wahrscheinliche oder mögliche Zukünfte zu entwerfen, zielt die Zukunftswerkstatt darauf ab, wünschenswerte Zukunftsvorstellungen zu entwickeln. Zukunftsfragen werden in einer sich dynamisch entwickelnden Arbeits- und Wirtschaftswelt immer bedeutsamer. Viele Menschen neigen allerdings dazu, die Zukunft und viele moderne Großrisiken aus ihrem Bewußtsein zu verdrängen. Mag eine Ursache hierfür die Tatsache sein, daß Risiken unsichtbar sind, so sind tiefer liegende Ursachen eher darin zu sehen, daß angesichts der Eigendynamik des technischen Fortschritts Gefühls- und Erfahrungsfähigkeit der Menschen hinter der Geschwindigkeit dieser Entwicklungen zurückbleiben (vgl.

Anders, 1980, 267 ff.; *Jonas* 1984, 251). Darüber hinaus ist bei Kindern, Jugendlichen und Erwachsenen nicht selten ein Zukunftspessimismus festzustellen.

Die Zukunftswerkstatt bietet vielfältige Möglichkeiten, sich mit der Frage auseinanderzusetzen, wie wir die Zukunft gestalten und in Zukunft leben wollen. Sie ermöglicht, "wünschbare Zukünfte" zu entdecken, die sich von der gegenwärtigen Situation und einer "wahrscheinlichen" Entwicklung erheblich unterscheiden (vgl. *Weinbrenner/Häcker* 1991). Die Zukunftswerkstatt bietet die Möglichkeit, Phantasie und Kreativität stärker in den Unterricht einzubeziehen. Sie ist eine methodische Möglichkeit zur Behandlung einer wesentlichen Existenzfrage in all ihren Facetten. Die Zukunftswerkstatt kann als ein "soziales Versuchslabor, in dem alternative Zukünfte von engagierten Bürgern entworfen und durchdacht werden" definiert werden (*Jungk/Müllert* 1989, 79). In Zukunftswerkstätten wird die Zukunft als aktiv und in Selbstverantwortung zu gestaltender Möglichkeitsspielraum begriffen. Die Zukunftswerkstatt als Methode "betont und fördert die Vervielfältigung, Wählbarkeit und Gestaltbarkeit von solchen Zukünften, die als gemeinschaftlich wünschenswert erarbeitet werden." (*Lechler* 1992, 19)

Das Besondere und Ungewöhnliche an der Zukunftswerkstatt ist die Umkehrung der gewohnten Betrachtungsperspektive. Die Zukunft wird nicht länger als eine Verlängerung der Gegenwart angesehen, sondern aus einer Zukunftsperspektive heraus werden alternative Entwicklungen der Gegenwart erarbeitet, um die gesellschaftliche Entwicklung in Richtung einer gewünschten und gewollten Zukunft beeinflussen zu können.

Die Idee der Zukunftswerkstatt ist untrennbar mit dem Zukunftsforscher, Friedenskämpfer und Humanisten *Robert Jungk* verbunden. Er war und ist einer der Hauptvertreter der humanistisch engagierten, internationalen Zukunftsforschung, deren Wurzeln in Gesellschafts- und Wissenschaftskritik, der internationalen Studentenbewegung, der Jugend- und Alternativkultur und nicht zuletzt der Bewegung der Bürgerinitiativen der sechziger Jahre liegen. *Jungk* beobachtete zum einen eine zunehmende Konzentration der Entscheidungen bei wenigen Politikern und Experten. Die Bevölkerung hatte kaum Gelegenheit zur Mitgestaltung bei den sie betreffenden Entscheidungen. Hierin sah er die Gefahr, daß wichtige Gefahrenmomente oder mögliche Alternativen zu wenig berücksichtigt werden könnten. Nicht zuletzt deshalb betonte *Jungk* die dringende Notwendigkeit der Demokratisierung der Entscheidungsgewalt weniger Experten in Richtung selbstbestimmter Formen der Zukunftsgestaltung für alle (vgl. *Jungk* 1980, 193 ff.). Darüber hinaus wies *Jungk* auf eine immer größer werdende Kluft zwischen dem technisch-ökonomischen Fortschritt einerseits und der Gestaltung humaner Lebensbedingungen andererseits hin. "Forschung und Technik sind in diesem ausgehenden Jahrhundert in ein schmerzhaftes Mißverhältnis getreten zu ihrer sozialen Beherrschbarkeit, auch zur sozialen und psychischen Belastbarkeit der Menschen." (*Jungk u. a.* 1990, 13) Eine Möglichkeit zur Verminderung dieser Kluft sieht *Jungk* in der Entwicklung sozialer Phantasie, d. h. gewaltloser Methoden, die zu sozialen, politischen oder ökonomischen Veränderungen führen.

Bei der Entwicklung der Zukunftswerkstatt als Methode wurde *Jungk* von zwei Entwicklungen maßgeblich beeinflußt. Einerseits übernahm er Kreativitätstechniken, die im Rahmen von Produktentwicklungen in Amerika entstanden waren, speziell die Technik des Brainstormings von *Osborne*. Andererseits hatten insbesondere sowjetische Kreativitätsforscher gezeigt, daß durch gegenseitige Anregungen im Arbeitsteam die schöpferische Motivation der Beteiligten sichtlich verbessert werden kann (vgl. *Jungk* 1992).
Die zeitliche Entstehung der Zukunftswerkstatt wird von *Jungk* selbst mit dem Jahr 1964 angegeben, allerdings wird sie erst 1969 anläßlich eines Vortrages über Zukunftsforschung einer breiten Öffentlichkeit vorgestellt. Unter dem Titel "Einige Erfahrungen mit 'Zukunftswerkstätten' " wird 1973 erstmalig eine vorläufige Konzeption der Zukunftswerkstatt veröffentlicht (vgl. *Memmert* 1993, 24 f.).

Die von *Jungk* bis Mitte der siebziger Jahre durchgeführten Zukunftswerkstätten "der ersten Generation" hatten den Charakter von längstens eintägigen, selbstorganisierten Großveranstaltungen bestimmter Gruppierungen und wurden spontan vor Ort zur basisdemokratischen Bewältigung eines aktuellen Problems einberufen (vgl. *Lutz* 1988, 289 ff.). Seit Mitte der siebziger Jahre fanden Zukunftswerkstätten "der zweiten Generation" in Form eines in Phasen gegliederten Ablaufmodells mit einer Gruppengröße von ca. 20 Teilnehmern statt. Da *Jungk* die Zukunftswerkstatt immer als nichtprofessionalisierten, unvollendeten Ansatz angesehen hat, fehlte es ihr lange Zeit an einem klaren Profil. Erst durch ein vor über zehn Jahren erschienenes Buch (vgl. *Jungk/Müllert* 1981) gewinnt die Zukunftswerkstatt als methodische Konzeption schärfere Konturen. Die Folge war allerdings eine Auffächerung des Ansatzes in verschiedene Konzeptionen, da die Methode von *Jungk* sich nicht für alle Zielgruppen und Fragestellungen als sinnvoll erwies. Diese Entwicklung widerspricht aber nicht der Grundintention *Jungks*: "Ich bin im Grunde immer dafür eingetreten, daß nicht *eine* Methode Zukunftswerkstatt da sein soll, sondern Zukunftswerkstatt beinhaltet eine Haltung, die eben *viele* Methoden möglich macht, sonst widerspricht sie sich selbst." (*Jungk* 1992, 14)

Die 'klassische' Zukunftswerkstatt *Jungks* fand beispielsweise Eingang in das Forschungsprogramm der Landesregierung Nordrhein-Westfalen "Mensch und Technik – sozialverträgliche Technikgestaltung". *Jungk* und seine Mitarbeiter führten in den Jahren 1986 bis 1988 im Rahmen des Fortbildungsprogramms zu den neuen Technologien ca. zwanzig Zukunftswerkstätten durch, um die Wünsche, Vorstellungen und Visionen, aber auch Ängste und Befürchtungen der Bürger bezüglich neuer Technologien herauszufinden (vgl. *Landesinstitut für Schule und Weiterbildung* 1987).
Auch in der außerschulischen Aus- und Weiterbildung, insbesondere bei freien Bildungsträgern, im Hochschulbereich, bei Verbänden, Gewerkschaften und Kirchenkreisen sowie in der Kultur-, Jugend- und Sozialarbeit wird die Zukunftswerkstatt zur Behandlung unterschiedlicher Fragestellungen angewendet.

Wesentliche Merkmale und Ziele sind:

„– Zukunftswerkstätten sind basisdemokratisch, d. h. sie verstehen sich als Demokratisierungsinstrument, als Plattform, von der aus eine maßgebliche Bürgerbeteiligung an der Ausgestaltung des Kommenden möglich wird.
- Zukunftswerkstätten sind integrativ, d. h. sie versuchen eine Aufhebung des Gegensatzes von Experten und Laien, Herrschenden und Beherrschten, Wissenden und Unwissenden, Planern und Verplanten sowie Aktiven und Passiven.
- Zukunftswerkstätten sind ganzheitlich, d. h. sie versuchen eine Integration von Selbst- und Gesellschaftsveränderung, Rationalität und Intuition, Intellektualität und Spiritualität sowie Kognition und Emotion.
- Zukunftswerkstätten sind kreativ, d. h. es handelt sich um eine Methode des Planens, Entwerfens und Entwickelns, die die schöpferische Phantasie und den sozialen Erfindungsgeist der Beteiligten herausfordert.
- Zukunftswerkstätten sind kommunikativ, d. h. sie sind eine Chance für die sonst sprachlosen, die vielen Unterfragten in der Gesellschaft, ihre Bedürfnisse und Sehnsüchte, ihre Vorstellungen und Ideen, aber auch ihre Ängste und Befürchtungen frei zu äußern.
- Zukunftswerkstätten sind provokativ, d. h. sie sind eine Herausforderung an die staatlichen und wirtschaftlichen Institutionen, aus der Bevölkerung kommende Lösungsvorschläge und soziale Erfindungen ernst zu nehmen und aufzugreifen.“ (*Weinbrenner* 1989, 39)

4.6.2 Verlaufsstruktur für die Durchführung von Zukunftswerkstätten

Die ursprüngliche Verlaufsstruktur der Zukunftswerkstatt hat aufgrund der bisherigen Erfahrungen Veränderungen bezüglich der Phasenstruktur erhalten. In der ersten Darstellung 1973 ging *Jungk* noch von einem vierphasigen Verlauf aus, bestehend aus einer *kritischen*, einer *schöpferischen*, einer *prüfenden* und einer *taktischen* Phase. In den jeweiligen Phasen werden der gegenwärtige Zustand kritisiert, kreative Lösungsmöglichkeiten entwickelt, Realisierungshindernisse für die Lösungsvorschläge diskutiert und strategische Überlegungen hinsichtlich der praktischen Durchsetzbarkeit der Ideen entwickelt. Im Jahre 1978 wurde eine fünfte Phase, das sogenannte *soziale Experiment* angegliedert, in der versucht wurde, die entwickelten Strategien ganz oder teilweise in die Realität umzusetzen.

In der seit 1981 erschienenen Literatur wird von den drei Kernphasen *Kritikphase*, *Phantasiephase* und *Verwirklichungsphase* gesprochen (vgl. *Jungk/Müllert* 1989; *Müllert* 1993). Die prüfende und die taktische Phase sowie das soziale Experiment wurden zur Verwirklichungsphase zusammengefaßt. Die drei Kernphasen sind eingebettet in eine *Vorbereitungs-* und einer *Nachbereitungsphase*. Die Arbeit in der Zukunftswerkstatt wird nach *Jungk/Müllert* sowohl von rational-analytischen als auch von intuitiv-emotionalen Prozessen begleitet.

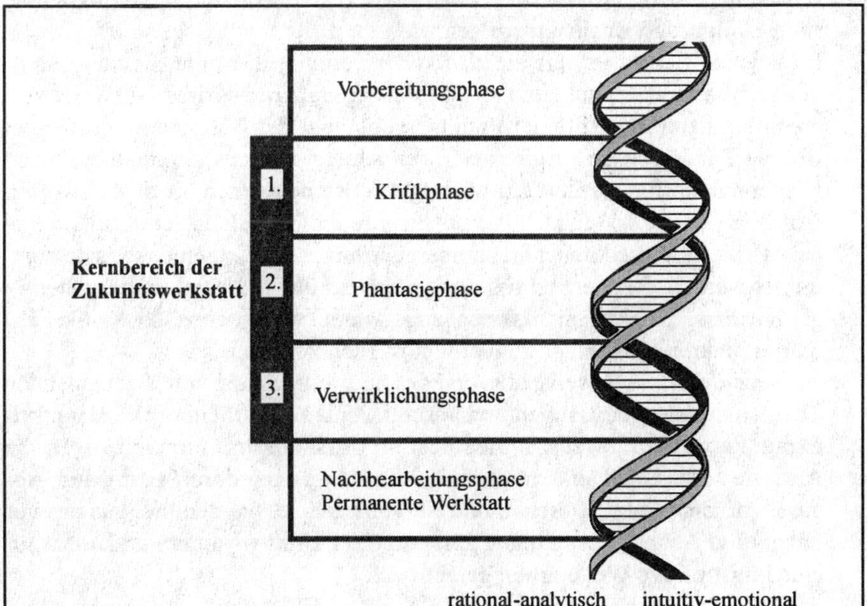

Abb. 4.29: Die Phasen der Zukunftswerkstatt mit Doppelspirale, aus: *Jungk/Müllert* 1989, 221

(1) *Vorbereitungsphase*

In der Vorbereitungsphase wird ein Thema festgelegt, das von einer Gruppe als dringend lösungsbedürftig angesehen wird. Hierbei ist anzustreben, die Teilnehmer soweit wie möglich in die Bestimmung des Themas einzubeziehen. Weiterhin sind die notwendigen Arbeitsmaterialien zu beschaffen und die Teilnehmer in Methode und Thematik einzuführen (vgl. *Jungk/Müllert* 1989, 73 ff.). Kennen sich die Teilnehmer untereinander noch nicht, sollten Kennenlern- und Auflockerungsspiele durchgeführt werden, um eine Vertrauensgrundlage zu schaffen, die für die Entwicklung von Phantasie und Kreativität in der Gruppe unbedingt notwendig ist.

(2) *Beschwerde- und Kritikphase*

Mit der Beschwerde- und Kritikphase beginnt die eigentliche Arbeit in der Zukunftswerkstatt, wobei die Phase in die Schritte *Kritiksammlung* und *Kritikverarbeitung* unterteilt ist. Bei der *Kritiksammlung* äußern die Gruppenmitglieder ihren Unmut, ihre negativen Erfahrungen und kritischen Einschätzungen zum Thema der Zukunftswerkstatt, wobei die Kritikpunkte stich-punktartig visualisiert werden.

Im zweiten Schritt erfolgt die *Kritikverarbeitung*, d. h. die Sichtung, Ordnung, Zusammenfassung und Auswahl der geäußerten Kritik. Die Kritikverarbeitung kann mit Hilfe der Punktvergabe oder der Rubrizierung erfolgen. Bei der Punktvergabe vergibt jeder Teilnehmer eine bestimmte Anzahl von Klebepunkten für die ihm am wichtigsten erscheinenden Kritikstichwörter. Auf diese Weise lassen sich die für die Gruppe bedeutendsten Kritikpunkte herausfiltern; diese können dann übergeordneten Kritikthemenkreisen zugeordnet werden. Bei der Rubrizierung werden alle Kritikstichwörter Oberbegriffen bzw. Kritikthemenkreisen zugeordnet, wobei einzelne Kritikstichwörter mehreren Rubriken zugeordnet werden können.

Zielsetzung ist es jeweils, die der Gruppe am wichtigsten erscheinenden Themenkreise zu bestimmen und anschließend zu bearbeiten. Die Hauptkritikpunkte werden jeweils in eine positive Aussage umformuliert, z. B. die Aussage "Der Stadtverkehr belästigt die Fußgänger durch Lärm und Abgase" in den Satz "Durch autofreie Innenstädte werden Fußgänger vor Lärm- und Abgasbelästigungen geschützt". Hiermit wird ein Fundament für eine konstruktive Weiterarbeit gelegt.

(3) *Phantasie- und Utopiephase*

In dieser Phase ordnen die Teilnehmer den positiv umformulierten Kritikergebnissen konkrete Wunschziele zu, wobei der Phantasie keine Grenzen gesetzt sind. Es wird angenommen, daß die Teilnehmer alle Macht und alles

Geld der Welt hätten (vgl. *Jungk/Müllert* 1989, 110 ff.). Die Sammlung der Wunschziele erfolgt mit Hilfe des Brainstormings. Ein geäußertes Wunschziel zur Ausgestaltung autofreier Innenstädte könnte beispielsweise lauten: "Alleinige Zulassung von Fahrrädern und Rikscha-Dienst für ältere Mitbürger".
Zentrale Gesichtspunkte des Brainstormings für kreative Vorschläge in der Zukunftswerkstatt sind (vgl. *Jungk/Müllert* 1981, 108 ff.):

- ❑ Kritik findet erst später statt
- ❑ Je kühner die Ideen, desto besser
- ❑ Möglichst viele Vorschläge für die Auswahl sammeln
- ❑ Auf geäußerte Ideen eingehen und weiterentwickeln

Folgende Techniken, die *Jungk/Müllert* in ihrem Sprachgebrauch als Methoden bezeichnen, helfen bei der Entwicklung phantasievoller Zukunftsentwürfe (vgl. *Jungk/Müllert* 1981, 147 ff.):

- ❑ Logische Methoden versuchen Probleme systematisch zu erfassen, zu analysieren, sie bis an die Grenze des Wahrscheinlichen zuzuspitzen und auch in ihr Gegenteil zu verkehren.
- ❑ Intuitive Methoden sprengen die wirklichkeitsnahe Rationalität durch: assoziative bzw. traumähnliche Vorstellungen, Übertragung von analogen Erscheinungen aus anderen Gebieten der Kultur und Natur auf das zu lösende Problem, Anregungen durch Zufälle oder 'verrückte' Grundannahmen.
- ❑ Kritische Methoden setzen den Zweifel als treibendes Moment bei den Überlegungen ein, indem vergangene Erscheinungen einer nachträglichen Kritik hinsichtlich alternativer Entwicklungsmöglichkeiten unterzogen, Tendenzen und Schwachstellen bestehender Verhältnisse phantasievoll überprüft und neue Lösungen auf Einseitigkeiten, Widersprüche und ihre Zeitbedingtheit überprüft werden.

In der anschließenden Ideenverarbeitung werden die geäußerten Wünsche für die Weiterarbeit wiederum mit Hilfe von Punktevergabe oder Rubrizierung bewertet und geordnet. Jeder Lösungsvorschlag wird möglichst anschaulich der Gesamtgruppe präsentiert. In der Kleingruppenarbeit kann auch das sog. Rundwünschen eingesetzt werden. Jeder Teilnehmer formuliert seinen persönlich wichtigsten Wunsch zum thematischen Schwerpunkt auf einem Blatt Papier und gibt das Blatt an seinen Nachbarn weiter. Dieser läßt sich vom geäußerten Wunsch inspirieren, ergänzt diesen aus seiner Sicht und gibt das Blatt weiter.

(4) *Verwirklichungs- und Praxisphase*

In der Verwirklichungsphase werden die Teilnehmer zurück in die Gegenwart geführt (vgl. *Jungk/Müllert* 1989, 126 ff.). Die Durchsetzungschancen der Entwürfe werden kritisch geprüft, indem beispielsweise mögliche politische, wirtschaftliche, regionale Schwierigkeiten antizipiert werden. Hierfür können die utopischen Entwürfe Experten vorgestellt werden, oder die Teilnehmer eignen sich selber notwendige Kenntnisse aus der Fachliteratur an. Möglich ist auch wiederum eine Punktvergabe, um bevorzugte Ideen herauszufiltern. Im nächsten Schritt werden Durchsetzungsstrategien für die erfolgversprechendsten bzw. interessantesten Phantasien entwickelt. Danach können ein Forderungskatalog für die Realisierung aufgestellt und in Kleingruppen Durchsetzungsvorschläge entwickelt und zu einem Aktionsplan verdichtet werden.

(5) *Nachbereitungsphase*

In einer Nachbereitungsphase kann ein Protokoll mit möglichen Nachfolgeaktivitäten erstellt werden. Das Idealziel ist die Planung einer sog. "permanenten Werkstatt", bei der sich die Teilnehmer in regelmäßigen Abständen treffen, um an der Umsetzung der Ideen weiterzuarbeiten. Die Werkstattarbeit zeichnet sich durch einen Gruppenprozeß aus, der dadurch initiiert wird, daß die Teilnehmer sich verantwortungsbewußt in die Gruppe einbringen mit der Absicht, "im Dienste einer Humanisierung und Ökologisierung der menschlichen Entwicklung" (*Jungk/Müllert* 1989, 162) aktiv zu werden.

Im Hinblick auf die Zeitplanung einer Zukunftswerkstatt sind folgende Varianten möglich und bisher erprobt (vgl. *Jungk/Müllert* 1981, 79 f.):

- Im Rahmen der Tageswerkstatt werden jeweils zwei Stunden für Kritiksammlung und Phantasiephase verwendet, um sich anschließend Gedanken über die Verwirklichung zu machen.
- Im Rahmen der Wochenendwerkstatt werden die Phasen auf drei Tage, bei der verkürzten Wochenendwerkstatt auf zwei Tage verteilt.
- Zum Einstieg in eine Diskussion ist eine Ein-Stunden-Werkstatt möglich, wobei jede Phase ca. zwanzig Minuten dauern kann.

Hinsichtlich der Durchführung einer Zukunftswerkstatt sind verschiedene problematische Aspekte zu berücksichtigen. Die Zukunftswerkstatt sollte nicht unter dem 'Diktat der Betroffenheit' stehen, indem zu stark auf konkrete Probleme vor Ort und subjektive Erfahrungen der Teilnehmer abgehoben wird (vgl. *Stange u. a.* 1987, 47). Das von *Jungk* und *Müllert* formulierte Idealziel einer Weiterführung der Zukunftswerkstatt als permanente Werkstatt, in der ein

geplantes Projekt tatsächlich umgesetzt wird, wird in der Praxis nur selten erreicht (vgl. *Memmert* 1993, 47).
Eine thematische Einführung der Teilnehmer in der Vorbereitungsphase wird von *Sellnow* als nicht unproblematisch angesehen, da "der beabsichtigte Vorteil eines besseren oder gemeinsamen Informationsstandes mit dem Nachteil erkauft wird, daß mit Art und Umfang der gebotenen Information auch automatisch Sichtweisen, Denkstrukturen und Wertungen zum Thema als 'Vor-Urteil' geliefert werden." (*Sellnow* 1990, 56)
In der Phantasiephase tritt oft die Schwierigkeit auf, wirklich neue, eigene Vorstellungen, Phantasien und Utopien zu entwickeln, und nicht schon Erdachtes nur zu wiederholen. Darüber hinaus ist es i. d. R. ungewöhnlich, gemeinsam und offen mit anderen Menschen zu phantasieren. Es besteht die Gefahr, daß bei zu großen Diskrepanzen zwischen Phantasievorstellungen und der Realität das Engagement der Teilnehmer erlahmt. Diesbezüglich ist zu berücksichtigen, daß das eigentliche Ziel der Zukunftswerkstatt in der Entwicklung von Ideen und Planung von Aktivitäten liegt, wobei ihre unmittelbare Realisierung nicht beabsichtigt ist.
Das folgende Beispiel "Denken und Handeln für ein ökologisches Europa" (vgl. *Burow* 1993, 23 ff.) zeigt im Überblick den Ablauf einer Zukunftswerkstatt als Wochenendwerkstatt.

Zukunftswerkstatt "Denken und Handeln für ein ökologisches Europa"

Freitag

1. Orientierungsphase 14–16 Uhr

❑ Offizieller Seminarbeginn: Kaffeetrinken/Info: Wie kam es zur Zukunftswerkstatt?

❑ ◆ Kurze Vorstellung der Modera-toren/Rollenklärung, Angabe des Ziels des ersten Blocks, Erläuterung der Gruppenregeln: Freiwilligkeit, Eigenverantwortlichkeit
◆ Anrede klären Du-Sie

❑ Einführung in das Werkstatthema:
◆ "Unser Vorschlag: Wir möchten an diesem Wochenende gemeinsam Lösungsideen für eine umweltfreundliche Politik in Europa entwickeln. Es geht also um die Frage: Was können wir wie tun, um unsere Umwelt auf europäischer Ebene zu verbessern? Die Methode der Zukunftswerkstatt soll uns dabei helfen. Sie ist nach unserer Erfahrung besonders geeignet, solche neuen Ideen zu mobilisieren."

❑ Kurze Erläuterung der Methode:
◆ Zukunftswerkstatt (OH-Folie), ca. 10 Minuten
◆ Vorstellung des geplanten Ablaufs des Wochenendes

❑ Abfrage der Teilnehmererwartungen:
◆ Jeder schreibt auf Kärtchen:
Dieses Seminar wird gut, wenn ...
Dieses Seminar wird schlecht, wenn ...
Die Leiter können dazu beitragen ...
Ich kann dazu beitragen ...
◆ Anpinnen und Sortieren der Kärtchen
◆ Fazit: definitive Ablauffestlegung

❑ Vorstellungsrunde mit Bezug auf Interessen gegenüber dem Programm

Pause

2. Kritik-/Problematisierungsphase (I) 16–18.00 Uhr

❑ Einführung in die Kritikphase: (methodische Ziele, Intentionen, Vorgehensweisen, Klärung des zeitlichen Ablaufs ...)

❑ Teilnehmerbezogene Problemformulierung:
◆ "Suchen Sie sich ein Bild aus, das Ihre Kritik an der Umweltsituation in Europa ausdrückt. Welches Unbehagen, welche Ängste, Befürchtungen, Kritik haben Sie? Welche konkreten Punkte stören Sie?" (im Raum liegen zahlreiche Bilder, die aus Illustrierten ausgeschnitten worden sind und in Klarsichthüllen stecken. In diese Hüllen kann eine Karteikarte mit dem persönlichen Satz gesteckt werden)
◆ "Schreiben Sie ein Wort, einen Satz oder einen kleinen Text darunter, der Ihre Empfindung ausdrückt."
◆ "Machen Sie sich Stichpunkte und benennen Sie einzelne Kritikpunkte jeweils auf einem Kärtchen."

❑ Problemformulierung in Kleingruppen:
◆ "Suchen Sie sich passende Partner zu Ihren Bildern." (Fünfergruppen)

♦ "Tauschen Sie sich in Kleingruppen über Ihr Bild und Ihren Satz aus, indem jeder zunächst sein Bild und seinen Satz vorstellt. Die anderen hören nur zu. Versuchen Sie, möglichst vollständig zu erfassen, was der andere meint. Erst im Anschluß an die Vorstellungsrunde Nachfragen und Austausch."

♦ "Lesen Sie die Kärtchen vor und versuchen Sie dann, die Kärtchen zu ordnen und Oberbegriffe zu finden, die Sie auf die größeren Karten als Überschrift schreiben. Was sind gemeinsame Kernpunkte?"

Pause

3. Kritikphase (II) 19–20.30 Uhr

❑ Ausdruck der Kritik in kreativen Produktionen:

♦ "Erstellen Sie eine kurze (2–3 Min.) Radiosendung, Reportage, ein Radiofeature, Interview eines Umweltexperten, eines Mannes von der Straße zu dem Problem."

(Erstellung der Sendungen mit einfachen Radiorecordern, ggf. Video, ggf. als Rollenspiel etc.)

❑ Präsentation der Arbeitsgruppenergebnisse im Plenum:

♦ Vorstellen der Spots, Rollenspiele etc.

♦ Anpinnen der gemeinsamen Kritikpunkte

♦ Zuordnung zu Themenkomplexen und Notieren der Oberbegriffe auf verschiedenfarbigen Extrakarten

Samstag

4. Kritikphase (III) 9–10 Uhr

Gestaltung einer Problemlandkarte: Bepunktung der zu Oberthemen geordneten Kritikpunkte und Einigung auf zentrale Punkte. (Jeder hat drei Punkte zur Bewertung.) Zuordnung zu Themengruppen, mit denen die Teilnehmer in die Utopiephase gehen möchten.

Pause

5. Phantasie-/Utopiephase (I) 10.30–12.30 Uhr

❑ Einführung in die Phantasiephase: (methodische Ziele, Intentionen, Vorgehensweisen, Klärung des zeitlichen Ablaufs ...)

❑ Einstimmung: "Wie könnte ein ideales Europa aussehen, in dem alle unsere Kritikpunkte positiv gelöst worden sind?"

❑ Phantasiereise

♦ Zeitmaschine (z. B.):

"Stellen Sie sich vor, es wäre das Jahr 2010 und wir hätten alle unsere Ziele eines umweltfreundlichen Europas erreicht. Im Zusammenhang mit Tankerunglücken und sonstigen Umweltkatastrophen hat im Jahr 1993 ein Umdenkungsprozeß stattgefunden. Die Europäische Gemeinschaft hatte einen Fünfzehnjahresplan zur Rettung der Umwelt beschlossen. Nach anfänglichen Schwierigkeiten hatten sich immer mehr Staaten und Bürger daran beteiligt. Alle unsere kritisierten Probleme und Befürchtungen sind gelöst worden.

Wie? Ja, es entstand sogar ein Wettkampf um das umweltfreundlichste Land. Was ist konkret passiert? Sie gehen jetzt durch Ihre Stadt. Sie gehen auf Ihre Arbeitsstelle. Was hat sich konkret verändert? Sie kommen in Ihre Wohngegend. Was hat sich da verändert? Jetzt machen Sie Urlaub in einem europäischen Land. Was hat sich da verändert?"

◆ "Versuchen Sie, ein Symbol für dieses umweltfreundliche Europa zu finden und zu malen."

◆ "Schreiben Sie ein Wort, einen Satz, einen Text ... darunter, der das Symbol erläutert."

◆ "Tauschen Sie sich in der Kleingruppe aus."

❑ Erarbeitung einer gemeinsamen Utopie in der Kleingruppe: "Umweltfreundliches Europa im Jahr 2010"

Mittagspause

6. Phantasiephase (II) 14–16.30 Uhr

❑ Gestaltung der Utopien in Kleingruppen: (Rollenspiel, Wandzeitung, Artikel, Musik, Tanz, Pantomime, Szenario, natürliche Materialien aus dem Umkreis der Tagungsstätte, Song, Gedicht ...)

❑ Präsentation der Arbeitsgruppenergebnisse im Plenum:

◆ Vorstellung der Utopien der Kleingruppen (erst gibt das Plenum Feedback, dann die Gruppe)

❑ Ausstellung der individuellen und (soweit möglich) gemeinsamen Visionen (Pinnwand)

Pause

7. Informationsbaustein (I) 17–18 Uhr

❑ Infobaustein zur Erklärung und Vertiefung der von den Teilnehmern aufgeworfenen Problempunkte im Hinblick auf die Realisierbarkeit der Visionen.

◆ Aufzeigen von Interessenkonflikten

◆ Wie kommen Umweltentscheidungen in der EG zustande?

◆ Was hat die EG im Hinblick auf die von den Teilnehmern aufgeworfenen Fragestellungen bereits getan?

❑ Diskussion

Pause

8. Informationsbaustein (II)

Film und Diskussion: Franz Alt 19–20.30 Uhr

(In einem Zukunftsszenario wird beschrieben, wie eine Wende in der Energiepolitik möglich wäre und durch welche Maßnahmen ein die Umweltbelange berücksichtigendes Energiekonzept einleitbar ist.)

Geselliges Beisammensein

9. Verwirklichungs-/ Umsetzungsphase (I) 9–12.30 Uhr

❑ Einführung in die Verwirklichungsphase: (methodische Ziele, Intentionen, Vorgehensweisen, Klärung des zeitlichen Ablaufs ...)

❑ Rekapitulation der bisherigen Ergebnisse (Bepunktung der Visionen und Zuordnung zu Interessenschwerpunkten, deren Realisierung man angehen möchte auf dem Weg zur Verwirklichung)

❑ Erarbeitung eines Stufenplans auf dem Weg zur Verwirklichung: "Überlegt Euch in der Gruppe, welche Schritte vom Jahr 2010 bis zum Jahr 1993 stattfinden müßten, um Eure Utopie zu realisieren. Es geht darum, den 'Europäischen Aktionsplan zur Verbesserung der Umwelt' zu realisieren."

♦ "Was sind Eure Forderungen?"

♦ "Was müßte von seiten der Politik geschehen?"

♦ "Was müßte von seiten der Wirtschaft geschehen?"

♦ "Welche konkreten Schritte könnt Ihr unternehmen?

❑ Gestaltung der Umsetzungsschritte in kreativen Produktionen:

"Stellt einen Beitrag für eine Nachrichtensendung zusammen, in der über den erfolgreichen Abschluß des Fünfzehnjahresplanes berichtet wird." (z. B.: Es begann mit einer Reihe von Zukunftswerkstätten im Jahre 1993...)

Mittagspause

10. Verwirklichungsphase (II) 14–16 Uhr

❑ Präsentation der Arbeitsgruppenergebnisse im Plenum: Vorstellung der Umweltaktionsprogramme

❑ Konkretisierung:

♦ Brainstorming im Plenum: Wer tut was, wann, wo, mit welchem Ziel, mit wem? Was kann ich konkret nächste Woche tun?

11. Auswertungsphase

❑ Kritik und Reflexion der Zukunftswerkstatt:

♦ Auswertungsrunde

♦ Moderatoren und Teilnehmer diskutieren den Werkstattverlauf

❑ Gemeinsamer Abschluß

Abb. 4.30: Zukunftswerkstatt "Denken und Handeln für ein ökologisches Europa", aus: *Burow* 1993, 23 (hrsg. von der Stiftung Verbraucherinstitut Berlin)

4.6.3 Varianten der Zukunftswerkstatt

Trotz ihrer erst kurzen Vergangenheit haben sich inzwischen Varianten zur klassischen Zukunftswerkstatt herausgebildet, von denen die interessantesten Vorschläge hier kurz dargestellt werden sollen.

Zukunftswerkstatt nach Lutz

Lutz (1983, 1987) hat eine Konzeption für eine Zukunftswerkstatt entworfen, in der er seine Erfahrungen aus Psychologie und Meditation in die Methode integriert hat. Als wesentliche Ziele seines Ansatzes nennt er die Auseinandersetzung mit persönlichen und tiefenpsychologisch verankerten Ängsten und Wünschen. Übergeordnete Zielsetzung ist die Realisierung einer ökologischen und emanzipierten Lebensweise, die in der Zukunftswerkstatt simulativ in Ansätzen erprobt werden kann. In diesem Sinne definiert *Lutz* die Zukunftswerkstatt als soziales "Experimentallabor" zur Erforschung von alternativen Zukünften (vgl. *Lutz* 1987, 36 ff.). Es steht nicht ein konkretes, praktisches Ziel, beispielsweise die Einflußnahme auf regionalpolitische Entscheidungen, im Vordergrund, sondern eine auf das Individuum gerichtete psychologisch-therapeutische Dimension, wie z. B. der Umgang mit persönlichen Ängsten. Der Anwendungsschwerpunkt der Zukunftswerkstatt nach *Lutz* liegt bisher in der Friedenspädagogik. Im Rahmen eines Forschungsprogramms der Deutschen Gesellschaft für Friedens- und Konfliktforschung (DGFK) wurden über zweihundert sogenannter 'Friedenswerkstätten' durchgeführt (vgl. Lutz 1987, 34).

Lutz (1983) lehnt die Struktur seiner Konzeption an die drei Phasen der klassischen Zukunftswerkstatt an (Abb. 4.31):

(1) *Kritik und Katharsis*: In der ersten Phase sollen gesellschaftliche Gefahren und das persönliche Verhalten als Reaktion darauf zunächst von den Teilnehmern akzeptiert werden. Im Sinne einer Katharsis sollen die Ängste überwunden werden. Mit Hilfe von Assoziationsübungen zur Gefahrenquelle sollen die Teilnehmer zunächst in ein Stadium persönlicher Verzweiflung eintauchen. Es folgt eine – durch evokative Musik unterstützte – Phantasiemeditation, in der die Gefahrensituation meditativ durchlebt wird. In der anschließenden Diskussion werden die individuellen Erfahrungen besprochen, visualisiert und mit Hilfe der Punktevergabe ausgewertet. Die wichtigsten Aspekte werden positiv umformuliert. Den Abschluß können körperliche Übungen zur Entspannung bilden.

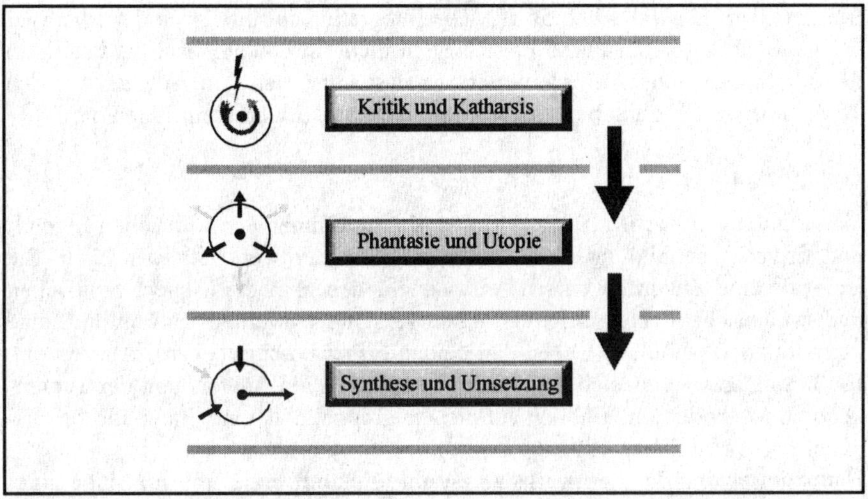

Abb. 4.31: Phasenablauf der Zukunftswerkstatt nach *Lutz*

(2) *Phantasie und Utopie*: Die Phantasiephase kann mit einer angeleiteten Meditationsübung beginnen, um zunächst positive Erfahrungen zum Thema der Zukunftswerkstatt zu durchleben. Anschließend können mit Hilfe des Brainstormings kreative Lösungsansätze erarbeitet werden. Die interessantesten Utopien werden mit Hilfe von Punktevergabe oder Strukturierung ausgewählt, auf die Gruppenmitglieder verteilt und ausgestaltet.

(3) *Synthese und Umsetzung*: In dieser Phase wird überprüft, ob die Wunschutopien der Teilnehmer tatsächlich mit den persönlichen, oft tiefenpsychologisch verankerten Einstellungen in Beziehung stehen und aus Überzeugung jeweils mitgetragen werden können. Außerdem erfolgt eine detaillierte Zusammenstellung der nächsten möglichen Schritte zur Realisierung der Utopien. Das Gelingen dieser beiden Schritte ist weitgehend abhängig von der Intensität der Selbsterfahrung in der ersten und zweiten Phase.

Die tatsächliche Umsetzung der Ergebnisse der Zukunftswerkstatt liegt in der Eigenverantwortung der Teilnehmer, sie ist nicht mehr Aufgabe der Zukunftswerkstatt. Der Ansatz von *Lutz* integriert gegenüber der klassischen Konzeption der Zukunftswerkstatt stärker die körperlich-seelische Dimension in die Methode. Die Konzeption wird jedoch nicht selten mit dem Vorwurf der Psychologisierung bzw. Individualisierung und Entpolitisierung der Teilnehmer konfrontiert (vgl. *Lechler* 1992, 56 ff.). Die Integration spiritueller und meditativer Elemente in der ersten Phase ist sicherlich nicht unproblematisch und stellt an den Moderator hohe Anforderungen, da das Aufspüren von Ängsten bei den Teilnehmern nicht zu unbewältigten traumatischen Erlebnissen führen darf.

Lernwerkstatt

Von *Stange u. a.* (1986, 1987, 1992) wurde im Rahmen der politischen Jugend- und Erwachsenenbildung die Konzeption einer Lernwerkstatt entwickelt. Sie kann als eine Zukunftswerkstatt mit verschiedenen methodischen, politischen und weltanschaulichen Orientierungen verstanden werden und nimmt eine vermittelnde Position zwischen den beiden bisher beschriebenen Ansätzen ein. Ein besonderes Kennzeichen der Lernwerkstatt ist die Anwendung der Techniken und Methoden im Hinblick auf die Zielgruppe, d. h. eine pragmatische Orientierung (vgl. *Lechler* 1992, 60).
Hauptzielsetzung der Lernwerkstatt ist eine Zukunftserziehung im Sinne einer umweltverträglichen, humanen und demokratischen Gesellschaft.
Lernwerkstätten wurden bisher mit höchst unterschiedlichen Adressatengruppen durchgeführt, wie z. B. Arbeitslosen, Senioren, Studenten, Auszubildenden oder Schülern.

Im Kern ist auch der Phasenablauf der Lernwerkstatt durch einen Dreischritt gekennzeichnet (vgl. *Stange u. a.* 1986, 67 ff.).

(1) Die *Orientierungsphase* dient dazu, sich kennenzulernen, die Erwartungen der Teilnehmer und Zielsetzungen der Arbeit zu klären sowie mit der Methode vertraut zu werden.

(2) Die *Problematisierungsphase* hat zum Ziel, den Gegenstandsbereich zu durchleuchten. Eigene Zukunftsvorstellungen werden – auf einen Themenbereich bezogen – in Frage gestellt. Mit Hilfe des Brainstormings machen sich die Teilnehmer ihre Einstellungen, Emotionen und ihre Verhaltensweisen bewußt. Hieran schließt sich eine Informationseinheit über mögliche Trends an. Diese wird von einem Experten gestaltet, wobei auch Teilnehmer Informationen einbringen können (vgl. *Stange u. a.* 1987, 83 ff.).

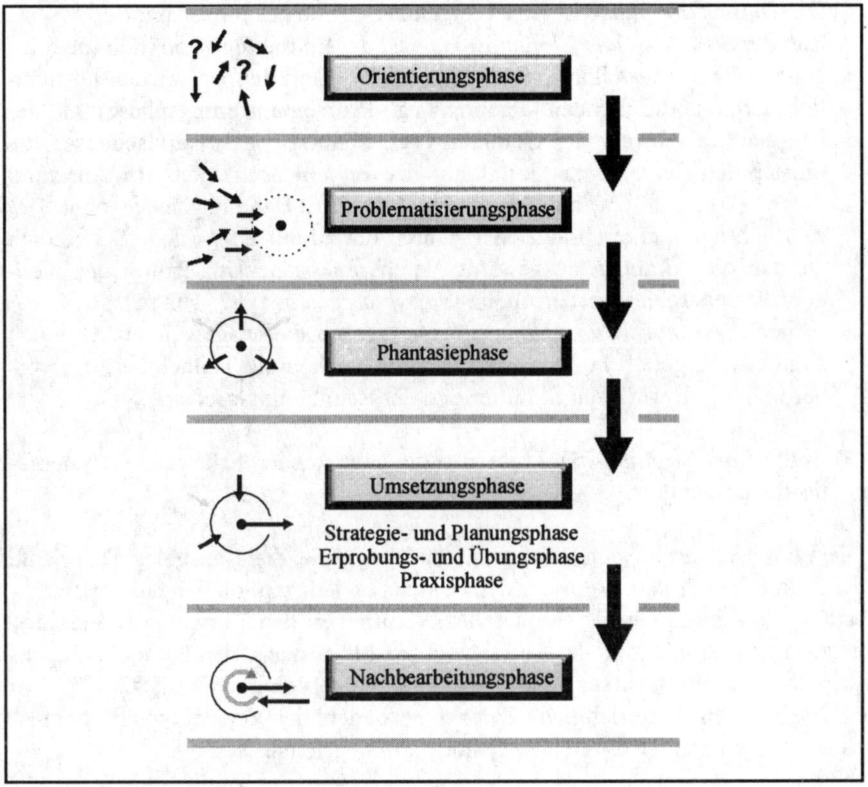

Abb. 4.32: Phasenablauf der Lernwerkstatt, nach *Stange u. a.*

(3) Die *Phantasiephase* beginnt mit einer Zeitreise unter Anleitung des Moderators, bei der beginnend in der Gegenwart die Reise an verschiedenen Zukunftsstationen unterbrochen wird. Die Stationen werden vom Moderator beschrieben und in der Gruppe diskutiert. Die Stationen sind jeweils so aufgebaut, daß positive Zustände (z. B. Schonung der Regenwälder) mit persönlich einschränkenden Zuständen (z. B. hoher individueller Papierverbrauch) verbunden werden. Danach entwickeln die Teilnehmer eigene Vorschläge, Gegenentwürfe und konkrete Utopien. Ziel der Phantasiephase ist es, die Vorstellungskraft für mögliche Zukünfte zu erweitern und sich intensiv mit den eigenen Wert- und Wunschvorstellungen auseinanderzusetzen.

(4) Die *Umsetzungsphase* ist durch folgende Schritte gekennzeichnet:
Ziel der *Strategie- und Planungsphase* ist die Erarbeitung von individuellen, gegenwärtigen Handlungsmöglichkeiten. In Kleingruppen werden hinsichtlich der zu verhindernden Gefahren (vgl. Problematisierungsphase) und der Utopien zur Abwehr der Gefahren (vgl. Phantasiephase) Zwischenschritte hinsichtlich der aktiven Gestaltung der Zukunft erarbeitet. Im Anschluß daran werden ungewöhnliche und spektakuläre Handlungsideen ohne Berücksichtigung ihrer praktischen Durchführbarkeit entworfen. Schließlich werden die Aktionen ausgewählt, deren praktische Umsetzung den Teilnehmern erstrebenswert erscheint (vgl. *Stange u. a.* 1987, 102 ff.).
In der *Erprobungs- und Übungsphase* werden die ausgewählten Aktionen simulativ eingeübt. In der *Praxisphase* versuchen die Teilnehmer, das vorher in der Lernwerkstatt Simulierte in der Realität umzusetzen.

(5) In der *Nachbereitungsphase* werden die gewonnenen Erfahrungen systematisch ausgewertet.

Die Lernwerkstatt ist eine primär für pädagogische Ziele ausgelegte Variante der Zukunftswerkstatt. Vertreter der klassischen Konzeption der Zukunftswerkstatt äußern gegenüber der Lernwerkstatt zum Teil den Vorwurf der Indoktrination und Manipulation der Teilnehmer, da die strikte Orientierung an Eigenaktivitäten der Teilnehmer nicht eingehalten wird (vgl. *Lechler* 1992, 57). Andererseits ist für unterrichtliche Zwecke besonders der Versuch positiv herauszuheben, Expertenwissen in die Methode zu integrieren.

4.6.4 Voraussetzungen für den unterrichtlichen Einsatz

Für die Durchführung der Zukunftswerkstatt ist eine Raumgestaltung erforderlich, die einen schnellen Wechsel zwischen den verschiedenen Arbeitsformen in Kleingruppe und Plenum ermöglicht. Halbkreisförmige Sitzordnungen ermöglichen es den Teilnehmern, jederzeit an die an Wänden oder Stellwänden befestigten Papierbögen heranzutreten. Notwendig ist eine Raumgestaltung, die veränderbar bleibt, die geistige und körperliche Beweglichkeit fördert und die Kommunikation anregt. Die Gruppengröße sollte zwischen 15 und 25 Personen liegen und der Einsatz von Hilfsmitteln sollte in einem angemessenen Rahmen verbleiben, um die Zukunftswerkstatt überall durchführen zu können. Die 'Grundausstattung' hinsichtlich der benötigten Materialien besteht aus Papierbögen, Stiften, Klebeband, Scheren, Papierblättern und Klebepunkten.

Auch wenn die unterrichtliche Realisierung und Erprobung der Zukunftswerkstatt noch weitgehend aussteht, ist die Relevanz dieser neuen Methode für die ökonomische Bildung doch unbestritten (vgl. *Weinbrenner* 1989; *Weinbrenner/Häcker* 1991; *Reinke* 1992). Allerdings beinhaltet die schulische Realisierung eine Reihe von Problembereichen, wie z. B.:

- Die Zukunftswerkstatt vermittelt kein neues Wissen, sondern setzt dieses bei den Teilnehmern voraus. Dieses ist bei Erwachsenen, die über unterschiedliche Lebenserfahrungen und unterschiedliche berufliche Ausbildungen verfügen, weniger problematisch, da sie sich gegenseitig bei der Bearbeitung von Problemstellungen aus unterschiedlichen Perspektiven ergänzen können.
- Demgegenüber bilden Schüler jedoch eine relativ homogene Gruppe, die über ähnliche Erfahrungen und Wissensbestände verfügen. Der Einsatz der Methode im Unterricht erfordert deshalb sorgfältige didaktische Planungen hinsichtlich ihres sinnvollen Einsatzes im Spektrum der Lehrplanthemenstellungen. Ggf. sind weitergehende Überlegungen erforderlich, wie ein Informationsinput vor oder während der Durchführung bewerkstelligt werden kann (z. B. Lehrgang, Erkundungen, Expertenbefragungen, gezielte Literaturauswertung). Die Kreativität von Schülern sollte allerdings auch nicht unterschätzt werden.
- Die Arbeit in der Zukunftswerkstatt erfordert einen Zeitrahmen, der den traditionellen 45-Minuten-Rhythmus einzelner Schulstunden überschreitet. Für die Durchführung einer Zukunftswerkstatt sind deshalb organisatorische Veränderungen hinsichtlich der Stundenplangestaltung erforderlich. Es sollten mindestens drei zusammenhängende Schulstunden zur Verfügung stehen, so daß für jede Kernphase zumindest eine Schulstunde zur Verfügung steht. Ist diese über Absprachen mit dem Stundenplangestalter oder über Kooperation mit anderen Lehrkräften nicht zu erreichen, so verbleibt immer noch die Möglichkeit, da eine Thematik im Rahmen der Zukunftswerkstatt fächerübergreifend behandelt wird, Stunden aus verschiedenen Fächern, die man selber in der Klasse unterrichtet, zusammenzuziehen, so daß ein längerer Stundenblock an einem Schultag gebildet wird. Dies kann in der Jahres- oder Halbjahresplanung sinnvoll vorbereitet werden.
- Elemente der Zukunftswerkstatt lassen sich auch in den 45-Minuten-Rhythmus einer Unterrichtsstunde 'pressen'. Unterschiede beispielsweise zum Brainstorming als Kreativitätstechnik sind dann allerdings gering, und die Methode verliert ihren Charakter als Werkstatt, in der selbstbestimmt gearbeitet werden kann. Sicherlich kann die Zukunftswerkstatt aber beispielsweise im Rahmen von Projekttagen und Projektwochen, in Arbeitsge-

meinschaften sowie bei Landschulaufenthalten am Wochenende erprobt werden.

- Die Zukunftswerkstatt kann für die Entwicklung einer Schulphilosophie im Rahmen einer schulinternen Lehrerfortbildung ein geeignetes Forum sein, d. h. für die konzeptionelle Diskussion und schriftliche Erarbeitung von Leitlinien einer Schule mit allen Betroffenen (Lehrer und Schulleiter, Schüler, Hausmeister und Kantinenpächter, Mitarbeiter im technischen und Verwaltungsbereich u. a.) und die Realisierung eines Aktionsplanes.
- Fächerübergreifendes und interdisziplinäres Lernen wird in der Literatur zwar immer wieder eingefordert, bereitet aber in der unterrichtspraktischen Realisierung bisher erhebliche inhaltliche, didaktisch-methodische, soziale wie organisatorische Schwierigkeiten. Dies ist auch beim Einsatz der Zukunftswerkstatt zu berücksichtigen.
- Zukunftswerkstätten sind in Lehreraus- und -fortbildung zu integrieren, und es sind konzeptionelle Vorschläge für ihre unterrichtliche Realisierung zu entwickeln und zu erproben (vgl. *Weinbrenner u. a.* 1991).

Intention der ‚klassischen' Zukunftswerkstatt ist eine Politisierung des Einzelnen für eine gelebte Demokratie, für eine ‚wünschbare Zukunft' und phantasievolle Gestaltung der Welt. Ihr kreatives Potential ist sicherlich eines der Hauptargumente, um die Zukunftswerkstatt in das Methodenspektrum des Ökonomieunterrichts einzubeziehen. Sie stellt, bei allen Schwierigkeiten hinsichtlich ihrer unterrichtlichen Durchführung, eine wichtige Ergänzung bisheriger methodischer Ansätze dar.
Es wird viel Phantasie notwendig sein, den Weg ins 21. Jahrhundert zu finden und zu gestalten. Die Zukunftswerkstatt kann hierfür als „ein durch ständiges Experimentieren weiterzuentwickelndes Demokratisierungsinstrument" (*Jungk/ Müllert* 1989, 8) wichtige Funktionen und Orientierungshilfen übernehmen.

4.7 Leittextmethode

4.7.1 Ausgangssituation und historische Entwicklung

Die Leittextmethode repräsentiert eine von mehreren, auch im kaufmännisch-verwaltenden Ausbildungsbereich eingesetzten, methodischen Neuorientierungen, mit denen der Erwerb von Schlüsselqualifikationen gefördert und dementsprechend das Erreichen der beruflichen Handlungsfähigkeit von Jugendlichen sichergestellt werden soll. Die Ursprünge der Leittextmethode liegen im gewerblich-technischen Ausbildungsbereich (und hier vor allem in der metallverarbeitenden Industrie), wo es in bezug auf die Entwicklung der Leittextmethode richtungsweisende Initiativen einzelner Ausbildungsbetriebe gab. Hierbei handelte es sich größtenteils um vom *Bundesinstitut für Berufsbildung (BIBB)* geförderte Modellversuche zur Erprobung neuer Ausbildungsmethoden, bei denen auch die Leittextmethode Untersuchungsgegenstand war (vgl. *BIBB* 1986).

In diesem Zusammenhang ist insbesondere auf die Berufsausbildung bei der Daimler-Benz AG im Werk Gaggenau zu verweisen, wo im Jahr 1971 vermutlich erstmals leittextähnliche Arbeitsmaterialien eingesetzt wurden. Dabei hatte sich jedoch der eigenständige Methodencharakter der Leittextmethode nicht unmittelbar herausgebildet, denn der Einsatz dieser Leittextmaterialien erfolgte zunächst lediglich als flankierende Maßnahme im Rahmen der eigentlich im Vordergrund stehenden *Projektausbildung* (Bau einer Dampfmaschine im ersten Ausbildungsjahr) und sollte sich vor allem im Hinblick auf die heterogenen Lerngewohnheiten (Lerngeschwindigkeit und Lernstil) der Auszubildenden positiv auswirken.

Die richtungsweisenden Ansätze bei der Daimler-Benz AG wurden von der Ford-Werke AG in Köln aufgegriffen und weiterentwickelt (vgl. *Rottluff* 1986). Dort wurden erstmals die für Leittexte charakteristischen Leitfragen, Angebote zur selbständigen Information sowie der Selbstkontrolle dienende Kenntnis-Checklisten in den Materialiensatz integriert. Wertvolle Anregungen gingen ebenfalls von der Berufsausbildung bei der Stahlwerke Peine-Salzgitter AG aus, wo gezielt daran gearbeitet wurde, mit den Leittexten den Auszubildenden eine mediale Unterstützung zum selbständigen Aufdecken und Ausgleichen von individuellen Lerndefiziten zu geben. Hier wurden Leittexte also im Zusammenhang mit dem Aspekt der *re-medialen Betreuung* eingesetzt (vgl. *Pampus* 1987, 45).
Die ersten Leittexteinsätze waren streng genommen nur integrativer Bestandteil der eigentlich im Vordergrund stehenden Projektausbildung (Dampfmaschine

bei Daimler-Benz AG, Hobbymaschine bei der Stahlwerke Peine-Salzgitter AG) und eine Art mediale Unterstützung der Projektausbildung. Bei der Hoesch-Stahl AG wurde jedoch erstmals ein Leittextsystem entwickelt, welches strukturell so gestaltet war, daß damit nicht nur Projektarbeiten, sondern unterschiedliche (auch projektfremde) Arbeiten angeleitet werden konnten (vgl. *Koch/Selka* 1991, 111 ff.). Damit war ein wichtiger Schritt in Richtung eines eigenständigen von der Projektmethode losgelösten Charakters der Leittextmethode getan. Inzwischen hat die Leittextmethode auch Eingang in die kaufmännisch-verwaltende Berufsausbildung gefunden.

4.7.2 Verlaufsstruktur für die Arbeit mit Leittexten

Leittexte können als ein *zentrales Unterrichtsmedium* verstanden werden, das für eine komplexe Lernaufgabe bzw. eine Ausbildungsphase Anleitungs- und Strukturierungsfunktion für den Lernprozeß übernimmt. Die Leittextmethode erhält ihren eigenständigen Methodencharakter vorrangig durch die Integration des Leittextes in einen Lernprozeß- bzw. Ausbildungsverlauf, der in der Regel sechs Stufen umfaßt. Dieser basiert auf dem Grundgedanken vollständiger Handlungen der Lernenden (vgl. *Koch/Selka* 1991, 69 ff.; *Möller* 1993, 21 ff.). Die Abbildung 4.33 verdeutlicht den Phasenablauf beim Einsatz der Leittextmethode.

Informieren:
Der Lernprozeß beginnt mit der Information des Lernenden über die gestellte Arbeitsaufgabe. Für die Lernenden kommt es primär darauf an zu erkennen, worum es bei der Aufgabenstellung überhaupt geht und worin das Ausbildungsziel konkret besteht. Dabei bleibt "Informieren" nicht auf Schreibtischarbeit beschränkt. Die Lernenden sollen möglichst zahlreiche (auch externe) personale oder mediale Informationsquellen erschließen, allerdings vor einer leistungshemmenden Informationsüberflutung bewahrt werden. Im kaufmännisch-verwaltenden Ausbildungsbereich stellen durch Leitfragen angeleitete Arbeitsbeobachtungen, Personenbefragungen oder auch Exkursionen denkbare Möglichkeiten dar, den Lernenden ein anschauliches Bild von der gestellten Arbeitsaufgabe zu vermitteln. In diese Phase gehört auch das Sichten und Selektieren des gewonnenen Informationsmaterials.

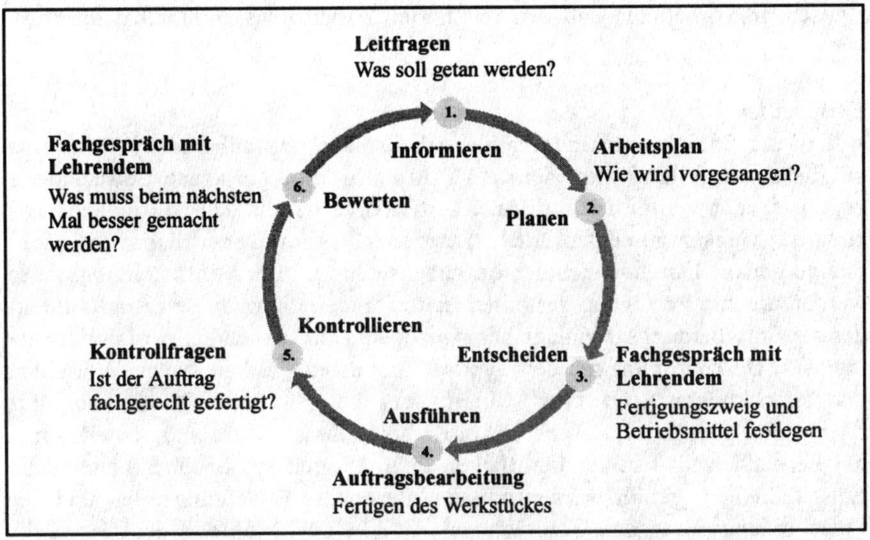

Abb. 4.33: Der Verlauf der Leittextmethode, in Anlehnung an: BIBB 1986

Planen:
In der Planungsphase kommt es darauf an, systematische Arbeitsplanunterlagen zu erstellen. Die Auszubildenden sind in dieser Phase aufgefordert, im Rahmen ihrer Arbeitsgruppe alternative Vorgehensweisen zur Aufgabenbearbeitung jederzeit nachvollziehbar in übersichtlicher Form zu dokumentieren. Durch die geistige Vorwegnahme der eigentlichen Aufgabenbearbeitung wird nicht nur die Antizipations- und Planungsfähigkeit der Auszubildenden geschult, sondern gleichzeitig eine Richtschnur für das eigene Handeln bereitgestellt. Die Planung sollte so erfolgen, daß Revisionsmöglichkeiten bei den einzelnen Planungsalternativen gegeben sind.

Falls sich die in der anschließenden Entscheidungsphase für optimal befundene Planungsalternative wider Erwarten doch als unzweckmäßig oder unrealisierbar erweist, wäre ein Festhalten unsinnig und für den Auszubildenden frustrierend. Dementsprechend sollten bei allen aufgestellten Planungsalternativen von vornherein Modifikationsmöglichkeiten diskutiert und in der schriftlichen Ausarbeitung berücksichtigt werden. Unter medialen Gesichtspunkten kann sich unter Umständen eine computergestützte Planung als besonders effektiv erweisen. Auf diese Weise können die Lernenden erforderliche Änderungen am

Bildschirm vornehmen und den revidierten Arbeitsplan unmittelbar ausdrukken.

Entscheiden:
Auf dieser Stufe werden alternative Arbeitspläne gegenübergestellt und eine möglichst von allen Mitgliedern einer Arbeitsgruppe getragene Entscheidung zugunsten der vermutlich optimalen Alternative gefällt. Die Auseinandersetzung mit Gegenargumenten in der Gruppendiskussion fördert dabei das nochmalige genaue Durchdenken der Aufgabenstellung. In der Entscheidungsphase werden die zur Verfügung gestellten Leittextmaterialien von den Auszubildenden als Entscheidungsgrundlage herangezogen. Den Lernenden wird durch eine intensive Beschäftigung mit dem Leittext zum einen deutlich, welche Variablen und Restriktionen (Zeit, Geld, Mitarbeiter) die geforderte Entscheidung für oder gegen alternative Vorgehensweisen beeinflussen. Zum anderen erkennen die Lernenden, daß in der beruflichen Realität auch auf Sachbearbeiterebene Entscheidungen gefällt werden müssen. Besondere Bedeutung erlangt in der Entscheidungsphase das Gespräch mit dem Lehrer. Während des Gesprächs gibt nicht der Lehrer die richtige Vorgehensweise vor, sondern regt durch gezielte Impulse die Diskussion unter den Auszubildenden an. Das Gespräch sollte keinesfalls den Charakter eines Prüfungsgesprächs annehmen, sondern in erster Linie Fehlentwicklungen frühzeitig erkennen lassen, dabei Mißverständnisse und Unklarheiten beseitigen und die Entscheidungsfindung durch die Lernenden unterstützen. Trotz der Notwendigkeit einer sanktionsfreien Arbeitsatmosphäre ist es für den Lehrer wenig empfehlenswert, die Lernenden nach dem *trial and error*-Prinzip verfahren zu lassen und fehlerhafte Arbeitspläne unkommentiert freizugeben.

Ausführen:
Die Ausführungsphase beinhaltet im kaufmännisch-verwaltenden Bildungsbereich, je nach Bildungsziel und Aufgabenstellung, schließlich den eigentlichen Erkundungs- oder Einarbeitungsprozeß innerhalb der jeweiligen Abteilung oder aber das aktive Ermitteln abteilungsübergreifender gesamtbetrieblicher Zusammenhänge. Basierend auf einer gründlichen gedanklichen Vorbereitung, gehen die Auszubildenden daran, sich abteilungsspezifische Kenntnisse und Fertigkeiten (z. B. die Bedienung der verwendeten EDV-Software) anzueignen, eine Arbeitsplatzbeschreibung anzufertigen oder eine abteilungsübergreifende Funktionsablaufbeschreibung bestimmter Unternehmensbereiche zu erstellen. Der Ausbilder achtet darauf, inwieweit auf den in der Planungs- und Entscheidungsphase als optimal erachteten Arbeitsplan tatsächlich Bezug genommen wird bzw. wo Abweichungen festzustellen sind. Entsprechend dem Prinzip einer re-

versiblen Planung sind solche eventuellen Planabweichungen nicht unbedingt nachteilig; gleichwohl sollten sie problematisiert und bestehende Diskrepanzen diskutiert werden.

Kontrollieren:
Kontrolle ist im leittextgestützten Unterrichtsverlauf als Selbstkontrolle unter Zuhilfenahme der in den Leittext eingebauten Kontrollbögen zu verstehen. Die Selbstkontrolle dient der Diagnose von Kenntnislücken und stellt für die Auszubildenden eine wertvolle Rückmeldung über Erreichtes und noch vorhandene Schwächen dar. Sie erfolgt schriftlich und sollte arbeitsbegleitend vorgenommen werden. Dadurch ist sichergestellt, daß durch Nacharbeit ein besseres Ergebnis erzielt werden kann und, falls notwendig, in Zukunft insgesamt sorgfältiger gearbeitet wird. Die Selbstkontrolle ist zeitlich nicht determiniert, so daß die Lernenden den Kontrollzeitpunkt im Rahmen ihrer Arbeitsgruppe individuell bestimmen können. Sie kann gegebenenfalls durch eine vom Lehrer durchgeführte Nachkontrolle ergänzt werden, wobei jedoch die subjektive, selbstkritische Leistungskontrolle durch die Lernenden Vorrang erhält.

Auswerten:
In der Phase der Auswertung der Arbeitsergebnisse geht es darum, Konsequenzen aus dem Kontrollergebnis zu ziehen. Eine Leistungsbewertung in Form von Zensuren ist im leittextgestützten Ausbildungsverlauf nicht Gegenstand der Auswertungsphase. In einem erneuten Fachgespräch mit dem Ausbilder bzw. Lehrer kommt es darauf an, die Auszubildenden zum eigenständigen Aufdecken von Fehlern anzuregen. Darauf aufbauend wird gemeinsam möglichen Fehlerursachen nachgegangen, Möglichkeiten für eine zukünftige Fehlervermeidung werden diskutiert. Wenn erkannt wird, warum Fehler entstanden sind und wie diese in Zukunft vermieden werden können, sind negative Auswirkungen auf die Motivation der Auszubildenden weniger wahrscheinlich. Die Auszubildenden lernen vor allem, Fehler nicht einfach gleichgültig zur Kenntnis zu nehmen, sondern aktiv dagegen anzugehen und alle Möglichkeiten für eine zukünftige Fehlervermeidung auszuschöpfen.

Bei dem dargestellten sechsstufigen Phasenverlauf handelt es sich um einen idealtypischen Phasenaufbau der leittextgestützten Ausbildung. Abweichungen und unterschiedliche Akzentuierungen ergeben sich je nach Einsatzgebiet der Leittexte.

4.7.3 Varianten der Leittextmethode

Leittexte sind zumeist in schriftlicher Form vorliegende Lernanleitungen, die einen durch die Lernenden weitgehend selbstgesteuerten Lernprozeß vorstrukturieren. Im Rahmen ihrer Anleit- und (Vor-)Strukturierungsfunktion stellen Leittexte Informationen über Inhalt und Ziel des Ausbildungsverlaufs bereit und weisen hinsichtlich der konkreten Aufgabenbearbeitung auf ergänzend erschließbare, externe personale oder mediale Informationsquellen hin. Leittexte enthalten also auch Informationen darüber, wie und wo ergänzende Informationen beschafft werden können (z. B. Fachliteratur, Sachverständige, audiovisuelle Medienangebote etc.). So können z. B. Leittexte das Einarbeiten in eine Abteilung anleiten und dabei abteilungsspezifische Kenntnisse (z. B. das Einholen und Prüfen von Angeboten sowie die anschließende Bestellung) vermitteln.

Darüber hinaus ist es aber auch denkbar, daß Leittexte primär nicht die aktive Aneignung abteilungsspezifischer Kenntnisse fördern, sondern den Blick für die Ganzheit des Betriebes, in der die einzelnen Abteilungen Teilaufgaben wahrnehmen und vielfältigen Interdependenzen ausgesetzt sind, schärfen (vgl. *Koch/Schneider* 1988, 252). Derartige Leittextvarianten können das Erstellen einer abteilungsübergreifenden Funktionsablaufbeschreibung größerer Unternehmensbereiche anleiten und somit neuen Mitarbeitern (z. B. Führungsnachwuchskräften in der Traineeausbildung) eine allgemeine Orientierung über den Aufbau und die Funktionsabläufe des Betriebes ermöglichen.
Leittexte bestehen aus verschiedenen Systemelementen, deren Zusammensetzung allerdings in Abhängigkeit vom Verwendungszweck der Leittexte oder anderen ausbildungsspezifischen bzw. schulischen Besonderheiten variieren und somit zu unterschiedlichen Ausprägungsformen führen kann. Die in der Literatur am häufigsten genannten und wahrscheinlich auch in der Praxis am weitesten verbreiteten Systemelemente von Leittexten werden im folgenden kurz vorgestellt (vgl. z. B. *Höpfner* 1990, 528; *Möller* 1993, 19 f.):

Leitfragen:
Leitfragen provozieren das gründliche, der eigentlichen Aufgabenbearbeitung vorgeschaltete Durchdenken der gestellten Aufgabe. Durch die Beantwortung der Leitfragen wird der Blick des Lernenden auf verborgene Probleme, besondere Charakteristika der Aufgabenstellung etc. gelenkt und die Orientierung des Lernenden systematisiert.

Leitsätze:
Leitsätze enthalten in komprimierter Form fachliche Hinweise, die für die Bearbeitung der gestellten Aufgabe relevant sind. Leitsätze haben eine ähnliche zusammenfassende Funktion wie die aus traditionellen Unterrichtsmethoden bekannten *Merksätze*, sind jedoch nicht dazu da, auswendig gelernt zu werden.

Arbeitsplan:
Das Entwerfen eines Arbeitsplans dient der zielgerichteten Antizipation der erforderlichen Arbeitsschritte. Durch eine übersichtliche Erfassung und Darstellung einzelner Arbeitsschritte soll blinder Aktionismus verhindert und eine systematische Bearbeitung der Aufgabenstellung gefördert werden.

Kontrollbögen:
Kontrollbögen unterstützen die arbeitsbegleitende Ergebnissicherung und stellen ein Instrument der Erfolgskontrolle dar, welches die Auszubildenden zwischenzeitlich über ihren jeweiligen Leistungsstand informiert. Kontrollbögen sollen zur Effizienzsteigerung der Ausbildung beitragen, indem sie dem Lernenden zeigen, wo schwerpunktmäßig geübt und Lücken geschlossen werden müssen.

4.7.4 Voraussetzungen für den unterrichtlichen Einsatz

4.7.4.1 Selbststeuerung der Lernprozesse und Leittextmethode

Für den erfolgreichen Einsatz der Leittextmethode gewinnt die regulative Idee der Selbststeuerung eine zentrale Bedeutung. Selbstgesteuerte Lernprozesse sind durch die Aktivität und das Engagement der Lernenden gekennzeichnet. Diese besitzen *Freiheitsgrade bei der Problembewältigung oder Situationsgestaltung*, also selbständig nutzbare Handlungs- und Entscheidungsspielräume (vgl. *Laur-Ernst* 1990, 48). Determiniertheit und Schematisierungsgrad des Lernens sinken. Der Lernprozeß ist nicht vollständig reglementiert und auf den Lehrer konzentriert, sondern beinhaltet eine deutliche Kompetenzausweitung der Lernenden, die zunehmend eigenverantwortlich lernen können.
Dementsprechend entfernt sich die Rolle des Lehrers in selbstgesteuerten Lernprozessen deutlich von der traditionell dominanten Stellung (vgl. z. B. *Wittwer* 1991, 317). Die Aufgabe des Ausbilders bzw. Lehrers besteht nicht mehr darin, alles vorzumachen oder zu erklären und Arbeitsanweisungen zu geben.
Entscheidende Voraussetzung für selbstgesteuerte Lernprozesse ist, daß der Lehrer den initiierten Lernprozeß nicht "straff" steuert, sondern stützt und verstärkt, ohne dabei die Entscheidungs- und Handlungsspielräume der Lernenden

einzuengen. Falls individuelle Lernschwierigkeiten auftreten, stellt sich der Lehrer als zusätzliche Hilfsquelle zur Verfügung. Er ist jedoch nicht die zentrale Schaltstation und Entscheidungsinstanz. Seine Hilfsfunktion übernimmt der Lehrer z. B. in Gesprächen mit den Lernenden. In diesen persönlichen Gesprächen gewinnt der Aspekt der *re-medialen Betreuung* (lückenschließenden Betreuung) durch den Ausbilder besondere Bedeutung. Re-mediale Betreuung ist dadurch gekennzeichnet, daß der Lehrer gezielt versucht, individuelle Lernlücken einzelner Lernender oder Teil-Lerngruppen zu schließen, ohne dabei die nicht direkt betroffenen Lernenden in ihrem Fortkommen zu hindern. Dahinter steht auch die Absicht, unterschiedliches Vorwissen der Lernenden auszugleichen und das Entstehen einer *potenzierten Lernlücke* zu verhindern (vgl. *Kleber* 1977). In diesem Zusammenhang hat die Betreuung durch den Lehrer also kompensatorische Funktion.

Selbstgesteuerte Lernprozesse betonen die Individualität der Lernenden. Diese werden nicht uniformen Schulungsmaßnahmen im Sinne traditionellen Klassenunterrichts unterworfen, sondern können Lerntempo und Lernstil ihren individuellen Bedürfnissen anpassen und weitgehend unabhängig von der gesamten Lerngruppe bestimmen (vgl. *Koch/Selka* 1991, 55 ff.). Diese Abkehr vom *Lernen im Gleichschritt* erspart einerseits langsameren Schülern das frustrierende Erfahren des Scheiterns und gibt andererseits schnell lernenden Schülern Gelegenheit, zügig im Lernprozeß fortzuschreiten (vgl. *Rottluff* 1983, 123). Für das Lerntempo sind weder der Lerngruppendurchschnitt noch der Leistungsstand des schwächsten Schülers oder vergleichbare Parameter maßgeblich.
Trotz der besonderen Betonung der Individualisierung der Lernprozesse schließt selbstgesteuertes Lernen soziales Lernen in Gruppen nicht aus. Bezogen auf selbstgesteuertes Lernen in Gruppen spricht *Dulisch* von *kollektiver Selbststeuerung*. Kollektiv selbstgesteuertes Lernen in Kleingruppen trägt einerseits den individuellen Lernvoraussetzungen und Lerngewohnheiten der Lernenden Rechnung und sichert eine *soziale Einbindung des individuellen Handelns* (vgl. *Dulisch* 1988, 541).

Die verschiedenen Charakteristika selbstgesteuerter Lernprozesse finden sich in dem mehrstufigen Verlauf der Leittextmethode wieder. Handlungs- und Entscheidungsspielräume sind konkret dadurch gegeben, daß die Lernenden einer jeden Lerngruppe den (in der Regel) sechsstufigen Lernprozeß in allen Lernphasen weitgehend eigenverantwortlich gestalten können. Dabei werden sie von dem moderierenden Lehrer nicht permanent beaufsichtigt, sondern durch Leittexte angeleitet und durch verschiedene Lernphasen begleitet. Der sozialkooperative Charakter selbstgesteuerten Lernens (d. h. der Aspekt der *kollekti-*

ven Selbststeuerung) ergibt sich bei der Leittextmethode dadurch, daß auf gemeinsames Lernen und Arbeiten im Rahmen der Arbeitsgruppe größter Wert gelegt wird. Die Lernenden können die verschiedenen Lernphasen zwar arbeitsteilig organisieren, finden sich jedoch auch außerhalb der Gespräche mit dem Lehrer immer wieder zu gemeinsamen Gruppendiskussionen zusammen. Selbstgesteuertes handlungsorientiertes Lernen ist im leittextgestützten Lernprozeßverlauf reich an sozialen Interaktionen und erfolgt im allgemeinen in einer und kommunikationsfreudigen Lern- und Arbeitsatmosphäre. Der lernortübergreifende Charakter des leittextgestützten Ausbildungsverlaufs zeigt sich insbesondere in der Informationsphase, wo die Lernenden durch die Leittexte angeleitet werden, auch externe Informationsquellen zu erschließen.

4.7.4.2 Leittextmethode und Programmierte Unterweisung

Auch wenn die Leittextmethode zuerst im Zusammenhang mit der Projektarbeit entwickelt wurde, so läßt sich doch an der Analyse einiger Leittexte erkennen, daß die Erfahrungen, die mit der Programmierten Unterweisung von Lehrern und Ausbildern gesammelt werden konnten, bei der Entwicklung von Leittexten Pate gestanden haben.
Wie im Rahmen der Programmierten Unterweisung wird bei der Leittextmethode der Versuch unternommen, den Lernprozeß weitgehend durch ein Lernprogramm zu steuern bzw. einzuleiten. Die grundlegenden Unterschiede ergeben sich aus den unterschiedlichen Menschenbildannahmen und den daraus entwickelten didaktischen Konzepten und Prinzipien für die Organisation der Lehr- und Lernprozesse.

Während die Leittextmethode schwerpunktmäßig auf den kognitionspsychologischen Ansätzen von *Piaget* und *Aebli* und damit den Menschenbildannahmen des *reflexiven Subjektmodells* basieren, sind die Menschenbildannahmen des *behavioralen Subjektmodells* für die Programmierte Unterweisung grundlegend. Nach den Vorstellungen des *behavioralen Subjektmodells* agiert der Mensch nicht bewußt, sondern er reagiert auf Reize oder zeigt Reflexe und kann bei entsprechender Übung und Wiederholung zu bedingten Reaktionen veranlaßt bzw. konditioniert werden (vgl. *Gage/Berliner* 1979, 79 ff.). Das Verhalten des Menschen wird weitgehend durch die Umweltbedingungen determiniert und bei Kenntnis dieser Umweltbedingungen vorhersehbar.
Unter diesen Voraussetzungen werden Lernprogramme dann als besonders lernwirksam angesehen, wenn die Auswahl der Stimuli, denen der Lernende ausgesetzt wird, richtig gesetzt ist. Um die erwünschten Reaktionen der Lernenden auch tatsächlich zu provozieren bzw. erreichte Lernerfolge auch tat-

sächlich zu konservieren, wird es notwendig, diese durch Stimuli hervorgerufenen Verhaltensweisen kontinuierlich oder intermittierend zu verstärken (vgl. *Gage/Berliner* 1979, 99 ff.; *Adameit u. a.* 1980).
Bei unerwünschten Verhaltensweisen gilt es demgegenüber alles daranzusetzen, daß jegliche Verstärkung des unerwünschten Verhaltens vermieden wird. Eine zentrale Rolle beim Aufbau von Lernprogrammen spielt daher der sinnvolle Einsatz von Verstärkungsmechanismen, denn sie dienen einerseits der Verhaltensprägung und andererseits der Stabilisierung des einmal gelernten Verhaltens. Eine Bekräftigung, die einer richtigen Reaktion des Lernerfolgs folgt, vergrößert die Auftrittswahrscheinlichkeit dieser Reaktion. Durch die Wahl möglichst kleiner Schritte läßt sich eine hohe Anzahl an Verstärkungen erreichen. Gleichzeitig reduzieren sich negative Konsequenzen aufgrund falscher Lernantworten auf ein Minimum.

Mit der Programmierten Unterweisung wird nach *Zielinski* und *Schöler* das Ziel verfolgt, unterrichtliche Maßnahmen weitestgehend zu verobjektivieren: "Objektiver Unterricht meint nun dies: die konkrete zwischenmenschliche Begegnung von Lehrer und Schüler findet für bestimmte Partien des gesamtunterrichtlichen Geschehens nicht mehr statt. Die Leistung, die bislang der Lehrer aufzubringen hatte, wird in das Programm hineinkomponiert, ein gewisser Teil der Lehrerarbeit wird aus dem subjektiven Ermessensspielraum des Lehrers abgezogen und in einem Programm objektiv festgehalten." (*Zielinski/Schöler* 1965, 14) In der Programmierten Unterweisung wird das Lernprogramm zum zentralen Unterrichtsmedium. Das Programm wird von den Lernenden gemäß ihrer individuellen Lerntempi und Lernstile bearbeitet, so daß den unterschiedlichen Lerngewohnheiten der Schüler Rechnung getragen wird. Insgesamt sind die meisten Programme so aufgebaut, daß sie vom Einfachen zum Schwierigen fortschreiten, indem das Anspruchsniveau der Antworten ständig erhöht wird.

Auch die Leittextmethode ist ein in hohem Maße medial gestütztes Unterrichtsprogramm. Im Unterschied zur Programmierten Unterweisung sind die Leittexte nicht kleinschrittig angelegt, sondern konfrontieren die Lernenden mit einer komplexeren Aufgabenstellung, die nicht individuell, sondern zumeist in Gruppen zu bewältigen ist. Ziel ist es, Leitfragen, Leitsätze, Hinweise für die Erstellung von Arbeitsplänen und Kontrollbögen in den Leittexten so anzulegen, daß der Lernprozeß nicht vorprogrammiert wird, sondern Lernhilfen für die selbsttätige Bearbeitung der Aufgabenstellungen gegeben werden. Während die programmierte Unterweisung darauf ausgerichtet ist, daß die Lernenden erst dann etwas neues lernen, wenn der vorausgegangene Stoff lückenlos rezipiert und verinnerlicht worden ist, enthalten die Leittexte komplexe Aufgabenstellungen mit entsprechenden Anleitungen und Strukturierungshilfen, die gestellten Aufgaben in Gruppen weitgehend selbständig zu lösen.

Methode *Vergleichskriterium*	**Leittextmethode**	**Programmierte Unterweisung**
Lerntheoretischer Hintergrund	Kognitionspsychologie (Dewey/Gaudig/Piaget/Aebli)	Behaviorismus (Watson/Skinner/Pawlow)
Zielsetzung	– Berufliche Handlungsfähigkeit von Jugendlichen – Wissen und Schlüsselqualifikationen	– Wissensvermittlung
Verhältnis Lehrer-Lernender	Lehrer als Moderator	Lernprogramm ersetzt Lehrer
Handlungsbezug Des Lernens	Handlungsorientierung (Kernstück: theoretisches Lernen auf der Basis konkreter Handlungen)	Programmierte Tätigkeit, aber keine Handlungsspielräume
Ablauforganisation	– Sechs Lernstufen – Leittext als zentrales Medium – Handlungsorientierung (u. a. Selbststeuerung, Individualisierung, Pluralität der Lernorte, Komplexität)	– Lernprogramm als zentrales Medium – „Lernen in kleinen Schritten“

Abb. 4.34: Abgrenzung Leittextmethode – Programmierte Unterweisung, in Anlehnung an: *Möller* 1993, 44

Insgesamt läßt sich feststellen, daß die Leittextmethode und die Programmierte Unterweisung unter lernpsychologischen, intentionalen und ablauforganisatorischen Gesichtspunkten, aber auch hinsichtlich des Lehrer-Lernende-Verhältnisses erheblich voneinander abweichen. Die idealtypische Gegenüberstellung in Abb. 4.34 vermittelt einen Überblick über die Unterschiede der beiden Methoden.

4.7.4.3 Leittext zur Gründung eines Unternehmens

Der nachfolgend abgedruckte Leittext *Unternehmensgründung* wurde von *Dirk Möller* im Rahmen einer Diplomarbeit entwickelt und ist als Anleitung für die Gründung eines schulischen Modellunternehmens als Basis für die Lernbüroarbeit an kaufmännischen Schulen angelegt (vgl. *Möller* 1993, 89 ff.). Aufgrund des Umfanges wurde hier auf den Abdruck der im Leittext zusätzlich vorhandenen Situationsschilderungen und Informationen verzichtet.

(1.) Aufgabenstellung

Ihre Aufgabe in den nächsten Stunden ist es, im Rahmen einer Simulation selbständig ein Unternehmen zu gründen. Dazu benötigen Sie in erster Linie Geld und eine gute Produktidee (Marktlücke!). Weil Sie als Schüler(-in) wahrscheinlich nicht über genügend "Kleingeld" verfügen, wird Ihnen der finanzielle Rahmen für die Unternehmensgründung folgendermaßen gesteckt: Gehen Sie davon aus, daß Sie 1.000.000,- DM besitzen. Leider reicht das vorne und hinten nicht! Sie brauchen mindestens 4.000.000,- DM, um Ihr Unternehmen auf die Beine zu stellen. Die Finanzierung der fehlenden 3.000.000,- DM ist ein Problem, das Sie selbst lösen sollen.

Bei der Unternehmensgründung verfahren Sie bitte folgendermaßen:

1. **Informieren Sie sich zunächst gemeinsam mit den anderen Gruppenmitgliedern darüber, was bei der Gründung eines Unternehmens alles zu bedenken ist!**
   Der Leittext gibt Ihnen Tips, wo Sie brauchbare Informationen erhalten. Außerdem finden Sie in dem Leittext einige Leitfragen und Leitsätze. Die Leitfragen zeigen Ihnen, welche Informationen wichtig sind und worauf Sie besonders achten müssen. Die Leitsätze enthalten Informationen, die Sie vielleicht ergänzend verwerten können.
   Beantworten Sie die Leitfragen schriftlich!

2. **Überlegen Sie sich bitte, wie Sie vorgehen möchten, um das Unternehmen zu gründen! Tragen Sie in den vorbereiteten Arbeitsplan Schritt für Schritt ein, was alles zu tun ist!** In dieser Phase erstellt jedes Gruppenmitglied bitte einen eigenen Arbeitsplan!

3. **Vergleichen Sie in der Gruppe alle Arbeitspläne und entscheiden Sie sich für den vermutlich besten Arbeitsplan!**

4. **Setzen Sie die geplante Unternehmensgründung in die Tat um!** Beachten Sie dazu bitte die Hinweise im Leittext.

5. **Kontrollieren Sie in der Gruppe mit Hilfe des Kontrollbogens, ob Sie bei der Unternehmensgründung alles richtig gemacht haben!**

6. **Bereiten Sie, unter Beachtung der im Leittext befindlichen Anleitung, in der Gruppe das abschließende Auswertungsgespräch mit dem Lehrer vor!**

Das folgende Schaubild zeigt, wie Sie mit dem Leittext arbeiten sollen:

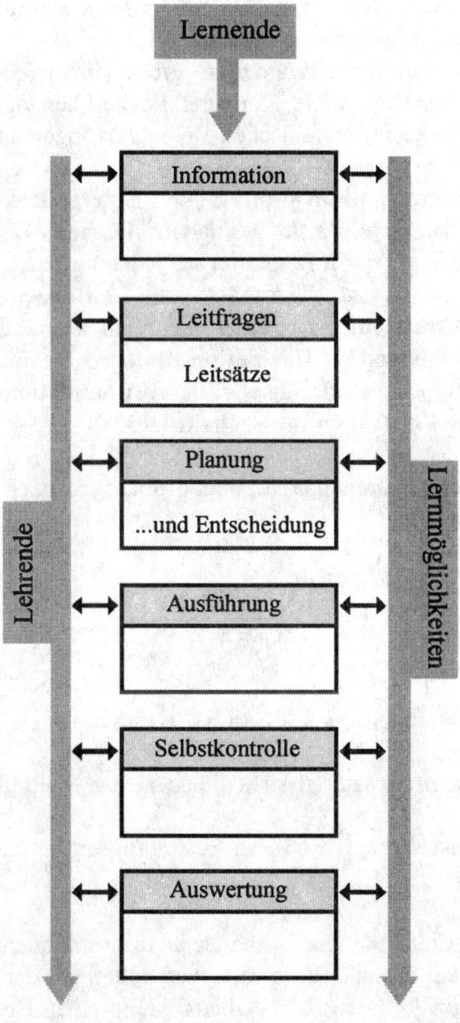

Abb. 4.35: Verlaufsdiagramm zur Arbeit mit dem Leittext „Unternehmensgründung", in Anlehnung an: *Veba Oel AG* 1988, 6

(2.) Anleitungen zum selbständigen Informieren

Die realitätsnahe Gründung eines Unternehmens verlangt von Ihnen eine ausführliche Information und gedankliche Vorbereitung. Wie Sie sicherlich wissen, bietet das freie Unternehmertum große (finanzielle) Chancen, aber auch erhebliche Risiken. Viele Konkursfälle beruhen darauf, daß der/die Unternehmensgründer(in) von falschen Voraussetzungen ausgegangen ist.

Eine bessere Information im Vorfeld der Unternehmensgründung hätte möglicherweise das Schlimmste verhindern können. Denken Sie immer daran! Beachten Sie bei der Information auf jeden Fall die Leitfragen!
Es ist empfehlenswert, daß Sie zunächst die Leitfragen lesen und sehen, worüber Sie konkrete Informationen brauchen. Danach können Sie das zur Verfügung stehende Informationsmaterial gezielt durchstöbern. Wenn Sie der Meinung sind, alle wichtigen Informationen zu haben, beantworten Sie die Leitfragen bitte schriftlich!

Übrigens: Gute Informationen erhält man oftmals erst nach gründlichem Recherchieren und Suchen!

Abb. 4.36: in Anlehnung an: *Veba Oel AG* 1988

Folgendes Informationsmaterial steht Ihnen in der Mediothek im Lernbüro zur Verfügung:
• Fachbücher, Broschüren, Gesetzestexte, Zeitungsartikel, Schulbuch etc.
• Filmmaterial

Nutzen Sie aber nicht nur das vorhandene Informationsmaterial im Lernbüro, sondern holen Sie auch Informationen außerhalb der Schule ein! Wie wär´s, wenn Sie im Rahmen Ihrer Arbeitsgruppe einen Bekannten, der Unternehmer ist, interviewten? Beachten Sie auch hier die Leitfragen in Abschnitt 2.1! Diese geben Ihnen eine Orientierungshilfe, wonach Sie fragen sollen. Falls Sie niemanden kennen, der eine eigene Unternehmung gegründet hat, sprechen Sie Ihren Lehrer an, der Ihnen Kontaktadressen vermittelt!

(2.1.) Leitfragen

1. *Grundsätzlich steht es Ihnen frei zu entscheiden, welche Rechtsform die von Ihnen gegründete Unternehmung haben soll. Welche Rechtsformen gibt es überhaupt? Wodurch sind die einzelnen Rechtsformen gekennzeichnet?*

2. *Im juristischen Sprachgebrauch spricht man von der "Firma" einer Unternehmung. Was ist damit gemeint? Welche Vorschriften gibt es? Suchen Sie im Unternehmensverzeichnis (Mediothek) für alle oben aufgeführten Rechtsformen ein Beispiel für eine korrekte Firmenbezeichnung.*

3. *Sicherlich können Sie sich vorstellen, daß die Gründung einer Unternehmung nicht ohne erheblichen bürokratischen Aufwand vor sich geht. Wie erfolgt eigentlich die Anmeldung einer Unternehmung?*

4. *Bei der Gründung einer Unternehmung spielt die finanzielle Absicherung eine große Rolle. Welche Finanzierungsmöglichkeiten gibt es? Was versteht man unter der "Kapitalstruktur" einer Unternehmung? Geben Sie die Kapitalstruktur von zwei wirklich existierenden Unternehmen an (kleiner Tip: In der Mediothek finden Sie einige Geschäftsberichte von Unternehmen. Die Kapitalstruktur können Sie aus der Bilanz ermitteln.)*

5. *Nach welchen Kriterien würden Sie entscheiden, wo Ihre Unternehmung gegründet werden soll (Stichwort: Standortwahl)?*

6. *Ein Unternehmen besteht in der Regel aus mehreren Abteilungen. In diesen Abteilungen werden die verschiedensten Aufgaben wahrgenommen. Welche Abteilungen hat fast jedes Unternehmen?*

(2.2.) Leitsätze

Leitsatz "Rechtsform der Unternehmung":

Eine Unternehmung kann verschiedenartige Rechtsformen annehmen. Die Unterschiede zwischen diesen Rechtsformen bestehen vor allem hinsichtlich

- der Zahl der Teilhaber,
- der Finanzierung,
- der Haftung der Teilhaber (Risikotragung, Gewinnchance) und
- der Möglichkeit, Kredite zu bekommen.

Leitsatz "Anmeldung der Unternehmung":

Nach der Anmeldung der Unternehmung bei den verschiedenen Stellen (die Sie selbst heraussuchen sollen) wird das gegründete Unternehmen im Handelsregister eingetragen. Das Handelsregister informiert aber nicht nur über Unternehmensneugründungen, sondern auch über Konkurse, Errichtungen von Zweigniederlassungen, etc. (vgl. §12 HGB). Der nachfolgende Auszug aus dem Handelsregister der Stadt München zeigt Ihnen, wie ein Handelsregister aussieht:

Handelsregister

I. Neueintragungen

HRA 55 701 – 16.1.19.. – **Gaststätte und Kurpension Elisabeth Kowalewski, Bad Tölz,** (Ludwigstr. 24). Inhaber: Kowalewski, Elisabeth, Gastwirtin, Bad Tölz.

HRA 55 702 – 16.1.19.. – **Briefmarkenversand Walter Klausen, Haar Lkr. München,** (Kirchenstr. 9). Inhaber: Klausen, Walter, Briefmarkenhändler in Haar.

II. Veränderungen

HRA 8737 – 14.1.19.. – **Edmund Gans Verlag, Gräfelfing Lkr. München.** Gans Edmund ist nicht mehr Inhaber. Inhaberin ist nun Gans Helene, Kaufmann, Astheim.

HRA 12 190 – 14.1.19.. – **Quetschwerk Mühlhauser & Sohn, Haar Lkr. München.** Die Einlage eines Kommanditisten ist erhöht, eine Einlage ist herab gesetzt.

HRA 44 187 – 14.1.19.. – **Verla-Pharm-Arzneimittelfabrik Apotheker H. J. v. Ehrlich, Tutzing Lkr. Starnberg.** Die Prokura Dr. Oberdorfer ist erloschen.

III. Löschungsankündigungen

Das Registergericht beabsichtigt, die im Handelsregister Abteilung A Nummer 14 244 eingetragene Firma Teresa Wohlgemuth in München, die in Abteilung A Nummer 40 334 eingetragene Firma Prinzendroherie Fechner & Patzek in München, die in Abteilung A Nummer 40 352 eingetragene Firma O & P Objects and Poster Geschenkartikel und Plakate GmbH & Co. Vertriebsgesellschaft in Münschen, die in Abteilung A Nummer 41 617 eingetragene Firma Witte GmbH, Industriebetrieb für Montage-Knöpfe und – Gürtel KG in München vo Amts wegen nach § 31 Abs. 2 HGB zu löschen. Die Frist zur Erhebung eines Widerspruchs gegen die beabsichtigte Löschung wird auf drei Monate festgesetzt.

IV. Löschungen

HRA 12 778 – 19. Jan. 19.. – **E. Strasser K.G. Inhaber Erik Strasser, München.** Die Firma ist erloschen. Dir Prokuren für Egginger Horst, Staps Rolf, Becker Adolf, Horschek Walter, Sippel Roland, Lücke Günter und Kraußе Werner sind erloschen.

HRA 10 135 – 19. Jan. 19.. – **Selm KG, Eching, Landkreis Freising.**

HRA 40 520 – 19. Jan. 19.. – **Akustik-Trockenausbau Küpper & Co. Dachau.**

HRA 41 313 – 19. Jan. 19.. – **Roman Natter, München.**

München, den 21.1.19..
Amtsgericht München – Registergericht

Abb. 4.37: Auszug aus dem Handelsregister, aus: *Weis/Gönner/Lind* 1987, 378

Leitsatz "Finanzierungsmöglichkeiten einer Unternehmung":

Die Bilanz einer Unternehmung stellt das Verhältnis von Vermögen und Schulden dieser Unternehmung dar. Auf der linken Bilanzseite steht das bewertete Vermögen (Gebäude, Maschinen, Werkzeuge, Geschäftsausstattung, Fuhrpark, Rohstoffe, Forderungen, Bankguthaben, Kassenbestand etc.), und auf der rechten Seite ist aufgeführt, wie das Vermögen finanziert wurde (durch eigenes Kapital oder durch Verschuldung). Die Gesamtsummen der einzelnen Bilanzseiten müssen immer übereinstimmen, d. h. die Bilanz muß wie eine Waage im Gleichgewicht sein.

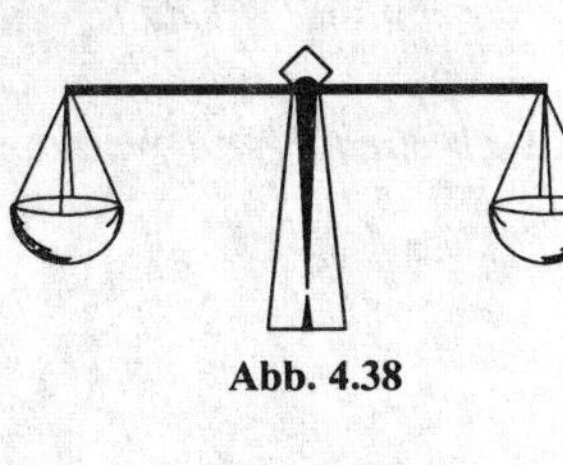

Abb. 4.38

(3.) Anleitungen zum selbständigen Planen und Entscheiden

Konnten Sie alle Leitfragen beantworten? Wenn ja, so verfügen Sie schon über eine Menge wichtiger Kenntnisse und Informationen, die im Wirtschaftsleben unerläßlich sind. Wahrscheinlich haben Sie während der Informationsphase aber auch einen Eindruck davon erhalten, wie schwierig es ist, eine Unternehmung auf die Beine zu stellen und daß man dafür noch Vieles mehr wissen muß. In der kurzen Unterrichtszeit können Sie jedoch nicht alles auf einmal lernen, und zwar selbst dann nicht, wenn Sie als Genie geboren wurden. Verstehen Sie bitte deshalb die bisher gesammelten Informationen als eine Basis, auf der man relativ leicht aufbauen und zusätzliche Kenntnisse und Fähigkeiten erwerben kann!

Obwohl die Bedeutung guter Informationen nicht hoch genug eingeschätzt werden kann, sollten Sie eines nicht vergessen: Durch Information allein ist noch keine Unternehmung entstanden! Bei nicht alltäglichen und riskanten Vorhaben, wie der Gründung einer Unternehmung, ist es wichtig, daß man sich nach einer gründlichen Information genau überlegt, wie man weiter vorgehen will, um ans Ziel zu kommen. Planen Sie deshalb Ihre weitere Vorgehensweise systematisch. Schreiben Sie Schritt für Schritt auf, was alles zu tun ist, damit aus Ihren edlen Absichten auch wirklich eines Tages eine Unternehmung entsteht. Beschränken Sie sich dabei bitte auf die wesentlichen Aspekte, auf die Sie die Leitfragen in Abschnitt (2.1) hingewiesen haben. Bitte entwickeln Sie Ihren ganz persönlichen Arbeitsplan; vermeiden Sie in dieser Phase den Gedankenaustausch mit Ihren Gruppenmitgliedern. Erst wenn jeder/jede einen eigenen Arbeitsplan vor sich liegen hat, sollten Sie wieder in den Gruppen zusammenarbeiten. Dabei vergleichen Sie die verschiedenen Arbeitspläne und entscheiden sich für einen Plan.
Die folgende Graphik zeigt, wie Sie Ihren Arbeitsplan gestalten könnten:

ARBEITSPLAN

Um meine Unternehmung zu gründen, würde ich zunächst...

Die weiteren Schritte stelle ich mir folgendermaßen vor:
2.
3.
4.
5.

(4.) Anleitungen zum selbständigen Ausführen

Vermutlich haben Sie sich schon längst gefragt, was mit "Ausführen" konkret gemeint ist. Die Ausführphase umfaßt den eigentlichen Prozeß der Unternehmensgründung. Hier sollen Sie die Unternehmensgründung nicht "nur" gedanklich vorbereiten, sondern im Rahmen der Simulation in die Tat umsetzen. Treffen Sie die notwendigen Entscheidungen zusammen mit Ihren Gruppenmitgliedern! Nehmen Sie in Form von Rollenspielen Kontakt auf mit den für die Unternehmensgründung wichtigen Institutionen (Gerichte, Banken etc.)! Ausführlichere Hinweise dazu gibt Ihnen Ihr Lehrer. Fragen Sie ihn! Viel Spaß bei der Arbeit!!!!!

(5.) Kontrollbogen zum selbständigen Kontrollieren

Nachdem Sie die Unternehmensgründung vollzogen haben, sollen Sie sich nun selbst kontrollieren. Ist bei der Unternehmensgründung auch wirklich alles richtig gelaufen? Haben Sie sich so verhalten, wie eine reale Situation es von Ihnen verlangen würde? Bitte ziehen Sie zur Selbstkontrolle den folgenden Kontrollbogen heran. Sie finden dort eine Situationsbeschreibung, die Ihnen noch einmal zusammenfassend einige wichtige Punkte vor Augen führt, die bei einer Unternehmensgründung zu beachten sind.

KONTROLLBOGEN

Kontrollfrage 1

Haben Sie sich eigentlich überlegt, was Sie verkaufen wollen? Gibt es Ihrer Meinung nach Marktlücken?

Kontrollfrage 2

Haben Sie sich bei der Gründung Ihres Unternehmens auch Gedanken darüber gemacht, welche Abteilungen Ihr Unternehmen umfassen soll?

Kontrollfrage 3

Haben Sie das Für und Wider der einzelnen Rechtsformen bei Ihrer Unternehmensgründung auch gewissenhaft abgewogen?

Kontrollfrage 4

Haben Sie erkannt, daß man die Firmenbezeichnung einer Unternehmung nicht einfach beliebig formulieren darf, sondern daß es auch dafür genaue Vorschriften gibt? Entspricht der von Ihnen gewählte Firmenname diesen Vorschriften?

Kontrollfrage 5

Haben Sie festgelegt, wo das Unternehmen entstehen soll und diskutiert, welche Standortfaktoren von Bedeutung sind?

Kontrollfrage 6
Haben Sie auch mit einer Bank über die Finanzierung Ihrer Unternehmung gesprochen? Haben Sie das Gespräch gut vorbereitet und sich überzeugende Argumente überlegt, damit Sie Kredite zu günstigen Bedingungen bekommen?
Kontrollfrage 7
Haben Sie das im Leittext enthaltene Formular ausgefüllt?

Die Beschreibung wird an manchen Stellen durch Kontrollfragen unterbrochen. Lesen Sie die Beschreibung und beantworten Sie auch die zwischenzeitlichen Kontrollfragen zusammen mit ihren Gruppenmitgliedern! Falls Sie feststellen, daß Sie bei der Unternehmensgründung Fehler gemacht haben, verschweigen Sie diese bitte nicht. Nobody is perfect!!! In der abschließenden Auswertungsphase wird vielmehr von Ihnen erwartet, daß Sie mit Ihrem Lehrer offen darüber sprechen.

(6.) Anleitung zur Auswertung der Leittextarbeit

Nachdem Sie nun Ihr Unternehmen gegründet haben, sollen Sie in einem Abschlußgespräch dem Lehrer/der Lehrerin Ihre Erfahrungen mitteilen. Bereiten Sie dieses Gespräch bitte folgendermaßen vor:

1. Schreiben Sie auf, was Ihnen bei der Arbeit mit dem Leittext gut und weniger gut gefallen hat.
2. Diskutieren Sie in der Arbeitsgruppe Verbesserungsmöglichkeiten der Leittextarbeit. Halten Sie auch diese Verbesserungsvorschläge schriftlich fest.
3. Versuchen Sie, sich darüber im klaren zu werden, was Sie bei der Unternehmensgründung alles gelernt haben.

Ein Wort an den Lehrer /die Lehrerin:
Möglicherweise haben Sie den Eindruck, als wäre eine Unterrichtseinheit, in der mit dem vorliegenden Leittext gearbeitet wird, zu vielen Unwägbarkeiten ausgesetzt. Ein "Aus-dem-Ruder-laufen" des Unterrichts können Sie aber (trotz der gebotenen Zurückhaltung) verhindern. Nachdem Sie den Leittext sehr genau studiert haben, sollten Sie Ihr Hauptaugenmerk zunächst auf die Ausstattung der Mediothek richten. Es geht primär darum, geeignete Materialien zu recherchieren und in ausreichender Anzahl zu besorgen. Ihre Rolle als Lehrer/Lehrerin wird – wie Sie sich sicherlich denken können – anders als bisher üblich definiert. Sie sind Organisator und Beobachter der

durch den Leittext vorstrukturierten und getragenen Lernprozesse. Falls die Schülerinnen und Schüler trotz der im Leittext enthaltenen Hinweise an einigen Stellen nicht genau wissen, was sie machen sollen, müssen Sie in der Lage sein, geeignete Impulse zu geben.

4.7.4.4 Analyse des Leittextes

Der Leittext *Unternehmensgründung* verdeutlicht noch einmal, daß Leittexte einen Wegweiser durch den Lernprozeß repräsentieren und das Lernen anleiten. Als wesentliche Elemente enthält der Leittext Arbeitsanweisungen bzw. Anleitungen in Form von *Leitfragen*, *Leittexten*, *Arbeitsplänen* und *Kontrollbögen*. Dabei wird deutlich, daß versucht wurde, die einzelnen Systemelemente so auszuformen, daß sie den Lernenden Hilfestellungen und Hinweise geben, den Lernprozeß in allen Phasen weitgehend autonom zu steuern. Der Ablauf des Lernprozesses ist gekennzeichnet durch die Phasen Information, Planung, Entscheidung, Ausführung, Kontrolle und Auswertung.

Die Offenheit des Lernprozesses wird dadurch gewährleistet, daß keine Vorschriften gemacht werden, in welcher Reihenfolge die Leitfragen bzw. die Kontrollfragen bearbeitet werden müssen. Darüber hinaus ist nicht reglementiert, wie die Lernenden mit den Leitsätzen umzugehen haben. Sollten die Lernenden davon überzeugt sein, auch ohne die Leitsätze die Aufgabe bewältigen zu können, so haben sie die Freiheit, diese nicht in Anspruch zu nehmen oder nur nach Bedarf auf sie zurückzugreifen. Wenn man die auf dem Markt befindlichen Leittexte genauer analysiert, so läßt sich feststellen, daß diese Offenheit nicht immer gegeben ist. Eine Anzahl von Leittexten enthält vielmehr noch viele und sehr detailliert strukturierte Vorgaben, so daß sie zu wenig Handlungsalternativen ermöglichen und die Freiräume für Kreativität und Eigeninitiative einschränken. *B. Bauer* spricht in diesem Zusammenhang vom Problem *der überhandnehmenden Didaktisierung der Lernprozesse*, womit die Gefahr gegeben sei, daß durch die Flut der methodischen Hilfen letztlich der eigentliche Lernprozeß behindert werde (vgl. *Bauer* 1988, 369).

Da die Schüler mit den Leittexten die notwendigen Informationen bzw. Hinweise erhalten, wo sie sich diese beschaffen können, wird der Lehrer von der Aufgabe der Wissensvermittlung weitgehend entlastet. Seine Aufgabe besteht vorrangig in der fachlichen und methodischen Beratung und Unterstützung einzelner Schüler bzw. Gruppen, den Lernprozeß selbständig und selbstverantwortlich zu organisieren. Insgesamt läßt sich feststellen, daß mit der Entwicklung der Leittextmethode der Versuch unternommen wurde, die systemimmanenten Schwächen der Programmierten Unterweisung wie das *Lernen in klei-*

nen Schritten und *soziale Vereinzelung* zu überwinden und zugleich individuelles bzw. in Gruppen selbstgesteuertes Lernen zu fördern.
Da es bisher nur wenige Beispiele für den Einsatz von Leittexten im Ökonomieunterricht gibt, läßt sich schwer abschätzen, welche Akzeptanz diese Methode bei Lehrern und Schülern finden könnte. Spezifische Ausprägungsformen der Leittextmethode könnten unseres Erachtens bei der Durchführung komplexer Aufgaben im Rahmen der Lernbüroarbeit, der Projektarbeit, der Arbeit mit Fallstudien und Planspielen sowie bei der Durchführung von Erkundungen und Praktika aller Schulformen eine Hilfe sein.

4.8 Projektmethode

4.8.1 Ausgangsbasis und historische Entwicklung

Das Wort Projekt geht auf das lateinische Wort *projicere* zurück und wird im heutigen Sprachgebrauch im Sinne von "planen, vorauswerfen, entwerfen" verwendet. Damit wird gleichzeitig vom Begriff her die praktische Verwirklichung des Planes mitgedacht. Der Begriff "Projekt" ist nicht auf den pädagogischen Bereich beschränkt, sondern findet in Wirtschaft, Verwaltung, Forschung eine eigenständige Verwendung: Bau-Projekt, Forschungsprojekt, Ausbildungsprojekt usw. Insgesamt wird jedoch unter der Projektmethode eine Unterrichtsform verstanden, die getragen wird von einer Sichtweise des Unterrichts, bei der von einem zunehmend gleichberechtigten Rollenverständnis von Lehrenden und Lernenden ausgegangen wird und die Projektgruppe im Sinne einer gemeinsamen Zielsetzung ihre Lern- und Arbeitsschritte gemeinsam plant, durchführt und reflektiert.
In der pädagogischen Diskussion finden sich Ausdrücke wie Projektunterricht, projektorientierter Unterricht, Projektwochen, Projektarbeit usw. Die Grenzen zwischen den gewählten Bezeichnungen sind nicht selten fließend, eine gewisse terminologische Diffusität ist erkennbar. Die unterrichtspraktischen Erscheinungsformen von Projekten spiegeln diese Unsicherheit hinsichtlich der lerntheoretischen, didaktischen, anthropologischen und fachlichen Implikationen der Projektmethode wider, wie der inflationäre Gebrauch des Wortes "Projekt" für schulische Aktivitäten zeigt.

Generell läßt sich zeigen, daß die historischen Entwicklungslinien der Projektmethode bis in die Anfangsphase des 20. Jahrhunderts reichen und sich verbinden mit Namen wie *Dewey, Kilpatrick, Snedden, Richards*. Dabei hat vor allem *Dewey* als ein theoretischer Begründer der Projektmethode zu gelten.

In den USA entbrannte eine Diskussion zu der Frage, ob Projektarbeit nur eine Technik oder eine didaktische Konzeption sei. *Dewey,* der als herausragender Vertreter des erkenntnisphilosophischen Pragmatismus die Basis für die politische und wissenschaftliche Konzeption der Projektmethode schuf, und sein Kollege Kilpatrick verstanden die Projektmethode ursprünglich in einem umfassenden Sinn als eine bestimmte *Philosophie der Erziehung* (vgl. *Bossing* 1970), die eine bloße instrumentelle Verwendung der Projektmethode verhindern sollte. Dementsprechend definiert *Kilpatrick* das Projekt als "planvolles Handeln aus ganzem Herzen, das in einer sozialen Umwelt stattfindet" (*Kilpatrick* 1935, 162). Nach dieser Vorstellung der Projektidee sollten die Schüler durch spezifische Bedingungen des Handelns Wissen erwerben. Es ging *Dewey* und *Kilpatrick* um die Grundlegung einer didaktischen Konzeption, in der eine Verknüpfung von Leben und Denken, von Handeln und Wissen, von Schule und außerschulischer Wirklichkeit erfolgte. Letztlich war für *Kilpatrick* "planvolles Handeln die typische Einheit des wertvollen Lebens in einer demokratischen Gesellschaft", und deshalb "sollte es auch zur typischen Einheit des Schulverfahrens gemacht werden" (*Kilpatrick* 1935, 165). Diese Frühform des Projektverständnisses setzte sich jedoch offenbar nur im Osten der USA durch (vgl. *Bossing* 1970). Von anderen wurde dagegen der *Problemlösungsprozeß* als zentrales Merkmal der Projektmethode betrachtet. Damit konnte jedes Problem, das als eine ernsthafte und selbständig zu lösende Aufgabe angesehen wurde, als Projekt deklariert werden. So degenerierte die Projektmethode zum schematisierten Problemlösungsprozeß, in dem der Lehrer das Problem vorgab und die Schüler das Problem zu lösen hatten.

Die Diskussion um die Projektmethode wird, jenseits ihres nordamerikanischen Ursprungs, im europäischen Raum durch die Reformpädagogik des ersten Drittels dieses Jahrhunderts getragen (*Kerschensteiner* 1968; *Gaudig* 1922; *Haase* 1932; *Otto* 1914) sowie durch die Arbeitsschulbewegung in ihrer bürgerlichen und sozialistischen Ausrichtung (vgl. *Kerschensteiner* 1904; *Oestreich* 1921; *Blonskij* 1973; *Makarenko* 1969).

In Deutschland fand der Projektgedanke eine Basis im Gesamtunterricht von *B. Otto* (1914) und in den arbeitsunterrichtlichen Verfahren seines Schülers *Reichwein* (1951), die die Verbindung von Theorie und Praxis im Unterricht als *Vorhaben* bezeichneten. In *B. Ottos* Konzeption des Gesamtunterrichts spielte zunächst das Gespräch eine zentrale Rolle. Dabei ging er von der komplexen Lebenswirklichkeit des Kindes aus, die ganzheitlich als Erfahrungsfeld in den Unterricht hineingenommen und nicht in wissenschaftliche Disziplinen aufgelöst wurde. Die freien Unterrichtsgespräche, die die spontane Frage des Schülers aufgriffen und an ihr entlang den Unterricht entfalteten, entwickelten sich dann bei *B. Otto* und vor allem bei *Kretschmann* (1948) und *Reichwein* zu

Gruppenarbeiten beziehungsweise Vorhaben oder Projekten. Einflüsse der Projektidee oder in die gleiche Richtung verlaufende Entwicklungen lassen sich aber auch in der von *Kerschensteiner* (1968) und *Gaudig* (1969) getragenen Arbeitsschulbewegung und im Industrieschulkonzept von *Blonskij* (1973) sowie der Kolonie-Arbeitsschulerziehung von *Makarenko* (1969) beobachten.
Eine Weiterentwicklung des Projektgedankens erfolgte in Europa vor allem während der "Innovationszeit der sechziger und siebziger Jahre" (*Frey* 1982, 41) und der Diskussion um eine "alternative Schule" und den alternativen Unterricht. In dieser Periode wurde in mehreren europäischen Staaten eine Fülle von Bildungsreformen eingeleitet. Zu diesen Reformbemühungen gehören in der Bundesrepublik Deutschland die Pläne und Reformvorschläge zur Neugestaltung der Hauptschule und der gymnasialen Oberstufe, die Universitätsgründungen sowie der Aufbau von Gesamthochschulen und die Gründung von Gesamtschulen. Fast überall tauchte der Projektgedanke in irgendeiner Form auf.
Die Projektidee wurde vorrangig als Programm gegen das traditionelle Lernen in Schule und Hochschule verstanden. Projektidee und Projektmethode sollten die verkrusteten Institutionen und die festgefügten Fachstrukturen aufbrechen. Dabei wurden vor allem Gedanken der Alternativschulbewegung und der radikalen Schulkritiker wie *Illich* (1973), *Kozol* (1973) und *Holt* (1975) aufgegriffen, die sogenannte offene Lernsituationen forderten. Konzepte des praxis- und handlungsorientierten Lernens sollten die Schulen lebensnah gestalten. Die Schule sollte offen gestaltet werden und sich an den ganzheitlichen Lebensvorgängen der Schüler orientieren sowie deren Bedürfnisse nach Selbsttätigkeit und Selbstverwirklichung Rechnung tragen. Auch in den schulischen Richtlinien kam dem Projektunterricht stärkere Bedeutung zu.
Unstrittig ist, daß die Fortentwicklung lerntheoretischer Ansätze auf der Basis "handlungstheoretischer" Erklärungsmuster menschlichen Lernens sowohl westlicher (*Piaget, Aebli*) als auch östlicher Provenienz (vgl. z. B. *Wygotski, Leontiew, Galperin*) für die lerntheoretische Fundierung der Projektmethode als förderlich angesehen werden kann (vgl. Kap. 2.4). Dies gilt vor allem für den formulierten engen Zusammenhang zwischen Denken, Tun und Handeln, bzw. für die Einsicht, daß konkretes Handeln ein wichtiger Ausgangspunkt für Erkenntnisprozesse ist. Zwar wurde diese Diskussion nicht explizit mit Bezug auf die Projektmethode geführt, jedoch ist die Nähe zum Projektgedanken an verschiedenen Stellen durchaus erkennbar.

Projektmethode und generelles Lernkonzept

Es ist zu beachten, daß die Projektmethode sich in das generelle Lernkonzept eines Faches oder eines Lernbereiches einzufügen hat. Die zu beobachtende

Tendenz, die Projektmethode in der organisatorischen Form der "Projektwoche" z. B. lediglich als Motivationsvehikel bzw. als Belohnungsinstrument für einen sonst eher öden Schulalltag einzusetzen und sie z. B. häufig an das Schuljahresende zu plazieren, verleiht den Projektwochen nicht selten den Charakter von Sport- und Spielewochen bzw. von Spaß- und Freizeitveranstaltungen (*Heller/Semmerling* 1982, 232). Damit ergibt sich die Gefahr, die lerntheoretischen, didaktischen und fachlichen Aspekte der Projektmethode eher zu "verspielen" als sie insgesamt kontinuierlich für die Lern- und Inhaltskonzeption eines Faches bzw. eines Lernbereiches zu nutzen.

Zielsetzungen der Projektmethode

Als Zielsetzungen, die generell mit der Projektmethode angestrebt werden, können stellvertretend die folgenden Lernziele gelten, die in dieser oder ähnlicher Form in der Projektliteratur zu finden sind und ihre Nähe zur Politischen Bildung z. B. unmittelbar zeigen:

"1. Der Schüler soll Themen und Aufgaben seinen Neigungen und Interessen entsprechend frei wählen können.
2. Der Schüler soll seiner Altersstufe gemäß Arbeiten planen und ausführen können.
3. Der Schüler soll sich aus eigenem Antrieb selbständig mit einem fest umrissenen Inhalt unter einer bestimmten Aufgabenstellung auseinandersetzen können.
4. Der Schüler soll Wege zur Erreichung seines Zieles finden, selbst entwikkeln und eventuell auf andere Situationen übertragen können.
5. Der Schüler soll seine Fähigkeiten entfalten und erproben und dabei die Grenzen seines Leistungsvermögens erkennen können.
6. Der Schüler soll einsehen, daß zur Lösung bestimmter Aufgaben kooperatives Handeln notwendig ist.
7. Der Schüler soll auftretende Spannungen und Konflikte aufzeigen können und nach möglichen Lösungswegen suchen.
8. Der Schüler soll Informationen einholen, sammeln, ordnen und auswerten und sie kritisch beurteilen und einsetzen können.
9. Der Schüler soll sich in sachlicher Diskussion üben und seine Anliegen vertreten und artikulieren können.
10. Der Schüler soll als einzelner oder in einer Gruppe im Geschehen zielstrebig mitgestaltend oder verändernd eingreifen können." (*Nds. Kultusministerium* 1971/72, 3 f.)

Wenn die Bedeutung der Projektarbeit vor allem im Hinblick für die zukünftige berufliche Tätigkeit zusammenfassend betrachtet wird, lassen sich vor allem drei Zielsetzungen erkennen:

- Im Rahmen der Projektarbeit sollen die Schüler insbesondere Fähigkeiten und Fertigkeiten erwerben, die von ihnen als zukünftiger Facharbeiter verlangt werden.
- Durch die Projektarbeit sollen extrafunktionale Qualifikationen wie Problemlösungsfähigkeit, Teamfähigkeit, Denklebendigkeit, Kommunikationsfähigkeit, Planungsfähigkeit, Kreativität, Kritikfähigkeit und Verantwortungsbewußtsein gefördert werden, die für die Bewältigung der beruflichen Aufgaben an Bedeutung zunehmen. Dies wird erreicht durch die Grundforderung der Projektarbeit, daß die Projektgruppen ihre Arbeit soweit wie möglich selbständig und eigenverantwortlich planen und ausführen.
- Überall dort, wo schulisches Lernen in Routinearbeit zu erstarren droht, soll die Projektarbeit diese durch besondere Aufgabenstellungen und Vorhaben durchbrechen und Arbeit initiieren, die von dem Jugendlichen besondere Denkanstrengungen, Kreativität, Phantasie und Eigeninitiative verlangen.

Projektunterricht zielt in gewisser Weise auf den Abbau von traditionellen Lern- und Autoritätsstrukturen, die Aufgabenstellung orientiert sich an den Interessen der Schüler und eröffnet ihnen einen möglichst großen Spielraum für Spontanität, selbständiges Handeln und das Sammeln von lebensnahen Erfahrungen. Unter der Maxime eines handlungsorientierten Didaktikkonzepts wird für den Projektunterricht eine Unterrichtsgestaltung gefordert, die Tun und Denken miteinander verbindet, die an den Erfahrungen der Schüler anknüpft, deren Fähigkeiten zur Mit- und Selbstorganisation entwickelt und die Bereitschaft und Fähigkeit zu gemeinsamem Handeln und Entscheiden fördert.
Projektorientiertes Lernen fordert vom Schüler insbesondere persönliches Engagement, Bestimmung der Ziele, planende Strategie, Verwirklichung des Arbeitsprogramms und schließlich die Kontrolle, ob das gesteckte Ziel auch tatsächlich erreicht wurde. Es verlangt, daß in der Schule geeignete Arbeits- und Übungsräume vorhanden sind, in denen die Schüler nicht nur passiv sitzen müssen, sondern aktiv gestalten und experimentieren können. Es verlangt darüber hinaus, daß den Schülern unterschiedliche Handlungsfelder eröffnet werden und die Fachsystematik zugunsten der Erfahrung der Schüler zunächst zurücktritt. Dies stellt auch an die Überwindung des vielfach stark fächerbezogenen tradierten Denkens von Lehrern große Anforderungen hin zu mehr Interdisziplinarität und integrativen Lernverfahren und eine stärkere Abkehr von ausschließlich fachimmanenten Lehrgängen. Diese Forderungen finden sich auch in der verstärkten Berücksichtigung des Projektgedankens in den Lehrplä-

nen wieder. So weisen Stundentafeln für die verschiedenen Schulformen neben dem nach Fächern gegliederten Pflicht- und Wahlpflichtunterricht mehr und mehr auch Projektzeiten im Schuljahr auf. Die Einrichtung der Projektzeiten soll fächerübergreifenden Unterricht und die Durchführung mehrstündiger und mehrtägiger Sondervorhaben ermöglichen. Diese sind insbesondere durch folgende Merkmale gekennzeichnet: "Im Mittelpunkt steht die unmittelbare Realbegegnung, vorzugsweise mit Tätigkeiten und Erkundungen außerhalb der Schule; die Arbeit am Projekt ist in eine situationsbezogene Aufgabenstellung eingebettet, es werden deshalb in der Regel Gesichtspunkte aus mehreren Fachbereichen einzubringen sein; die Arbeit am Projekt ist handlungsbezogen (erkunden, beobachten, konstruieren, prüfen, ...); die exemplarische Behandlungsweise hat den Vorrang gegenüber der systematisierenden Betrachtung" (*Struck* 1980, 17).

Nach der Idealvorstellung verläuft der Unterricht im Projekt wie folgt: "Die Gruppe bestimmt selbst nach Abwägung ihrer Bedürfnisse und Interessen ihr Ziel, entwirft selbst den Plan zur Verwirklichung, wählt selbst die Mittel, korrigiert selbst Fehlentscheidungen, führt das Projekt selbst durch, bestimmt selbst die Verwendung des Ergebnisses und beurteilt selbst die Leistung des einzelnen" (*Behr* 1978, 68). Diese ideale Form von Projektarbeit läßt sich in der Unterrichtspraxis allerdings selten erreichen.

4.8.2 Verlaufsstruktur für die Durchführung von Projekten

Für die Projektmethode werden verschiedene Phasenabläufe diskutiert, die jedoch jenseits aller unterschiedlichen begrifflichen Fassungen gemeinsame Merkmale aufweisen. Viele Autoren beziehen sich auf *Kilpatrick* und sehen zumindest die Phasen *Zielsetzung, Planung, Durchführung, Beurteilung* als kennzeichnend für die Projektmethode an.
Neuerdings hat *Frey* (1982) sieben Komponenten der Projektmethode für einen idealisierten Projektablauf vorgeschlagen, die die o. g. vier Phasen enthalten, jedoch wird die besondere didaktische Zielsetzung des idealtypisch konstruierten Projektablaufs durch sog. "Fixpunkte" und "Metainteraktionen" deutlicher kenntlich.

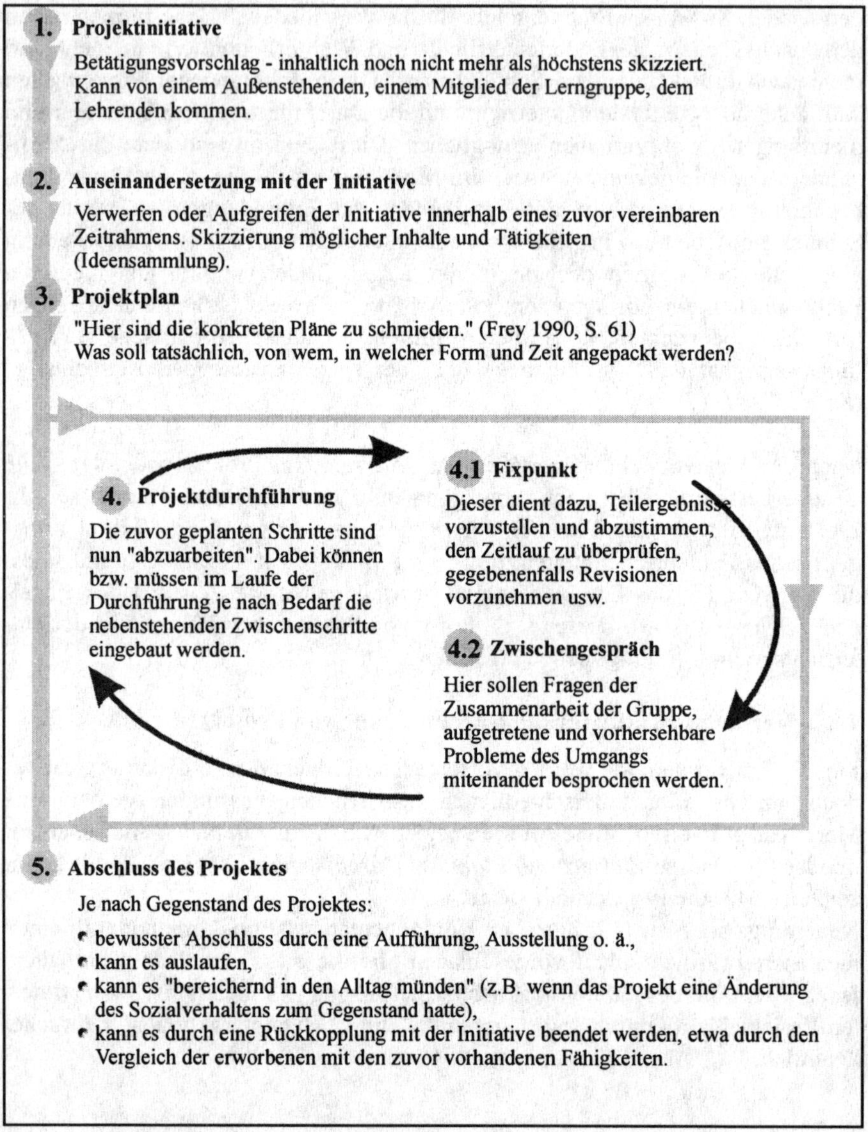

Abb. 4.39: Verlaufsstruktur der Projektmethode, aus: *Kaiser/Siggemeier/Brettschneider/Flottmann* 1993, 136

Der im Projektablauf eingebaute "Fixpunkt" wird als eine bei Bedarf einzuschiebende organisatorische Schaltstelle gesehen, die sich gegen blinde Betriebsamkeit, Orientierungslosigkeit und fehlende Abstimmung zwischen einzelnen Projektmitgliedern und Gruppen richtet. Die sog. "Metainteraktion", auch als "Zwischengespräch" bezeichnet, dient der jeweiligen Selbstvergewisserung der Projektteilnehmer, dient der Frage nach der pädagogischen Sinngebung, weil das Handeln im Projekt keinen Selbstzweck hat, sondern in eine pädagogische Zielsetzung einzubinden ist.

4.8.3 Varianten der Projektmethode

Grundsätzlich lassen sich zwei Varianten der Projektmethode im Unterrichtsalltag unterscheiden:

a) *Der Einsatz der Projektmethode in den regulären Jahresarbeitsplan eines Faches oder Lernbereiches.* Die Schüler arbeiten in einem bestimmten Zeitraum (z. B. 8 Wochen) an einem Projektthema, ohne daß der übrige Stundenplan für die Schüler außer Kraft gesetzt wird.
b) *Die Projektwoche.* Sie ist eine dramaturgische Sonderform der Projektmethode, bei der der schulische Regelunterricht zumeist für die ganze Schule zugunsten der Projektwoche unterbrochen wird. Dazu werden thematisch ausgewiesene Projektgruppen mit jahrgangs- und gruppenübergreifender Zusammensetzung gebildet. Am Ende der Projektwoche werden ihre Ergebnisse auf einer gemeinsamen Veranstaltung präsentiert.

Eine unterschiedliche Gewichtung der Merkmale des Projektunterrichts und der Projektwoche ergeben sich durch die unterschiedlichen institutionellen Rahmenbedingungen (z. B. freiwillige, verpflichtende Teilnahme, vorwiegend formalisierte/informelle Lernprozesse, professionelle/ehrenamtliche Leitung, äußerer Zeitrahmen usw.) (vgl. *Duncker* 1988, 276).
Besonders der äußere Zeitrahmen des Projektunterrichts als integraler Bestandteil des Regelunterrichts bzw. Projektwochenarbeit unter Aufhebung des gültigen Stundenplans bestimmen nicht unwesentlich die Lern- und Inhaltsmöglichkeiten der Projektarbeit. Während z. B. im Projektunterricht längere Informationsphasen (Informationsbeschaffung, -verarbeitung, -beurteilung) durchaus möglich sind, ist beispielsweise die Informationsbeschaffung in schriftlicher Form im Rahmen von Projektwochen eher eingeschränkt möglich. Die Durchführung von außerschulischen Aktivitäten erfordert wiederum im Rahmen von Projektwochen einen geringeren Aufwand als im Projektunterricht, weil die innerschulischen Absprachen mit Kollegen/Kolleginnen in unterschiedlichen Fächern weniger in die Schulorganisation eingreifen. Besonders

dieses Argument trägt zur besonderen Beliebtheit von Projektwochen bei, obwohl gesehen werden muß, daß damit auch bestimmte Lernmöglichkeiten beschnitten werden und die Projektwoche durch ihre häufige Plazierung am Schuljahresende bei den Schülern nicht als alternative Lernform gesehen wird, sondern eher als Belohnung für einen sonst öden Schulalltag.

4.8.4 Voraussetzungen für den unterrichtlichen Einsatz

Zur näheren Charakterisierung der Projektmethode sind in der Literatur eine Vielzahl von Merkmalanalysen zu finden, die jedoch zuweilen den Charakter von „Checklisten" haben und eher als Meßlatte für die idealtypische Beschreibung von „guten" und „schlechten" Projekten mißbraucht werden. Unstrittig ist, daß der Erfahrungshorizont der Projektgruppe, ihre methodische Kompetenz, die Verfügbarkeit von Arbeits-, Produktions- und Dokumentationstechniken die Möglichkeiten der Projektmethode bestimmen. Damit ist es aus didaktischen Gesichtspunkten unabdingbar, die Lernausgangssituation der Projektgruppe für die Projektplanung zu berücksichtigen, so daß Zwischenformen der Projektmethode denkbar und erforderlich sein können.
Der pädagogische Ertrag der Projektarbeit sollte nicht anhand idealtypischer Projektmerkmale beurteilt werden, sondern die praktische Projektarbeit und die erreichten Projektergebnisse sind im Zusammenhang und unter Berücksichtigung der Lernausgangsbedingungen der Projektteilnehmer zu interpretieren. Dennoch gibt es einige Projektmerkmale, die in der Literatur eine breite Anerkennung finden, allerdings auf einem Kontinuum von tatsächlicher und anzustrebender Realisation zu beurteilen sein werden:

1. Produkt- und Handlungsorientierung

Dieses Merkmal soll sicherstellen, daß dem Primat der Handlung im Erkenntnisprozeß eine zentrale Bedeutung zuerkannt wird. Grundlage des Lernens ist die Arbeitspraxis, die in der Regel auf die Erstellung eines Produktes oder einer Dienstleistung abzielt. Diese Aktivität ist nicht allein im Sinne einer "Handarbeitsschule" zu deuten, sondern damit ist auch eine Aktivität auf der Ebene "von Überlegungen, konsequentester Abstraktionen und verbalen Manipulationen" (Piaget) gemeint. Die Aktivität ist in einen Handlungszusammenhang einzubetten, der im konkreten Handeln, Tun, Ausführen seine notwendigen aber jedoch nicht hinreichenden Bedingungen hat, d. h. sie ist in einen theoretischen Reflexionszusammenhang zu stellen; Theorie und Praxis sind dialektisch aufeinander zu beziehen (vgl. Kapitel 2.4).
Projekte sollten auch die beispielhafte Vermittlung der Erfahrung sein, wie Schüler in ein Stück eigener Realität handelnd eingreifen können. Praxis meint

aber nicht nur die handelnde Aneignung von Realität, sondern Praxis bedeutet den reflektierten Versuch, "eine zuvor als mangelhaft erkannte Situation in ihren Defiziten aufzuklären, daraus Handlungsperspektiven zu entwickeln, die in konkrete Handlungspläne umgesetzt werden, um so zu einer konstruktiven Verbesserung der Situation beitragen zu können." (*Duncker/Götz* 1984, 120)

2. Interdisziplinarität

Das Kriterium verlangt, daß Lernen nicht ausschließlich aus der Sicht einzelner Disziplinen bzw. einzelner Fächer erfolgen sollte, weil dies der Komplexität von Projektthemen in der Regel nicht entspricht. Themenstellungen aus der ökonomischen Bildung werden zumeist nur in ihrer Verflochtenheit mit politischen und sozialen Aspekten angemessen zu bearbeiten sein. Damit werden Fähigkeiten, Fertigkeiten und Kenntnisse erforderlich, die über den Horizont eines einzelnen Faches hinausweisen. Dies führt in der praktischen Projektarbeit jedoch zu erheblichen inhaltlichen und organisatorischen Problemen. So wird in vielen Projekten die Kooperation zwischen verschiedenen Fachlehrern erforderlich, oder es wird z. B. auf Experten, Vertreter von Parteien, Verbände, Institutionen zurückzugreifen sein.

3. Schülerorientierung

Dieses Kriterium beinhaltet, daß die Interessen und Bedürfnisse der Lernenden in besonderer Weise zu berücksichtigen sind, weil dadurch Motivation für und die Identifikation mit der Projektarbeit gefördert werden kann. Auch ist zu beachten, daß mit der Findung des Projektthemas nicht gleichsam von Beginn an die Schülerinteressen eindeutig beschrieben und der Fortgang der Projektarbeit ein für allemal definiert ist. Die Projektarbeit muß auch in ihrem Verlauf durchaus "offen" sein für solche Interessen, die sich durch die Projektarbeit unmittelbar entwickelt haben.
Andererseits darf das nicht zu dem Mißverständnis führen, daß Projektthemen und Projektvorschläge ausschließlich von Schülern initiiert werden. Vielmehr hat der Lehrer eine nicht zu unterschätzende Anregungsfunktion – vor allem bei Projektgruppen, die noch keine oder nur spärlich Erfahrung mit der Projektmethode besitzen. Nicht alles, was Schüler spontan interessant finden, ist schon damit für den Projektunterricht legitimiert.
Sicherlich können die Projektinhalte nicht allein die Funktion der Wissenserweiterung haben, sondern sie erfüllen auch wichtige Funktionen im Bereich der Anerkennung, der Selbstdarstellung und des Verständnisses der eigenen Identität. "Das Verfügen über Inhalte macht letztlich erst handlungs- und kooperationsfähig. Insofern muß es in Projekten gelingen, die subjektive Relevanz nicht

nur an einer spontanen und damit oft flüchtigen Meinungsäußerung festzumachen; es muß gelingen, Faktoren zu neutralisieren, die die Artikulation und Klarstellung "tieferer Schichten" von subjektiven Bedeutungen erschweren, um so den objektiven Kern von Interessen möglichst freizulegen." (*Duncker/Götz* 1984, 120)

4. Situations- und Gesellschaftsbezug

Die Schülerorientierung kann sich letztlich nur dann positiv in der Projektarbeit entfalten, wenn die besondere Situation der Klasse, der Schule, der Gemeinde, der Region usw. berücksichtigt wird. Dabei können Projekte einmal gesellschaftliche Probleme aufgreifen und "öffentlich" machen (z. B. durch eine Dokumentation, Ausstellung, Vorführung o. ä.) oder ein für die Gesellschaft, die Projektgruppe, die Schule, die Region usw. nützliches Produkt hervorbringen. Mit der Öffnung der Projektarbeit für die Arbeits- und Wirtschaftswelt, das politische und gesellschaftliche Leben, erhält diese eine Problemschärfe, die von allen Beteiligten ein nicht unerhebliches Maß an Verantwortung abverlangt. Projektarbeit bleibt auch dann eine schulische Veranstaltung, wenn sie gesellschaftliche Konflikte thematisiert. D. h. die pädagogische Verantwortung des Lehrenden gebietet es, die Projektteilnehmer auf die Implikationen ihres Projekthandelns zu verweisen und den Verwertungs- und Verwendungszusammenhang ihres Handelns deutlich zu machen.
Projekte sollten nach Möglichkeit die Bedingungen schaffen, gesellschaftlich und politisch bedeutsame Zusammenhänge zu erkennen, d. h., daß ein bestimmtes Maß an Problemhaftigkeit nicht unterschritten werden darf. "Die künstliche Entkleidung der Inhalte von Problemen zugunsten ihrer Lehrbarmachung und Effizienzsteigerung erzeugt eine Eindimensionalität, in der sich unterschiedliche Spannungen und Widersprüche in der Auffassung von Wirklichkeit nur schwerlich widerspiegeln können. Der Umgang mit Wahrheit wird so verkürzt auf die Rezeption vermeintlich eindeutiger und faktisch gegebener Auffassungen." (*Duncker/Götz* 1984, 122)

5. Gemeinsame Organisation von Lernprozessen

Der immanente Charakter der Projektmethode verlangt nach einer Realisierungsform, die die Projektteilnehmer bei der Zielsetzung, Planung, Durchführung und Reflexion des Projektes beteiligt. Dies kann nicht bedeuten, daß die Planungs- und Entscheidungsprozesse im Projekt unbeeinflußt von Lehrenden stattfinden müssen, vor allem nicht bei Projektgruppen, die erste Erfahrungen mit dieser Methode gewinnen. Jedoch zeigen die Projekterfahrungen, daß die Lernenden unabdingbar einen gewissen Freiraum für Planungs- und Entscheidungsverfahren haben müssen, wenn die pädagogischen Zielsetzungen der Projektmethode erreicht werden sollen. Besonders wichtig ist es, daß die Projektteilnehmer den lernorganisatorischen Rahmen der Projektmethode erkennen, d. h. wichtige Phasen der Projektarbeit in ihrem Zusammenhang kennen und die Möglichkeit haben, zu ihrem Verhalten und ihren Aktionen im Unterricht Distanz zu gewinnen, "um die Ziele ihres Handelns, ihre Auswirkungen, ihren Sinn und ihre Hintergründe kritisch zu betrachten und zu erörtern" (*Werres* 1976, 75–89).

Dafür bieten sich Formen des sog. Meta-Unterrichts an (vgl. auch *Kaminski/Reuter-Kaminski* 1986, 17). Das bedeutet: Mit der Vermittlung bzw. Erarbeitung der Inhaltes muß *gleichzeitig das Methodenbewußtsein der Schüler schrittweise verbessert werden*, d. h. beim Einsatz solch komplexer Verfahren wie die Projektmethode, die Fallstudie usw. müssen mit den Schülern auch die charakteristischen Vorgehensweisen bei der Auseinandersetzung mit Inhalten reflektiert werden. Wenn Schüler wissen, so die Annahme, was eine Methode leistet bzw. welche Anforderungen sich aus der Struktur einer Methode ergeben, dann werden sie zielgerichteter und "verständiger" mit ihr umgehen. In der Unterrichtspraxis hat es sich als hilfreich erwiesen, z. B. die Projektmethode mit ihren idealtypischen Schritten, mit Hilfe von Piktogrammen (vgl. Abb. 4.39) zu erarbeiten, die so gestaltet sind, daß sie für den Schüler einen hohen Rückerinnerungswert haben. Allerdings sollte die Erarbeitung der Phasenabläufe nicht abstrakt erfolgen, sondern immer mit dem zu erarbeitenden Themen verknüpft sein.

Des weiteren gilt es zu bedenken, daß die unterrichtliche Erarbeitung der Phasen einer Methode nicht unter der Hand zu rigiden "Formal-Stufen-Schemata" führen darf.

Die Fähigkeit zur Selbstorganisation von Lernprozessen durch die Projektteilnehmer kann nicht einfach vorausgesetzt werden, sondern sie ist nach und nach zu entwickeln. Das gilt ebenfalls für die anzuwendenden Arbeitstechniken sowie Planungs- und Entscheidungstechniken, die üblicherweise bei der Projektarbeit Verwendung finden.

1. Zielsetzung  Lehrende und Lernende setzen sich gemeinsam Ziele.	**2. Planung**  Erstellen eines Planungsablaufes für die Projektarbeit.
3. Durchführung  Gemeinsames Arbeiten mit verschiedenen Arbeitsaufgaben (arbeitsteilig).	**4. Präsentation**  Die Ergebnisse werden Eltern, Mitschülern, Lernenden vorgestellt.
5. Auswertung  Gemeinsames Bewerten und der gemachten Erfahrungen und Produkte.	

Abb. 4.40: Piktogramm zur Verlaufsstruktur eines Projektes, aus: *Kaiser/Kaminski* 1993, 37

4.8.5 Unterrichtliche Realisierungsmöglichkeiten

4.8.5.1 Planungshilfen für die Durchführung von Projekten

Im Hinblick auf die unterrichtlichen Realisierungsmöglichkeiten muß davor gewarnt werden, idealtypische Projektmerkmale "abzuarbeiten". Vielmehr muß es darum gehen, mit Blick auf eine bestimmte Lerngruppe und unter Berücksichtigung einer konkreten schulischen Situation, Schritt für Schritt den Umgang mit der Projektmethode zu verbessern, d. h. es ist zu überlegen,

– welche Voraussetzungen sind bei den Schülern vorhanden, inwieweit haben sie schon bestimmte Projekterfahrungen, beherrschen sie die erforderlichen Grundfertigkeiten im Umgang mit der Projektmethode, wie verschiedene Formen der Gruppenarbeit (z. B. arbeitsgleiche, arbeitsteilige), und verschiedene Planungstechniken
– über welche Erfahrungen und Kenntnisse zur Projektmethode die Lehrenden selbst verfügen. Wer bisher nur im herkömmlichen Klassenunterricht gearbeitet hat, wird mit seiner neuen Lehrerrolle im Projektunterricht mit neuen sozialen, psychologischen Anforderungen Schwierigkeiten zu erwarten haben.
– welche Teamerfahrungen es an der Schule bisher gibt, wie flexibel die Schulleitung auf neue organisatorische Herausforderungen reagiert, wie das pädagogische Selbstverständnis des Kollegiums aussieht, welche „internen“ Gruppen- und Cliquenbildungen mit jeweils unterschiedlichen pädagogischen Konzepten an der Schule vorhanden sind, wer aus dem Kollegium welche Position an der Schule vertritt und welche Reputation diese Kollegien haben.

Abb. 4.41 zeigt eine Planungshilfe (vgl. *Kaiser/Siggemeier/Brettschneider/Flottmann* 1993, 142), mit der das Spannungsverhältnis zwischen kleinschrittiger Planung einerseits und völliger Planungsoffenheit überbrückt werden soll. Der Planungsbogen hat den Charakter einer Sensibilisierungshilfe für die Vorbereitung der beteiligten Lehrkräfte an der Projektarbeit, um sich über die mögliche Struktur eines Projektthemas zu verständigen.
Alle Erfahrungen zeigen, daß in der Regel jene Lehrkraft ihre Funktion als Projektteilnehmer am souveränsten erfüllen kann, wenn sie über gedankliche Alternativen verfügt, mögliche Schwierigkeiten antizipiert, unterschiedliche Realisierungsmöglichkeiten kennt und dann je nach Projektsituation mehr und mehr in den "Hintergrund" tritt, so daß die Lerngruppe ihren eigenen Lösungsweg wählen kann.

Man ist immer wieder erstaunt, welche hervorragenden Vorschläge Schüler für die Realisierung eines Projekts machen, wenn sie sich mit der Zielsetzung identifiziert haben und vom Thema "ergriffen" wurden. Der Planungsbogen kann auch im Rahmen der Fachkonferenz als "Ideensteinbruch" verwendet werden und als Verständigungsgrundlage für die beteiligten Lehrkräfte dienen.

Wenn die Forderung der Schüler nach Mitplanung, Mitentscheidung und Mitbestimmung realisiert werden soll und im Planungs- und Realisierungsprozeß des Projektes Freiräume für die Kreativität und Eigeninitiative der Schüler gegeben sein sollen, so kann die Vorbereitung des Lehrers oder eines Planungsteams nicht in der traditionellen Weise geschehen, wie das üblicherweise für die Planung seines Unterrichts geschieht. Die Vorplanung des Lehrers oder des Planungsteams kann ihren Niederschlag allenfalls in einer Projektskizze finden. Bereits die Projektskizze sollte, wo immer möglich, von Lehrern und Schülern gemeinsam entwickelt werden.
Die Projektskizze umreißt in wenigen Strichen, was getan werden sollte bzw. könnte. Sie grenzt ein, setzt Schwerpunkte, gibt die Richtung an, zeigt Alternativen auf. Die Projektskizze kann notgedrungen noch nicht alle Tätigkeiten beschreiben, die ausgeführt werden sollen. Die Projektskizze ist eine Vorstufe zu dem späteren Projektplan, der mit der Klasse gemeinsam ausgearbeitet wird. Wenn die Projektskizze mit der Klasse durchgearbeitet worden ist, wird die Klasse nicht gleich beginnen, sondern einen ausführlichen Plan ausarbeiten. Von entscheidender Bedeutung ist, wie dieser Projektplan zustande kommt. Die Projektteilnehmer müssen ihre Betätigungswünsche äußern können und die Möglichkeit erhalten, ihre speziellen Fähigkeiten, Fertigkeiten, Vorstellungen und besonderen Begabungen einzubringen. Bei der Aufstellung des Projektplanes muß berücksichtigt werden, wer was besonders gut bewältigen kann und wer was wann tun soll. Es müssen Arbeits- und Zeitplan aufgestellt werden, und es muß darauf geachtet werden, daß die Arbeiten sinnvoll aufgeteilt werden. Darüber hinaus ist besonders wichtig, daß die Projektgruppe sich Klarheit darüber verschafft, warum etwas getan wird.
Daraus ergeben sich für den konkreten Projektablauf folgende Rahmenbedingungen:

(1) *Zielsetzung – Lehrer und Schüler setzen sich gemeinsam Ziele*
An der Auswahl der Projekte und der festzusetzenden Ziele, die mit dem jeweiligen Projekt realisiert werden sollen, sollten die Lernenden nach Möglichkeit von Anfang an beteiligt werden. Das schließt nicht aus, daß der Lehrer in einer Vorlaufphase sich erste Gedanken über mögliche und sinnvolle Projekte macht und in einer Grobskizze seine ersten Gedanken zu dem Projekt skizziert. Anhand dieser vorläufigen Projektskizze, die auch Alternativangebote enthalten sollte, sollten mit den Schülern gemeinsam die Ziele, die mit der Projektarbeit verbunden sind, ermittelt und diskutiert werden. Dabei sollte jeder Projektteilnehmer seine Absichten begründet klarstellen. Insgesamt sollten die Vorstellungen in einem Zielsystem gebündelt und in Zielelemente, Zielbeziehungen und mögliche Zielkonflikte ausdifferenziert werden. Dazu gehört auch eine Überprüfung der Einzelforderungen der Projektteilnehmer auf ihren Sinn und Zweck sowie die Integration der Wünsche und Vorstellungen der einzelnen in ein Gesamtzielkonzept.

(2) Planung – Lehrer und Schüler erstellen einen Verlaufsplan für die Projektarbeit
Auf der Basis der Projektzielbeschreibung wird die Projektskizze ausgefeilt und der Projektplan erstellt. Wenn die Projektteilnehmer befähigt werden sollen, die Projektarbeit mitzuplanen, so muß der Lehrer bzw. Projektleiter in der Lage sein, den Lernenden entsprechende Planungshilfe zur Verfügung zu stellen. Solche *Planungshilfen* könnten sein:

- ❑ festlegen, welche Ziele mit dem Projekt verfolgt werden,
- ❑ zusammenstellen, welche Informationen, Hilfen usw. benötigt werden, um das Projekt zu realisieren,
- ❑ anhand einer Checkliste zusammenstellen, woher man Informationen und Hilfen für die Projektarbeit bekommt,
- ❑ beraten, welche Lehrer, Experten bei der Projektarbeit Hilfe geben könnten,
- ❑ überlegen, wer angeschrieben werden muß und welche Erkundungsaufträge durchgeführt werden müssen,
- ❑ festlegen, wer die benötigten Informationen, Materialien, Hilfen anfordert bzw. beschafft,
- ❑ zusammenstellen, welche Geräte, Handwerkszeug, Materialien, Formulare, Unterlagen für die Arbeit benötigt werden,
- ❑ Kriterien festlegen, um das Ergebnis und die Projektarbeit zu beurteilen,
- ❑ überlegen, wie die Projektergebnisse anderen vorgestellt werden können.

Darüber hinaus muß zusammengestellt werden, welche Grundfertigkeiten die Projektteilnehmer beherrschen müssen, damit die Projektarbeit erfolgreich durchgeführt werden kann. Solche *Grundfertigkeiten* könnten z.B. sein:

- ❑ einfache Planungstechniken für Zeit- und Arbeitsabläufe beherrschen,
- ❑ einen Aufgabenkatalog erstellen können,
- ❑ Möglichkeiten der allgemeinen Informationsbeschaffung (Lexika, Gesetze etc.) und der technischen Informationsbeschaffung (Telefon, BTX etc.) nutzen können,
- ❑ Informationen im Gespräch erfragen und ein Gesprächsprotokoll anfertigen können,
- ❑ Techniken der schriftlichen Informationsbeschaffung nutzen können (z.B. eine Anfrage schreiben können)
- ❑ Informationen auf ihren Nutzen im Hinblick auf das Projektziel beurteilen können,
- ❑ Sach-, Personal- und Beschaffungskosten ermitteln können,
- ❑ Dokumentationsverfahren anwenden können.

(3) Durchführung – Die Arbeiten werden gemeinsam oder in Gruppen arbeitsteilig erledigt

Auf der Basis des detailliert ausgearbeiteten Projektplanes erfolgt dann die tatsächliche Ausführung. Die in der Planungsphase getroffenen Entscheidungen sind damit ausschlaggebend für den weiteren Verlauf des Projekts. Während der Projektarbeit kann sich ergeben, daß der Projektplan abgeändert werden muß, Ziele revidiert werden müssen oder bestimmte Vorstellungen sich nicht realisieren lassen. Daran wird deutlich, daß jedes Projekt im konkreten Vollzug in Abweichung von der Projektskizze modifiziert werden kann bzw. eine andere Ausformung erhalten kann, als es in der Projektskizze fixiert war. Zugleich wird deutlich, daß während der Projektarbeit der Projektleiter immer wieder Phasen einschieben muß, um mit der Gruppe den Stand der Projektarbeit zu überprüfen und zu diskutieren und notfalls den Zeit- und Arbeitsplan zu revidieren.

(4) *Beurteilung bzw. Kontrolle – Die gemachten Erfahrungen werden ausgewertet und das Ergebnis gemeinsam bewertet und beurteilt*
Der Schwerpunkt dieser Phase liegt in der Bewertung der Ergebnisse der Projektarbeit. Dabei gilt es zu überprüfen, wie weit es gelungen ist, die Projektarbeit erfolgreich auszuführen, wo Probleme aufgetaucht sind, wo die Gründe für diese Probleme lagen und welche Konsequenzen daraus für die weitere Projektarbeiten gezogen werden können. Im einzelnen können beispielsweise untersucht werden:
- ❑ Wurden die angestrebten Ziele erreicht?
- ❑ Sind wir mit unserem Projektergebnis zufrieden?
- ❑ Wurden die notwendigen Arbeits- und Planungstechniken genügend beherrscht?
- ❑ Welcher Art waren die aufgetretenen Schwierigkeiten in der Planungsphase, in der Durchführungsphase?
- ❑ Sind diese Schwierigkeiten lösbar; wenn nicht, warum?
- ❑ Welche Konsequenzen lassen sich aus der Projektarbeit für die weitere Arbeit ziehen?

4.8.5.2 Projektskizzen

Die beiden folgenden Projektskizzen wurden gemeinsam mit Schülern für die Projektarbeit in unterschiedlichen Klassen geplant und durchgeführt. Das erste Projektbeispiel (vgl. Abb. 4.41) "Marketing-Konzept für Waschmittelbaukasten" wurde im Rahmen des Modellversuchs "LUKAS" (Lernprogramm zur Umweltbildung an kaufmännischen Schulen) und in Klassen der Unterstufe der Höheren Handelsschule im Rahmen des Faches Betriebswirtschaftslehre mit Rechnungswesen für den Themenbereich Absatzmarketing entwickelt und erprobt (vgl. *Kaiser/Siggemeier/Brettschneider/Flottmann* 1993, 105 ff.) Bei dem zweiten Beispiel handelt es sich um ein fächerübergreifendes Produktionskonzept, das in mehreren Schulen erprobt (*Imhof* u. a. 1984, 36 ff.) und ebenfalls mit Hilfe der Kriterien des Planungsbogens (vgl. Abb. 4.41) dokumentiert worden ist. An der Planung, Durchführung, Auswertung des Projektes waren die Fächer Arbeit/Wirtschaft, Technik und Hauswirtschaft beteiligt.

Projektskizze 1: Marketing-Konzept für Waschmittelbaukasten

Projektthema:	**Marketing-Konzept für Waschmittelbaukasten**					
Projektergebnis:	**Ausstellung mit Werbeanzeigen, Displaymaterial, Verkaufshilfen**					
Kenntnis- und Fähigkeitsbereiche	Motivationsmöglichkeiten	Beiträge der einzelnen Fächer	Realisierung- und Planungshilfen	Mögliche Probleme	Zeitlicher Rahmen, Platzierung im Schuljahr	Reflexion
	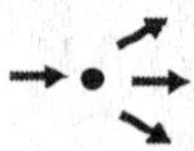	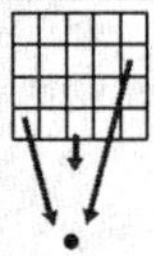	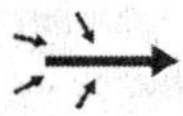	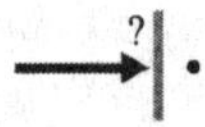		
z. B.: Wirkungsweise von Waschmitteln und Inhaltsstoffen referieren Verpackung auf ökologische Verträglichkeit untersuchen Informationsanfragen Gebrauchshinweise sprachlich untersuchen und verbessern künstlerisch / kreative Gestaltung von Marken, Anzeigen	z. B.: Demonstration ansprechender, ökologisch orientierter Anzeigen Video zu Umweltfolgen des hohen Waschmittelverbrauchs evtl. Exkursion: kommunale Kläranlage	z. B.: VWL: Nutzen, Grundnutzen, Zusatznutzen, Bestimmungsfaktoren für Angebot u. Nachfrage Deutsch: Analyse der sprachl. Elemente der Werbung Chemie: Kooperation ja nach gewähltem Produkt Politik/Geschichte: Umweltpolitik	z. B.: Sind genügend und vor allem konkrete Informationen vorhanden? Ansprechpartner am Ort? Organisatorische Probleme (Zeitaufwand, Kooperation) Sind Schüler mit selbstständigem Arbeiten vertraut? Gefahr: Reduktion auf effektvolle Absatzwerbung	z. B.: vorhandene Produkte Gespräche mit bzw. Anfragen bei Herstellern und Handel Vorgaben bzw. Info des Umweltbundesamtes zum umweltverträglichen Waschen Kontaktaufnahme mit Werbeagentur	z. B.: Etwa 3/4 Unterrichtsmonat der Unterstufe auch im Rahmen einer evtl. stattfindenden Projektwoche möglich	z. B.: Wo lagen organisatorische, technische und inhaltliche Probleme? Was müßte bei einem ähnlichen, Projekt anders gemacht werden? Gab es Probleme mit der Methode, den Arbeitstechniken? Klappte die vereinbarte Kooperation?

Abb. 4.41: Waschmittelbaukasten, aus: *Kaiser/Siggemeier/Brettschneider/Flottmann* 1993, 142

Projektskizze 2: Speiseeis für unser Schulfest

1. *Projektthema: Speiseeis für unser Schulfest*

2. *Welches Produkt könnte hergestellt, welche Dienstleistung könnte durch das Projekt erbracht werden? (Projektergebnis)*

   Es wird Speiseeis hergestellt und im Rahmen eines Schulfestes, einer Projektwoche o. ä. den Schülern der Schule, Eltern verkauft

3. *Welche Kenntnis- und Fähigkeitsbereiche können im Rahmen des Projektes angesprochen werden?* z. B.:

   – die betrieblichen Grundfunktionen Beschaffung, Produktion, Absatz
   – einfache Befragungen durchführen und auswerten
   – Preis- und Qualitätsvergleiche durchführen
   – ein Produkt planen und herstellen
   – ein Produkt "marktgerecht" anbieten und dafür eine entsprechende Werbestrategie planen und durchführen
   – Formen (Eisformen) planen und herstellen
   – den Zusammenhang von Aufbau- und Ablauforganisation
   – in Gruppen arbeiten
   – selbständig Informationen beschaffen und auswerten
   – über Arbeitsergebnisse reflektieren usw.

4. *Motivationsmöglichkeiten* z. B.:

   – es wird ein Produkt produziert, das die Schüler selbst gerne mögen
   – Schüler können weitgehend selbständig organisieren und arbeiten; sie müssen selbständig Lösungen finden und können den Erfolg ihrer gesamten Arbeit selbst überprüfen und kritisch reflektieren
   – Schüler leisten einen Beitrag zum Gelingen eines Schulfestes – eintöniger Schulalltag wird durchbrochen

5. *Welche Beiträge könnten die einzelnen Fächer leisten*

   A) Arbeit/Wirtschaft z. B.:
   – Reflexion der Bedürfnisproblematik
   – Erarbeitung betrieblichen Grundwissens, wie z. B. betriebliche Grundfunktionen, Aufbau- und Ablauforganisation, Arbeitsteilung, Fertigungsverfahren usw.

- Kenntnis über Marktstrategien, insbesondere über absatzpolitische Instrumente (einfache Formen von Marktforschung, PR-Aktionen, Planung und Durchführung einer Werbestrategie für das Produkt)
- Elementare Kenntnisse zur Marketingpolitik eines Unternehmens (Ziele, Instrumente)

B) Hauswirtschaft z. B.:
- Planung des Herstellungsprozesses für Speiseeis
- Arbeitsplanung und Einkaufsplanung (Preisvergleiche, Qualitätsvergleiche)
- Einsatz von Haushaltsgeräten
- rationelle Arbeitsweisen im privaten Haushalt
- Lebensmittelherstellung und gesetzliche Verordnungen
- Analyse von Ernährungsverhalten

C) Technik z. B.:
- Erprobung von verschiedenen Verfahrenstechniken zur Erstellung einer Eisform
- Vorbereitung einer Serienproduktion
- Beschaffung von Materialien
- Erstellung eines Fertigungsablaufplanes (Material, Arbeitseinsatz, Maschinenbelegung)
- Erstellung von Stücklisten, Anfertigen von Konstruktionszeichnungen

  Weitere Fächer, die sich beteiligen könnten:

z.B.:	*Kunst*:	Gestaltungstechniken
	Deutsch:	Werbesprache
	Mathematik:	Kalkulation

6. *Kurze Darstellung des inhaltlichen Zusammenhanges*

Die inhaltlichen Aspekte, die sich mit dem Projektvorschlag ansprechen lassen, können mit Hilfe der folgenden Grafik dargestellt werden:

Betriebliche Grundfunktionen in einem Produktionsbetrieb

Arbeitsauftrag: Übertragt die einzelnen Grundfunktionen eines Produktionsbetriebes auf das Projekt "Speiseeisherstellung und -verkauf für unser Schulfest".

Beschaffung

Beschaffung von Arbeitskräften, Betriebsmitteln, Finanzmitteln

Aufgaben:
Sicherstellung
- der Materialien
- von erforderlichen Mengen
- der geeigneten Lieferanten
- des richtigen Zeitpunktes

Produktion

Aufgaben:
1. Planung des Produktionsprogramms
   - Produktarten
   - Mengen
   - Ausstattung
   - Typenvielfalt

2. Planung des Fertigungsablaufes
   - Reihenfolge der Tätigkeiten
   - Arbeitsverteilung
   - Maschineneinsatz

Absatz

Aufgaben:
Anwendung von Marketinginstrumenten
1. Absatzforschung durch
   - Marktanalyse
   - Marktbeobachtung

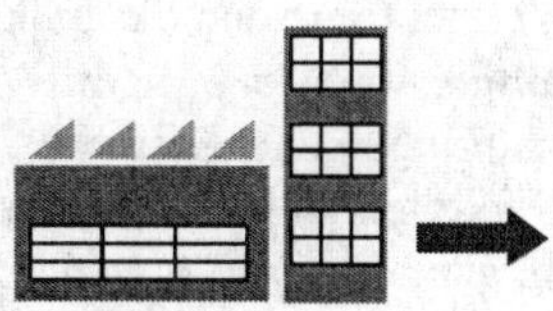

2. Marktgestaltung durch Marketingmix, z.B.:
   - Preispolitik
   - Produktgestaltung
   - Werbung
   - Vertriebsmethoden
   - Verkaufsförderung
   - Sortimentsgestaltung
   - betriebsbezogene Absatzeinflussgrößen (Standort, Betriebstyp etc.)

Abb. 4.42: Betriebliche Grundfunktionen

7. *Planungshinweise*

(Die nachfolgenden Hinweise haben naturgemäß nur beispielhaften Charakter)

- Wenn eine Einigung mit den Teilnehmern über das Projektthema erfolgt ist, sollten nach Möglichkeit mehrere Wochen vor der eigentlichen Projektwoche oder Projektphase die beteiligten Projektteilnehmer zu einer Vorbesprechung zusammenkommen und Absprachen über Betriebserkundungen z. B. in Betrieben der Nahrungsmittelindustrie, bei Werbeagenturen, Produktionsbetrieben usw. treffen. Des weiteren ließen sich Werbeanzeigen über Nahrungsmittel, insbesondere über Eis-Werbung (z. B. in der Jugendzeitschrift "BRAVO") sammeln.
- Aufteilung der Projektteilnehmer nach Tätigkeiten, die in etwa durch die Fächer Wirtschaft, Hauswirtschaft und Technik repräsentiert werden
- Hilfreich ist es in der Regel, die Schwerpunkte des Projektes grafisch darzustellen.
- Es bietet sich an, sofern nicht schon im vorherigen Unterricht geschehen, die betrieblichen Grundfunktionen Beschaffung, Produktion, Absatz mit den Schülern zu erarbeiten und anhand dieser drei Grundfunktionen Fragen für die Projektplanung und Projektdurchführung zu entwickeln.

8. *Welche Schwierigkeiten sind zu erwarten?*

Der Engpaß bei diesem Projekt liegt in der Regel im Technikbereich, und zwar bei der Herstellung von Eis-Formen, wenn diese aus Kunststoff hergestellt werden sollen, und entsprechende Geräte (z. B. Tiefziehpresse) nicht zur Verfügung stehen oder das Herstellungsverfahren unzureichend beherrscht wird. Hinzu kommt, daß auch die Menge der benötigten Eis-Formen (z. B. zwischen 300 und 500 Formen für ein Schulfest o. ä.) Planungsprobleme mit sich bringen kann.
Unter Verzicht auf den Technikaspekt-Teil ließe sich das Projekt dennoch durchführen, wenn das Eis in Papp-Eisbechern abgepackt würde bzw. man sich Eishörnchen o. ä. besorgte.
Schwierigkeiten können sich auch durch mangelnde Gefrier- und Lagermöglichkeiten für das Eis in der Schulküche ergeben.

4.9 Erkundung

4.9.1 Ausgangsbasis und theoretische Grundlagen

Während der Erkundung verlassen die Lernenden den Lernort Schule, um sich durch eigene Anschauung und im unmittelbaren Kontakt über ökonomische Sachverhalte zu informieren, die in der Regel außerhalb ihres Lebens- und Erfahrungsraumes liegen. Solches Lernen außerhalb der Schule intendiert, schulische Lernprozesse durch sinnlich konkrete Wahrnehmung, sozialen Kontakt und praktische Erfahrung zu ergänzen.

Im Rahmen der ökonomischen Bildung, unter der Zielsetzung, die Lernenden "mit solchen Kenntnissen, Fähigkeiten, Fertigkeiten und Verhaltensbereitschaften und Einstellungen auszustatten, die sie für die Bewältigung gegenwärtiger und zukünftiger Lebenssituationen befähigen, sich mit den ökonomischen Bedingungen ihrer Existenz in ihren sozialen, funktionalen, politischen, rechtlichen, technischen und humanen Dimensionen auf privater, betrieblicher und volkswirtschaftlicher Ebene auseinanderzusetzen" (*Giesecke/Hasse/Kaminski* 1986, 305), hat die Erkundung ihre besondere Funktion. Viele der mit diesen Zielsetzungen verbundenen Unterrichtsinhalte werden für Schülerinnen und Schüler erst durchschaubar, nachvollziehbar und einsehbar, wenn sie durch sinnlich konkrete Wahrnehmungen, soziale Kontakte und praktische Erfahrungen verbunden werden können. Allerdings sind Erkundungen nicht der einzige Weg dies zu erreichen, aber ein Weg der zwar ausschnitthaft aber realitätsnah dorthin führen kann.

Erkunden bedeutet "unter bestimmten Fragestellungen in methodisch durchdachter Form in einem bestimmten Wirklichkeitsbereich Informationen einzuholen, um anschließend mit Hilfe der so gewonnenen Informationen jene Ausgangsfragen zu beantworten und die Teilantworten zu einem (kleineren oder größeren) Erkenntniszusammenhang weiterentwickeln zu können." (*Klafki* 1970, 86)

Erkundungen gilt es gegen sogenannte Besichtigungen abzugrenzen, die als Betriebsbesichtigungen im Rahmen der ökonomischen Bildung eine lange Tradition haben. Hinsichtlich der Lernwirksamkeit von Besichtigungen gibt es eine Reihe von kritischen Einwänden, die am Beispiel der Betriebsbesichtigung in folgender Weise zusammengefaßt werden können (vgl. *Neugebauer* 1977, 221). Bei der Betriebsbesichtigung steht die Gewinnung eines Einblicks in den gesamten Betrieb im Vordergrund. In der Regel ist dies eine vom Unternehmen gesteuerte Veranstaltung ohne Begleitmaßnahmen und ohne Integration in ein unterrichtliches Konzept. Aus diesen Merkmalen einer Besichtigung ergeben sich auch deren didaktische Nachteile. Betriebsbesichtigungen neigen zu undifferenzierter Oberflächlichkeit, erlauben Lehrern und Schülern i. d. R. nur eine passive Rolle, überfordern Lernende durch eine Fülle von Eindrücken und haben im Hinblick auf den Unterrichtserfolg zumeist nur eine geringe Effizienz. Besichtigungen sind darüber hinaus in aller Regel nicht in einen unterrichtlichen Zusammenhang eingebettet, sondern sind eher eine zufällige Einzelmaßnahme, zumeist ohne inhaltliche Vor- und Nachbereitung. Dadurch besteht die Gefahr, daß Schülerinnen und Schüler die vielfältigen, unsystematisch gewonnenen Eindrücke nur in geringem Maße strukturieren und verarbeiten können. Einschränkend muß allerdings gesagt werden, daß Besichtigungen immer dann ihre Berechtigung haben, wenn sie eine Anschauung der Realität vermitteln, die so und zu keinem anderen Zeitpunkt stattfinden kann.

Die Nachteile der Besichtigungen führen seit den fünfziger Jahren zu wachsender Kritik und zur verstärkten Hinwendung bzw. zur Weiterentwicklung der Besichtigungen zu Erkundungen.
Die Merkmale der Erkundung lassen sich im Gegensatz zur Besichtigung in folgender Weise beschreiben:

- ❑ Erkundungen sind ein methodisches Mittel, Fragen und Probleme, die aus der Unterrichtsarbeit erwachsen, durch unmittelbare Begegnungen zu veranschaulichen und zu klären.
- ❑ Erkundungen werden im Unterricht vorbereitet.
- ❑ Erkundungen verfolgen nicht alle möglichen Aspekte unter denen etwas besichtigt werden kann, sondern beschränken sich auf Teilbereiche, die sich als Veranschaulichung oder Informationsquelle für ein im Unterricht behandeltes Thema anbieten.
- ❑ Schülerinnen und Schüler gehen mit konkreten Fragestellungen und Beobachtungsaufgaben, die im Unterricht erarbeitet worden sind, in den jeweiligen Erkundungsbereich.
- ❑ Das während der Erkundung zusammengetragene Informationsmaterial wird im nachbereitenden und im weiteren Unterricht ausgewertet (vgl. *Kaiser* 1974, 241).

Zusammenfassend läßt sich die Erkundung als außerschulische Maßnahme beschreiben, die in der Regel von allen Schülerinnen und Schülern einer Klasse oder Lerngruppe, im Rahmen einer mehrstündigen Exkursion, unter ausgewählten Inhaltsschwerpunkten, die in einem unterrichtlichen Kontext eingebunden sind, durchgeführt wird (vgl. *Behrens* 1980, 17).

Ein wesentlicher Vorteil der Erkundung gegenüber anderen Methoden wird darin gesehen, daß durch die Erkundung eine unmittelbare Begegnung mit der

Realität stattfindet und den Schülern ein Tätigwerden in Form von Planung und Durchführung von Erkundungsaufträgen ermöglicht wird. Trotz der allgemeinen Anerkennung und Akzeptanz der Methode Erkundung besteht die Gefahr, daß sich der gewünschte unterrichtliche Erfolg nicht einstellt. Diese Gefahr liegt vor allem darin, daß der "Praxisbezug" selbst schon als ausreichendes Ziel der Erkundung angesehen wird. Damit verbunden ist häufig eine ungenügende Einbindung der Erkundung in einen unterrichtlichen Kontext und die Orientierung der Methode an Erkundungsaspekten. In der Literatur findet den funktionalen, berufskundlichen, sozialen, technologischen, ökonomischen und arbeitskundlichen Aspekt. Solche Aspekte können eine analytische Hilfe für den Lehrer bei der Auswahl von Erkundungsinhalten und -zielen sein. Letztlich muß aber deutlich werden, was mit einer Erkundung gelernt werden soll. Darüber hinaus ist der Stellenwert und die Funktion einer Erkundung in einem komplexen Lernprozeß bzw. in einem Unterrichtsgang von zentraler Bedeutung. D. h., Schülerinnen und Schüler müssen die Bedeutung und Funktion des Methodeneinsatzes nachvollziehen können, um Ergebnisse zu vermeiden, die im Kap. 3.2 beschrieben worden sind.

Beim unterrichtlichen Einsatz der Erkundung ist insbesondere auf folgende Aspekte zu achten, die quasi Schlüsselstellen für den unterrichtlichen Erfolg darstellen (vgl. *Neugebauer* 1977, 235 ff.):

- die Modellproblematik,
- das Verhältnis von Schule und Erkundungsbereich,
- Defizite der Erkundung gegenüber anderen Methoden.

(1) Modellproblematik

Es besteht die Gefahr, daß die Lernenden die zu erkundende Realität nicht als Realität, sondern als Modell erleben, weil sie von einer umfangreichen schulischen Vorbereitungsphase beeinflußt und auf starre Erkundungsaufträge festgelegt, in einen Betrieb oder einen anderen Erkundungsbereich kommen. Damit wird für sie das Original in seiner Komplexität reduziert, akzentuiert und zweckorientiert: Das Original wird zum Modell, die Betriebserkundung wird zur Modellmethode, eine eigentliche Begegnung von Modell und Realität findet nicht statt. Diese Vorgehensweise ist zwar mit Blick auf komplexe Erkundungsbereiche sinnvoll; allerdings muß darauf geachtet werden, daß eine zu starke Modellierung der Realität durch unverstellte Realitätsbegegnungen unterbrochen werden. In diesem Sinne kann eine Vorgehensweise hilfreich sein, die von Betrieben aus eigenem Antrieb praktiziert wird: Strenge Erkundungsmodelle mit Besichtigungselementen anzureichern.

Die Modellproblematik hat insbesondere dann Bedeutung, wenn Erkundungen in Bereichen durchgeführt werden, in denen für die Schülerinnen und Schüler keine Alltagserfahrungen vorliegen (wie z. B. bei der Erkundung eines Supermarktes; vgl. das Erkundungsbeispiel). So ergibt sich beispielsweise für eine Betriebserkundung des produktionswirtschaftlichen Bereichs der Unternehmung (vgl. *Hübner* 1993, 20 ff.) ein spezifisches Theorie-Praxis-Problem, das im wesentlichen darin besteht, daß vor der Erkundung ein Orientierungsmuster entwickelt werden muß, mit dem die betriebliche Realität erfaßbar (erfragbar, beobachtbar) gemacht wird. Im Falle der Erkundung des Produktionsbereichs eines Betriebes können Schülerinnen und Schüler Realität nicht voraussetzungslos beobachten, um dann im Unterricht die Beobachtungsergebnisse zu systematisieren, wie es in dem weiter unten dargestellten Beispiel einer Supermarkterkundung durchaus möglich ist. Solch ein Orientierungsmuster liefert in der Regel ein Modell, das mit der Realität konfrontiert wird, um zu einem revidierten (realitätsgerechteren) Modell weiterentwickelt zu werden.

Modellebene I
Modell des produktionswirtschaftlichen Bereichs mit den Aufgaben Programmgestaltung (z. B. welche Produkte), Potentialgestaltung (z. B. Arbeitskräftebedarf), Prozeßgestaltung (z. B. Fertigungsverfahren), das eingeordnet und eingebunden ist in das Modell betrieblicher Grundfunktionen.

Realitätsebene
Betriebliche Realität, in der bei unterschiedlichen Betrieben unterschiedliche Lösungen dieser Aufgabestellungen vorliegen, die aus der Anschauung allein für einen Betrachter nicht erkenn- und unterscheidbar sind.

Modell-Realitätsebene
Untersuchung der betrieblichen Realität mit den Analysekategorien des Modells, um die komplexe betriebliche Realität befragbar und analysierbar und bezogen auf die Erkundungsaspekte erkennbar zu machen.

Modellebene II
Revision der Modellebene I zur Verallgemeinerung und Systematisierung der Praxiserfahrungen.

(2) Das Verhältnis von Schule und Erkundungsbereich am Beispiel Betrieb.
Betriebe sind Institutionen, die nicht primär die Funktion haben unterrichtlichen Zwecken zu dienen (vgl. Kap. 4.10). Die Betriebserkundung als Unterrichtsmethode ist damit in starkem Maße von außerschulischen (betrieblichen) Bedingungsfaktoren abhängig. Betriebserkundungen basieren deshalb in besonderer Weise auf Vereinbarungen zwischen Schule und Betrieb, die Vorerkundungen durch den Lehrer, Vorbereitung des Betriebes durch den Lehrer, Informationen des Betriebes über die unterrichtlichen Intentionen, Programmablaufplanung, Auswahl der Erkundungsobjekte und der Interviewpartner usw., beinhalten.

(3) Defizite der Methode Erkundung gegenüber anderen Methoden.
Erkundungen sind nicht für jedes Ziel das geeignete Mittel. Insbesondere dort, wo es um ökonomische und soziale Probleme, um soziale Verhaltensweisen und Konfliktsituationen, zusammengefaßt um das Verstehen komplexer Zusammenhänge jenseits der materiellen Dimension geht, erweist sich die Erkundung als eher ungeeignete Methode.
Relativierend zu dieser Aussage kann jedoch festgestellt werden, daß dort wo beispielsweise ökonomische und soziale Probleme eine materielle Grundlage oder einen materiellen Ausgangspunkt haben, die Methode Erkundung in Verbindung mit anderen Methoden erfolgversprechend eingesetzt werden kann. Generell läßt sich die Konsequenz ziehen, Erkundungen durch andere Methoden und auch durch Medien zu ergänzen (vgl. *Klebel* 1976, 84).

4.9.2 Verlaufsstruktur für die Durchführung von Erkundungen

Die Erkundung ist als Unterrichtsverfahren charakterisiert, um durch Beobachtung und Befragung, einen Einblick in einen ausgewählten und begrenzten Praxisbereich zu gewinnen. Die Erkundung erfolgt in den Phasen Vorbereitung, Durchführung und Auswertung, wobei sich diese Phasen selbst noch einmal in einzelne Schritte untergliedern können. So liegt beispielsweise vor der eigentlichen Vorbereitungsphase der Erkundung, die die Vorbereitung der Lernenden auf den Praxisbereich umfaßt, eine Planungs- und Orientierungsphase des Lehrers, in der die Zielsetzung der Erkundung, die Koordination der Lernzielplanung mit den spezifischen Gegebenheiten des Erkundungsbereichs und die Weiterführung des Unterrichts, sowohl im Hinblick auf die Auswertung der Erkundung als auch auf die inhaltliche und thematische Weiterführung erfolgt. Die folgende Checkliste zur Vorbereitung, Durchführung und Auswertung einer Betriebserkundung (vgl. *Behrens* 1980, 18) ist als Maximalkatalog anpassungsbedürftig an spezifische Bedingungen.

Checkliste für die Vorbereitung, Durchführung und Auswertung einer Betriebserkundung

VORBEREITUNG

Unterricht

- ❑ Ziele der Erkundung festlegen
- ❑ Sachinformationen sammeln und auswerten: über die Betriebe und die regionalen und lokalen wirtschaftlichen Bedingungen
- ❑ Beobachtungs- und Befragungsschwerpunkte festlegen
- ❑ Methodische und inhaltliche Überlegungen zum Thema, in das die Erkundung eingebettet ist
- ❑ Informationen zum Erkundungsbetrieb vermitteln
- ❑ Erkundungsunterlagen entwickeln (Fragebogen, Beobachtungsleitfaden)
- ❑ Beobachtungs- und Befragungstechniken üben
- ❑ Organisatorisch-technische Absprachen, Verhalten im Betrieb

Organisation

- ❑ Rechts- und Versicherungsfragen abklären
- ❑ Schulleitung informieren, notwendige Genehmigungen einholen
- ❑ Vertretung regeln
- ❑ Arbeitsmittel bereitstellen
- ❑ Kostenfrage (Fahrt- und Verpflegungskosten) regeln

Betrieb

- ❑ Kontaktaufnahme mit Betrieben
- ❑ Vorerkunden des Betriebes
- ❑ Absprachen für die Erkundung: Erkundungsschwerpunkte (Ablauf der Erkundung, Zeitplan, Organisation, Auswahl der Erkundungsbereiche, Betreuung, Photographieren, Interviews).

DURCHFÜHRUNG

- ❑ Feststellen der Erkundungsbedingungen (Absprachen und aktuelle Situation vergleichen)
- ❑ Begrüßung und Einstimmung
- ❑ Einweisung der Gruppen
- ❑ Erkundungsaufgaben durchführen
- ❑ Abschlußgespräch (Sach- und Verständnisfragen, Fragen, die durch Beobachtung nicht geklärt werden konnten)
- ❑ Abschließende Absprachen (weitere Erkundungen, Betriebsangehörige als Experten im Unterricht)

AUSWERTUNG

- ☐ Sammlung der Erkundungsergebnisse
- ☐ Systematische Auswertung der Erkundungsergebnisse
- ☐ Präsentation der Erkundungsergebnisse
- ☐ Betrieb danken
- ☐ Einordnung der Erkundungsergebnisse in den Unterricht und Fortführung des Unterrichtsthemas

Steinmann (1982, 23 ff.) hat einen didaktischen Bezugsrahmen entwickelt, mit dem er Qualifikationen als Lern- und Erkundungsziele sowie Erkundungsinhalte ableitet. In dieser Konzeption haben "Erkundungen der ökonomischen Realität" einen hohen Stellenwert. Dabei wird von einer Methodenkonzeption ausgegangen, die, bezogen auf den jeweiligen Inhalt, eine explizite Legitimation und Begründung der Lernwirksamkeit einer anzuwendenden Methode voraussetzt. *Steinmann* postuliert in seinem Konzept, daß die ökonomische Realität insgesamt Erkundungsobjekt sein kann und sich somit die Erkundung nicht nur auf Betriebserkundungen beschränkt.
Zur Verdeutlichung – auch der Verlaufs- und Phasenstruktur – dieses Konzeptes dient ein Erkundungsbeispiel, das sich auf die Erkundung zur Güternachfrage und ihrer Bestimmungsgrößen bezieht (vgl. Abb. 4.43).

Wenn die Annahme richtig ist, daß "Wirtschaften mit dem Einkommen" und "der Verbraucher im Wirtschaftsgeschehen", so oder ähnlich Gegenstand aller Rahmenrichtlinien/Lehrpläne ökonomischer Bildung in der Bundesrepublik sind, kann am Beispiel der Erkundung der Güternachfrage deutlich gemacht werden:

- ☐ *die Integration in das Bezugsfach,* z. B.: Faktoren, die das Verbraucherverhalten bestimmen, Verbraucherberatung, Ausgabenverhalten und Ausgabenplanung privater Haushalte;
- ☐ *die Vorbereitung der Erkundung,* z. B.: die Behandlung entsprechender Rahmenrichtlinienthemenstellungen im Unterricht und die Festlegung der Erkundungsziele und Erkundungsaufgaben;
- ☐ *die Durchführung der Erkundung,* z. B.: Informationsbeschaffung in Einzelhandelsgeschäften und Supermärkten über Güter und deren Preise;
- ☐ *die Auswertung der Erkundung,* z. B.: durch die Verwertung der Erkundungsergebnisse in der Fortführung der Unterrichtsthemen.

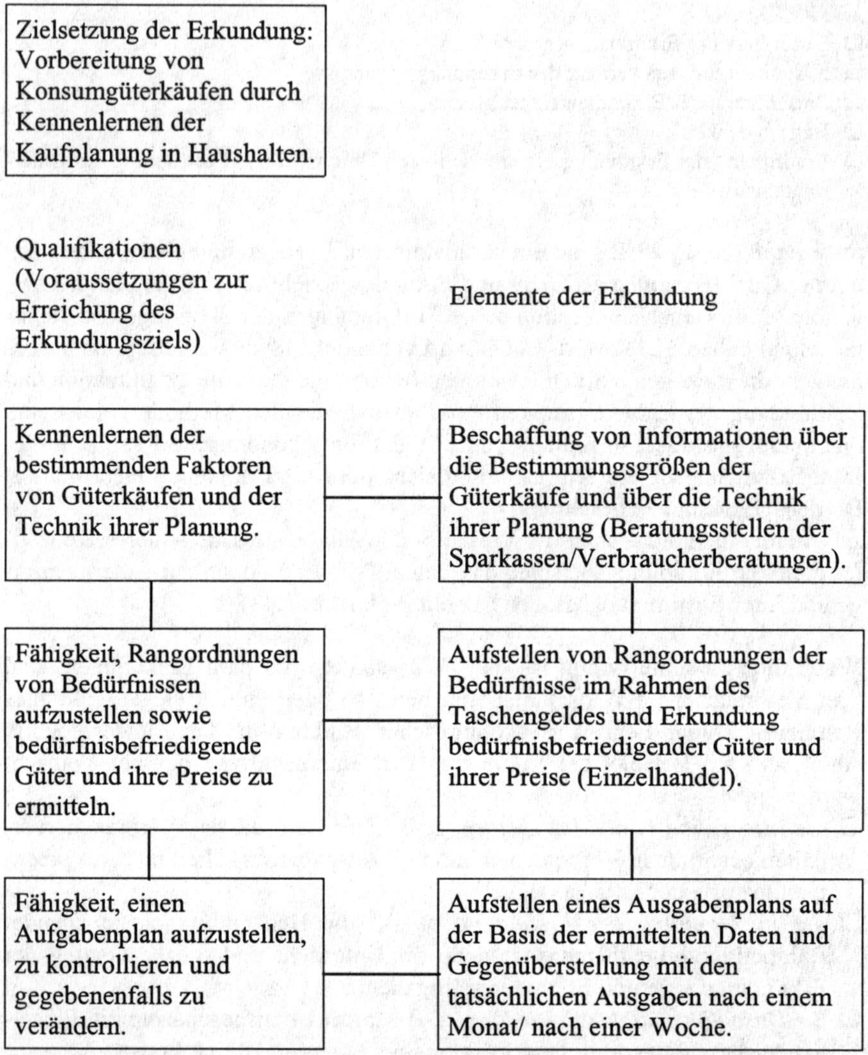

Abb. 4.43: Erkundung zur Güternachfrage und zu ihren Bestimmungsgrößen, aus: *Steinmann*, 1982, 46

4.9.3 Methodische Varianten der Erkundung

Im Hinblick auf die Erkundungsziele und inhaltlichen Aspekte können Erkundungen unterschiedliche Funktionen haben (vgl. *Neugebauer* 1977, 240; *Steinmann* 1982, 68 ff.), die sich mit unterschiedlichen methodischen Varianten der Erkundung verbinden:

Die Erkundung als *Vororientierung (Zugangs-/Erarbeitungserkundung)* dient der Einführung in einen neuen Problembereich. Sie verschafft einen ersten Überblick über ein Praxisfeld. Sie vermittelt damit ein Vorverständnis als Voraussetzung für die weitere intensive Beschäftigung mit dem Erkundungsgegenstand. Die Vorbereitung der Erkundung erfolgt hier nicht in der Weise, daß aus bereits behandeltem Stoff Erkundungsaufträge gewonnen werden, sondern es besteht zunächst lediglich Einigkeit über das zu behandelnde Thema und über eine grobe Zielsetzung. Bekannt ist ferner die zur Erkundung in Frage kommende Institution. Die Vorbereitung der Lerngruppe besteht im wesentlichen darin, festzulegen, was man zu diesem Thema wissen möchte bzw. erkunden könnte. Diese Vorgehensweise ist naturgemäß lückenhaft im Hinblick auf den zu behandelnden Stoff oder Sachverhalt. Das Schwergewicht liegt hier allerdings auf dem motivierenden Einstieg und dem Einüben einer Methode entdekkenden Lernens und des selbständigen Problemlösens.

Die Erkundung als *Praxisanalyse/Praxistest (Überprüfungserkundungen)* dient der planmäßig vorbereiteten Erhebung von Informationen, bezogen auf ein ausgewähltes Problem, die anschließend weiterverarbeitet werden bzw. der Überprüfung theoretischer Unterrichtsergebnisse durch die Konfrontation mit der Praxis. Hier dienen die Erkundungsaufträge der Festigung und Relativierung bereits erarbeiteter Lerninhalte. Aus den im Unterricht behandelten Themen und Sachverhalten werden Fragestellungen und Beobachtungsaufgaben entwikkelt, die durch die Erkundung überprüft werden. Dabei kann es aber durchaus sein, daß sich in der Vorbereitung dieser Erkundung offene Fragen ergeben, die dann dazu führen, daß Elemente der Vororientierung auch in der Überprüfung mit enthalten sind, also überprüfendes mit entdeckendem Lernen verbunden wird.

Sinnvoll kann auch die Kombination unterschiedlicher Erkundungstypen sein, z. B. Vororientierung, schulische Erarbeitung, Praxisanalyse. Die angesprochenen Funktionen der Erkundung in einem Unterrichtskonzept sind nicht ausschließlich an diese Methode gebunden, sondern können auch von anderen Unterrichtsverfahren oder Medien übernommen werden:

Vororientierung	Schilderung, Lektüre	AV-Medien			Simulation	Praxiserkundung	
				↓			
Praxisanalyse		AV-Medien	Befragung	Materialanalyse	Simulation	Praxiserkundung	Praktikum
				↓			
Praxistest			Befragung	Materialanalyse	Simulation	Praxiserkundung	Praktikum

Abb. 4.44: aus: *Neugebauer* 1977, 242

Darüber hinaus werden verschiedene Erkundungsformen unterschieden: Gemeinsame Klassenerkundung, Klassenerkundung mit Erkundungsaufträgen einzelner Gruppen, Gruppenerkundungen und Alleinerkundungen.
Alleinerkundungen können durchgeführt werden, wenn es sich um kleine, relativ einfache Beobachtungsaufgaben handelt, die auch im Rahmen einer Hausaufgabe zu bewältigen sind.
Gruppenerkundungen finden in der Regel während der Unterrichtszeit statt. Sie sind dann angebracht, wenn die Erkundungsaufgaben für Einzelerkundungen zu komplex und für Klassenerkundungen aus inhaltlichen oder organisatorischen Gründen zu aufwendig sind. Dies ist beispielsweise dann der Fall, wenn sich die Erkundungen auf mehrere Institutionen erstrecken, oder wenn die Gegebenheiten des Erkundungsbereichs es nur zulassen, daß eine begrenzte Anzahl von Schülerinnen und Schülern eine Erkundung durchführen. Wenn dies der Fall ist, muß dafür Sorge getragen werden, daß diejenigen, die nicht an der Erkundung teilnehmen konnten, ausreichend informiert werden.
Klassenerkundungen können entweder in Gruppen oder im Klassenverband durchgeführt werden, wobei wiederum bei den Gruppenerkundungen im Klassenverband arbeitsteilig oder nicht arbeitsteilig vorgegangen werden kann.

	Vororientierung Zugangs-/Erarbeitungserkundung	Praxisanalyse/Praxistest (Überprüfungserkundungen)
Alleinerkundungen		
Gruppenerkundungen		
Klassenerkundungen		

Abb. 4.45: Erkundungsfunktionen und Erkundungsformen

Entscheidend für die Vorgehensweise, d. h. für die Anwendung einer *Erkundungsform,* sowohl von ihrer *Funktion* als auch im Hinblick auf ihre *Organisation,* ist die Stellung und Einbettung der Erkundung in den Unterrichtsprozeß und die Bedingungen des Erkundungsbereichs. Entsprechend der Voraussetzungen und Intentionen ergeben sich verschiedene Kombinationsmöglichkeiten, die formal in der folgenden Übersicht zusammengestellt sind.

4.9.4 Expertenbefragung als Bestandteil der Erkundung

Bei vielen Erkundungen sind Befragungen und Interviews ein wesentliches Element der Informationsbeschaffung. Bei Betriebserkundungen (das zeigt die Erfahrung) werden häufig Einführungen in Form von Vorträgen zum Betrieb oder zum Erkundungsinhalt gegeben. Bei der Durchführung der Erkundung, also bei der Abarbeitung der Erkundungsaufträge; sind häufig "Experten" die Begleiter der Lernenden. Auch die Erkundungsaufträge selbst umfassen in vielen Fällen Befragungen und Interviews. Es scheint von daher sinnvoll, die Expertenbefragung, die in der Literatur als eigenständige Methode dargestellt wird, im Zusammenhang mit der "Erkundung" anzusprechen.
Zunächst können unter dem Begriff Expertenbefragung alle Formen von Informationsprozessen zusammengefaßt werden, in denen Fachleute aus der Wirtschaftswelt Schülern Auskünfte erteilen (vgl. *Wolf* 1980, 23). Grundsätzlich können Expertenbefragungen nach dem Ort unterschieden werden, an dem sie stattfinden: Die Expertenbefragung findet am Wirkungsort des Experten statt, im Rahmen einer Erkundung, außerhalb der Schule. Diese Expertenbefragung wird dann auch im Rahmen der Erkundung vorbereitet. Von einer Expertenbefragung im engeren Sinne spricht man dann, wenn Experten in die Schule eingeladen werden.

Unabhängig vom Ort der Expertenbefragung können ihr drei didaktische Funktionen zugesprochen werden (vgl. *Wolf* 1980, 27):
(1) Sie liefert den Lernenden besonders sachkundige Informationen.
(2) Sie verstärkt durch die Informationen der Fachleute das Interesse der Lernenden am Unterrichtsstoff.
(3) Sie bietet den Lernenden die Möglichkeit Rückfragen zu stellen, um Erklärungen zu bitten und so ein sachgerechtes Informationsverhalten zu trainieren.

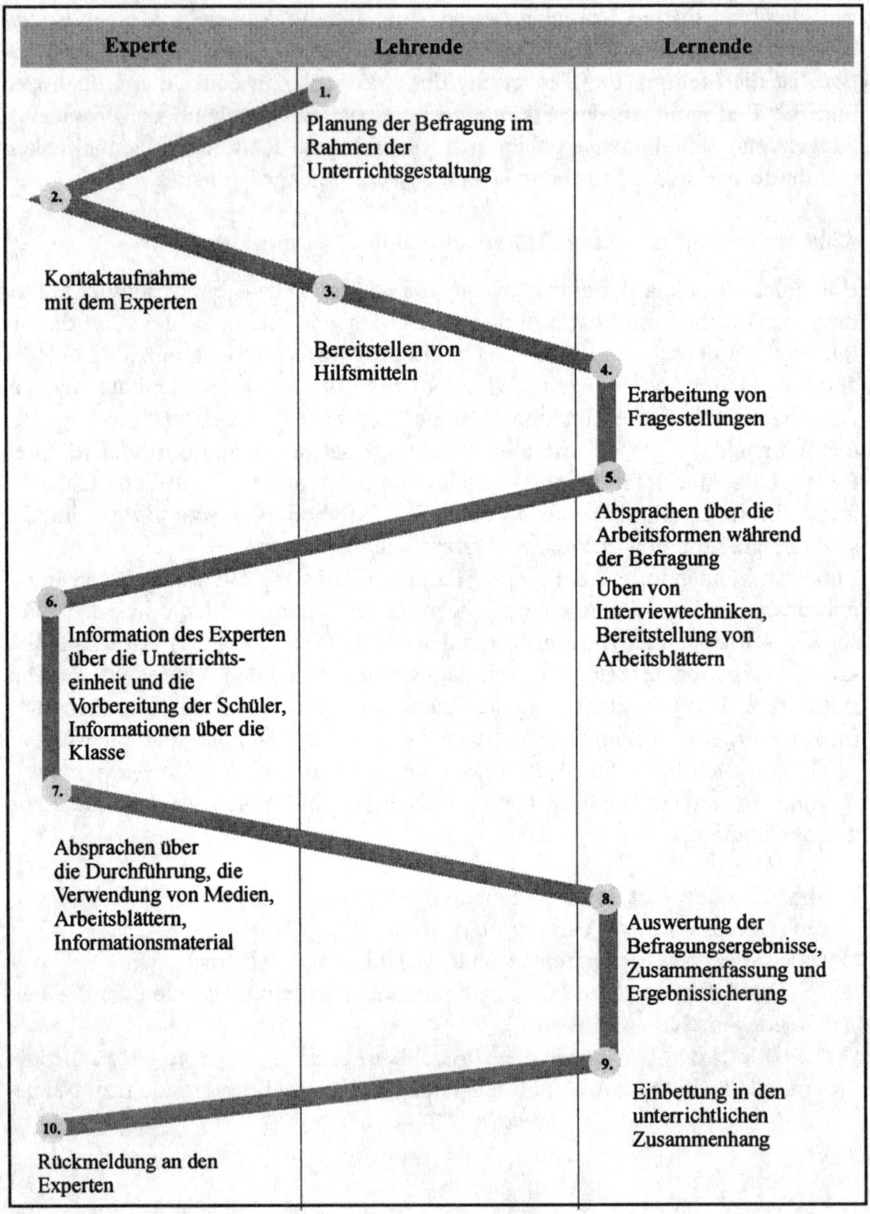

Abb. 4.46: Ablaufdiagramm einer Expertenbefragung, in Anlehnung an: *Wolf* 1980, 41 f.

Bei Expertenbefragungen lassen sich das strukturierte, das teilstrukturierte und das unstrukturierte Interview, als drei grundlegende Formen der Interviewtechnik, unterscheiden. Beim *strukturierten Interview* werden die Fragen, die dem Experten gestellt werden sollen, vorab in ihrer Reihenfolge und Formulierung festgelegt. Bei dieser Vorgehensweise kann das Interview zwar planmäßig ablaufen, eine Vertiefung oder Ausweitung der Diskussion ist allerdings kaum möglich. Wichtige Inhalte und die Reihenfolge der Fragen werden beim *teilstrukturierten Interview* beispielsweise in Form eines Leitfadens festgelegt. Auf diese Weise sind die Anwendungs- und Umsetzungsmöglichkeiten flexibel gehalten. Themenabfolge und Formulierungen können der jeweiligen Situation entsprechend eingebracht werden. Beim *unstrukturierten Interview* wird nur noch das Ziel der Befragung festgelegt. Die Reihenfolge der Problemkreise und die Einzelfragen bleiben offen. Dadurch kann es zu vertiefenden Diskussionen kommen, die zusätzliche Informationen liefern. Es besteht jedoch die Gefahr, daß sich Abweichungen zur ursprünglichen Zielsetzung ergeben (vgl. *Frackmann* 1980, 34). Welche Interviewform eingesetzt wird ist, abhängig von der Erfahrung der Lernenden mit dieser Methode, dem Inhalt und den Intentionen der Expertenbefragung und letztendlich von dem Experten selbst.

4.9.5 Voraussetzungen für den unterrichtlichen Einsatz

Das Tätigsein und Tätigwerden der Schüler bei Erkundungen ist neben den inhaltlich-didaktischen Voraussetzungen in besonderem Maße davon abhängig, ob die Schüler Erkundungstechniken beherrschen.
Erkundungsaufgaben sind immer mit bestimmten Techniken verbunden. Insbesondere sind dies Beobachten, Befragen, Protokollieren, Skizzieren, Fotografieren usw. Dabei sind diese Techniken, die zusammengefaßt als Fähigkeiten zur Informationsbeschaffung und -verarbeitung bezeichnet werden können, gleichermaßen Lernziel, als auch Voraussetzung für den erfolgreichen Einsatz von Erkundungen.
Um diese Qualifikationen bei Schülern zu entwickeln, damit sie diese Techniken sinnvoll anwenden können, müssen andere Unterrichtsverfahren hinzugezogen werden, in denen grundlegende Kenntnisse zum Verständnis der zu erkundenden Sachverhalte und kommunikative und soziale Fähigkeiten vermittelt werden. Darüber hinaus ist bei den Schülern auch eine "Methodenkompetenz" im Sinne der Beherrschung der verschiedenen Arbeitsschritte bei der Planung, Durchführung und Auswertung einer Erkundung anzustreben (vgl. *Imhof/ Reuter-Kaminski* 1988, 29).

„Der Lernerfolg einer [...] Erkundung ist nur dann sichergestellt, wenn die Schüler mit konkreten Fragestellungen, Beobachtungsaufgaben und Erkundungsaufgaben in die Erkundung gehen und gelernt haben, wie Fragebögen ausgewertet, Interviews geführt, Skizzen angefertigt, Antworten ausgewertet, Zahlen verglichen, Tabellen gelesen und Daten zusammengestellt werden“ (*Kaiser* 1974, 241). Die dazu notwendigen Qualifikationen können allerdings nur schrittweise, in einem längerwährenden Lernprozeß, entwickelt werden, so daß erst durch wiederholte Einübung allmählich die Beherrschung dieser Techniken erzielt wird. Der Erwerb dieser Qualifikationen, die für die Vorbereitung, Durchführung und Auswertungen von Erkundungen von hoher Bedeutung sind, ist allerdings nicht ausschließlich mit der Methode Erkundung verbunden, sondern verweist auf ein allgemeines Problem schulischen Lernens, das mit dem Begriff der „Methodenkompetenz“ der Lernenden gekennzeichnet werden kann (vgl. *Klippert* 1992). Methodenkompetenz als Qualifikation korrespondiert mit bestimmten Arbeitstechniken, die auf korrespondierende Fähigkeiten einerseits und andererseits auf Einübungsmöglichkeiten, die generell im Unterricht möglich sind, zurückgeführt werden können (ausführlich zu einzelnen Aspekten: *Blanke* 1992; *Hepp/Ott* 1992; *Klippert* 1992; *Leisenheimer* 1992; *Mattes* 1992; *Pres* 1992; *Weber* 1992).

Schreibtechniken korrespondieren mit Fähigkeiten wie produktives/kreatives Schreiben, Notizen machen, stichwortartiges Protokollieren, stichwortartiges Mitschreiben, gliedern, strukturieren, zitieren usw. Sie können mit folgenden Übungen erreicht werden: Referate/Protokolle schreiben, Thesen/Zusammenfassung schreiben, Lehrervortrag mitschreiben, freie Texte schreiben, Bericht/Vorgangsbeschreibung, Geschichte weiterschreiben, Gliederung ent-werfen...
Fragetechniken korrespondieren mit Fähigkeiten wie „W-Fragen“ formulieren, verschiedene Fragetypen unterscheiden lernen (z. B. Wissensfragen, Verständnisfragen), Befragungen durchführen, Fragen aus Texten gezielt rekonstruieren, Fragen beantworten usw. Sie können mit folgenden Übungen erreicht werden: Fragelotto zu aktuellen Unterrichtsthema, Fragespiel "Wer bin ich ...? (z. B. in Geschichte), Frage-Antwort-Karten anlegen, Fragebogen entwerfen, Test erstellen, Leitfrage(n) zu Stundenbeginn formulieren, Fragenkatalog zur Unterrichtseinheit erstellen, Testfragen analysieren ...
Planungstechniken korrespondieren mit Fähigkeiten wie Arbeits- und Zeitpläne aufstellen können, Projekte (mit)planen, Unterrichtsplanung/Strategieplanung (Problemlösungstraining) usw. Sie können mit folgenden Übungen erreicht werden: Arbeit mit der Metaplanmethode, Wochenplan/Tagesplan/Zeitplan er-

stellen (A, B, C Aufgaben), Plan- und Entscheidungsspiele durchführen, Vorbereitung der Klassenarbeit planen, Projektplanung ...
Strukturierungstechniken korrespondieren mit Fähigkeiten wie komplexe Informationen strukturieren, Begriffe zuordnen, Gliederung anfertigen, in Systemen denken, Beziehungen herstellen usw. Sie können mit folgenden Übungen erreicht werden: Tabelle/Schaubild anfertigen, Wandzeitung/Plakat gestalten, Tafelbild zur Stunde entwerfen, Texte grafisch zusammenfassen, Arbeitsplan strukturieren, Schaubilder/Tabellen analysieren ...
Ordnungstechniken korrespondieren mit Fähigkeiten wie ausschneiden, kleben, lochen, abheften, markieren, mit Lineal arbeiten, Mappe/Heft/Ordner führen – Kartei anlegen usw. Sie können mit folgenden Übungen erreicht werden: handwerkliche Übungen mit Schere, Klebstoff, Lineal etc., Arbeitsblätter/Wochenbericht/Plakat etc. gestalten – Heftführung thematisieren, Mappe/Inhaltsverzeichnis anlegen, der Arbeitsplatz zu Hause ...

4.9.6 Erkundungsbeispiel

Erkundung eines Supermarktes zum Problembereich Ökonomie und Ökologie im Rahmen einer Unterrichtseinheit "Verpackung und Abfall

(1) Übersicht des Unterrichtsmodells

Das Erkundungsbeispiel setzt sich im Rahmen der Umwelterziehung in der ökonomischen Bildung mit dem Problem externer Kosten auseinander. Die Erkundung liefert im Rahmen einer Praxisanalyse Informationen zu den internen Kosten im Einzelhandel am Beispiel der Frischmilch.
Ein wesentliches Ziel der Umwelterziehung in der ökonomischen Bildung besteht darin, deutlich zu machen, daß die Umwelt als öffentliches Gut keinen Preis hat, der ihre Verwendung reguliert oder sie vor Verschwendung schützt. Über den Preis entsteht der Zwang abzuwägen, welches Gut in welcher Menge erworben und genutzt wird. Eine Stereoanlage für jedes Zimmer der Wohnung wäre vielleicht schön, aber sicherlich zu teuer. Bei der Umweltnutzung besteht dieser Zwang zur Abwägung heute noch nicht in ausreichendem Maße.

1. Sequenz: Einstieg: Das Müll- und Abfallproblem	– Abfallmenge – Wie entsteht Abfall – Wie ist Abfall zuammengesetzt und wie wirkt er auf die Umwelt
2. Sequenz: Abfall und Verpackung	– Zusammensetzung des Hausmülls und des Verpackungsmülls – Entwicklung der Einwegverpackungen
3. Sequenz: Güter werden verpackt	– Verpackungsarten und ihre Aufgaben – Gründe für die Zunahme und Veränderung von Verpackungen
4. Sequenz: Beispiel: Von der Molkerei in den Haushalt	– „Verpackungsfahrplan“ eines Produkts
5. Sequenz: Vom Produzenten zum Konsumenten	Warum das Verpackungsproblem zum Abfall- und Umweltproblem wird – öffentliche und private Güter – öffentliche und private Güter beeinflussen sich – Lebenslauf eines Saftkartons
6. Sequenz: Vorbereitung, Durchführung und Aus wertung einer Erkundung zur Frage: Karton oder Flasche?	Die Wahl der Verpackung aus betrieblicher Sicht – Vergleich der Preise und der Herstellungskosten für Milch im Karton und Milch in der Flasche – Abfallbeseitigungskosten
7. Sequenz: Was kann getan werden?	Lösungsmöglichkeiten für das Verpackungs- und Abfallproblem – Rücknahme der Verpackung durch Handel und Produzenten – Vermeidung von Müll im Haushalt

(2) Erkundung eines Einzelhandelsgeschäfts zur Frage der Verpackungswahl aus betrieblicher Sicht

Mit Hilfe der Erkundung soll deutlich werden, daß Betriebe (Molkerei und Einzelhandel) ihre Entscheidungen in starkem Maße von ökonomischen Gesichtspunkten abhängig machen. Bei der Entscheidung darüber, in welcher Verpackung Milch produziert und vertrieben wird – in einer Mehrwegverpackung oder in einer Einwegverpackung – sind Kostenargumente (Herstellungskosten, Vertriebskosten) offensichtlich von entscheidender Bedeutung und stellen die Präferenz für die Produktion und die Vertreibung vorwiegend von Einwegverpakkungen dar. Das ökonomische Kostenargument kehrt sich allerdings dann in das Gegenteil um, wenn man im Sinne der Produktlebenslinie das Problem untersucht. Dann nämlich sind die Einwegverpackungen nicht mehr die kostengünstigsten. Die Differenz zwischen den betrieblich ausgewiesenen und den durch Entsorgung und Umweltschutz gesellschaftlich notwendigen Kosten trägt die Allgemeinheit bzw. der Staat. Müßten Produzenten und Konsumenten die wahren Kosten bezahlen, könnte die Entscheidung über Produktion und Vertrieb, wiederum unter ökonomischen Gesichtspunkten, genau entgegengesetzt und damit auch umweltfreundlicher aussehen. Über die Klärung dieser Fragestellung hinaus können hier Ergebnisse aus den anderen Unterrichtssequenzen wieder aufgegriffen werden, beispielsweise die Frage, inwieweit der "Strukturwandel im Handel" Erklärungen dafür liefert, daß Milch nicht (oder kaum) in der Milchkanne gekauft werden kann. Die Kaufentscheidung wird auch auf der Seite der Konsumenten von finanziellen Aspekten abhängig sein. Dieser Punkt ist auch bei der nachfolgenden Beschäftigung mit Produktion und Handel von zentraler Bedeutung. Das Ziel der Erkundung ist die Erkenntnis, daß das Anbieten von Milch in Pfandflaschen mit einem erhöhten Aufwand an Personal, Reinigungsmaschinen, Platz, Zeit und damit an Geld verbunden ist.
Folgende Fragen sollen mit der Erkundung geklärt werden: In welchen Verpackungsarten wird Milch angeboten? Wie ist der Raumbedarf der verschiedenen Verpackungsarten? Welche Arbeitstätigkeiten fallen bei den verschiedenen Verpackungsarten an (Personalbedarf)? Welche Preise hat die unterschiedlich verpackte Milch?

(3) Lernziele des Unterrichtsmodells

Die Schüler sollen (die Lernziele, die unmittelbar mit der Erkundung verknüpft sind, sind hervorgehoben):
– erkennen, daß das Müll- und Abfallproblem wesentlich durch den Verpackungsmüll mit verursacht wird;

- wissen, welche Arten von Verpackungen es gibt, welche Funktionen sie haben und welche Gründe es für die Zunahme und Veränderung von Verpackungen gibt;
- erkennen, daß die Produkt-Lebenslauf-Betrachtungen ein Instrument ist, Produkte von der Herstellung bis zur Beseitigung zu betrachten, um Umweltschäden und -belastungen zu erkennen;
- wissen, welche Bedeutung private und öffentliche Güter für die Umwelt haben;
- den Unterschied zwischen internen und externen Kosten des Konsums und der Produktion und ihre Bedeutung für die Umwelt erkennen;
- an Beispielen erkennen, daß umweltpolitische Maßnahmen versuchen, externe Kosten zu internen Kosten für Produzenten und Konsumenten zu machen, um sie dadurch zu zwingen, die Umwelt weniger zu belasten.

(4) Zur Durchführung und Auswertung der Erkundung im Lebensmittel-Einzelhandelsgeschäft oder im Supermarkt

1. In welchen Verpackungsarten wird Milch angeboten?
Vergleiche den Platzbedarf von Einwegkartons und Mehrwegflaschen. Beobachte und erfrage: Wie geschieht die Leergutrücknahme, wo wird das Leergut gelagert und wohin wird es transportiert? Welcher Personalbedarf ist mit dem Leerguthandling verbunden?

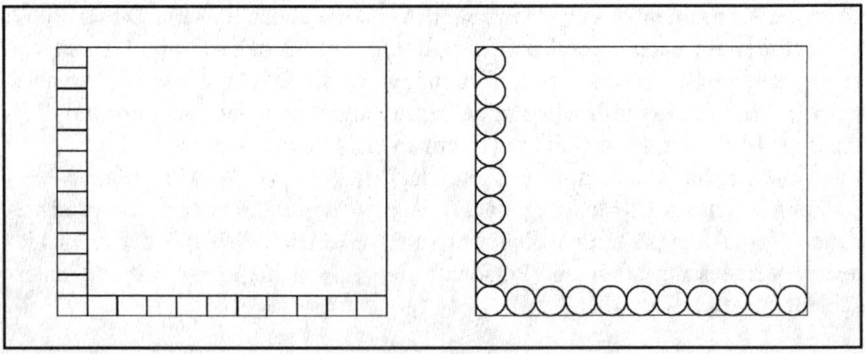

Abb. 4.47

2. Vergleicht die Preise von Einwegkartons und Mehrwegflaschen.

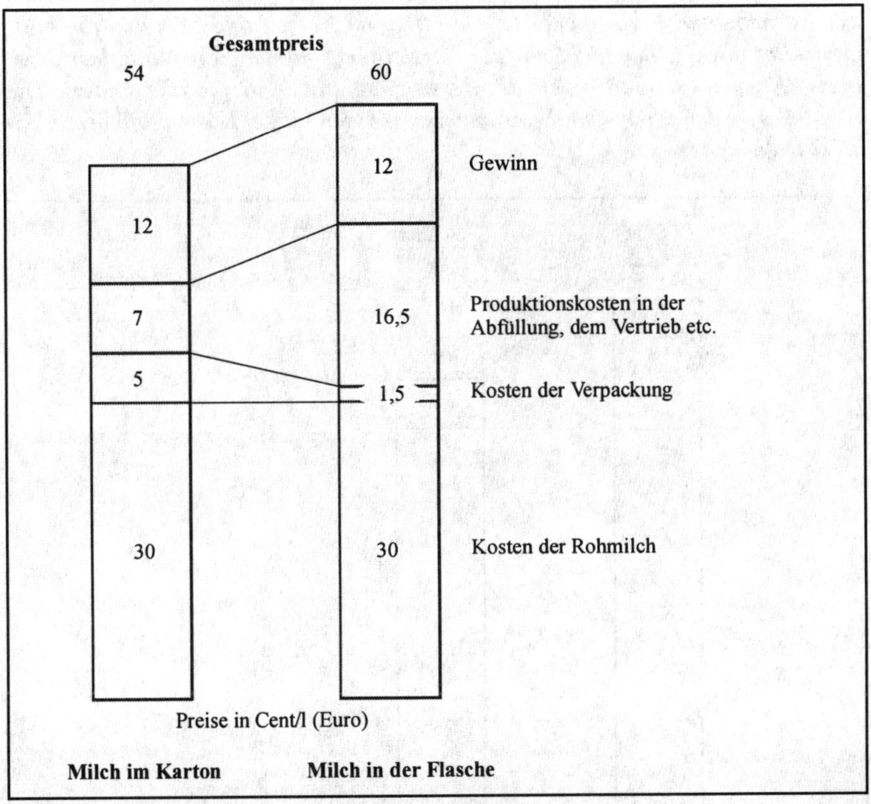

Abb. 4.48

Aus der Abbildung ist ersichtlich, daß Unterschiede zwischen Mehrweg- und Einwegverpackungen in den Kosten für die Verpackung und in den Produktionskosten in der Abfüllung und im Vertrieb bestehen. Wie begründen sich diese Kostenunterschiede?

3. Die Gesamtkosten

Wir haben die Kosten für Milch in unterschiedlichen Verpackungen betrachtet. Für Betriebe und Verbraucher ist die Milch im Karton offensichtlich die billigere Alternative. Aber nicht nur die Herstellung und der Vertrieb haben ihren Preis (Kosten), sondern auch die Beseitigung (dies gilt für alle Güter). Die Hersteller, Vertreiber und Konsumenten müssen diese Kosten offensichtlich nicht tragen denn ....

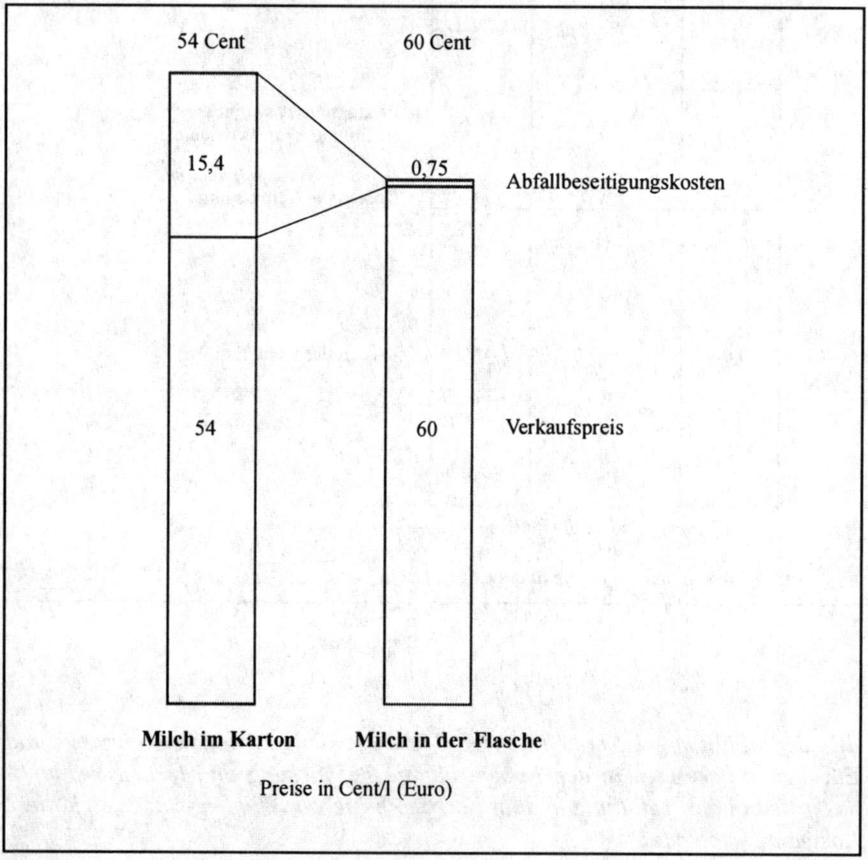

Abb. 4.49

Kosten im Abfüllbereich

Infolge der höheren Investitionskosten für bauliche und maschinelle Einrichtungen beim Mehrwegsystem, die zu höheren kalkulatorischen Zinsen und Abschreibungen führen, und der höheren laufenden Betriebskosten (Reinigungsmaterial, Personalkosten, sonstige Betriebskosten) sind die Prozeßkosten beim Abfüllen in Mehrwegsysteme eindeutig höher.

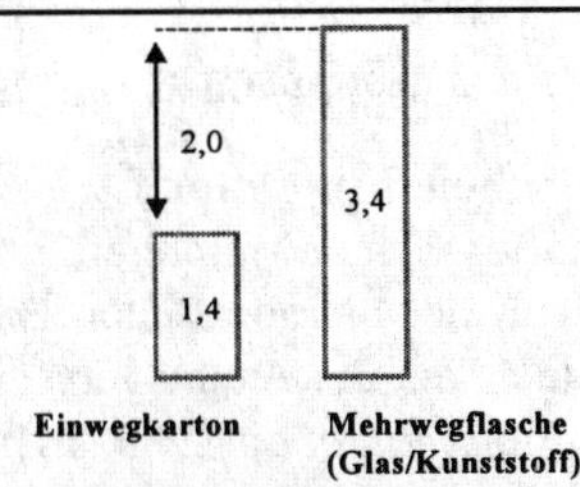

Alle Angaben in Cent/l (Euro)

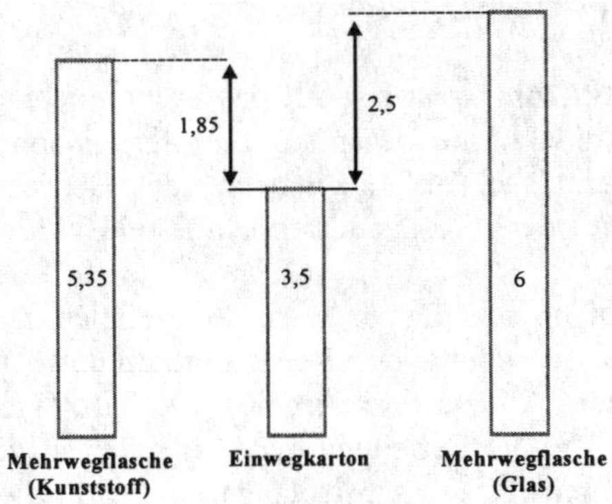

Kosten der Distribution

Die Kostenerhöhung bei den Mehrwegflaschen gegenber dem Einwegkarton hat die schlechtere Raumausnutzung auf der Palette, das Leerguthandlng und das höhere Gewicht als Ursache. Da die Glasfalsche wesentlich schwerer as die Kartonverpackung ist und das Gewicht bei Molkereifahrzeugen die Begrenzung darstellt, ist die Glasflasche in der Distribution teurer als die Einwegverpackung

Kosten im Einzelhandel

Im Lebensmittelhandel ergeben sich die Kostenerhöhungen durch die Mehrwegflasche sowohl beim Vollguthandling als auch durch das hinzukommende Leergut. Beim Vollgut sind durch die schlechtere Raumausnutzung im Kühlregal lohnkostenintensive Nachfüllvorgänge erforderlich. Zu diesen Kosten kommen noch die des Leerguthandlings hinzu.

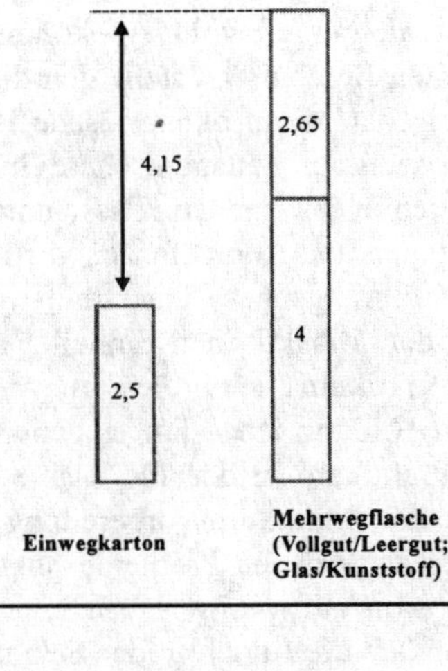

Abb. 4.50

4.10 Praktikum

4.10.1 Ausgangsbasis und historische Entwicklung

Das Schülerpraktikum ist eine schulische Veranstaltung, die außerhalb des Lernortes Schule durchgeführt wird. Für das Praktikum als ein methodisches Element der ökonomischen Bildung ergeben sich drei Leitfragen die von entscheidender Bedeutung für eine Praktikumskonzeption sind (vgl. *Feldhoff/Otto/Simoleit/Sobott* 1985, 14):

(1) Welchen Beitrag soll das Praktikum in der ökonomischen Bildung leisten?
(2) Was kann im Praktikum gelernt werden?
(3) Wie kann dieser Beitrag realisiert werden?

Die Frage nach dem Beitrag des Praktikums verweist auf das Problem seiner Einbindung und Abstimmung in das didaktische Gesamtkonzept der ökonomischen Bildung. Zunächst soll aber ein Blick auf die herrschende „Betriebspraktikumspraxis" geworfen werden, deren Bestandsaufnahme ein widerspruchsvolles Resümee ergibt:
Zunächst kann festgestellt werden, daß an den Hauptschulen, Realschulen, Gesamtschulen und Sonderschulen die Zuordnung des Betriebspraktikums zur ökonomischen Bildung (zu den Fächern Arbeitslehre, Arbeit/Wirtschaft, Wirtschaftslehre, usw.) allgemein erfolgt ist. Die Betreuung der Lernenden in der Durchführungsphase im Betrieb wird teilweise von verschiedenen Lehrkräften verantwortet (beispielsweise aus schulorganisatorischen Gründen von dem Klassenlehrer, obwohl er ökonomische Bildung nicht unterrichtet). Mit den gleichen Ergebnissen stellt sich die Situation beim sogenannten Klassenlehrerprinzip dar, wenn ökonomische Bildung durch den Klassenlehrer unterrichtet wird, weil aus pädagogischen Gründen der Klassenlehrer soviel Stunden wie möglich in der eigenen Klasse unterrichten soll, ohne daß entsprechende Qualifikationen und Kompetenzen vorliegen. Können im ersten Fall Probleme in der Durchführungsphase unterstellt werden und damit Probleme bei der Realisierung der "didaktischen Einheit Vorbereitung, Durchführung und Auswertung" des Praktikums, kann dies im zweiten Fall für den Unterricht in der ökonomischen Bildung insgesamt angenommen werden. In den Gymnasien, in denen das Praktikum in der 11. Klasse heute allgemein üblich ist, sind die beiden Fälle der Praktikumsvorbereitung und -durchführung die Regel, und darüber hinaus werden die Probleme noch dadurch verschärft, daß ökonomische Bildung – bis auf wenige Ausnahmen in den neuen Bundesländern – weder in der Sekundarstufe I noch in der Sekundarstufe II unterrichtet wird (vgl. dazu auch *Reuel/Schneidewind* 1989, 14).

Während das Praktikum zum scheinbar gesicherten Bestandteil des Unterrichts an den Hauptschulen, Realschulen, Sonderschulen und Gesamtschulen geworden ist und zunehmend auch an Gymnasien, Berufsfachschulen und Höheren Berufsfachschulen erprobt wird, verdichtet sich die didaktische Diskussion zu der Schlußfolgerung, daß das Praktikum in der bisherigen Art kaum noch sinnvoll weitergeführt werden kann. Die Kritik bezieht sich vor allem auf die spezifischen Erfahrungs- und Erkenntnismöglichkeiten der Schüler im Betriebspraktikum. Sie bleiben nach übereinstimmenden Untersuchungsergebnissen so eindeutig hinter den vorherrschenden Erwartungen an das Betriebspraktikum zurück, daß damit die pädagogische Zweckmäßigkeit dieser Praktika überhaupt in Frage steht. Hinzu kommen ungelöste theoretische Probleme und didaktische Defizite, Mängel der Praktikumsorganisation und der rechtlichen Regelungen, die zusammengenommen den Gesamteindruck einer pädagogischen Illusion vermitteln. Die daraus abgeleitete Empfehlung, auf das Praktikum ganz zu verzichten, steht jedoch im krassen Widerspruch zu den Erwartungen von Eltern und Schülern, die sogar häufigere und längere Betriebspraktika für erforderlich halten. In der Meinung von Eltern, ehemaligen Hauptschülern und betrieblichen Betreuern steht das Praktikum in der Rangfolge lebensbedeutsamer Schulveranstaltungen hinter Mathematik und Deutsch auf den oberen Plätzen. Der wichtigste Grund für diese Vorzugsstellung, der auch von Lehrern und Betrieben genannt wird, ist die Erwartung, das Betriebspraktikum könne der Berufswahlentscheidung der Schüler eine realistische Grundlage geben. Dieses pädagogische Dilemma hat eine Diskussion um Alternativen zum herkömmlichen Betriebspraktikum ausgelöst, deren Ertrag sich in drei Vorschlägen darstellen läßt:

(1) Mehrfache Betriebserkundungen in verschiedenen Betrieben/Berufsfeldern und unter verschiedenen Aspekten anstelle eines Betriebspraktikums (vgl. *Eckert/Stratmann* 1978).

(2) Nach Form und Inhalt neuartige "Praxiserkundungen" verschiedener Lernorte (Betriebe, Alternativschulen, Wohnbereiche, Lehrlingsgruppen o. ä.) mit dem Ziel, die soziale Handlungskompetenz und Veränderungsbereitschaft der Schüler zu entwickeln (als Alternative zur üblichen Praxis der "instruktiven" Betriebserkundungen und zum herkömmlichen Betriebspraktikum) (vgl. *Feig* 1981).

(3) Weiterentwicklung des Praktikums zu einem mit Betriebserkundungen verzahnten, thematisch zentrierten Praktikums-*Projekt* mit vorbereitendem und auswertendem Blockunterricht auch in Verbindung mit außerschulischen Bildungsstätten" (*Feldhoff/Otto/Simoleit/Sobott* 1985, 19).

Die folgenden Ausführungen sind im Kontext des dritten Vorschlags zu sehen. Dieser Vorschlag wurde besonders durch das sogenannte "Bielefelder Modell" des Betriebspraktikums (*Feldhoff/Otto/Simoleit/Sobott* 1985) weiterentwickelt und begründet. Für die weitere Argumentation sind die Aspekte der "thematischen Zentrierung" (was soll im Betriebspraktikum gelernt werden) und der "didaktischen Einheit" des Praktikums von Vorbereitung, Durchführung und Auswertung von Bedeutung. Ein Schwerpunkt wird des weiteren auf die Frage gelegt, wie sich das Betriebspraktikum in das fachdidaktische Konzept der ökonomischen Bildung integrieren läßt.

Für die didaktische Einheit Praktikum hat insbesondere die „Durchführungsphase" (im Betrieb) eine besondere Bedeutung, weil sie eine didaktische Schlüsselstellung und -funktion einnimmt. Diese Schlüsselfunktion besteht beispielsweise darin, daß Vorbereitungs- und Auswertungsphase mit der zentralen Durchführungsphase so verknüpft werden, daß der Charakter einer didaktischen Einheit sichergestellt ist. Die Entwicklung einer Praktikumskonzeption im Rahmen ökonomischer Bildung beinhaltet die Auseinandersetzung mit

- dem didaktischen Stellenwert des Praktikums im Rahmen einer Gesamtkonzeption ökonomischer Bildung und mit dem zugrunde liegenden Theorie-Praxis Verständnis;
- den Zielen und den Organistionsformen des Praktikums insbesondere mit den Erwartungen an das Praktikum von Eltern, Schülern, der Schule und den Betrieben;
- der didaktisch methodischen Strukturierung des Praktikums.

Betriebspraktika werden seit Anfang der 50er Jahre durchgeführt. Die zumeist von engagierten Pädagogen auf lokaler Ebene durchgeführten Versuche blieben allerdings punktuell, weil der institutionelle Rahmen in Form von Richtlinien, Erlassen, Handreichungen usw. fehlte. Erst mit dem Gutachten des *Deutschen Ausschusses* (1964) wurde das Praktikum als verbindliche Maßnahme der Arbeitslehre institutionalisiert. Danach hat das Betriebspraktikum als fachspezifisches Verfahren der Arbeitslehre Eingang in die Arbeitslehre-Konzeptionen fast aller Bundesländer gefunden. Es gilt in der Regel als "erprobte pädagogische Einrichtung". Aufgrund der defizitären Situation im Arbeitslehre-Bereich bzw. in der ökonomischen Bildung, die sich mit den Begriffen unzureichende Qualifikation der Lehrerschaft, stagnierende Curriculum- und (fachdidaktische) Theorieentwicklung (ökonomische Bildung als Berufs- und Betriebspropädeutik) sowie geringem bildungspolitischem Engagement umschreiben lassen, entwickelte das Betriebspraktikum eine gewisse Eigendynamik: Es wurde häufig isoliert, ohne mit einer curricularen Gesamtkonzeption ökonomischer Bildung verbunden zu sein, durchgeführt. Die didaktisch-methodischen Einsatzmöglichkeiten und Varianten blieben dabei häufig ungenutzt. Zudem wird das Praktikum oft als Kern und Höhepunkt des (Arbeitslehre-) Unterrichts angesehen und mit vielfältigen Problemstellungen und Erwartungen überfrachtet (vgl. *Feldhoff/Otto/Simoleit/Sobott* 1985, 24 ff.).

Einerseits werden anspruchsvolle Lernzielkataloge zum Betriebspraktikum formuliert, die Zielsetzungen enthalten, daß die Schülerinnen und Schüler durch das Betriebspraktikum:

- ❑ Einsichten gewinnen zur Rolle des arbeitenden Menschen,
- ❑ Einsichten gewinnen in die Strukturen der Arbeits- und Wirtschaftswelt unter sozialem Gesichtspunkt,
- ❑ differenzierte Einblicke in betriebliche Zusammenhänge erhalten,
- ❑ erste Erfahrungen mit der Bewältigung von Arbeitsaufträgen und dem Ablauf von Fertigungsprozessen sammeln,
- ❑ die eigenen Berufswahlvorstellungen kritisch überprüfen,
- ❑ Interesse an berufs-, betriebs- und wirtschaftskundlichen sowie an wirtschaftspolitischen und sozialpolitischen Fragen gewinnen u. a. m. (vgl. *Pelz* 1976).

Andererseits steht dem zumeist ein isoliertes oder ausschließlich an der Berufswahl orientiertes Praktikum gegenüber. Dieses Dilemma legt die Vermutung nahe, daß auf der einen Seite alle Versäumnisse der ökonomischen Bildung durch das Praktikum aufgehoben werden sollen. Wegen fehlender didaktischer konzeptioneller Grundlagen kommt dann auf der anderen Seite häufig eine Art Probelehre mit teilweise zufälligen Eindrücken über die Arbeits- und Wirtschaftswelt heraus. Hinzu kommt, daß Rahmenrichtlinien und Lehrpläne i. d. R. nur vage Aussagen über die Integration des Praktikums in die ökonomische Bildung machen und Informationsschriften der Kultusbürokratie für Eltern und Schüler zum Betriebspraktikum bis heute einer "Aspekt-Didaktik" huldigen, die eigens für die Arbeitslehre und für das Betriebspraktikum geschaffen zu sein scheint: Es wird ausgeführt, daß Betriebspraktika unter berufsorientierendem, funktionalem und sozialem Aspekt durchgeführt werden können, aber es wird häufig vermieden anzugeben, was und wie Schülerinnen und Schüler im Betriebspraktikum lernen können oder sollen.

Im Rahmen der Zielsetzung ökonomischer Bildung, Lernende auf die Situation als Erwerbstätige, Konsumenten und Wirtschaftsbürger vorzubereiten, ist das Betriebspraktikum den wirtschaftlichen Handlungssituationen als Erwerbstätige und als Berufswähler und dem Handlungsbereich Betrieb zugeordnet. Betriebe

sind allerdings keine isolierten Elemente wirtschaftlichen Geschehens, sondern Bestandteil eines wirtschaftlichen Gesamtzusammenhangs, der sich mit dem Grundmodell des Wirtschaftskreislaufs im Rahmen einer Wirtschaftsordnung und Wirtschaftsverfassung darstellen läßt. Diese Zusammenhänge müssen auch bei der Festlegung der Inhalte des Betriebspraktikums berücksichtigt werden. D. h. in einer ersten Schlußfolgerung, daß das Praktikum im Rahmen ökonomischer Bildung mehr sein muß als Betriebs- und Berufspropädeutik. Darüber hinaus hat dies auch unmittelbare praktische und organisatorische Konsequenzen. Beispielsweise im Hinblick auf die zeitliche Anordnung des Betriebspraktikums in der Jahresplanung des entsprechenden Jahrgangs bzw. der Festlegung der Klassenstufe in der das Praktikum durchgeführt wird. Da in der schulischen Realität das Betriebspraktikum i. d. R. ein Datum ist, gilt es zu überlegen, wie die Anordnung von Themen und Inhalten im Rahmen einer Jahresplanung des entsprechenden Jahrgangs vorzunehmen ist, um entsprechende inhaltliche Verknüpfungen im Rahmen eines Gesamtkonzepts zu ermöglichen.
Des weiteren stellt sich die Frage, wie das Betriebspraktikum die Verbindung von (elementarem) praktischem Handeln, verbunden mit der Erfahrung betrieblicher Praxis und deren Reflexion leisten kann, um "(Lern-)Ziele" im Kontext ökonomischer Bildung zu erreichen, wie beispielsweise

- den Aufbau einer kognitiven Landkarte des Betriebes, d. h. das Erfassen des Betriebes als wirtschaftliches, organisatorisches und soziales Gebilde,
- die Herstellung eines Zusammenhangs zwischen einzelwirtschaftlichen (betrieblichen, individuellen) und gesamtwirtschaftlichen Entscheidungen und Betrachtungen,
- die Auseinandersetzung mit den institutionellen Bedingungen betrieblichen Handelns und Denkens, sowie den institutionellen Bedingungen der Entstehung und Austragung von Konflikten und Interessengegensätzen,
- den Aufbau eines kritischen Berufsrollenverständnisses (vgl. *Feldhoff/Otto/Simoleit/Sobott* 1985, 49 ff.), um Orientierungsprobleme von Berufswählern und Berufsanfängern, die durch den Wandel der Arbeitsverhältnisse und die verstärkte berufliche Fluktuation entstehen, zu vermindern. Als Orientierungsprobleme der Berufswähler und Berufsanfänger treten beispielsweise auf: die Unsicherheit der Schülerinnen und Schüler über Eignung und Neigung zu einem Beruf, von dem sie wenig wissen und die Unsicherheit über die Zukunft der Arbeit und Berufe generell, sowie über berufliche Chancen und Chancen der Berufsausbildung.

4.10.2 Verlaufsstruktur für die Durchführung von Praktika

Nur in dem Maße, wie das Praktikum im Unterricht gezielt vorbereitet wird, können die Schülerinnen und Schüler die betrieblichen Erfahrungen verarbeiten und nur in dem Maße, wie bei der Vorbereitung die Auswertung und die Durchführung miteingeplant ist, wird auch diese nicht zu einem reinen Informationsaustausch, sondern zu einer produktiven, reflektierten Aufarbeitung der (Praktikums-) Erfahrungen. Aus diesem Grunde beziehen sich folgenden Ausführungen auf einen Gesamtkontext von Vorbereitung, Durchführung und Auswertung und betrachten die Durchführungsphase im Betrieb nicht unter organisatorischen Gesichtspunkten, sondern unter dem des Lernortes. Die wesentlichen Bezugspunkte einer inhaltlichen Planung (Faktoren der didaktisch-methodischen Strukturierung) des Praktikums sind der Unterrichtskontext und die betrieblichen Erfahrungsmöglichkeiten. Als ein weiterer Aspekt wird das Schülerinteresse genannt (vgl. *Behrens u. a.* 1985, 15 f.). Dies bezieht sich insbesondere auf die Berufswahlpraktika. Wenn Schülerinnen und Schüler in die Betriebe aufgrund ihrer Berufswünsche vermittelt werden, wird ihr Hauptinteresse im Kennenlernen eines bestimmten Berufes liegen. Entsprechend ist anzunehmen, daß die Schülerwahrnehmungen im Betrieb besonders durch ihre Berufswahlorientierung strukturiert werden.

Der *unterrichtliche Kontext* umfaßt die Inhalte, die vor und nach dem Praktikum behandelt werden, bzw. die mit "betrieblichen Erfahrungen" der Schülerinnen und Schüler im Praktikum verbunden werden sollen. Ein Grund, warum das Praktikum in einen unterrichtlichen Kontext eingebunden sein muß, ist auch darin zu sehen, daß damit einer Überfrachtung des Praktikums mit Lernzielen (aber auch mit Erwartungen) begegnet werden kann. Vor allem kann dem Praktikum durch die unterrichtliche Einbindung eine spezifische Funktion im Lernprozeß zugewiesen werden: Es dient der Beschaffung von Informationen, die nur im Betrieb erfahrbar sind, und es ermöglicht die Entstehung eines konkreten Erfahrungshintergrundes beispielsweise für modellgeleitete oder -gestützte unterrichtliche Arbeit. Das Praktikum ist eine Methode (neben anderen) der Informationsbeschaffung und des Erfahrungserwerbs und ist nicht Zentrum oder Höhepunkt des Unterrichts, in dem alle Themen des Unterrichts erfahrungsmäßig abgedeckt werden.

Neben dem unterrichtlichen Kontext sind für die Bestimmung von Lernzielen des Betriebspraktikums die *Erfahrungsmöglichkeiten der Schüler in einem Betrieb* bedeutsam. Die Erfahrungsmöglichkeiten der Schüler in einem Betrieb werden zunächst durch folgende Einschränkungen bestimmt:

- Die Schülerpraktikanten sind keine Arbeitnehmer. Aus der Rollendefinition als Praktikanten verschließen sich bestimmte Arbeitnehmererfahrungen.
- Die Schülerpraktikanten können im (arbeits-)funktionalen Zusammenhang des Betriebes nur begrenzte Funktionen einnehmen. Entsprechend sind die Erfahrungen mit (berufs-)typischen Tätigkeiten und Anforderungen, eingeengt und begrenzen auch die Überprüfung eigener Berufseignung und -neigung.
- Die Schülerpraktikanten erfahren die Arbeitsrealität aus dem Gegensatz zur Schulrealität. Diese „neue Realität" bietet soviel an neuen Erlebnissen, Informationen und Erfahrungen, daß eine Einschätzung (insbesondere auch eine kritische) kaum möglich scheint.

Für eine Praktikumskonzeption ist die Klärung der Frage, welches die angemessenen Lernorte des Praktikums sind und die jeweilige Analyse ihrer mikrodidaktischen Bedingungen, eine unverzichtbare Voraussetzung. Beispielsweise erfordern die beiden verschiedenen Institutionen Schule und Betrieb, daß der Betrieb – personalisiert in den betrieblichen Praktikumsbetreuern – die Intentionen der schulischen Veranstaltung Betriebspraktikum – personalisiert in den schulischen Praktikumsbetreuern – kennt. Dies gelingt nur über einen entsprechenden zeitlichen und kommunikativen Rahmen. Anders ausgedrückt: Schule muß dem Betrieb die Ziele, die mit dem Praktikum verfolgt werden, vermitteln.
Die Analyse der Lernmöglichkeiten im Betriebspraktikum konzentriert sich auf folgende Problembereiche (vgl. *Feldhoff/Otto/Simoleit/Sobott* 1985, 34): Welches sind die geeigneten Lernorte mit welchen didaktischen Funktionen, wie können die didaktischen Intentionen des Betriebspraktikums im Betrieb gesichert werden und wie kann betriebliche Wirklichkeit erfahren werden?
Die deutsche Bildungskommission führt zur Lernortfrage aus: "Unter Lernort ist eine im Rahmen des öffentlichen Bildungswesens anerkannte Einrichtung zu verstehen, die Lernangebote organisiert. Der Ausdruck Ort besagt zunächst, daß das Lernen nicht nur zeitlich [...], sondern auch lokal gegliedert ist. Es handelt sich aber nicht allein um räumlich verschiedene, sondern in ihrer pädagogischen Funktion unterscheidbare Orte." (*Deutsche Bildungskommission* 1977, 171) Nach dieser Definition von Lernorten können Betrieben und Schulen jeweils unterschiedliche Lernorte zugeordnet werden (z. B. Werkstatt, Labor, Studio, Klassenzimmer usw.). Dabei können Lernorte der Schule und des Betriebes gleichartig oder sogar identisch sein (Schulwerkstatt, Lehrwerkstatt). Für das Betriebspraktikum gewinnt insbesondere der Lernort Arbeitsplatz besondere Bedeutung, weil er intentionale und funktionale Lernmöglichkeiten bietet (z. B. Arbeitsplatzanalyse nach Arbeitsplatzmerkmalen, physische, psy-

chische und soziale Arbeitsanforderungen). Inwieweit der Lernort Arbeitsplatz intentionale oder funktionale Lernmöglichkeiten bietet, wird häufig in Abhängigkeit vom Grad der Nähe bzw. der Distanz zur Arbeitswirklichkeit abhängig gemacht (z. B. Arbeitsplatz in der Produktion, Arbeitsplatz in der Ausbildungswerkstatt). Diese Lernortbestimmung wird vorwiegend nach dem Kriterium der *beruflichen Tätigkeit* vorgenommen, wobei die instrumentell fachliche Seite im Vordergrund steht (Übereinstimmung mit dem Berufsbild), weniger soziale, ökonomische Zusammenhänge, die zwar für die ökonomische Bildung von Bedeutung sind, über Arbeitsplätze aber schwerlich erfaßt werden können. Vielmehr müßten im Rahmen des Praktikums Anstrengungen unternommen werden, den Dualismus von funktionellen Erfordernissen und sozialen Interessenlagen im Betrieb erfahrbar zu machen, der sich nach *Fürstenberg* auf verschiedenen Ebenen konkretisiert: im Bereich der unmittelbaren Arbeitsstrukturen, im Arbeitsablauf, in den Arbeitsbeziehungen in Form horizontaler und vertikaler Kooperation, im Arbeitsverhältnis, das als Rahmenordnung auch letztlich die Austauschrelationen zwischen Arbeitsleistung und Arbeitsentgelt festlegt (vgl. *Fürstenberg* 1974, 75).

Feldhoff/Otto/Simoleit/Sobott (1985, 37) schlagen deshalb vor, nicht den Arbeitsplatz, sondern die Arbeitssituation als Lernort des Betriebspraktikums zu begreifen: "Der Ort, an dem (die unterschiedlichen) betrieblichen Ebenen zusammentreffen und eine zusammenhängende Erfahrungsbasis auch für den Praktikanten bilden, ist die Arbeitssituation". Arbeitssituationen sind in ihrer Binnenstruktur weitgehend abhängig und überformt von den Strukturen des Betriebes und des ökonomischen Systems. Der Arbeitsprozeß bzw. die Erfahrungen an einem Arbeitsplatz blieben unverstanden, wenn sie nicht in ihren ökonomischen Grundprinzipien bzw. in ihrer gesellschaftlichen Vermittlung durch eine Wirtschaftsordnung und Wirtschaftsverfassung erkannt und begriffen würden. Diese Erkenntnisse sind nicht durch sinnliche Wahrnehmung, durch unmittelbare Anschauung oder durch eigene Arbeit zugänglich. Auf der Grundlage von Arbeitserfahrungen und Beobachtung kann dies jedoch durch Reflexion und Kommunikation erreicht werden. Aber: Auf diese Erkenntnisse ausgerichtete Lernprozesse lassen sich nicht ohne weiteres mit dem Betriebszweck und der darauf ausgerichteten Arbeitsorganisation verbinden (vgl. *Feldhoff/Otto/Simoleit/Sobott* 1985, 38 f.). Daraus folgt, daß im Betrieb begonnene (Lern-) Prozesse innerhalb der Schule wieder aufgenommen und systematisch weitergeführt werden müssen bzw. auf betriebliche Erfahrungen systematisch vorbereitet werden muß. Dabei wird davon ausgegangen, daß in gut vorbereiteten Praktika durch die eigene Arbeit der Praktikanten in Verbindung mit Beobachtung und Kommunikation auch die Bereitschaft zur Reflexion von Arbeitssituationen wächst, weil modellhafte

Kategorien durch die eigene Arbeitserfahrung erst eine sinnliche Qualität, einen eigenen Interessenbezug bekommen und so zu einem Erfahrungsgegenstand der Schüler werden, der sie motiviert, über wirtschaftliche Sachverhalte Informationen einzuholen und daran zu arbeiten – an denen sie ohne das Arbeitserlebnis u. U. nicht oder nicht so stark interessiert wären.

4.10.3 Methodische Varianten des Praktikums

(1) Das Betriebspraktikum als Entscheidungs- und Erkenntnishilfe

Das Betriebspraktikum kann zunächst generell als eine methodische Großform verstanden werden, die Entscheidungs- und Erkenntnishilfe im Rahmen der ökonomischen Bildung vermittelt: Entscheidungshilfe im Zusammenhang mit Fragen der Berufswahlentscheidung und Erkenntnishilfe im Zusammenhang mit technischen und ökonomischen Fragestellungen.

Das Betriebspraktikum als Entscheidungshilfe für die Berufswahl.
Die Auswirkungen des Praktikums auf eine Verbesserung der Berufswahlentscheidung sind äußerst begrenzt. Dies hängt u. a. damit zusammen, daß wesentliche berufswahlbezogene Entscheidungen von den Schülern bereits vor der Wahl eines "Praktikumsberufs" gefällt werden, da der Praktikumsberuf möglichst dem zukünftigen Ausbildungsberuf entsprechen soll. Dem Schüler ist eine unvoreingenommene Prüfung seiner Praktikumserfahrungen kaum mehr möglich. Vielmehr nimmt der Schüler seine Praktikumsrealität selektiv wahr, indem er sich beispielsweise eine Bestätigung seiner vorab getroffenen Entscheidung sucht und häufig auch findet. Die wahrgenommene Komplexität des Betriebes wird unter individuellen Gesichtspunkten reduziert.

Das Betriebspraktikum als Erkenntnishilfe für technische und ökonomische Zusammenhänge.
Dieser Aspekt verweist nachdrücklich auf den unterrichtlichen Kontext in den das Betriebspraktikum eingebunden sein sollte. Während des Betriebspraktikums sind berufliche Tätigkeiten, Arbeitsmittel, Fertigungsabläufe u. ä. beobachtbar und erfahrbar. Nicht beobachtbar sind jedoch die technischen, ökonomischen oder organisatorischen Prinzipien und Kriterien, die beispielsweise zur Einführung oder Nichteinführung bestimmter Technologien, Produktionsverfahren oder Formen der Arbeitsorganisation führen. Anders ausgedrückt: die technische und ökonomische (betriebswirtschaftliche, volkswirtschaftliche) Rationalität, durch die beobachtbare und erfahrbare Phänomene bestimmt werden, ist nicht beobachtbar. Der Bedingungs-

rahmen der Praktikumstätigkeit ist sehr komplex und über die Praktikumspraxis teilweise nur in Äußerlichkeiten erfaßbar. Daraus folgt, daß der Schüler auf Beobachtungshilfen angewiesen ist, die ihm helfen, die Informationsvielfalt während eines Praktikums zu erschließen. Neben strukturierten Beobachtungshilfen sind auch Interpretationshilfen bzw. Interpretationsmuster notwendig, die es erlauben, unmittelbare Erfahrungen zu ordnen. Diese Beobachtungshilfen und Interpretationsmuster – kurz Modelle – sind in den Praktikumskontextphasen (vorbereitendem und auswertendem Unterricht) zu erarbeiten.

(2) Organisationsformen des Praktikums

Insgesamt werden in der Literatur (vgl. z. B. *Platte* 1986; *Reuel/Schneidewind* 1989) vier Praktikumstypen unterschieden: das Orientierungspraktikum, das Erprobungspraktikum, das Kontrastpraktikum und das Betriebspraktikum. Diese Praktikumstypen unterscheiden sich idealtypisch sowohl in ihren Inhalten und Zielen, als auch in der zeitlichen Anordnung in den Jahrgangsstufen. Das *Orientierungspraktikum* dient zur Auseinandersetzung und zur Erhellung einer begrenzten Fragestellung, die an einer beruflichen Tätigkeit expliziert wird (z. B. der Zusammenhang zwischen Arbeit und Lohn bei einem ausgewählten Beruf). Das *Erprobungspraktikum* und das *Kontrastpraktikum* sind im Kontext des Berufswahlunterrichts zu sehen und setzen einen mehr oder weniger manifesten Berufswunsch bei den Schülerinnen und Schülern voraus. Geht es beim Erprobungspraktikum um die Überprüfung eines Berufswunsches, steht beim Kontrastpraktikum ein dem Berufswunsch entgegengesetzter Beruf als Praktikumserfahrung im Vordergrund. Das *Betriebspraktikum* soll Erfahrungen mit der Institution Betrieb auf unterschiedlichen Ebenen vermitteln. Neben diesen Praktikumstypen, die auf der Unterscheidung der mit einem Praktikum verbundenen Ziele und Inhalte beruht, werden auch unterschiedliche Organisationsformen des Praktikums diskutiert. Drei wesentliche Formen sind dabei zu nennen: Im *Tagespraktikum* arbeiten die Schülerinnen und Schüler pro Woche an einem Tag 6 bis 8 Stunden in einem Betrieb, an den restlichen Tagen besuchen sie die Schule. Es kann nach einer gewissen Zeit ein Wechsel in einen anderen Betrieb und/oder in einen anderen Beruf erfolgen. Wesentliche Zielsetzungen des Tagespraktikums bestehen im Kennenlernen und Unterscheiden von "Arbeit", beispielsweise im Hinblick auf Arbeitsbelastungen und Arbeitsorganisation. Teilweise findet man unter der Bezeichnung "Praxis-Tag" Praktikumsmodelle mit hohen allgemeinpädagogischen Ansprüchen, die sich damit gegen eine Verkopfung und für eine größere Lebensnähe von Schule

einsetzen (vgl. *Frings/Redecke* 1990, 47 ff.). Das *Stundenpraktikum* wird innerhalb eines bestimmten Zeitraums an mehreren Tagen im Betrieb absolviert (z. B. innerhalb von zwei Wochen an sechs Nachmittagen zu je drei Stunden). Die Zielsetzungen sind denen des Tagespraktikums vergleichbar.
Die am weitesten verbreitete Organisationsform ist das *Blockpraktikum.* Die Schülerinnen und Schüler "arbeiten" durchgehend mehrere Wochen in einem Betrieb. Durch die tägliche Anwesenheit der Praktikanten im Betrieb und aus der Erfahrung betrieblichen Geschehens und betrieblicher Arbeitszusammenhänge eignet sich diese Organisationsform im besonderen zur vertieften Erarbeitung und Erfahrung „wirtschaftlicher Sachverhalte".
Einen besonderen Stellenwert erhalten die Blockpraktika im Rahmen der vollzeitschulischen Berufsausbildung. Im Rahmen des Modellversuchs "Lernbüro" waren zum Beispiel Betriebspraktika neben Betriebserkundungen ein fest eingeplanter Bestandteil der erprobten Bildungsgänge: "So wurden in die Vollzeitschulische Berufsausbildung zum/zur Bürokaufmann/frau und zum/zur Bürogehilfen/in im ersten und zweiten Halbjahr ein vier- und ein dreiwöchiges Praktikum, davon jeweils 5 Wochen in den Schulferien, integriert. Während der Fachstufenausbildung wurden in die Ausbildung zum/zur Bürokaufmann/frau 17 Wochen Betriebspraktika, davon 9 Wochen in den Schulferien, und in die Ausbildung zum/zur Bürogehilfen/in 10 Wochen Betriebspraktika einschließlich 7 Wochen in den Schulferien integriert." (vgl. *Kaiser/Weitz/Sarrazin* 1991, 219 f.).

Als Ziele der Praktika in der vollzeitschulischen Berufsausbildung nennen die Lehrer insbesondere:

- ❑ die Vermittlung von betrieblichen Erfahrungen,
- ❑ das Erleben der Ernstsituation,
- ❑ das Erfahren der betrieblichen Hierarchie,
- ❑ das Erleben größerer Komplexität als in den schulischen Modellunternehmen (Lernbüros),
- ❑ die Konfrontation mit Routinefähigkeiten,
- ❑ das Kennenlernen anderer Organisationsstrukturen und der betrieblichen Funktion in der Realität, sowie das Beschaffen von Informationen und Sammeln von "Sozialerfahrungen" in der betrieblichen Realität (vgl. *Kaiser/Weitz/Sarrazin* 1991, 145 f.).

Zugleich wird im Hinblick auf die Zielsetzung, sachliches mit außerschulischem Lernen zu verbinden, die Empfehlung ausgesprochen, daß Praktika, wo eben möglich, auch auf der Berufsfach- und Höheren Berufsfachschule durchgeführt werden sollten.

4.10.4 Voraussetzungen für den unterrichtlichen Einsatz

Auch für das Betriebspraktikum ist eine "Methodenkompetenz der Lernenden" eine unabdingbare Voraussetzung. Es gilt hier im wesentlichen das Gleiche, was zu diesem Punkt bei der Darstellung der Methode Erkundung ausgeführt wurde. Daher werden hier lediglich die organisatorischen Erfordernisse dargestellt.

Organisatorische Erfordernisse
Vorbereitung, Durchführung und Auswertung eines Praktikums beinhalten neben den inhaltlichen Anforderungen auch ein erhebliches Maß an Organisationsaufwand. Ohne den Anspruch an Vollständigkeit zu erheben, sollen im folgenden einige Merkpunkte zur Organisation des Praktikums aufgeführt werden. Dabei wird so vorgegangen, daß den einzelnen Maßnahmen jeweils mögliche Adressaten zugeordnet werden.

Maßnahme	Mögliche Adressaten
Planung des Praktikums für die Region	Mittlere/untere Schulbehörde in Absprache mit Kammern, Arbeitgeberverband, Gewerkschaften
Anmeldung des Betriebspraktikums-Termins nach Festsetzung durch die Gesamtkonferenz	Mittlere/untere Schulbehörde
Mitteilung des Betriebspraktikums-Termins	Betrieb, Behörden, Kirchen (z. B. wegen Konfirmandenunterricht)
Vorbereitung des Betriebspraktikums im Unterricht	Schüler
Durchführung von Betriebserkundungen	Betriebe, Schüler
Elterninformationen mit Hinweisen zu schulischen Veranstaltungen; Betreuung durch Schule und Betrieb; Versicherungsschutz; Verhalten bei Krankheit, Unfall, Beurlaubung; Arbeitszeit; sonstige rechtliche Regelungen (siehe Praktikumserlaß)	Eltern
Schüler melden Praktikumswünsche an	Schüler
Aussuchen der Praktikumsplätze durch Schule oder andere Organisationseinheit	Schüler, Lehrer
Untersuchungstermine mit dem Gesundheitsamt	Schüler, Eltern, Gesundheitsamt
Kontaktaufnahme zu den Betrieben: Ziele des Praktikums, Ablaufplan, Aufgaben- und Fragenkatalog, Praktikumsmappe	Betriebe

Vorstellen der Schüler im Betrieb	Schüler, Betriebe
Genehmigung der Schulbehörde einholen	Schulbehörde
Lehrerbesuche in den Betrieben planen	Betriebe
Unterrichtliche Auswertung des Praktikums	Schüler
Praktikumsbetrieb über den Praktikumserfolg informieren	Betriebe
Abrechnung des Praktikums	Schüler, Lehrer
Bericht über das Praktikum an die zuständige Schulbehörde	Schulbehörde

4.10.5 Praktikumsbeispiel: Betrieb

Das folgende Beispiel soll zeigen, wie das Betriebspraktikum Bestandteil eines unterrichtlichen Kontextes in einem Jahrgang sein kann. Das Beispiel bezieht sich auf den 9. Jahrgang der Realschule und auf das Fach Arbeit/Wirtschaft in Niedersachsen (vgl. *Blazejewicz/Hübner/Kaminski/Reuter-Kaminski* 1988). Wesentlich ist, daß das Betriebspraktikum expliziter Bestandteil einer Jahresplanung (vgl. *Henseler/Reich* 1986) ist, durch die ein unmittelbarer inhaltlicher Bezug des Praktikums zu der Themenstellung Betrieb und zu berufsorientierenden Schülerinteressen und -erwartungen hergestellt wird.

<table>
<tr><td>1</td><td>2</td><td>3</td><td>4</td><td>5</td><td>6</td><td>7</td><td>8</td><td>9</td><td>10</td><td>11</td><td>12</td><td>13</td><td>14</td><td>15</td><td>16</td><td>17</td><td>18</td><td>19</td><td>20</td></tr>
<tr><td colspan="3">Der Betrieb: Arbeitsplätz e in versch. Wirtschafts-bereichen</td><td colspan="14">Berufsorientierung und Berufswegplanung</td><td>BE</td><td colspan="2">Konsum</td></tr>
<tr><td>21</td><td>22</td><td>23</td><td>24</td><td>25</td><td>26</td><td>27</td><td>28</td><td>29</td><td>30</td><td>31</td><td>32</td><td>33</td><td>34</td><td>35</td><td>36</td><td>37</td><td>38</td><td>39</td><td>40</td></tr>
<tr><td colspan="7">Konsum („Markt und Wirtschaftsgeschehen“, „Der Verbraucher im Wirtschaftsgeschehen“)</td><td>BE</td><td colspan="7">Der Betrieb als Arbeitsstätte und zweckbestimmte Einrichtung</td><td colspan="3">BP</td><td colspan="2"></td></tr>
</table>

BE = Betriebserkundung, BP = Betriebspraktikum

Abb. 4.51: **Das Betriebspraktikum in der Jahresplanung**

Das Beispiel geht von realistischen Stundenbudgets für Rahmenrichtlinienthemen aus. Für die Thematik Betrieb sind, einschließlich des Betriebspraktikums, 23–24 Unterrichtsstunden (bei der Annahme von 2 Wochenstunden) vorgesehen. Im folgenden werden die Sequenzen und Lernziele der Unterrichtseinheit Betrieb dargestellt, in deren zeitlichem Verlauf das Betriebspraktikum durchgeführt werden soll.

1. Sequenz: Einführung in das Unterrichtsmodell; (2 Stunden):	Welche Inhalte und Ziele hat die Unterrichtseinheit? Welche Bedeutung haben Betriebe? Betriebliche Grundfunktionen. *Lernziele* Die Schüler sollen – den Verlauf, die Ziele und die Grobstruktur der Unterrichtseinheit kennen, – wissen, daß Betriebe auf verschiedenartige Weise betrachtet werden können, und zwar aus der Sicht der Verbraucher, Arbeitnehmer, Kapitalgeber, Manager, Öffentlichkeit, – erkennen, daß die betrieblichen Grundfunktionen Beschaffung, Produktion, Absatz, drei immer wiederkehrende Aufgaben eines Produktionsbetriebes sind.
2. Sequenz: Fertigungsverfahren; (4 Stunden):	Welche Faktoren sind bei der Herstellung von Produkten wichtig? Kennzeichen wichtiger Fertigungsverfahren. Der arbeitende Mensch in der Fertigung. *Lernziele* Die Schüler sollen – erkennen, welche Faktoren bei der Herstellung eines Produktes das Fertigungsverfahren bestimmen, ein angewandtes Fertigungsverfahren beurteilen und Vorschläge zu einer Verbesserung machen können, – die Kennzeichen der gebräuchlichen Fertigungsverfahren kennenlernen, – den Stellenwert, den der arbeitende Mensch durch das Fertigungsverfahren erhält, beurteilen.
3. Sequenz: Aufbau- und Ablauforganisation eines Betriebes; (3 Stunden):	Warum werden Betriebe organisiert? Wie werden Betriebe organisiert? *Lernziele* Die Schüler sollen – wissen, daß überall dort, wo Menschen mit einem bestimmten Ziel zusammenarbeiten, die Arbeit organisiert werden muß, – die Aufbau- und Ablauforganisation eines Betriebes voneinander unterscheiden können, wissen, daß die Aufbauorganisation die Aufgabenbereiche eines Betriebes regelt, die Mitarbeiter bestimmten Aufgaben zuordnet und festlegt, wer Anweisungen geben darf und wer für eine bestimmte Aufgabe die Verantwortung trägt. – wissen, daß die Ablauforganisation den Ablauf der Arbeitsschritte in einem Betrieb regelt.

4. Sequenz: Informale Organisation; (2 Stunden):	Was ist "Informale Organisation"? Welchen Einfluß hat sie auf den arbeitenden Menschen? *Lernziele* Die Schüler sollen – erkennen, daß informale (informelle) Einflüsse Auswirkungen auf die betriebliche Organisation haben, Ursachen für Konflikte nennen können, die sich aus der betrieblichen Organisation ergeben.
5. Sequenz: Vorbereitung auf das Betriebspraktikum; (3 Stunden): Aufgaben des Betriebspraktikums, Praktikumsablauf, Praktikumsmappe	

DURCHFÜHRUNG DES PRAKTIKUMS

Lernziele

Die Schüler sollen

- sich über die Beschäftigtenstruktur und die Berufsausbildungsmöglichkeiten des Betriebes informieren,
- Arbeitsplätze mit Hilfe von Arbeitsplatzmerkmalen beschreiben,
- den funktionalen Aufbau (Beschaffung, Produktion, Absatz) ihres Betriebes darstellen,
- betriebliche Veränderungsprozesse und deren Gründe beschreiben,
- Anforderungen an Arbeitsplätzen und an Berufe nach Merkmalen darstellen,
- die Aufbau- und Ablauforganisation an Beispielen darstellen,
- einen (typischen) Praktikumstag beschreiben.

6. Sequenz: Auswertung des Betriebspraktikums unter dem Aspekt Lohn und Leistung; (4 Stunden):	Lohn und Leistung. Lohnformen (Stücklohn, Zeitlohn) Kriterien für die Lohnhöhe. Einkommensarten *Lernziele* Die Schüler sollen – wissen, daß die Lohnhöhe von verschiedenen Faktoren beeinflußt wird, – die Einkommensquelle der privaten Haushalte kennen, – Lohnformen unterscheiden können und Lohnformen bestimmten Arbeiten, Arbeitsplätzen oder Berufen zuordnen können.

4.11 Dilemma-Methode

4.11.1 Grundannahmen zur Arbeit mit Dilemmata

Im Rahmen der ökonomischen Bildung wird zunehmend die Frage der Werteerziehung diskutiert. Einen besonderen Stellenwert erhält die Frage der moralischen Urteilsbildung im Zusammenhang mit der Kritik an den „ökologischen Folgen des Wirtschaftsgebahrens der modernen Massengesellschaften." (*Beck u.a.* 1996, 187) Die zunehmende Kritik bezieht sich dabei vorrangig auf die Produktions- und Konsumtionsentscheidungen, die umweltbelastende Handlungen verursachen oder zumindest ermöglichen bzw. begünstigen. Darüber hinaus besteht offensichtlich ein praktisches Interesse an der Frage, auf welche Weise die Moralität der Handlungssubjekte beeinflußt werden kann, die im Felde der Wirtschaft agieren. Im Rahmen des von der DFG geförderten Forschungsprojekte werden von der Mainzer Forschungsgruppe unter Leitung von *Klaus Beck* am Beispiel von Versicherungslehrlingen die moralischen Urteilsleistungen von angehenden Kaufleuten am Beginn, im Verlauf und nach Abschluß ihrer Ausbildung untersucht (vgl. *Beck u.a.* 1996, 188).
Die Anleitung zum umweltbewußten und verantwortungsvollen Handeln kann sich nicht erschöpfen in der Vermittlung vorgegebener Wertesysteme, sondern verlangt die Anleitung zum Wertelernen, wie schwierig sich das auch erweist. Die „Dilemma-Methode" wird als eine Möglichkeit angesehen, die Schüler für moralische und ethische Fragen zu sensibilisieren. Dabei kommt es nicht so sehr darauf an, die Lernenden zu einer bestimmten und einzig richtigen Sichtweise zu führen, sondern den Lernenden bei der Entwicklung folgender Einzelkomponenten behilflich zu sein:

- Auseinandersetzung mit Wertkonflikten,
- Bewußtsein und Reflexion eigener Wertvorstellungen und Normenorientierung,
- Fähigkeit, sich mit anderen Begründungen und Denkmustern kritisch auseinander zu setzen,
- Konfliktbewältigung im Rahmen demokratischer Rechtsordnungen,
- Fähigkeit, sich selbstkritisch die mögliche Diskrepanz zwischen ethisch-ökologischem Wissen und praktischem Handeln bewußt zu machen,
- Fähigkeit, anhand von Informationsmaterial Entscheidungen zu treffen, indem Pro und Contra gegeneinander abgewogen werden.

Die Behandlung der Dilemmata im Unterricht stützt sich zumeist auf das Stufenmodell von *Kohlberg*, der davon ausgeht, daß die moralische Urteilsfähigkeit sich in sechs aufeinander aufbauende Stufen gliedert. Nach *Kohlbergs* Auffassung ist es Aufgabe der Schule, die Schüler durch die Werterziehung auf die höchstmögliche Argumentationsstufe zu führen.

A. Prä-konventionelle Ebene
Stufe 1: Orientierung an „Strafe und Gehorsam"
Stufe 2: Instrumentell-relativistische Orientierung

B. Konventionelle Ebene
Stufe 3: Orientierung an personengebundener Zustimmung
oder „guter Junge – nettes Mädchen" – Modell
Stufe 4: Orientierung an „Gesetz und Ordnung"

C. Post-konventionelle, autonome oder prinzipiengeleitete Ebene
Stufe 5: Legalistische oder Sozialvertragsorientierung
Stufe 6: Orientierung an universalen ethischen Prinzipien

Kohlberg geht von der Annahme aus, daß die Entwicklung der moralischen Urteilskompetenz durch bestimmte externe Faktoren gefördert bzw. gehemmt wird. Besondere Bedeutung gewinnen nach *Kohlberg* (1976) folgende zwei Voraussetzungen:
- ❑ Gelegenheiten zur Rollen- und Perspektivenübernahme,
- ❑ Konfrontation mit sozial-moralischen Konflikten.

Es ist keine Frage, daß neben absichtsvollen erzieherischen Einwirkungen insbesondere die „alltäglichen Lebensumstände" den Entwicklungsprozeß der moralischen Urteilskompetenz bestimmen. *Hoff*, *Lempert* und *Lappe* (1991) gingen in ihrer Studie bei 21 Metallfacharbeitern über sieben Jahre der Frage nach, in welchen Konfigurationen „soziobiographische" Bedingungen eine Stimulation der Moralentwicklung bewirken können. Die verschiedenen Dimensionen der moralischen Atmosphäre im beruflichen und privaten Bereich deuten sie als Entwicklungsbedingungen der moralischen Urteilskompetenz. Diese sind:
(1) emotionale Zuwendung und soziale Anerkennung,
(2) Konfrontation mit sozialen Problemen und Konflikten,
(3) Chancen zur Teilnahme an Kommunikationsprozessen,
(4) Möglichkeiten zur Mitwirkung an kooperativen Entscheidungen,
(5) Übernahme von Verantwortung,
(6) Handlungschancen.

Für jede der Bedingungen zeigt *Lempert* auf, welche Ausprägung einen Übergang zur soziozentrischen bzw. zur universalistischen Ebene fördert oder hindert (vgl. *Lempert* 1993, 7–18; vgl. Abb. 4.52).

Bedingung	**Erläuterung**	**Unterbedingung**	**Ausprägung**
(1) erfahrene Wertschätzung	Qualität der zwischenmenschlichen Beziehungen	als Mensch; als Fachmann	erfahren oder entzogen
(2) wahrgenommene Konflikte	gegensätzliche Orientierungen interagierender Personen(gruppen)	offen vs. verdeckt, manifest vs. latent gravierend vs. schwach ausgeprägt	Interesse vs. Interesse oder Interesse vs. Wert oder Wert vs. Wert
(3) Kommunikationsmöglichkeiten	Austausch von Meinungen, Behauptungen, Argumenten		zwanglos oder restringiert
(4) Kooperationserfahrung	Art der Beziehungsmuster bei Entscheidungen		partizipativ oder direktiv
(5) Verantwortung	wahrgenommene Zuweisung und Zurechnung von Verantwortung	adäquat	
		inadäquat	überfordernd oder unterfordernd
(6) Handlungschancen	wahrgenommene Handlungsspielräume bzw. Restriktionen	adäquat	
		inadäquat	überfordernd oder unterfordernd

Abb.4.52: Soziobiographische Entwicklungsbedingungen der moralischen Urteilskompetenz (nach *Lempert*), aus: *Beck u.a.* 1996, 194

Eine Entwicklung auf die soziozentrische bzw. universalistische Ebene erscheint dann am wahrscheinlichsten, wenn möglichst alle Bedingungen in förderlichen Ausprägungen vorliegen.

Wenn die Dilemmata-Analyse im Ökonomie-Unterricht eingesetzt wird, so wird es schwerlich das Ziel sein, die Lernenden auf ein höheres Niveau im Sinne von *Kohlberg* zu bringen. Vielmehr dürfte die Intention im Mittelpunkt stehen, „Schülerinnen für mehr *moralische Sensibilität in ökonomischen Fragen*, für mehr soziale Eigenverantwortung, für ein höheres Maß an ethischer Selbstreflexion sowie für ein höheres moralisch-philosophisches Wissen zu qualifizieren und motivieren. Es geht darum, Schülerinnen zu befähigen, den moralischen Standpunkt in ökonomischen Fragen einzubringen und zu reflektieren

– verknüpft mit dem anthropologischen Optimismus, also der pädagogischen Hoffnung, daß die eine oder andere Schülerin den Schritt vom moralischen Urteilen und Denken zum adäquaten Handeln im (beruflichen) Alltag auch tatsächlich realisiert.“ (*Aff* 1997, 340 f.) Mit dieser Aussage ist zugleich eine gewisse Skepsis im Hinblick der Tragfähigkeit des moralpädagogischen Ansatzes der kognitiven Moralentwicklung von *Kohlberg* zum Ausdruck gebracht und auf die Denkrichtung verwiesen, die dem sozialen und gesellschaftlichen Umfeld, den Sozialisierungsprozessen und somit dem sozialen Lernen für die Moralentwicklung eine Schlüsselrolle zuweist.

4.11.2 Verlaufsstruktur für die Arbeit mit Dilemmata

Oser und *Althof* schlagen für die unterrichtliche Behandlung der Dilemmata folgende didaktisch methodische Vorgehensweise vor:

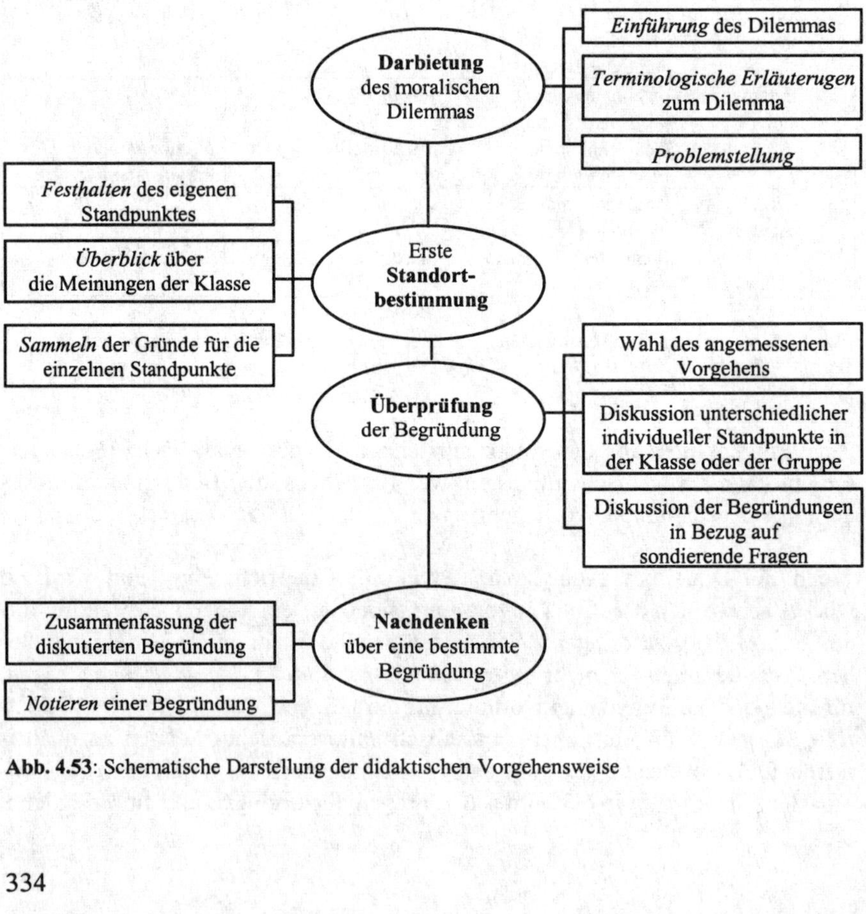

Abb. 4.53: Schematische Darstellung der didaktischen Vorgehensweise

Im Hinblick auf das „Müll-Dilemma“ (vgl. 4.11.3) ließen sich etwa die folgenden von den Schülern vorgebrachten Argumente dem Stufenschema von *Kohlberg* wie folgt zuordnen:

	Contra	**Pro**
1. Stufe	Orkan könnte seinen Arbeitsplatz verlieren.	Orkan hat keine Strafe zu erwarten.
2. Stufe	Wenn Orkan schweigt, ist ihm der Chef etwas schuldig.	Wenn Michael redet, erwartet er, daß die Gesellschaft ihm hilft.
3. Stufe	Er möchte seinem Chef gefallen.	Es bringt ihm Anerkennung im privaten Umfeld.
4. Stufe	Laut Berufsausbildungsgesetz muß er das Betriebsgeheimnis wahren.	Laut Abfallgesetz verstößt das Verhalten des Chefs gegen das geltende Recht.
5. Stufe	Das Betriebsgeheimnis muß gewahrt werden, damit die Firma und somit die Arbeitsplätze der anderen erhalten bleiben.	Das Abfallgesetz besteht, damit die Umwelt erhalten bleibt.
6. Stufe	Die Arbeitnehmer können nichts für das Verhalten ihres Chefs. Um der Gerechtigkeit Genüge zu tun, hält Michael den Mund.	Die Schöpfung muß erhalten bleiben. Wir müssen den Respekt vor Mensch und Umwelt bewahren.

Bei der Zuordnung der Argumente zeigt sich, daß die Zuordnung zu den Stufen nicht immer eindeutig ist. Das gilt insbesondere für die Stufen 5 und 6.

4.11.3 Das „Müll-Dilemma“: Umweltorden oder IHK-Zeugnis?

(vgl. *Kaiser/ Weitz* 1998, 14 ff., nach *Michael Sprey*: Umweltorden oder IHK-Zeugnis? Lernprogramm zur Umweltbildung an kaufmännischen Schulen, Paderborn 1994, S. 31)

Orkan arbeitet als Auszubildender zum Industriekaufmann in der kaufmännischen Abteilung eines Metallverarbeitungsunternehmens. Der Sondermüll, der bei der Verarbeitung des Metalls entsteht, muß kostenpflichtig entsorgt werden. Eines Tages hört Orkan bei einem Gespräch, daß sein Chef ein Abkommen mit einer Transportfirma geschlossen haben soll, die einen Teil dieses Sondermülls illegal aus dem Weg schafft. Als Orkan seinen Chef daraufhin anspricht, leugnet dieser alles und droht ihm mit Schwierigkeiten und ggf. sogar mit einer Kündigung, falls er weitere Nachforschungen anstellt. Orkan geht der Sache dennoch weiter nach und ist entschlossen, seinen Chef anzuzeigen, falls sich das Gerücht bestätigt.

Auszug aus dem Berufsbildungsgesetz
§ 15 Kündigung
(1) Während der Probezeit kann das Berufsausbildungsverhältnis jederzeit ohne Einhalten der Kündigungsfrist gekündigt werden.
(2) Nach der Probezeit kann das Berufsausbildungsverhältnis nur gekündigt werden
1. aus einem wichtigen Grund ohne Einhalten von einer Kündigungsfrist
2. vom Auszubildenden mit einer Kündigungsfrist von vier Wochen, wenn er die Berufsausbildung aufgeben oder sich für eine andere Berufstätigkeit ausbilden lassen will.
(3) Die Kündigung muß schriftlich und in den Fällen des Absatzes 2 unter Angabe der Kündigungsgründe erfolgen.
(4) Eine Kündigung aus einem wichtigen Grund ist unwirksam, wenn die ihr zugrunde liegenden Tatsachen ... länger als zwei Wochen bekannt sind.

Auszug aus dem Berufsausbildungsvertrag
§4 Pflichten des Auszubildenden
Der Auszubildende ... verpflichtet sich insbesondere,
...
3. (Weisungsgebundenheit)
den Weisungen zu folgen, die im Rahmen der Berufsausbildung vom Ausbildenden, vom Ausbilder oder von anderen weisungsberechtigten Personen ... erteilt werden,
...
6. (Betriebsgeheimnisse)
über Betriebsgeheimnisse Stillschweigen zu wahren.

Auszug aus dem Merkblatt zum Berufsausbildungsvertrag
§4 Pflichten des Auszubildenden
...
6. (Betriebsgeheimnisse)
Der Auszubildende hat über die ihm als Betriebs- und Geschäftsgeheimnisse bezeichneten Tatsachen hinaus auch dann Stillschweigen zu bewahren, wenn er eindeutig erkennen mußte, daß es sich um Betriebs- und Geschäftsgeheimnisse handelt.

Gefährliche Müllbeseitigung
Die Zahl der Umweltdelikte ist in den letzten fünf Jahren um rund 44 Prozent gestiegen.
1992 registrierte die Polizei 25 882 Straftaten gegen die Umwelt.
90 Prozent wurden in den alten Bundesländern verübt.
In 55 Prozent der Fälle lautete das Delikt „umweltgefährdende Abfallbeseitigung".
Über neuntausendmal wurde ein Gewässer verschmutzt.
Weitere Delikte in Reihenfolge ihrer Häufigkeit: unerlaubtes Betreiben von Anlagen, schwere Umweltgefährdung, Gefährdung schutzbedürftiger Gebiete, Lärmverursachung, Freisetzung von Giften sowie unerlaubter Umgang mit Kernbrennstoffen.
Den größten Anstieg von Straftaten registrierte die Polizei bei der Abfallbeseitigung; zurückgegangen ist dagegen die Zahl der Gewässerverschmutzungen

Aufgaben:

(1) Halten Sie Orkans Verhalten für eher falsch oder eher richtig?
(2) Spielen Sie den konfliktträchtigen Sachverhalt „Orkan stellt den Geschäftsführer zur Rede" vor der Klasse nach. Benutzen Sie zur Beurteilung und Beobachtung folgendes Schema:

Bewertung von Konflikten (Analyseschema)

Konfliktbestandteile	***Fragen an die Konfliktszenen***
1. Konfliktgegenstand	*Worum geht es bei dem Konflikt?* *Wird der Konfliktgegenstand in der Spielszene benannt oder wird er verschleiert?*
2. Konfliktsuche	*Wo liegen die Ursachen für den Konflikt?*
3. Status (Stellung) der Konfliktparteien	*Wer argumentiert gegen wen?* *Wer verbündet sich mit wem?*
4. Austragungsweise	*Wie wird der Konflikt ausgetragen?* *Sind die Auseinandersetzungen sachlich, handgreiflich oder emotional (gefühlsbetont)?*
5. Argumentation	*Wie und durch welche Hinweise begründen die Konfliktparteien ihre Meinungen und Handlungen?*
6. Konfliktverlauf	*Was gibt den Anstoß zum Ausbruch des Konfliktes?*

nach: *Adick/ Reiling*: Sozialisationsprozesse im Jugendalter: Generationskonflikte, Stuttgart 1979, S. 17

(3) Für wie akzeptabel halten Sie jeweils die folgenden Argumente, die man zugunsten von Orkans Verhalten vorbringen kann? Bewerten Sie die Antworten a) bis l) zum Müll-Dilemma nach folgendem Schema:

Das Argument halte ich für

–3	*–2*	*–1*	*0*	*+1*	*+2*	*+3*

völlig inakzeptabel — *völlig akzeptabel*

Erstellen Sie dazu nach dem Schema eine tabellarische Übersicht für alle Angaben, in der die Ergebnisse der Klasse gesammelt werden, und diskutieren Sie die Gründe für die Angaben.

Man kann vorbringen,

a) daß Orkan als Mitarbeiter die Mitverantwortung für das Umweltvergehen trägt, da die Firma gesetzlich verpflichtet ist, Umweltauflagen einzuhalten,

b) daß Orkan durch seinen Einsatz zum Schutz der Umwelt beiträgt und durch sein Durchsetzungsvermögen Vorteile für seinen späteren beruflichen Werdegang erreichen könnte,

c) daß der Geschäftsführer Orkan nicht zwingen kann, seine weiteren Nachforschungen einzustellen, die das Umweltvergehen aufklären sollen, da das Umweltvergehen gesetzwidrig ist,

d) daß das Unternehmen auf gesellschaftlichen Wertewandel reagieren und Verantwortung für zukünftiges Leben übernehmen muß,

e) daß die fundamentale Verpflichtung, unsere natürlichen Lebensgrundlagen zu schützen und zu erhalten, wichtiger ist, als persönliche Interessen und Vorteile,

f) daß Orkan das schlechte Verhältnis zu dem Geschäftsführer in Kauf nehmen sollte, weil ihn seine Eltern und Freunde bestimmt für sein vorbildliches Verhalten im Umweltschutz loben werden.

Für wie akzeptabel halten Sie die folgenden Argumente, die man ***gegen*** *Orkans Verhalten vorbringen kann?*

Man kann vorbringen,

g) daß es kein Gesetz gibt, das Orkan dazu zwingt, den Geschäftsführer zu verraten, solange man seine Mitwisserschaft nicht nachweisen kann,

h) daß Orkans persönliches Recht auf eine gesicherte Existenz mehr wiegt als der Schutz der Umwelt und Erhalt unserer natürlichen Lebensgrundlagen,

i) daß Orkan den Anweisungen des Geschäftsführers Folge leisten muß, weil dieser ihn sonst für die Mißachtung seiner Anweisung bestraft,

j) daß Orkan sich dem Geschäftsführer verbunden fühlen und ihn aus Firmenloyalität nicht in Schwierigkeiten bringen sollte,

k) daß das wirtschaftliche Überlebensinteresse der Firma und damit der Erhalt der Arbeitsplätze in diesem Fall nur auf Kosten der Umwelt erfolgen kann,

l) daß der Geschäftsführer Orkan bestimmt auch eine Gefallen erweisen würde, wenn dieser sich bereit erklärt, keine weiteren Nachforschungen anzustellen.

5 Literaturverzeichnis

ABEL, H. (1966): Berufsvorbereitung als Aufgabe der Pflichtschule, in: Pädagogische Rundschau 20 (1966), S. 617 ff.

ABELSON, R. (1976): Script Processing in Attitudes Formation and Decision Making, in: CARROL, J. S./PAYNE, J. W. (ed.): Cognition and Social Behavior. Hillsdale, New Jersey, S. 33 ff.

ABRAHAM, K. (1966): Wirtschaftspädagogik. Grundfragen der wirtschaftlichen Erziehung, Heidelberg, 2. Aufl.

ACHTENHAGEN, F. (1984): Didaktik des Wirtschaftslehreunterrichts, Opladen

ACHTENHAGEN, F. u.a. (1992): Lernhandeln in komplexen Situationen. Neue Konzepte der betriebswirtschaftlichen Ausbildung, Wiebaden

ACHTENHAGEN, F./JOHN, G. E. (Hrsg.)(1988): Lernprozesse und Lernorte in der beruflichen Bildung. Tagungsband zum Internationalen Symposium aus Anlaß der 250 Jahr - Feier der Georgia - Augusta, Göttingen

ACHTENHAGEN, F./JOHN, G. E. (Hrsg.)(1992): Mehrdimensionale Lehr - Lern - Arrangements. Innovationen in der kaufmännischen Aus- und Weiterbildung, Wiesbaden

ACHTENHAGEN, F./SCHNEIDER, D. (1993): Stand und Entwicklungsmöglichkeiten der Lernbüroarbeit unter Berücksichtigung der Nutzung neuer Technologien, Göttingen

ACHTENHAGEN, F./TRAMM, T./PREISS, P./SEEMANN-WEYMAR, H./JOHN, E. G./SCHUNCK, A. (1992): Lernerheft zum Planspiel Jeansfabrik - Leistungsprozesse in Unternehmen, Göttingen

ADAMEIT, H. u. a.(1980): Grundkurs Verhaltensmodifikation. Ein handlungsorientiertes und einführendes Arbeitsbuch für Lehrer und Erzieher, 3. Aufl., Weinheim/Basel

ADICK/REILING (1979): Sozialisationsprozesse im Jugendalter: Generationskonflikte, Stuttgart

ADL-AMINI, B. (1986): Ebenen didaktischer Theoriebildung, in: HALLER, D./MEYER, H. unter Mitarbeit von HANISCH, Th. (Hrsg.): Enzyklopädie Erziehungswissenschaft, Band 3: Ziele und Inhalte der Erziehung und des Unterrichts, Stuttgart, S. 27 ff.

AEBLI, H. (1980): Denken: Das Ordnen des Tuns. Band I: Kognitive Aspekte der Handlungstheorie, Stuttgart

AEBLI, H. (1981): Denken: Das Ordnen des Tuns. Band II: Denkprozesse, Stuttgart

AEBLI, H. (1983): Zwölf Grundformen des Lehrens. Eine allgemeine Didaktik auf psychologischer Grundlage, 2. Aufl., Stuttgart

AEBLI, H. (1987): Grundlagen des Lehrens, Stuttgart

AEBLI, H. (1991): Zwölf Grundformen des Lehrens, 6. Aufl. Stuttgart

AFF, J./ WAGNER, M. (Hrsg.) (1997): Methodische Bausteine der Wirtschaftsdidaktik, Wien

ALBERS, H.-J. (1987): Allgemeine sozio-ökonomisch-technische Bildung, Köln/Wien

ALBERS, H.-J. (1988): Ökonomische Bildung und Allgemeinbildung, in: BUNDESFACHGRUPPE FÜR ÖKONOMISCHE BILDUNG (Hrsg.): Ökonomische Bildung - Aufgabe für die Zukunft, Bergisch-Gladbach, S. 1 ff.

ALBERT, H. (1970): Modell-Platonismus. Der neoklassische Stil des ökonomischen Denkens in kritischer Beleuchtung, in: TOPITSCH, E. (Hrsg.): Logik der Sozialwissenschaften, Köln/Berlin, S. 406 ff.

AMMEN, A. (1978): Arbeit und Beruf im Rahmen der Arbeitslehre. Versuch einer Begriffserklärung, in: Deutsche Realschule 86, S. 301 ff.

AMMEN, A. u. a. (1979): Berufsorientierung. Eine zentrale Aufgabe der Schule, in: arbeiten + lernen 1, Seelze, S. 8 ff.

ANDERS, G. (1980): Die Antiquiertheit des Menschen. Band 1. Über die Seele im Zeitalter der zweiten industriellen Revolution, 5. Aufl., München

ARBEITSGRUPPE OBERKIRCHER LEHRMITTEL (AOL)(1986): Das AOL-Projekte-Buch-250. Projekte und Ideen für eine lebendige Schule, Reinbek

ARNDT, H. (1979): Irrwege der politischen Ökonomie. Die Notwendigkeit einer wirtschaftstheoretischen Revolution, München

ARNOLD, R./SIEBERT, H. (1995): Konstruktivistische Erwachsenenbildung: Von der Deutung zur Konstruktion der Wirklichkeit, in: ARNOLD, R.: Grundlagen der Berufs- und Erwachsenenbildung, Hohengehren, 4. Band

ASCHERSLEBEN, K. (1974): Einführung in die Unterrichtsmethodik, Stuttgart

BACHMANN, W. (1988): Theoretische Grundlagen einer handlungsorientierten Wirtschaftsdidaktik, Bergisch-Gladbach, S. 34

BAUER, B. (1988): Selbststeuerung des Lernens im Rahmen leittextgestützter Lernprozesse, in: Wirtschaft und Berufserziehung, Heft 12

BAUER, W. (1997): Multimedia in der Schule, in: ISSING, L. J.; KLIMSA, P. (Hrsg.): Informieren und Lernen mit Multimedia, 2. Überarb. Aufl., Weinheim, S. 377 ff.

BAUMGARDT, J./HEID, H. (Hrsg.) (1978): Erziehung zum Handeln. Eine Festschrift für M. Schmiel, Trier

BECHMANN, A./MICHELSEN, G. (1981): Global Future. Es ist Zeit zu handeln. GLOBAL 2000: Die Fortschreibung des Berichts an den Präsidenten, Freiburg/Br.

BECK, H. (1993): Schlüsselqualifikationen - Bildung im Wandel, Darmstadt

BECK, U. (1986): Risikogesellschaft. Auf dem Weg in eine andere Moderne, Frankfurt a. M.

BECK, K. / BRÜTTING, B. / LÜDECKE-PLÜMER, S. / MINNAMEIER, G. / SCHIRMER, U. / SCHMID, S. N. (1996): Zur Entwicklung moralischer Urteilskompetenz in der kaufmännischen Erstausbildung - Empirische Befunde und praktische Probleme, in: Zeitschrift für Berufs- und Wirtschaftspädagogik, Beiheft 13: Lehr-Lern-Prozesse in der kaufmännischen Erstausbildung, S. 187ff.

BECKER, G. E. (1988a): Durchführung von Unterricht. Handlungsorientierte Didaktik, Teil II, 3. Aufl., Weinheim/Basel,

BECKER, G. E. (1988b): Gesprächs- und Diskussionsformen, in: MICKEL, W./ZITZLAFF, D. (Hrsg.): Handbuch zur politischen Bildung, Bonn, S. 240 ff.

BECKER, G. E. u. a. (1976): Unterrichtssituationen I. Gespräch und Diskussion, München

BECKER, G. S. (1993): Ökonomische Erklärung menschlichen Verhaltens, 2. Aufl. Tübingen

BECKMANN, K. (1978): Das Verhältnis von Fachwissenschaft und Schulfach, in: Westermanns Pädagogische Beiträge, Braunschweig, S. 214 ff.

BEHME, H. (1977): Zur Theorie und Praxis des Gesprächs in der Schule. Eine Bibliographie, Kastellaun

BEHME, H. (1985): Miteinander reden lernen. Sprechspiele im Unterricht, München

BEHR, K. (1978): Das ende der fachdidaktik deutsch, in: Redaktion "Betrifft: Erziehung" (Hrsg.): Projektorientierter Unterricht: Lernen gegen die Schule? Weinheim/Basel , S. 65 ff.

BEHRENS, G. (1980): Erkundung, in: arbeiten + lernen, Heft 10-10a, Seelze, S. 17 ff.

BEHRENS, G./HAAR, J./KUHLMANN, I./MODICK, H.-E./SCHOOF, D. (1985): Betriebspraktikum, 3. Aufl., Hannover

BEINKE, L. (1977): Betriebspraktika - ein Instrument zur Berufswahlunterstützung durch Erfahrungserwerb, in: Bildung und Erziehung, Heft 30, S. 402 ff.

BEITINGER, G.; MANDL, H. (1992): Konzeption und Entwicklung eines Medienbausteins zur Förderung des selbstgesteuerten Lernens im rahmen der betrieblichen Weiterbildung (Forschungsbericht Nr. 8, Ludwig-Maximilians-Universität München, Lehrstuhl für Empirische Pädagogik und Pädagogische Psychologie), München

BENTELER, P. (1988): Arbeiten und lernen im Lernbüro, Bad Heilbrunn

BERGSDORF, W. (1983): Herrschaft und Sprache, Pfullingen

BERTALANFFY, L. v. (1968): General System Theory, New York, S. 185

BLANKE, U. (1992): Die Kunst des Fragens, in: arbeiten + lernen/Wirtschaft, Heft 5, Seelze, 32ff.

BLANKERTZ, H. (1986): Theorien und Modelle der Didaktik, 12. Aufl., München

BLAZEJEWICZ, H./HÜBNER, M./KAMINSKI, H./REUTER-KAMINSKI, O. (1988): Betrieb. Ein Unterrichtsmodell zu funktionalen, sozialen und ökonomischen Aspekten des Betriebes, Oldenburg

BLEICHER, K. (1962): Unternehmensspiele - Simulationsmodelle für unternehmerische Entscheidungen, Baden-Baden

BLEICHER, K. (1991): Das Konzept Integriertes Management. Das St. Gallener Management-Konzept, Frankfurt/New York

BLONSKIJ, P. P. (1973): Die Arbeitsschule. Teil I und II (Original: Trudovaja Skola. Moskau 1919), Paderborn

BLUMSTENGEL. A. (1998): Entwicklung hypermedialer Lernsysteme, Berlin

BOKELMANN, H. (1964): Die ökonomisch-sozialethische Bildung, Heidelberg

BONZ, B. (Hrsg.) (1976): Beiträge zur Methodik in der beruflichen Bildung, Stuttgart

BONZ, B. (1999): Methoden der Berufsbildung, Stuttgart

BOSSING, N. E. (1970): Die Projekt-Methode, in: GEISSLER, G. (Hrsg.): Das Problem der Unterrichtsmethode in der pädagogischen Bewegung, Weinheim/Berlin/Basel, S. 123 ff.

BOULDING, K./ KUHN, A./ SENESH, L. (1975): Systemanalyse und ihre Anwendung im Unterricht, Bad Heilbrunn

BRAUERS, J./WEBER, M. (1986): Szenarioanalyse als Hilfsmittel der strategischen Planung: Methodenvergleich und Darstellung einer neuen Methode, in: Zeitschrift für Betriebswirtschaft, Heft 7, S. 631 ff.

BRETTSCHNEIDER, V. (1997): Die Bedeutung von Netzwerken für die Vermittlung von Zusammenhangswissen im Rahmen wirtschaftsberuflicher Umweltbildung - Eine Teiluntersuchung zum Systemdenken als Erkenntnismethode, Frankfurt

BRETTSCHNEIDER, V./HÜBNER, M./KAMINSKI, H. (1989): Umwelterziehung als schulische Gesamtaufgaben, in: Beispiele, Heft 3, Velber, S. 4 ff.

BRETTSCHNEIDER, V./HÜBNER, M./MEIER, CHR. (1990): Arbeit und Umwelt. Szenarien als Denkmodelle - Anregungen für einen Unterricht über Arbeit und Wirtschaft, in: arbeiten + lernen, Seelze, Heft 70, S. 29 ff.

BRETTSCHNEIDER,V./KAMINSKI, H. (1988): Die Übung im Arbeitslehreunterricht als Element eines handlungsorientierten Lernkonzeptes, in: arbeiten + lernen, Seelze, Heft 55, S. 8 ff.

BRONNER, R. (1980): Grundlagen der Entscheidungsfindung, München

BROWN, A. L. (1992): Design experiments: Theoretical and methodological challenges in creating complex interventions in classroom setting, in: The Journal of the Learning Sciences, 2, S. 141 ff.

BUDDENSIEK, W. (1979): Pädagogische Simulationsspiele im sozio-ökonomischen Unterricht der Sek. I, Bad Heilbrunn

BUDDENSIEK, W. u. a. (1977): Praxisnahe Curriculumentwicklung im sozio-ökonomischen Lernbereich, in: Die Arbeitslehre 8, S. 38 ff.

BUDDENSIEK, W. (1981): Rollenspiel, in: KAISER, F.-J./KAMINSKI, H. (Hrsg.): Wirtschaft-Handwörterbuch zur Arbeits- und Wirtschaftslehre, Bad Heilbrunn, S. 261 ff.

BUDDENSIEK, W./KAISER, F.-J./KAMINSKI, H. (1981): Grundprobleme des Modelldenkens im sozioökonomischen Unterricht, in: STACHOWIAK, H.: Modelle und Modelldenken im Unterricht, Bad Heilbrunn, S. 92 ff.

BUNDESINSTITUT FÜR BERUFSBILDUNG (Hrsg.) (1986): Modellversuche in der außerschulischen Berufsbildung. Inhaltliche Förderbereiche und regionale Verteilung, Berlin

BUNDESMINISTERIUM FÜR BILDUNG UND WISSENSCHAFT (Hrsg.) (1991): Berufsbildungsbericht, Bonn

BUROW, O.-A. (1993): Denken und Handeln für ein ökologisches Europa - Eine Zukunftswerkstatt - . Hrsg. von der Stiftung Verbraucherinstitut Berlin, Berlin

CAPRA, F. (1985): Wendezeit - Bausteine für ein neues Weltbild, Bern/München/Wien

COASE, R. (1994): Die institutionelle Struktur der Produktion. Nobel-Lesung vom 9. Dezember 1991, in GRÜSKE, K.-D. (Hrsg.): Die Nobelpreisträger der ökonomischen Wissenschaft, Bd. 3: 1989-1993, Düsseldorf, S. 174 ff.

COBURN-STAEGE, U. (1973): Der Rollenbegriff. Ein Versuch der Vermittlung zwischen Gesellschaft und Individuum, Heidelberg

COMENIUS, J. A. (1957): Opera Didactica Omnia. Repr. Neudruck, Prag

CZYCHOLL, R. (1974): Wirtschaftsdikaktik, Trier

CZYCHOLL, R./EBNER, H. (1988): Zur Kritik handlungsorientierter Ansätze in der Didaktik der Wirtschaftslehre, Oldenburg

DAUENHAUER, E. (1974): Einführung in die Arbeitslehre, München

DEUTSCHE BILDUNGSKOMMISSION (Hrsg.) (1977): Pluralität der Lernorte, in: MÜNCH, J. (Hrsg.): Lernen - aber wo? Der Lernort als pädagogisches und lernorganisatorisches Problem, Trier, S. 171 ff.

DEUTSCHER AUSSCHUSS FÜR DAS ERZIEHUNGS- UND BILDUNGSWESEN (1965): Empfehlungen zum Aufbau der Hauptschule vom 2.5.1964., in: Empfehlungen und Gutachten des Deutschen Ausschusses für das Erziehungs- und Bildungswesen, Folge 7/8, Stuttgart, S. 41 ff.

DEWEY J./KILPATRICK, W. H. (1935): Der Projekt-Plan - Grundlegung und Praxis, Weimar, S. 161 ff.

DEWEY, J. (1933): How We Think, Boston

DEWEY, J. (1964): Democracy and Education. New York 1916 (dt. Demokratie und Erziehung), 3. Aufl., Braunschweig

DIBBERN, H. u.a. (1974): Berufswahlunterrricht in der vorberuflichen Bildung, Bad Heilbrunn

DIERMANN, H./KROL, G.-J. (1985): Projekt: Markentreue bei Alltagskäufen? in: Verbrauchererziehung und wirtschaftliche Bildung, Münster, Heft 1, 1ff.

DIERMANN, H./KROL, G.-J. (1993): Umweltbildung/Umwelterziehung in der Sekundarstufe I - Eine Methodenkonzeption zur unterrichtlichen Aufarbeitung ökologischer und sozialökonomischer Aspekte, in: Wirtschaftliche Grundbildung - Der Verbraucher in der Sozialen Marktwirtschaft, Leverkusen, S. 1 ff.

DIETRICH, G. (1984): Pädagogische Psychologie, Bad Heilbrunn

DIETRICH, Th. (1998): Zeit- und Grundfragen der Pädagogik, 8. Aufl., Bad Heilbrunn

DÖRNER, D. (1987): Ut desint veris ....Über den Umgang mit sehr komplexen Systemen, in: DAHL, J./SCHICKERT, H. (Hrsg.): Die Erde weint - Frühe Warnung vor der Verwüstung, München/Stuttgart, S. 188 ff.

DÖRNER, D. (1989): Die Logik des Misslingens. Strategisches Denken in komplexen Situationen, Reinbek bei Hamburg

DÖRSCHEL, A. (1971): Einführung in die Wirtschaftspädagogik, 3. Aufl., München

DUBS, R. (1989): Vernetztes Denken im Wirtschaftsunterricht, in: Zeitschrift für Berufs- und Wirtschaftspädagogik, Heft 1, S. 50 ff.

DUBS, R. (1993a): Stehen wir vor einem Paradigmawechsel beim Lehren und Lernen? In: Zeitschrift für Berufs- und Wirtschaftspädagogik, Heft 5, S. 449 ff.

DUBS, R. (1993b): Ganzheitliches Lernen und Denken in der ökonomischen Bildung, in: arbeiten + lernen/Wirtschaft, Heft 11, Seelze, S. 6 ff.

DUBS, R. (1993c): Selbständiges (eigenständiges oder selbstgeleitetes) Lernen: Liegt darin die Zukunft? In: Zeitschrift für Berufs- und Wirtschaftspädagogik, H. 2, S. 113 ff.

DUBS, R. (1993d): Vernetztes Denken im Betriebswirtschaftslehreunterricht, in: W. Schneider (Hg.): Komplexe Methoden im betriebswirtschaftlichen Unterricht, Wien, S. 83 ff.

DUBS, R. (1995): Lehrerverhalten. Ein Beitrag zur Interaktion von Lehrenden und Lernenden im Unterricht, Zürich

DUBS, R. (1996): Komplexe Lehr-Lern-Arrangements im Wirtschaftsunterricht, in: K. Beck u.a. (Hrsg.): Berufserziehung im Umbruch, Weinheim, S. 159 ff.

DULISCH, F. (1986): Lernen als Form menschlichen Handelns, Gladbach

DULISCH, F. (1988): Die Selbststeuerung in der berufsbezogenen Lerntätigkeit, in: Zeitschrift für Berufs- und Wirtschaftspädagogik, Bd. 84, Heft 6, S. 532 ff.

DUNCKER, L. (1988) Projektwochen. In: MICKEL, W./ZITZLAFF, D. (Hrsg.)(1988): Handbuch zur politischen Bildung, Bonn, S. 275 ff.

DUNCKER, L./GÖTZ, B. (1984): Projektunterricht als Beitrag zur inneren Schulreform - Begründung-en, Erfahrungen. Vorschläge für die Durchführung von Projektwochen, Langenau-Ulm

EBERT, G. (1992): Planspiel - eine aktive und attraktive Lehrmethode, in: KEIM, H. (Hrsg.): Planspiel, Rollenspiel, Fallstudie, Köln, S. 25 ff.

ECKERT, M./STRATMANN, K. (1978): Das Betriebspraktikum, Köln

EHRHARD, T. (1995): Metakognition im Unterricht: Optimierung des Problemlöseverhaltens durch selbstreflexive Prozesse, Frankfurt-Berlin-Bern-New York-Paris-Wien

EINSIEDLER, H. (1976): Lehrstrategien und Lernerfolg, Weinheim/Basel

EINSIEDLER, W. (1981): Lehrmethoden. Probleme und Ergebnisse der Lehrmethodenforschung, München

ENDE, M. (1973): Momo, Stuttgart

EULER, D. (1997): Pädagogische Konzepte des multimedialen Lernens. In: Wirtschaft und Erziehung, Heft 1, S. 1 ff.

EWIG, G. (1990): Wege zur Schüleraktivität, Darmstadt

FABER, G./KAISER, F.-J. (1993): Modellversuche „Neue Informations- und Kommunikationstechniken in der Beruflichen Bildung". (Hrsg.): Bund-Länder-Kommission für Bildungsplanung und Forschungsförderung, Heft 35, Bonn

FABER, G./KAISER, F.-J. (1998): Modellversuche „Neue Informations- und Kommunikationstechniken in der Beruflichen Bildung" Teil II, Modellversuche 1986 – 1995, Heft 64, Bonn

FEIG, G. (1981): Soziales Lernen - Möglichkeiten zur Entwicklung von Handlungsqualifikationen am Beispiel der "Praxiserkundung" verschiedener Lernorte, in: GATWU (Hrsg.): Arbeit-Technik-Wirtschaft, Bad Salzdetfurt, S. 219 ff.

FELDHOFF, J./OTTO, K. A./SIMOLEIT, J./SOBOTT, C. (1985): Projekt Betriebspraktikum, Düsseldorf

FEND, H. (1980): Theorie der Schule, München/Wien/Baltimore

FIEDLER, G./KÖNIG, R. (1991): Wirtschaftstheorien im Überblick, Berlin

FISCHER, F./ GRÄSEL, C./KITTEL, A./ MANDL, H. (1995): Entwicklung und Untersuchung eines computerbasierten Mappingverfahrens zur Strukturierung komplexer Information (Forschungsbericht Nr. 57, Ludwig-Maximilians-Universität München, Institut für Pädagogische Psychologie und Empirische Pädagogik, Lehrstuhl Prof. Dr. Heinz Mandl), München

FISCHER, F./ GRÄSEL, C./ KITTEL, A./ MANDL, H. (1997): Strategien zur Bearbeitung von Diagnoseproblemen in komplexen Lernumgebungen, in: Zeitschrift für Entwicklungspsychologie und Pädagogische Psychologie, H. 1, S. 62 ff.

FRIEDRICH, F.H./MANDL, H. (1997): Analyse und Förderung selbstgesteuerten Lernens. In: WEINERT, F.D./MANDL, H. (1997): Psychologie der Erwachsenenbildung. Enzyklopädie der Psychologie, Bd. 4, S. 237 ff., Göttingen, Bern, Toronto, Seattle

FLECHSIG, K. H. (1991): Kleines Handbuch didaktischer Modelle, 3. Aufl., Göttingen

FLITNER, A. (1972): Spielen - Lernen. Praxis und Deutung des Kinderspiels, München

FRACKMANN, M. (1980): Experten Interview, in: arbeiten + lernen/Die Arbeitslehre, Heft 10-10a, Seelze, S. 34 ff.

FREI, D./RULOFF, D. (1984): Handbuch der weltpolitischen Analyse. Methoden für Praxis, Beratung und Forschung, Diessenhofen

FRESE, M. (1979): Ein Beitrag einer neuorientierten Arbeitswissenschaft zur Arbeitslehre, in: Didaktik - Arbeit, Wirtschaft, Technik, Heft 2, S. 137 ff.

FREY, K. (1982): Die Projektmethode, Weinheim/Basel

FRINGS, V./REDECKE, A. (1990): Praxistag Hauptschule - eine Möglichkeit erzieherischer Arbeit, in: arbeiten + lernen, Heft 72, Seelze, S. 47 ff.

FÜRSTENBERG, F. (1974): Die betriebliche Sozialstruktur, in: ders. (Hrsg.): Industriesoziologie II, Darmstadt-Neuwied, S. 127 ff.

GAGE, N. L./BERLINER, D. C. (1979): Pädagogische Psychologie: Lehrerhandbuch. Erziehungs-wissenschaftliche Grundlagen für die Unterrichtspraxis, 1. Aufl., München/Wien/Baltimore

GAGE, N. L./BERLINER, D. C. (1986): Pädagogische Psychologie, 4. überarb. Auflage, Weinheim

GALPERIN, P. J. (1973): Die Psychologie des Denkens und die Lehre von der etappenweisen Ausbildung geistiger Handlungen, in: BUDILOWA, J. A. u.a.: Untersuchungen des Denkens in der sowjetischen Psychologie, Berlin (Ost), S. 81 ff.

GATTERMANN, H. (1983): Entwurf einer didaktischen Theorie der Arbeit als Grundlage für eine praxisnahe Curriculum-Entwicklung der Arbeitslehre, Frankfurt a. M.

GAUDIG, H. (1922): Freie geistige Schularbeit in Theorie und Praxis, Breslau

GEISSLER, E. E. (1967): Erziehungsmittel, Bad Heilbrunn

GEMÜNDEN, H.G. (1993): Informationsverhalten, in: Hauschildt, J./Grün, O. (Hrsg.): Ergebnisse empirischer betriebswirtschaftlicher Forschung. Zu einer Realtheorie der Unternehmung, Stuttgart, S. 840 ff.

GERDSMEIER, G. (1979): Polytechnische Bildung in der Sekundarstufe I. Probleme und Methoden, in: SCHOENFELD, E. (Hrsg.): Polytechnik und Arbeit, Bad Heilbrunn

GERDSMEIER, G. (1980a): Wissenschaftsbestimmtheit und Problemorientierung in den hessischen Rahmenrichtlinien zur Polytechnik/Arbeitslehre, in: Die Deutsche Schule 72, S. 436 ff.

GERDSMEIER, G. (1980b): Ökonomie in der Lehrerbildung im Bereich Arbeitslehre/Arbeit-Wirtschaft-Technik in: Didaktik - Arbeit, Technik, Wirtschaft, Heft 3, Salzdethfurth, S. 73 ff.

GERDSMEIER, G. (1982): Wirtschaftswissenschaftliche Inhalte in der Polytechnik/Arbeitslehre. Ein fachlich akzentuiertes Planungskonzept, in: Didaktik der Berufs- und Arbeitswelt 1, 2, S. 17 ff.

GERSTENMAIER, J./MANDL, H. (1995): Wissenserwerb unter konstruktivistischer Perspektive, in: Zeitschrift für Pädagogik, H. 6, S. 867 ff.

GESCHKA, H./HAMMER, R. (1990): Die Szenario-Technik in der strategischen Unternehmensplanung, in: HAHN, D./TAYLOR, D. (Hrsg.): Strategische Unternehmensplanung, 5. Aufl., Heidelberg/Wien, S. 311 ff.

GEYKEN, A./MANDL, H. (1993): Unterstützung des selbstgesteuerten Lernens in einer Tele-CBT Umgebung. Unterrichtswissenschaft, Heft 21 (3), S. 214 ff.

GIESECKE, H./HASSE, J./KAMINSKI, H. (1986): Lernbereich Gesellschaft, in: HALLER, D./MEYER, H. unter Mitarbeit von Th. Hanisch (Hrsg.): Enzyklopädie Erziehungswissenschaft, Bd. 3: Ziele und Inhalte der Erziehung und des Unterrichts, Stuttgart, 288ff.

GLÖCKEL, H. (1990): Vom Unterricht - Lehrbuch der Allgemeinen Didaktik, Bad Heilbrunn

GOLAS, H. G. (1969): Didaktisch-historische Analyse des Betriebswirtschaftlehreunterrichts, Dissertation, Berlin

GOMEZ, P./ ZIMMERMANN, T. (1992): Unternehmensorganisation. Profile, Dynamik, Methodik. Das St. Galler Management-Konzept, Frankfurt/New York

GOMEZ, P./PROBST, G. J. B. (1987): Vernetztes Denken im Management. Eine Methodik des ganzheitlichen Problemlösens, Bern (Die Orientierung Nr. 69, Schweizerische Volksbank)

GÖTZE, U. (1991): Szenario-Technik in der strategischen Unter-nehmensplanung, Wiesbaden

GREENO, J. G. (1989): Situations, mental models and generative knowledge. In: KLAHR, D./KOTOVSKY, K. (Eds.): Complex information processing: The impact of Herbert A. Simon (pp. 285 – 318) Hillsdale, NJ

GRELL, J./GRELL, M. (1981): Unterrichtsrezepte, München/Wien/Baltimore

GRIMM, W. (1968): Das Unternehmensplanspiel. Wirtschafts- und sozialpolitische Grundinformationen IV, Nr. 32, Köln

GROTH, G. (1968): Arbeitslehre - Entwicklung eines Lehrplans als politisches und didaktisches Problem, in: Die Deutsche Berufs- und Fachschule 64, S. 444 ff.

GRÜN, J./WIENER, D. (1984): Global denken, vor Ort handeln. Weltmodelle von Global 2000 bis Hermann Kahn, Freiburg/Br.

GRUNDSÄTZE ZUR NEUORDNUNG DER BÜROWIRTSCHAFTLICHEN AUSBILDUNGS- BERUFE VOM MAI 1988, 31

GUDJONS, H./TESKE, R./WINKEL, R. (Hrsg.) (1982): Unterrichtsmethoden: Grundlegung und Beispiele, Braunschweig

GUDJONS, G. (1994): Handlungsorientiert lehren und lernen, 4. Aufl. , Bad Heilbrunn

GÜMBEL, G. (1974): Zur Bedeutung von Rollenspielen für soziales und politisches Lernen, in: Die Grundschule, Heft 10, S. 515 ff.

HAASE, O. (1932): Gesamtunterricht, Training, Vorhaben - drei Elementarformen des Volksschulunterrichts. Die Volksschule, S. 28 u. S. 727 ff.

HACKER, W. (1973): Allgemeine Arbeits- und Ingenieurpsychologie, Berlin

HAGE, K./BISCHOFF, H./DICHANZ, H. (1985): Das Methoden-Repertoire von Lehrern. Eine Untersuchung zum Schulalltag der Sekundarstufe I, Opladen

HEID, H. (1986): Über die Schwierigkeiten, berufliche von allgemeinen Bildungsinhalten zu unterscheiden, in: TENORTH, H.-E. (Hrsg.): Allgemeine Bildung - Analysen zu ihrer Wirklichkeit, Versuche über ihre Zukunft, Weinheim/München, S. 95ff.

HELLER, A./ SEMMERLING, R. (1982): Das ProWo-Buch - Leben. Lernen. Arbeiten in Projekten und Projektwochen (Hrsg.), 2. Aufl., Frankfurt a. M.

HENDERSON, R. W.; Cunningham, L. (1994): Creating interactive sociocultural environments for self-regulated learning. In: SCHUNK, D. H.; ZIMMERMANN, B. J. (Hrsg.): Self-regulation of learning and performance: Issues and educational application, Hillsdale N.J., S. 255 ff.

HENDRICKS, W. (1978): Arbeitslehre und Arbeitswissenschaft. Bemerkungen zu einem didaktischen Defizit, in: technica didactica 1, S. 193 ff.

HENSELER, K./REICH, G. (1986): Jahresplanung, in: arbeiten + lernen/Die Arbeitslehre, Heft 45, Seelze, S. 44 ff.

HEPP, K.-H./OTT, B. (1992): Zeichnen und Darstellen, in: arbeiten + lernen/Wirtschaft, Heft 5, Seelze, S. 23 ff.

HERBART, J. F. (1964, 1965): Pädagogische Schriften, 3 Bände, hrg. von Walter Asmus, Düsseldorf

HERDER-DORNEICH, P. (1992): Vernetzte Strukturen. Das Denken in Ordnungen, Baden-Baden

HEURSEN, G. (1984): Lehrerbildung ohne Wissenschaft, in: Ders. (Hrsg.): Didaktik im Umbruch. Aufgaben und Ziele der (Fach-)Didaktik in der integrierten Lehrerbildung, S. 76 ff.

HILLER, G.-G. (1973): Konstruktive Didaktik, Düsseldorf

HILLER, G.-G. (1980): Ebenen der Unterrichtsvorbereitung, in: ADL-ADMINI B./KÜNZLI, R. (Hrsg.): Didaktische Modelle und Unterrichtsplanung. München, S. 119 ff.

HIMMELMANN, G. (1977): Arbeitsorientierte Arbeitslehre. Eine Einführung, Opladen

HOLSTEIN, H. (1976): Unterrichtsgespräch. Sprachgestaltung und Lehrmethode, Kastellaun

HOFF, E.-H./LEMPERT, W./LAPPE, L. (1991): Persönlichkeitsentwicklung in Facharbeiterbiographien. Bern, Stuttgart, Toronto

HOLT, J. (1975): Wozu überhaupt Schule? Ravensburg

HOLZMANN, KL.-D. (1978): Strukturanalyse methodischer Entscheidungen wirtschaftsberuflicher Unterrichtsfächer, Nürnberg

HOPFENBECK, W. (1989): Allgemeine Betriebs- und Managementlehre. Das Unternehmen im Spannungsfeld zwischen ökonomischen, sozialen und ökologischen Interessen, Landsberg am Lech

HÖPFNER, H. D. (1990): Leittexte für das selbständige Handeln der Auszubildenden. Handreichung zur Verwirklichung der neuen Ausbildungsordnungen, in: Berufsbildung, Berlin, S. 522 ff.

HOPPE, M. (1980): Berufsorientierung, Weinheim/Basel

HÜBNER, M. (1993): Umwelterziehung im Rahmen der ökonomischen Bildung in allgemeinbildenden Schulen, Diss., Oldenburg

HÜBNER, M./ARNASCHUS, J./BRETTSCHNEIDER, V./FEEKEN, H./MEIER, CH./RIECK, U./WORM, R. (1991): Konsum und Ökologie. Verpackung und Abfall, Oldenburg

HUSCHKE-RHEIN, R. (1988): Systemische Pädagogik. Band I: Systempädagogische Wissenschaftslehre als Bildungslehre im Atomzeitalter, 2. Aufl., Köln

HUSCHKE-RHEIN, R. (1989): Systemische Pädagogik. Band II: Systemtheorien für die Pädagogik. Umrisse einer neuen Pädagogik, Köln

HUSCHKE-RHEIN, R. (1991): Systemische Pädagogik. Band III: Qualitative Forschungsmethoden, 2. Aufl., Köln

ILLICH, I. (1973): The Alternative to Schooling, in: KRAUSE, H.-J. u.a. (Hrsg.): Orientierungspunkte internationaler Erziehung, Hamburg, S. 81 ff.

IMHOF, U. u.a. (1984): "Egal wie heiß - Markenkäfer-Eis", in: arbeiten + lernen/Die Arbeitslehre, 6.Jg. Heft 33, Seelze, S. 36 ff

IMHOF, U./REUTER-KAMINSKI, O. (1988): Das Üben aktiver Lernverfahren zur Förderung des Methodenbewußtseins des Schülers im Arbeit/Wirtschaft-Unterricht, in: arbeiten + lernen/Die Arbeitslehre, Heft 55, Seelze, S. 24 ff.

IMMLER, H. (1981): Beiträge zur Didaktik der Arbeit, Bad Heilbrunn

JACKSON, PH. W. (1967): Life in Classrooms, New York

JAMES, W. (1907): Pragmatism, New York

JAMES, W. (1977): Der Pragmatismus, Hamburg

JANIS, I. L. (1968): Stages in the decision-making-process, in: ABELSON, R./ARONSON, E./MC GUIRE, W.: Theories of cognitive consistency, S. 577 ff.

JANK, W./ MEYER, H. (1991): Didaktische Modelle, Frankfurt a. M.

JENSEN, S. (1983): Systemtheorie, Stuttgart u. a.

JONAS, H. (1984): Das Prinzip Verantwortung. Versuch einer Ethik für die technologische Zivilisation, Frankfurt

JONES, K. (1986): Games. Simulations, in: Simulations/Games for Learning. The Sagset - Journal, Vol. 16, Heft 2,

JUNGK, R. (1980): Der Jahrtausendmensch. Bericht aus den Werkstätten der neuen Gesellschaft, 3. Aufl., Reinbek

JUNGK, R. (1992): In jedem Menschen steckt vielmehr, als er selber weiß. Ein Interview mit Robert Jungk, in: Pädagogik, Heft 6

JUNGK, R./ MÜLLERT, N. R./GEFFERS, S. G./SOLLE, A. (1990): Zukünfte "erfinden" und ihre Verwirklichung in die eigene Hand nehmen. Was Bürgerinnen und Bürger in Zukunftswerkstätten entwickeln und vorschlagen, Ratingen/Wuppertal/Berlin

JUNGK, R./INTERNATIONALE BIBLIOTHEK FÜR ZUKUNFTSFRAGEN, SALZBURG (Hrsg.) (1990): Katalog der Hoffnung. 51 Modelle für die Zukunft, Frankfurt/M.

JUNGK, R./LUTZ, R./MÜLLERT, N. R./ZIEGLER, B. (1978): Enzyklopädie der Zukunft. Eine Anstiftung zur praktischen Zukunftsgestaltung, Band 1, Tübingen

JUNGK, R./ MÜLLERT, N. R. (1981): Zukunftswerkstätten, Hamburg

JUNGK, R./ MÜLLERT, N. R. (1989): Zukunftswerkstätten - Mit Phantasie gegen Routine und Resignation, München

KAISER, A./ KAISER, F.-J. (Hrsg.) (1977): Projektstudium und Projektarbeit in der Schule, Bad Heilbrunn

KAISER, F.-J. (1974): Arbeitslehre. Materialien zu einer didaktischen Theorie der vorberuflichen Erziehung, 3. Aufl., Bad Heilbrunn

KAISER, F.-J. (1975): Möglichkeiten und Grenzen der Unterrichtsgestaltung auf der Grundlage systemtheoretischer Ansätze, in: BOULDING, K./KUHN, A./SENESH, L.: Systemanalyse und ihre Anwendung im Unterricht, Bad Heilbrunn, S. 9 ff.

KAISER, F.-J. (1976): Entscheidungstraining. Die Methoden der Entscheidungsfindung, Fallstudie - Simulation - Planspiel, 2. Aufl., Bad Heilbrunn

KAISER, F.-J. (1979): Die Fallstudie. Lehrmethode. Lernstrategie, Lehrstoff und Medium, in: Lehrmittel aktuell, Heft 3

KAISER, F.-J. (1979): Aktualisierte Darstellung der Grundkonzeption zur Arbeitslehre im Sekundarbereich I mit Synopse aller Lehrpläne nach vergleichbaren Kriterien, in: BUNDESMINISTER FÜR BILDUNG UND WISSENSCHAFT (Hrsg.): Arbeitslehre - Gutachten, Bonn, S. 80 ff.

KAISER, F.-J. (1981): Vorbereitung auf die Wirtschafts- und Arbeitswelt durch Rollenspiele, Planspiele und Fallstudien, in: BUNDESARBEITSGEMEINSCHAFT SCHULE / WIRTSCHAFT (Hrsg.): Praxisbezug in Schule und Lehrerbildung, Heft 19/20, S. 56 ff.

KAISER, F.-J. (Hrsg.) (1983): Die Fallstudie. Theorie und Praxis der Fallstudiendidaktik, Bad Heilbrunn

KAISER, F.-J. (1984): Merkmale einer zielgruppenorientierten Fachdidaktik - aufgezeigt am Beispiel eines Modellversuchs zur Verbindung des Berufsvorbereitungsjahres mit dem Berufsgrundschuljahr in beruflichen Schulen und Kollegschulen, in: TWARDY, M. (Hrsg.): Fachdidaktik zwischen Normativität und Pragmatik, Sonderband 1, Düsseldorf, S. 163 ff.

KAISER, F.-J. (1985): Projekt, in: Enzyklopädie Erziehungswissenschaft, Bd. 4, Methoden und Medien der Erziehung und des Unterrichts, Hrsg. von OTTO, G. und SCHULZ, W., Stuttgart, S. 547 ff.

KAISER, F.-J. (Hrsg.) (1987a): Handlungsorientiertes Lernen in kaufmännischen Berufsschulen, Bad Heilbrunn, S. 34

KAISER, F.-J.(1987b): Fallstudien und Umwelterziehung, in: CALLIESS, J./LOB, R. E. (Hrsg.): Praxis der Umwelt- und Friedenserziehung, Bd. 2, Umwelterziehung, Düsseldorf , S. 442 ff.

KAISER, F.-J. (1992): Überlegungen zum Verhältnis von allgemeiner und beruflicher Bildung im berufsbildenden Schulwesen, in: FRANKE, U./ REGENBRECHT,

A./ KITTLER, U. (Hrsg.) (1992): Sekundarschule und berufliche Bildung, Dortmund

KAISER, F.-J. (1993): Bedeutung und Stellenwert der Lernbüroarbeit im Rahmen wirtschaftlicher Bildung, in: SCHNEIDER, W. (Hrsg.): Komplexe Methoden im betriebswirtschaftlichen Unterricht. Festschrift für Hans Krasensky zum 90. Geburtstag, Wien, S. 119 ff.

KAISER, F.-J. (1996): Handlungsorientiertes Lernen. Schlüssel zur Integration von Wissenschaftsorientierung und Praxisbezug im Rahmen ökonomischer Bildung, in: Wirtschaft/arbeiten + lernen, H. 23, S. 7 ff.

KAISER, F.-J. (1997): Neue Aus- und Weiterbildungsmethoden – ein pluralistisches Methodenangebot in einer weithin monistischen Methodenpraxis, in: EULER, D./ SLOANE, P.F.E. (Hrsg.): Duales System im Umbruch, Pfaffenweiler 1997, S. 319 ff.

KAISER, F.-J./ BRETTSCHNEIDER, V. (1998): Fallstudienarbeit in Kleingruppen, in: Wirtschaft/arbeiten + lernen, Heft 32, S. 14 ff.

KAISER, F.-J./ KAMINSKI, H. (1981): Projektarbeit, in: Dies. (Hrsg.): Wirtschaft. Handwörterbuch zur Arbeits- und Wirtschaftslehre, Bad Heilbrunn, S. 242 ff.

KAISER, F.-J. (1999): Grundannahmen und methodische Neuansätze erwachsenengerechter Aus- und Weiterbildung im Betrieb, in: MARTIN, A./ MAYRHOFER, W./NIENHÜSER, W. (Hrsg.): Die Bildungsgesellschaft im Unternehmen? Festschrift für Wolfgang Weber, München und Mehring, S. 181 ff.

KAISER, F.-J./ KAMINSKI, H. (1982): Verbraucherinformation als Projektunterricht, Bad Heilbrunn

KAISER, F.-J./ KAMINSKI, H. (1991): Der Fall Dreihausen soll Industriegebiet werden, in: Arbeitslehre/ Wirtschaft, Heft 9/10, Braunschweig, S. 11 ff.

KAISER, F.-J./ KAMINSKI, H. (1993): Projektskizze: Laßt euch nicht einwickeln, in: Arbeitslehre/Wirtschaft, Heft 7/8, Braunschweig, S. 37

KAISER, F.-J./ KAMINSKI, H. (1999): Volkswirtschaftslehre, 8. Aufl., München

KAISER, F.-J./ PÄTZOLD, G. (Hrsg.) (1999): Wörterbuch Berufs- und Wirtschaftspädagogik, Bad Heilbrunn

KAISER, F. J./ SIGGEMEIER, M./ BRETTSCHNEIDER, V./ FLOTTMANN, H. (Hrsg.) (1993): Umweltbildung. Unterrichtsbausteine für die Höhere Berufsfachschule. Lernprogramm zur Umweltbildung an kaufmännischen Schulen, (LUKAS), Soest

KAISER, F.-J./ SIGGEMEIER, M./ BRETTSCHNEIDER, V./ FLOTTMANN, H. SCHRÖDER, R. (1995): Umweltbildung an kaufmännischen Schulen. Theoretische Grundlagen, Probleme und Realisierungsmöglichkeiten, Bad Heilbrunn

KAISER, F.-J./ SPREY, M./ SCHRÖDER, R. (1997): Szenario-Methode: Umweltorientierte Unternehmensführung – Leitstrategie für die Zukunft, in: AFF, J./

WAGNER, M. (Hrsg.): Methodische Bausteine der Wirtschaftsdidaktik, Wien, S. 392 ff.

KAISER, F.-J./ STEUER, E. (1982): Rollenspiel: Mitarbeiterbeteiligung, Köln

KAISER, F.-J./ WEITZ, B. O. (Hrsg.) (1998): Allgemeine Wirtschaftslehre, Industriekaufleute, Berlin

KAISER, F.-J./ WEITZ, B. O./ SARRAZIN, D. (1991): Arbeiten und Lernen in schulischen Modellunternehmen. Neue Informationstechnologien und Datenverarbeitung im Berufsfeld Wirtschaft und Verwaltung, Band II, Bad Heilbrunn

KAISER, H.-J. (1972): Erkenntnistheoretische Grundlagen pädagogischer Methodenbegriffe, in: MENCK, P./THOMA, G. (Hrsg.)(1972): Unterrichtsmethode - Intention, Reflexion, Organisation, München, 129ff.

KAISER, H.-J./ MENCK, P. (1972): Methodik und Didaktik. Vorüberlegungen zu einer Ortsbestimmung pädagogischer Methodenlehren, in: MENCK, P./ THOMA, G. (Hrsg.)(1972) Unterrichtsmethode – Intention, Reflexion, Organisation, München, 145ff.

KAMINSKI, H. (1977): Skizze eines projektorientierten Unterrichts zur Verbrauchererziehung, in: KAISER, A./KAISER, F.-J. (Hrsg.): Projektstudium und Projektarbeit in der Schule, Bad Heilbrunn, S. 185 ff.

KAMINSKI, H. (1977): Grundlegende Elemente einer Didaktik der Wirtschaftserziehung, Bad Heilbrunn

KAMINSKI, H. (1978): Verbrauchererziehung in der Sekundarstufe I – fachwissenschaftliche Erklärungsansätze, Unterrichtsmodelle und Materialien, Bad Heilbrunn

KAMINSKI, H. (1988): Projektmethode, in: MICKEL, W./ ZITZLAFF, D. (Hrsg.): Handbuch zur politischen Bildung, Bonn, S. 271 ff.

KAMINSKI, H. (1988a): Didaktischer Entwicklungsstand des Faches Arbeit/Wirtschaft und schulischer Alltag, Lingen-Holthausen

KAMINSKI, H. (1988b): Zur Berücksichtigung des schulischen Bedingungsfeldes für die Analyse des "inneren" Zustandes der Fächer Arbeit/Wirtschaft, Hauswirtschaft und Technik im schulischen Fachbereich Arbeit/ Wirtschaft/ Technik Lingen-Holthausen

KAMINSKI, H. (1990): Zum Verhältnis Fachdidaktik - Fachwissenschaft - allgemeine Didaktik aus der Sicht der ökonomischen Bildung und Erziehung, in: KECK, R. W./ KÖHNLEIN, W./ SANDFUCHS, U. (Hrsg.): Fachdidaktik zwischen allgemeiner Didaktik und Fachwissenschaft - Bestandsaufnahme und Analyse, Bad Heilbrunn, S. 252 ff.

KAMINSKI, H. (1991): Die Umgestaltung der polytechnischen Bildung und Erziehung im Lichte der Erfahrungen der Entwicklung der Arbeitslehre, in: Pädagogik und Schule in Ost und West, Heft 3, S. 163 ff.

KAMINSKI, H. (1993): Bildung der Zukunft - Zukunft der Bildung, Aurich

KAMINSKI, H. (1993): Ökonomische Bildung und Gymnasium, Oldenburg

KAMINSKI, H. (1994): Der Gegenstandsbereich der ökonomischen Bildung. Anmerkungen zur Bestimmung von Inhalten und Zielen zur ökonomischen Bildung, in: arbeiten+lernen/Wirtschaft, Teil I, H. 14, S. 7 ff.; Teil II, H. 15, S. 4 ff.

KAMINSKI, H. (1996): Ökonomische Bildung und Gymnasien. Ziele, Inhalte, Lernkonzepte des Ökonomieunterrichts, Neuwied u. a.

KAMINSKI, H. (1997a): Märkte und Transaktionskosten. Eine Unterrichtsidee zum Verständnis des Marktes als Koordinationsmechanismus, in: arbeiten+lernen/Wirtschaft, H. 27, S. 38 ff.

KAMINSKI, H. (1997b): Was ein Stadtplan über die Wirtschaft verrät, in: arbeiten+lernen/ Wirtschaft, H. 27, S. 42 ff.

KAMINSKI, H. (1998): Praxis. Arbeit / Wirtschaft Gesamtband, Braunschweig

KAMINSKI, H./REUTER-KAMINSKI, O. (1986): Die Einführung von Schülern in aktive Lernver-fahren des Arbeitslehreunterrichts mit Hilfe von Bildsymbolen, in: arbeiten + lernen - Die Arbeitslehre, 8. Jg., Heft 45, Seelze, S. 17 ff.

KAMINSKI, H./ REUTER-KAMINSKI, O. (1991): Projektideen - Planungshilfen für die Fachkonferenz, in: arbeiten + lernen/Wirtschaft, Heft 4, Seelze, S. 21 ff.

KAMINSKI, H./ SCHNEIDEWIND, K. (1986): Aspekte eines handlungsorientierten Lernkonzepts für die Arbeitslehre, in: arbeiten + lernen/Die Arbeitslehre, Heft 45, Seelze, S. 8 ff.

KAMMANN, F. (1981): Methoden der vierpoligen Interaktion. Das entwickelnde Lehrgespräch. Das lockere Unterrichtsgespräch. Die Diskussion. Das Rundgespräch. Die Debatte, in: Westermanns Pädagogische Beiträge, Heft 6, S. 158 ff.

KECK/KÖHNLEIN/SANDFUCHS (Hrsg.) (1990): Fachdidaktik zwischen Allgemeiner Didaktik und Fachwissenschaft - Bestandsaufnahme und Analyse, Bad Heilbrunn

KEIM, H. (Hrsg.) (1992): Planspiel, Rollenspiel, Fallstudie. Zur Praxis und Theorie lernaktiver Methoden, Köln

KELL, A. (1971): Didaktische Matrix - Konkretisierung des didaktischen Strukturgitters für den Arbeitslehreunterricht. in: BLANKERTZ, H. (Hrsg.): Curriculumforschung - Strategien, Strukturierung, Konstruktion, Essen, S. 25 ff.

KERSCHENSTEINER, G. (1904): Begriffe der Arbeitsschule, 10. Aufl., München,

KERSCHENSTEINER, G. (1968): Die Schule der Zukunft, eine Arbeitsschule. Festrede zur Pestalozzifeier am 12. Jan. 1909 in der Peterskirche zu Zürich, in: KERSCHENSTEINER, G.: Ausgewählte pädagogische Schriften, Bd. II: Texte zum pädagogischen Begriff der Arbeit und zur Arbeitsschule, Paderborn, S. 26 ff.

KIELICH, H./VON DULONG, H. (1982): Die Betriebserkundung, Kiel

KILPATRICK, W. H. (1935): Die Projekt-Methode. Die Anwendung des zweckvollen Handelns im pädagogischen Prozeß, in: DEWEY, J./KILPATRICK, W. H.: Der Projekt-Plan. Grundlegung und Praxis, Weimar, S. 161 ff.

KILPATRICK, W. H. (1935): The Projekt Method. Teachers College Record 1918/19, 319-335. Dt. Übersetzung in: PETERSEN, P. (Hrsg.): Der Projekt-Plan. Grundlegung und Praxis von J. Dewey u. W. H. Kilpatrick, Weimar, S. 161 ff.

KIRCHGÄSSNER, G. (1991): Homo oeconomicus. Das ökonomische Modell individuellen Verhaltens und seine Anwendung in den Wirtschafts- und Sozialwissenschaften, Tübingen

KLAFKI, W. (1967): Zur Diskussion über Probleme der Didaktik, Antworten auf die Fragen der Schriftleitung, in: Rundgespräch, Heft 3 und 4

KLAFKI, W. (Hrsg.) (1970): Unterrichtsbeispiele der Hinführung zur Wirtschafts- und Arbeitswelt, Düsseldorf

KLAFKI, W. (1976): Lehrerausbildung - Erziehungswissenschaft, Fachdidaktik, Fachwissenschaft, in: ROTH, L. (Hg.): Handlexikon zur Erziehungswissenschaft, München, S. 267 ff.

KLAFKI, W. (1977): Zum Verhältnis von Didaktik und Methodik, in: Klafki/Otto/Schulz, S. 13 ff.

KLAFKI, W. (1985): Neue Studien zur Bildungstheorie und Didaktik, Weinheim/Basel

KLEBEL, H. (1976): Erkundung, in: ROTH, R. A./SELZER, H. M. (Hrsg.): Lexikon zur Arbeits- und Soziallehre, Donauwörth, S. 84 ff.

KLEBER, E. W. (1977): Lernvoraussetzungen und Unterricht. Zur Begründung und Praxis adaptiven Unterrichts, 1. Aufl., Weinheim/Basel

KLINGBERG, L. (1982): Einführung in die Allgemeine Didaktik. Vorlesungen, 5. überarb. Aufl., Berlin

KLINZIMG, H. G. (1984): Expressives nichtverbales Lehrerverhalten im Unterricht: Ein Forschungsbericht, in: Unterrichtswissenschaft, Heft 4

KLIPPERT, H. (1984): Wirtschaft und Politik erleben. Planspiele für Schule und Lehrerbildung, Weinheim/Basel

KLIPPERT, H. (1985): Projektwochen - Arbeitshilfen für Lehrer und Schulkollegien, Weinheim/Basel

KLIPPERT, H. (1987): Berufswahl-Unterricht, Weinheim/Basel

KLIPPERT, H. (1992): Dem Lernen auf der Spur, in: arbeiten + lernen/Wirtschaft, Heft 5, Seelze, S. 26 ff.

KLIPPERT, H. (1992): Lernziel Selbständigkeit, in: arbeiten + lernen/Wirtschaft, Heft 5, Seelze, S. 10 ff.

KLIPPERT, H. (1992): Planspiele in Schule und Lehrerfortbildung, in: KEIM, H. (Hrsg.): Planspiel, Rollenspiel, Fallstudie, Köln, S. 219 ff.

KMK (1969): Empfehlungen zur Hauptschule. Beschluß vom 3./4.7.1969, Neuwied

KNOLL, M. (1984): Paradoxien der Projektpädagogik - Zur Geschichte und Rezeption der Projektmethode in den USA und in Deutschland, in: Zeitschrift für Pädagogik, 30. Jg., Nr. 5, S. 663 ff.

KNORR-CETINA, K. (1989): Spielarten des Konstruktivismus. Einige Notizen und Anmerkungen, in: Soziale Welt, Heft 1, Göttingen, S. 86 ff.

KOCH, J. / SELKA, R. (1991): Leittexte - ein Weg zu selbständigem Lernen, in: BUNDESINSTITUT FÜR BERUFSAUSBILDUNG (Hrsg.): Seminarkonzepte zur Ausbilderförderung, 2. Aufl., Berlin/Bonn

KOCH, J./SCHNEIDER, P.-J. (1988): Leittexte und Lernstudio in der kaufmännischen Berufsausbildung, in: BUNDESINSTITUT FÜR BERUFSBILDUNG (Hrsg.): Technischer Wandel und Gestaltung der beruflichen Bildung, Sonderveröffentlichung, S. 91 ff.

KOCHAN, B. (Hrsg.) (1974): Rollenspiel als Methode sprachlichen und sozialen Lernens, Kronsberg/Ts.

KÖNIG, E./ RIEDEL, H. (Hrsg.)(1973): Systemtheoretische Didaktik, Weinheim/Basel

KÖNIG, M. (1988): Szenario-Technik. Unterrichtsgegenstand und Unterrichtsmethode in kaufmännischen Schulen, in: BECKER, M./PLEIß, U. (Hrsg.): Wirtschaftspädagogik im Spektrum ihrer Problemstellungen, Baltmannsweiler, S. 260 ff.

KOHLBERG, L. (1976): Moral stages and moralization: The cognitive-developmental approach. in: LICKONA, T. (Hrsg.:) Moral development and behavior. Theorx, research, and social issues. New York, S. 31 ff.

KOSIOL, E. (1957): Die Behandlung praktischer Fälle im betriebswirtschaftlichen Unterricht (Case Method). Ein Berliner Versuch, Berlin

KOSKENNIEMI, M. (1971): Elemente der Unterrichtstheorie, München

KOST, F. (1977): Projektunterricht und "Kritische Didaktik", in: MOSER, H. (Hrsg.): Probleme der Unterrichtsmethodik, Kronberg/Ts., S. 132 ff.

KOZOL, J. (1973): Free Schools. Schule und Gegenschule, Ravensburg KRESSMANN, K. (1974): Das Projekt als Unterrichtsmethode - Ein Beitrag zur Klärung des Projektbegriffes, in: Die Deutsche Berufs- und Fachschule, Heft 2, S. 107 ff.

KRAMER, C./KROL, G.-J. (1989): Preisvergleiche bei Alltagskäufen, in: Verbrauchererziehung und wirtschaftliche Bildung, Münster, Heft 4, 1ff.

KRAPP, A. (1993): Lernstrategien: Konzepte, Methoden und Befunde, in: Unterrichtswissenschaft, H. 4, S. 291 ff.

KRASENSKY, H. (1949): Zur Methodik des betriebswirtschaftlichen Unterrichts, in: Wirtschaft und Erziehung, Heft 9

KRETSCHMANN, J. (1948): Natürlicher Unterricht, neubearb. v. O. Haase, Wolfenbüttel/ Hannover

KROL, G.-J. (1988): Das Konzept rationalen Verhaltens als Bezugsrahmen für eine integrative Theorie des Konsumentenverhaltens, in: BUNDESFACHGRUPPE ÖKONOMISCHE BILDUNG (Hrsg.): Ökonomische Bildung – Aufgabe für die Zukunft, Bergisch-Gladbach, S. 151 ff.

KROL, G.-J. (1993): Ökonomische Verhaltenstheorie, in: MAY, H.: Handbuch zur ökonomischen Bildung, München, Wien, S. 17 ff.

KRUBER, K. (1989): Über "Wirtschaft" kann jeder Lehrer unterrichten - kann jeder Lehrer Wirtschaftslehre unterrichten? In: arbeiten + lernen, Heft 64, Seelze, S. 6 ff.

KRÜSSEL, H. (1993): Konstruktivistische Unterrichtsforschung. Der Beitrag des Wissenschaftlichen Konstruktivismus und der Theorie der persönlichen Konflikte für die Lehr-Lernforschung, Frankfurt a. M.

KRUMM, G. (1973): Wirtschaftslehreunterricht, Stuttgart

KÜHN, D. (1973): Die große Thérèse, in: Akzente, 20. Jg., Frankfurt a. M., 23ff. (vgl. a. KÜHN, D. (1973): Die Präsidentin, Frankfurt a. M.)

KUHL, J. (1983): Motivation, Konflikt und Handlungskontrolle, Berlin u. a.

KUHN, T. S. (1973): Die Struktur wissenschaftlicher Revolutionen, Frankfurt a. M.

KUTSCHA, G. (1976): Das politisch-ökonomische Curriculum, Kronberg/Ts.

KUTT, K./SELKA, R. (Hrsg.) (1986): Simulation und Realität in der kaufmännischen Berufsbildung, Berlin

LANDESINSTITUT FÜR CURRICULUMENTWICKLUNG, LEHRERFORTBILDUNG UND WEITERBILDUNG (Hrsg.) (1982): Projektwoche. Eine Hilfe für die Schul- und Unterrichtsorganisation, Curriculum Heft 24, 2. Aufl., Neuss

LANDESINSTITUT FÜR SCHULE UND WEITERBILDUNG (Hrsg.) (1987): Zukunftsphantasien - (K)ein modischer Trend!? Reader zum Lern-Konzept Zukunftswerkstatt, Soest

LANGE, E. (1978): Berufswahl, München

LASZLO, E. (1992): Der Laszlo- Report: Wege zum globalen Überleben, München

LAVE, J. (1991): Situating learning in communities of practice. In: RESNICK, L.B./LEVINE, J.M./TEASLEY, S.D. (Eds.): Perspectives on socially shared cognition (pp. 63 ff.), Washington, DC: American Psychological Association

LAUR-ERNST, U. (1990): Schlüsselqualifikationen bei der Neuordnung von gewerblichen und kaufmännischen Berufen – Konzequenzen für das Lernen, in: REETZ, L./REITMANN, TH. (Hrsg.): Schlüsselqualifikationen: Fachwissen in der Krise? - Dokumentation des Symposiums in Hamburg, Hamburg, S. 36 ff.

LAURISCH, W. (1980): Arbeitswissenschaft – eine Bezugswissenschaft der Arbeitslehre, in: Die Arbeitslehre, Stuttgart, S. 13 ff.

LECHLER, M. (1992): Zukunftswerkstätten. Kreativität und Aktivierung für lokales Bürgerengagement, in: Stiftung Mitarbeit (Hrsg.), Bonn

LEENDERS, M. R./ERSKINE, J. A. (1973): Case Research! The Case Writing Process London, Canada: Research and Publications Devision. School of Business Administration. The University of Wstern Ontario

LEHNEN, F. (1979): Die Szenario-Technik in der Unternehmensplanung, in: Zeitschrift für betriebswirtschaftliche Forschung, Kontaktstudium 31, S. 71 ff.

LEISENHEIMER, G. (1992): Schüler entwickeln eigene Tafelbilder, in: arbeiten + lernen/Wirtschaft, Heft 5, Seelze, S. 20 ff.

LEMMERMANN, H. (1990): Lehrbuch der Rhetorik. Redetraining mit Übungen, 2. Aufl., München

LEMMERMANN, H. (1991): Schule der Debatte, München

LEMPERT, W. (1993): Moralische Sozialisation im Beruf. Bedingungsvarianten und -konfigurationen, Prozeßstrukturen, Untersuchungsstrategien. in: Zeitschrfit für Sozialisationsforschung und Erziehungssoziologie, Heft 13, S. 2 ff.

LENK, H. (Hrsg.) (1977-1984): Handlungstheorien interdisziplinär, Bd. 1-5, München

LEONTIEW, A. N. (1975): Probleme der Entwicklung des Psychischen, Berlin

LEONTJEW, A.N. (1982): Tätigkeit, Bewußtsein, Persönlichkeit, Köln

LEVI, M. (1982): Wirtschaft ohne Rätsel - ein vergnüglicher Leitfaden für Jedermann, Basel.

LISOP, I,/HUISINGA, R.: (1984): Arbeitsorientierte Exemplarik. Neue Wege für Wahrnehmen, Auslegen und Entscheiden in der Jugend- und Erwachsenenbildung der Zukunft, Wetzlar

LITT, T. (1947): Synthese zwischen Berufsbildung und Allgemeinbildung, in: Berufsbildung, Heft 2, S. 1 ff., o. O.

LUCKAS, H. (1994): Die Methodenreflektion in Schule und Erwachsenenbildung, Bad Heilbrunn

LUHMANN, N. (1972): Moderne Systemtheorien als Form gesamtgesellschaftlicher Analyse, in: HABERMAS, J. u. LUHMANN, N.: Theorie der Gesellschaft oder Sozialtechnologie – Was leistet die Systemforschung? Frankfurt a. M.

LUHMANN, N. (1990): Konstruktivistische Perspektiven, Opladen

LUHMANN, N. (1993): Soziale Systeme. Grundriß einer allgemeinen Theorie, 4. Aufl. Frankfurt/M.

LUTZ, R. (1983): Die Friedenswerkstatt. Ein Weg zur Überwindung der apokalyptischen Verzweiflung, in: LUTZ, R. (Hrsg.): Bewußtseins-(R)evolution, Weinheim

LUTZ, R. (1987): Erfahrungen mit Zukunftswerkstätten - eine Zwischenbilanz, in: Landesinstitut für Schule und Weiterbildung (Hrsg.): Zukunftsphantasien – (K)ein modischer Trend!? Reader zum Lern-Konzept Zukunftswerkstatt, Soest

LUTZ, R. (1988): Die dritte Generation, in: LUTZ, R. (Hrsg.): Pläne für eine menschliche Zukunft. Auswahl aus den Öko-Log-Büchern 1, 2 und 3, Weinheim/Basel

MAKARENKO, A. S. (1969): Ein pädagogisches Poem. Der Weg ins Leben (1933-1935), in: Ausgewählte pädagogische Schriften, besorgt von H. Wittig, Paderborn

MALIK, F. F. (1986): Strategie des Managements komplexer Systeme. Ein Beitrag zur Management-Kybernetik evolutionärer Systeme, Bern/Stuttgart

MANDL, H./FRIEDRICH, H.F. (Hrsg.) (1992): Lern- und Denkstrategien. Analyse und Intervention, Göttingen; Toronto; Zürich

MANDL, H./GRUBER, H./RENKL, A. (1993): Lernen in Schule und Hochschule (Forschungsbericht Nr. 16), München

MANDL, H./GRUBER, H./RENKL, A. (1995): Situiertes Lernen in multimedialen Lernumgebungen, Forschungsbericht Nr. 50, München

MANDL, H./REINMANN-ROTHMEIER, G. (1995): Unterrichten und Lernumgebungen gestalten (Forschungsbericht Nr. 60, Ludwig-Maximilians-Universität München, Institut für Pädagogische Psychologie und Empirische Pädagogik), München

MANDL, H./SCHNOTZ, W./PICARD, E./HENNINGER, H. (1992): Knowledge acquisition with texts by means of flexible computer-assisted information access. In: OLIVEIRA, A. (Hrsg.): Hypermedia courseware: Structures of communication and intelligent help, Berlin, S. 70 ff.

MATTES, W. (1992): Planen mit System, in: a. a. O., S. 35 ff.

MATURANA, H. R. (1987): Kognition. In: SCHMIDT, S. J. (Hrsg.): Der Diskurs des radikalen Konstruktivismus, S. 89ff., Frankfurt a. M.

MAY, H. (1978): Arbeitslehre. Wirtschaftswissenschaftliche und wirtschaftsdidaktische Grundlagen, München/Basel

McNAIR, M. P. (1971): Mc Nair on Cases. Harvard Business School, Bulletin, July-August, Harvard

McNAIR, M. P. (ed.)(1954): The Case Method at Havard Business-School-New York, Toronto/London

MEADOWS, D./ ZAHN, E./MILLING, P. (1973): Die Grenzen des Wachstums. Bericht des Club of Rome zur Lage der Menschheit, Reinbek bei Hamburg

MEMMERT, C. (1993): Über die Arbeit an der Zukunft. Die Praxis der Zukunftswerkstätten, (Hrsg.): P. ALHEIT, Bremen

MENCK, P. (1975): unterrichtsanalyse und didaktische konstruktion, Frankfurt a. M.

MENZE, C. (1983): Bildung. In: Enzyklopädie Erziehungswissenschaft, hrsg. von Dieter Lenzen unter Mitarbeit von Agi Schründer, Stuttgart, S. 350 ff.

MEYER, H. (1993): Didaktische Modelle, 2. Aufl.

MEYER, H. (1987a): Unterrichtsmethoden, Bd. I: Theorieband, Frankfurt a. M.

MEYER, H. (1987b): Unterrichtsmethoden, Bd. II: Praxisband, Frankfurt a. M.

MICHELSEN, G. (Hrsg.)(1988): Die Zukunft der Bundesrepublik. Szenarien und Prognosen. Eine Publikation des Öko-Instituts Freiburg/Br., Hamburg

MICHELSEN, G./SIEBERT, H. (1985): Ökologie lernen. Anleitungen zu einem veränderten Umgang mit Natur, Frankfurt a. M.

MICKEL, W. (1974): Methodik des politischen Unterrichts, Frankfurt

MODELLVERSUCH WOKI (1991): Wolfsburger Kooperationsmodell für den Ausbildungsberuf Industrie-kaufmann/-frau unter besonderer Berücksichtigung neuer Technologien. - Gemeinsamer Endbericht -, Göttingen

MÖLLER, D. (1993): Die Leittextmethode - eine Methode zur Organisation selbständiger Lernprozesse, Diplomarbeit Fachbereich 5 - Wirtschaftswissenschaften, Paderborn

MÖLLER, D. (1999): Förderung vernetzten Denkens im Unterricht. Grundlagen und Umsetzung am Beispiel der Leittextmethode, Münster

MÖLLER; D. (1999): Die Leittextmethode – eine Methode zur Organisation selbständiger Lernprozesse? Arbeitspapiere des Fachbereichs Wirtschaftswissenschaften. Nr. 58, Paderborn

MONOD, J. (1985): Erkenntnis und Ethik, in: PIEPER, K. (Hrsg.): Lust am Denken, 7. Aufl., München/Zürich, S. 105 ff.

MONTADA, L. (1970): Die Lernpsychologie J. Piagets, Stuttgart

MORENO, J. L. (1954): Die Grundlagen der Soziometrie - Wege zur Neuordnung der Gesellschaft, Köln/Opladen

MÜLLER, K. (Hrsg.) (1996): Konstruktivismus. Lehren - Lernen - Ästhetische Prozesse, Neuwied/Kriftel/Berlin

MÜLLERT, N. R. (1993): Zukunftswerkstätten, soziale Erfahrungen und der lange Atem, in: Sekretariat für Zukunftsforschung in Gelsenkirchen/Institut für Zukunftsstudien und Technologiebewertung in Berlin/Internationale Bibliothek für Zukunftsfragen in Salzburg (Hrsg.): Die Triebkraft Hoffnung. Robert Jungk zu Ehren, Weinheim/Basel

MÜLLGES, U. (1979): Geschichtliche Tatbestände und Zusammenhänge der Berufserziehung, in: Ders. (Hrsg.): Handbuch der Berufs- und Wirtschaftspädagogik, Bd. 1, Düsseldorf, S. 3 ff.

NDS. KULTUSMINISTERIUM (Hrsg.)(1971): Projektunterricht in der Orientierungsstufe (Arbeitsergebnisse der AG-Unterricht der Orientierungsstufe /72)

NIEGEMANN, H. M. (1995): Entwicklung und Evaluation unterschiedlicher Hilfsfunktionen in einer Hypertext-Lernumgebung zur Kostenrechnung, in: SCHOOP, E./WITT, R./GLOWELLA, U. (Hrsg.): Hypermedia in der Aus- und Weiterbildung: Dresdner Symposium zum computerunterstützten Unterricht, Konstanz, S. 97 ff.

NEUGEBAUER, W. (1977): Die Betriebserkundung als ein Unterrichtsverfahren der Wirtschafts- und Arbeitslehre, in: NEUGEBAUER, W. (Hrsg): Fachdidaktisches Studium in der Lehrerbildung, Wirtschaft 2. Curriculumentwicklung für Wirtschafts- und Arbeitslehre, München, S. 220 ff.

NEUHÄUSER, G. (1967): Grundfragen wirtschaftswissenschaftlicher Methodik, in: Enzyklopädie der geisteswissenschaftlichen Arbeitsmethoden, 8. Lieferung: Methoden der Sozialwissenschaften. München-Wien-Oldenbourg, S. 113 ff.

NIBBRIG, B. (1983): Neuere wirtschaftsdidaktische Theorieansätze für den Bereich berufsqualifizierender kaufmännischer Bildungsgänge der Sekundarstufe II, in: Ders. (Hrsg.): Fachdidaktik der Wirtschaftslehre in der Sekundarstufe II. Wirtschaftswissenschaftliche und wirtschaftsdidaktische Positionen, Orientierungen und Entwicklungen, Köln/Wien

OCHS, D./STEINMANN, B. (1978): Beitrag der Ökonomie zu einem sozialwissenschaftlichen Curriculum, in: FORNDRAN, E. u. a. (Hrsg.): Studiengang Sozialwissenschaften: Zur Definition eines Faches, Düsseldorf, S. 186 ff.

OELKERS, J./TENORTH, H.-E. (Hrsg.) (1987): Pädagogik, Erziehungswissenschaft und Systemtheorie, Weinheim

OESTREICH, P. (1921): Zur Produktionsschule, Berlin

OSER, F. / ALTHOF, W. (1992): Moralische Selbstbestimmung. Modelle der Entwicklung und Erziehung im Wertebereich, Stuttgart

OTTE, M./STEINBRING, H. (1975): Zum Verhältnis von Wissenschaft und Unterricht - entwickelt vor allem am Beispiel von Mathematik und Physik, in: Demokratische Erziehung, Köln, Heft 5, S. 71 ff.

OTTO, B. (1914): Die Zukunftsschule, Berlin

OTTO, G. (1983): Zur Etablierung der Didaktiken als Wissenschaften, in: Zeitschrift für Pädagogik, S. 519 ff.

PALLASCH, W. (1987): Pädagogisches Gesprächstraining. Lern- und Trainingsprogramme zur Vermittlung pädagogischer Gesprächs- und Beratungskompetenz, Weinheim/München

PAMPUS, H. (1987): Ansätze zur Weiterentwicklung betrieblicher Ausbildungsmethoden, in: Berufsbildung in Wissenschaft und Praxis, Heft 16, Hannover, S. 43 ff.

PANZENBÖCK, M. (1979): Rede, Gespräch, Diskussion. Theorie und Praxis, Berlin/New York

PÄTZOLD, G. (Hrsg.)(1992): Handlungsorientierung in der beruflichen Bildung, Frankfurt a. M.

PÄTZOLD, G. (1993): Lernmethode in der beruflichen Bildung, Heidelberg

PARSONS, T. (1963): The Social System, 4th ed, New York

PECCEI, A. (Hrsg.)(1979): Zukunftschance Lernen. Bericht des Club of Rome für die achtziger Jahre, Wien

PEEGE, J. (1986): Szenario-Technik im Wirtschafts- und Gesellschaftsunterricht, in: Wirtschaft und Gesellschaft im Unterricht, Heft 5, S. 168 ff.

PELZ, B. (1976): Anspruch und Wirklichkeit von Schülerbetriebspraktika, in: Die Arbeitslehre, Heft 2, S. 63 ff.

PETERSEN, P. (Hrsg.) (1935): Der Projektplan - Grundlegung und Praxis. Von J. Dewey und W. Kilpatrick, Weimar

PETERSSEN, W. H. (1988): Handbuch Unterrichtsplanung. Grundfragen, Modelle, Stufen, Dimensionen. 3. erw. u. aktualis. Aufl., München

PIAGET, J. (1973): Einführung in die genetische Erkenntnistheorie, Frankfurt

PIAGET, J. (1974a): Der Aufbau der Wirklichkeit beim Kinde, Stuttgart

PIAGET, J. (1974b): Theorien und Methoden der modernen Erziehung Frankfurt a. M.

PIES, N. (1993): Normative Institutionenökonomik, Tübingen

PILZ, R. (1972):"Problemlösendes Lernen" am wirtschaftskundlichen praxisbezogenen Fall, in: Wirtschaft und Erziehung, Heft 11, S. 78 ff.

PLATTE, H. K. (1986): Lernen vor Ort. Anleitungen, Informationen und Fakten zum Betriebspraktikum, Bad Godesberg

PREISS, P. (1992): Bedienungshandbuch zum Planspiel Jeansfabrik (Entscheiden und Berichten) - Leistungsprozesse in Untenehmen - Version 2.2, Göttingen

PRES, U. (1992): Wie Schüler ihr eigenes Lernen sehen, in: arbeiten + lernen/Wirtschaft, Heft 5, Seelze

PROBST, G. J.(1987) Selbst-Organisation

PROBST, G. J. (Hrsg.) (1991): Vernetztes Denken: Ganzheitl. Führen in der Praxis, Wiesbaden

PROBST, G. J. B./SIEGWART, H. (1985): Integriertes Management. Bausteine des systemorientierten Managements, Bern/Stuttgart

PROJEKTE UND PROJEKTWOCHEN (1984): arbeiten + lernen/Die Arbeitslehre, Heft 33, Seelze

RABENSTEIN, R. (1974): Soziales Lernen an szenischen Kurzdarstellungen, in: Die Grundschule, Heft 10, S. 522 ff.

RECKER, M.; PIROLLI, P. (1995): Modeling individual differences in students' learning strategies. In: The Journal of Learning Sciences, Heft 4, S. 1ff.

REDAKTION BETRIFFT (1978): ERZIEHUNG (Hrsg.): Projektorientierter Unterricht, 2. Aufl., Weinheim/ Basel

REETZ, L. (1984): Wirtschaftsdidaktik - Eine Einführung in Theorie und Praxis wirtschaftsberuflicher Curriculumentwicklung und Unterrichtsgestaltung, Bad Heilbrunn

REETZ, L. (1988): Fälle und Fallstudien im Wirtschaftlehreunterricht, in: Wirtschaft und Erziehung, Heft 5, S. 148 ff.

REETZ, L. /WITT, R. (1974): Berufsausbildung in der Kritik: Curriculumanalyse, Hamburg

REETZ, L./REITMANN, T. (Hrsg.)(1990): Schlüsselqualifikationen: Fachwissen in der Krise? Dokumentation eines Symposiums in Hamburg, Hamburg

REIBNITZ, U. VON (1987): Szenarien - Optionen für die Zukunft, Hamburg

REIBNITZ, U. VON (1991): Szenario-Technik: Instrumente für die unternehmerische und persönliche Erfolgsplanung, Wiesbaden

REICHWEIN, A. (1951): Schaffendes Schulvolk, Braunschweig

REINKE, H.-U. (1992): Zukunftswerkstatt. Eine pädagogische Methode für "offene Fragen", in: Berufsbildung, Heft 3, S. 156 ff.

REINMANN-ROTHMEIER, G./ MANDL, H. (1997a): Wissensvermittlung: Ansätze zur Förderung des Wissenserwerbs, in: Weinert, F.E./Mandl, H. (Hrsg.): Psychologie der Erwachsenenbildung (Enzyklopädie der Psychologie), Göttingen, S. 1 ff.

REINMANN-ROTHMEIER, G./ MANDL, H. (1997b): Wissensmanagement: Phänomene – Analyse, Forschung – Bildung. Forschungsbericht Nr. 83 des Lehrstuhls für Empirische Pädagogik und Pädagogische Psychologie, Ludwig-Maximilians-Universität München

RENKL, A.; GRUBER, H.; MANDL, H.; HINKHOFER, L. (1994): Hilft Wissen bei der Identifikation und Kontrolle eines Komplexen ökonomischen Systems?, in: Unterrichtswissenschaft, H. 3, S. 195 ff.

RESNICK, L.B. (1987): Learning in school and out. EDUCATINAL RESEARCHER, 16 (9), S. 13 ff.

REUEL, G./ SCHNEIDEWIND, K. (1989): Das Betriebspraktikum, in: arbeiten + lernen/ Die Arbeitslehre, Heft 61, Seelze, S. 10 ff.

RICHARDS, CH. R. (1904): The Curriculum of the Elementary School, New York

RICHTER, R./ FURUBOTN, E. G. (1996): Neue Institutionenökonomik. Eine Einführung und kritische Würdigung, Tübingen

RIEDEL, H. (Hrsg.) (1979): Standort und Anwendung der systemtheoretischen Didaktik, München

RITZ-FRÖHLICH, G. (1976): Verbale Interaktionsstrategien im Unterricht, 5. Aufl., Ravensburg

RITZ-FRÖHLICH, G. (1977): Das Gespräch im Unterricht, Bad Heilbrunn

ROBINSOHN, S. B. (1967): Bildungsreform als Revision des Curriculums, Neuwied/Berlin

ROBINSON, J. (1974): Ökonomische Theorie als Ideologie. Frankfurt a. M.

ROGOFF, B. (1990): Apprenticeship in thinking: Cognitive develpment in social context. New York: Oxford University Press

ROHN, W. (1964): Führungsentscheidungen im Unternehmensplanspiel, Essen

RÖLKE, S. (1983): Methodik der Betriebswirtschaftskunde, 5. Aufl., Bad Homburg

ROSENSTRÄTER, H. (1968): Hinführung zur Berufs- und Wirtschaftswelt, Düsseldorf

ROTH, H. (1963): Pädagogische Psychologie des Lehrens und Lernens, 7. neu gestaltete und durchgesehene Aufl., Hannover

ROTH, G. (1992): Das konstruktive Gehirn: Neurobioligische Grundlagen von Wahrnehmung und Erkenntnis. In: SCHMIDT, S. J. (Hrsg.): Der Diskurs des radikalen Konstruktivismus, S. 89 ff., Frankfurt am Main

ROTTLUFF, J. (1983): Der Ausbilder als Moderator des Lernprozesses, in: Berufsausbildung in Wissenschaft und Praxis, Heft 4, Hannover, S. 123 ff.

ROTTLUFF, J. (1986): Mit dem Leittext selbständig und kooperativ lernen, in: Lernfeld Betrieb, Heft 1, Seelze, S. 50 ff.

RÜDENAUER, M. R. A. (1991): Ökologisch Führen. Evolutionäres Wachstum durch ganzheitliche Führung, Wiesbaden

RUTTER, M. u. a. (1980): 15.000 Stunden - Schulen und ihre Wirkung auf Kinder, Weinheim/Basel

SCHAUBE, W. (1997) (Hrsg.): Lernkompetenz entwickeln. Anregung für eine dynamische Unterrichtspraxis, Darmstadt

SCHEUERL, H. (1954): Das Spiel. Untersuchungen über sein Wesen, seine pädagogischen Möglichkeiten und Grenzen, Weinheim

SCHMID, A. (1982): Arbeitslehre als Hochschulfach, in: arbeiten + lernen/Die Arbeitslehre, Heft 23, Seelze, S. 6 ff.

SCHMIDT, H. B. (1958): Die Fallmethode (Case Study Method). Eine einführende Darstellung, Essen

SCHMIDT, S. J. (1987): Der radikale Konstruktivismus. Ein neues Paradigma im interdisziplinären Denken, in: SCHMIDT, S. J. (Hrsg.): Der Diskurs des radikalen Konstruktivismus, S. 11 ff., Frankfurt a. M.

SCHMITZ, K. (1980): Unsere Soziale Marktwirtschaft, Hrsg. von der Industrie- und Handelskammer zu Koblenz, Koblenz

SCHNEIDER, D. (1995): Betriebswirtschaftslehre. Bd. 1: Grundlagen, München/Wien

SCHNEIDER, W. (Hrsg.) (1993): Komplexe Methoden im betriebswirtschaftlichen Unterricht. Festschrift für Hans Krasensky zum 90. Geburtstag, Wien

SCHNEIDEWIND, K. (1978): Das Bezugsgefüge curricularer Planung und der Begriff der Arbeit im Gegenstandsbereich der Arbeitslehre, in: Die Arbeitslehre, Stuttgart, S. 97 ff.

SCHOENFELDT, E. (Hrsg.)(1979): Polytechnik und Arbeit - Beiträge zu einer Bildungskonzeption. Bad Heilbrunn

SCHORCH, G. (1991): Unterrichtsplanung und Unterrichtsvorbereitung, in: ROTH, L.: Pädagogik - Handbuch für Studium und Praxis, München, S. 704 ff.

SCHRÖDER, R. (1998): Multimediales und hypermediales Lernen im Wirtschaftslehreunterricht, Bad Heilbrunn

SCHRÖDER, R. (1999): Multimedia, in: Kaiser, F.-J./Pätzold, G. (Hrsg.): Handwörterbuch Berufs- und Wirtschaftspädagogik, Bad Heilbrunn, Hamburg, S. 306 f.

SCHULZ VON THUN, F. (1981): Miteinander reden: Störungen und Klärungen. Psychologie der zwischenmenschlichen Kommunikation, Reinbek

SCHULZ, W. (1965): Unterricht - Analyse und Planung, in: HEYMANN P./OTTO, G./SCHULZ, W. (Hrsg.): Unterricht - Analyse und Planung, Hannover, S. 13 ff.

SCHULZE, Th. (1978): Methoden und Medien der Erziehung, München

SCHUNCK, A. (1993): Subjektive Theorien von Berufsfachschülern zu einem planspielgestützten Betriebswirtschaftslehre-Unterricht, Dissertation, Göttingen

SELLNOW, R. (1990): Einführung in die Methode der Zukunftswerkstatt, in: Pädagogische Arbeitsstelle des Deutschen Volkshochschulverbandes e. V. (Hrsg.): Bürgerforum und Zukunftswerkstatt. Zur Wiederbelebung des politischen Diskurses als Aufgabe der Volkshochschule, Bonn/Frankfurt a. M.

SEMBILL, D. (1984). Modellgeleitete Interaktionsanalysen im Rahmen einer forschungsorientierten Lehrerausbildung - am Beispiel von Untersuchungen zum "Kaufvertrag", Diss., Göttingen

SENATSKOMMISSION FÜR BERUFSBILDUNGSFORSCHUNG (1990): Berufsbildungsforschung an den Hochschulen der Bundesrepublik Deutschland: Situation, Hauptaufgaben, Förderungsbedarf, Weinheim, S. 80

SHAFTEL, F. R./ SHAFTEL, G. (1973): Rollenspiel als soziales Entscheidungstraining, München/Basel

SIEVERS, H.-P. (1984): Lernen - Wissen - Handeln. Untersuchungen zum Problem der didaktischen Sequenzierung. Dargestellt am Wirtschaftslehre - Curriculum in der Sekundarstufe II, Frankfurt

SIMONS, P.R.J. (1992): Lernen, selbständig zu lernen - ein Rahmenmodell, in: Mandl, H./Friedrich, H.F. (Hrsg.): Lern- und Denkstrategien, Göttingen, S. 251 ff.

SÖLTENFUß, G. (1983): Grundlagen handlungsorientierten Lernens - Dargestellt an einer didaktischen Konzeption des Lernens im Lernbüro, Bad Heilbrunn

SOMMER, K.-H. (Hrsg.)(1985): Handlungslernen in der Berufsausbildung - Juniorenfirmen in der Diskussion, Esslingen

SPETH, H. (1982): Die Unterrichtsformen im Wirtschaftslehre - Unterricht, 2. Aufl., Rinteln

SPRANGER, E. (1968): Grundlegende Bildung, Berufsbildung, Allgemeinbildung, 2. Aufl., Heidelberg

SPREY, M. (1993): Umweltorientierte Unternehmensführung - Leitstrategie der Zukunft, in: KAISER, F.-J/SIGGEMEIER, M. /BRETTSCHEIDER, V. /FLOTTMANN, H. in Zusammenarbeit mit dem Landesinstitut für Schule und Weiterbildung Soest (Hrsg.): Unterrichtsbausteine für die Höhere Berufsfachschule, Lernprogramm zur Umweltbildung an kaufmännischen Schulen, Soest-Paderborn, S. 51 ff.

STACHOWIAK, H. (Hrsg.) (1980): Modelle und Modelldenken im Unterricht, Bad Heilbrunn

STAEHLE, W. H. (1990): Management. Eine verhaltenswissenschaftliche Perspektive, 5. Aufl., München

STANGE, W./BARDENHAGEN, H./PASCHEN, W./TIEMANN, D. (1986): Zukunftswerkstatt, in: BUNDESZENTRALE FÜR POLITISCHE BILDUNG/UNESCO-Verbindungsstelle für Umwelterziehung im Umweltbundesamt (Hrsg.): Ökologie in der Erwachsenenbildung, Zukunftsperspektiven, Heft 5, Bonn/Berlin

STANGE, W./BARDENHAGEN, H./PASCHEN, W./TIEMANN, D. (1987): Die Lernwerkstatt, in: LANDESINSTITUT FÜR SCHULE UND WEITERBILDUNG (Hrsg.): Zukunftsphantasien - (K)ein modischer Trend!? Reader zum Lern-Konzept Zukunftswerkstatt, Soest

STANGE, W./GNIELCZYK, P./PASCHEN, W./BARDENHAGEN, H. (1992): Lernwerkstatt Ernährung. Materialien für die Projektarbeit, Hrsg: Stiftung Verbraucherinstitut, Berlin

STARK, R.; GRAF, M.; RENKL, A.; GRUBER, H.; MANDL, H. (1995): Förderung von Handlungskompetenz durchgeleitetes Problemlösen und multiple Lernkontexte, in: Zeitschrift für Entwicklungspsychologie und Pädagogische Psychologie, H. 4, S. 289 ff.

STEFFENS, H. (1983): Grundlagen handlungsorientierter Verbrauchererziehung, in: ROCK/SCHAFFARTZIK (Hrsg.): Verbraucherarbeit: Herausforderungen der Zukunft, Frankfurt a. M., S. 248 ff.

STEINCHEN, R. (1974): Methodische Organisation des Rollenspiels, in: KOCHAN, B. (Hrsg.): Rollenspiel als Methode sprachlichen und sozialen Lernens, Kronberg/Ts., S. 273 ff.

STEINMANN, B. (1982): Erkundungen ökonomischer Realität, Essen

STEINMANN, B. (1992): Konstruktion und Bedeutung gesellschaftsbezogener Unterrichtsspiele, in: KEIM, H. (Hrsg.): Planspiel, Rollenspiel, Fallstudie, Köln, S. 152 ff.

STIENSMEIER-PELSTER, J. u.a. (1991): Umfang der Informationsverarbeitung bei Entscheidungen: Der Einfluß der Handlungsorientierung bei unterschiedlich dringlichen und wichtigen Entscheidungen, in: Zeitschrift für experimentelle und angewandte Psychologie, H. 1, S. 94 ff.

STRATENWERTH, W. (1978): Skizze eines didaktischen Lernmodells, in: BAUMGART, J./HEID, H. (Hrsg.) (1978): Erziehung zum Handeln. Festschrift für M. Schmiel, Trier, S. 290 ff.

STRUCK, P.(1980): Projektunterricht, Stuttgart/Berlin/Köln/Mainz

SUIN DE BOUTEMARD, B. (1975): Schule. Projektunterricht und soziale Handlungsformen, München

TENFELDE, W. (1978): Berufliche Orientierung durch Berufswahlunterricht, Bad Heilbrunn

TERGAN, S.-O. (1997): Hypertext und Hypermedia: Konzeption, Lernmöglichkeiten, Lernprobleme, in: ISSING, L./KLIMSA, P. (Hrsg.): Information und Lernen mit Multimedia, 2. Auflage, S. 123 ff., Weinheim, Basel

TERHART, E. (1983): Unterrichtsmethode als Problem, Weinheim

TERHART, E. (1989): Lehr- Lernmethoden. Eine Einführung in Probleme der methodischen Organisation von Lehren und Lernen Weinheim, München

TERHART, E. (1992): Reden über Erziehung - Umgangssprache, Berufssprache, Wissenschaftssprache in: Neue Sammlung, Vierteljahres-Zeitschrift für Erziehung und Gesellschaft Nr. 2 April/Mai/Juni, S. 195 f.

THEMENHEFT "PROJEKTE UND PROJEKTWOCHEN" DER ZEITSCHRIFT ARBEITEN + LERNEN/Die Arbeitslehre (1984), 6. Jg., Heft 33, Seelze

THIEL, S. (1973): Lehr- und Lernziele, 2. Auflage, Ravensburg

THIELE, H. (1981): Lehren und Lernen im Gespräch. Gesprächsführung im Unterricht, Bad Heilbrunn

THIELE, H. (1983):Trainingsprogramm Gesprächsführung im Unterricht, Bad Heilbrunn

THOMA, G. (1987): Theoretische Defizite handlungsorientierten Lernens aus der Sicht der Praxis, in: SÖLTENFUß, G./HALFPAP, K. (Hrsg.)(1987): Handlungsorientierte Ausbildung im kaufmännischen Bereich, St. Augustin, S. 36

THOMÉ-KOZMIENSKY (Hrsg.)(1982): Verpackung und Umwelt, Berlin

TIETZ, B. (1986): Optionen bis 2030: Szenarien und Handlungsalternativen für Wirtschaft und Gesellschaft in der Bundesrepublik Deutschland. Ein Handbuch für Entscheidungsträger, Stuttgart

TIMMERMANN, J. (1976): Bemerkungen zum Wirtschaftslernen in den deutschen Schulen seit der Aufklärung, in: NEUGEBAUER, W. (Hrsg.): Wirtschaft I. Unterricht in Wirtschaftslehre, München, S. 43 ff.

TOMASZEWSKI, T. (1978): Tätigkeit und Bewußtsein. Beiträge zur Einführung in die polnische Tätigkeitspsychologie, Weinheim/Basel

TRAMM, T. P. (1992a): Konzeption und theoretische Grundlagen einer evaluativ-konstruktiven Curriculumstrategie - Entwurf eines Forschungsprogramms unter der Perspektive des Lernhandelns, Diss., Göttingen

TRAMM, T. P. (1992b): Grundzüge des Projekts "Denken, Lernen, Handeln in komplexen ökonomischen Situationen - unter Nutzung neuer Technologien in der kaufmännischen Berufsausbildung", in: ACHTENHAGEN, F./JOHN, E. G. (Hrsg.): Mehrdimensionale Lehr- und Lern-Arrangements: Innovationen in der kaufmännischen Aus- und Weiterbildung, Wiesbaden, S. 43 ff.

TULODZIECKI, G. (1994): Unterricht mit Jugendlichen. Eine handlungsorientierte Didaktik mit Unterrichtsbeispielen, 2. Aufl., Bad Heilbrunn/Hamburg

TWARDY, M. (Hrsg.) (1983): Kompendium Fachdidaktik Wirtschaftswissenschaften, Bd. 3, Teil 3, Düsseldorf

TWARDY, M. (Hrsg.) (1985): Fachdidaktik zwischen Normativität und Pragmatik, Düsseldorf

ULRICH, H. (1988): Von der Betriebswirtschaftslehre zur systemorientierten Managementlehre, in: WUNDERER, R. (Hrsg.): Betriebswirtschaftslehre als Management- und Führungslehre, 2. Aufl., Stuttgart, S. 173 ff.

ULRICH, H. (1989): Eine systemtheoretische Perspektive der Unternehmungsorganisation, in: SEIDEL/WAGNER (Hrsg.): Organisation, Wiesbaden, S. 13 ff.

ULRICH, H./PROBST, G. J. B. (1990): Anleitung zum ganzheitlichen Denken und Handeln. Ein Brevier für Führungskräfte, Bern/Stuttgart

VALERA, U. (1987): Autonomie und Autopoiese. In: SCHMIDT, S. J. (Hrsg.): Der Diskurs des radikalen Konstruktivismus, S. 89 ff., Frankfurt am Main

VEBA OEL AG (1988): Modellversuch "Projekt- und betriebserkundungsorientierte Metallgrundausbildung in der chemischen Industrie". Leittextmaterialien, Gelsenkirchen

VERBAND BILDUNG UND ERZIEHUNG (Hrsg.) (1984): Aspekte zur Bildungspolitik. Projektunter-richt in der Sekundarstufe I., Köln

VESTER, F. (1986): Neuland des Denkens. Vom technokratischen zum kybernetischen Zeitalter, München

VESTER, F. (1987a): Unsere Welt - ein vernetztes System, München

VESTER, F. (1987b): Lernbiologische Erkenntnisse als Basis für die Bewältigung komplexer Systeme, vervielf. Typoskript Kiel 25.-28.3.1987, Symposion Pädagogische Hochschule Kiel: Bewahrung des Menschlichen - Zukunftsfragen der Erziehung im Spiegel der Wissenschaften

VLW (1990): Der Rahmenplan für die neugeordneten Büroberufe, Heft 30 der Sonderschriftenreihe des VLW, Wolfenbüttel

VLW (1991): Handlungsorientierter Unterricht, Heft 33 der Sonderschriftenreihe des VLW, Wolfenbüttel

VOLPERT, W. (1974): Handlungsstrukturanalyse als Beitrag zur Qualifikationsforschung, Köln

WATZLAWIK, P. u. a. (1974): Menschliche Kommunikation, 4. Aufl., Bern u. a.

WEBER, B. (1992): Vom Rohmaterial zur Tabelle, in: arbeiten + lernen/Wirtschaft, Heft 5, Seelze, S. 39 ff.

WEBER, S. (1993): Zur Diagnose von strukturellen Änderungen ökonomischen Wissens in der kaufmännischen Grundbildung, in: ZBW, Heft 6, S. 586 ff.

WEINBRENNER, P. (1985): Begrifflich - theoretische Grundlagen einer zielgruppenorientierten Fachdidaktik, in: TWARDY, M. (Hrsg.): Fachdidaktik zwischen Normativität und Pragmatik, Sonderband 1, Düsseldorf, S. 123 ff.

WEINBRENNER, P. (1989): Die Zukunftswerkstatt. Methode einer ökologisch orientierten Arbeitslehre, in: arbeiten + lernen/Die Arbeitslehre, Heft 62, Seelze, S. 38 ff.

WEINBRENNER, P./HÄCKER, W. (1991): Zur Theorie und Praxis von Zukunftswerkstätten, in: BUNDESZENTRALE FÜR POLITISCHE BILDUNG (Hrsg.): Methoden in der politischen Bildung - Handlungsorientierung (Schriftenreihe Band 304), Bonn, S. 115 ff.

WEINERT, F. E. (1997): Lernkultur im Wandel. in: BECK, E./GULDIMANN, T./ZUTAVERN, M. (Hrsg.): Lernkultur im Wandel. Tagungsband der Schweizerischen Gesellschaft für Lehrerinnen- und Lehrerbildung und der Schweizerischen Gesellschaft für Bildungsforschung, St. Gallen, S. 11 ff.

WEIS, H./GÖNNER, K./LIND, S. (1987): Industriebetriebslehre. Betriebswirtschaftslehre mit Schriftverkehr für Industriekaufleute, 11. Aufl., Bad Homburg von der Höhe

WEISE, P. u. a. (1985): Neue Mikroökonomie, Heidelberg

WEITZ, B.O. (1990): Grundelemente des betrieblichen Rechnungswesens: eine Einführung in Aufgabenstellungen, Instrumentarien und Vorgehensweisen des Rechnungswesens, Essen

WEIZSÄCKER, C. F. v. (1962): Die Geschichte der Natur, 5. Aufl., Göttingen

WELLENDORF, F. (1978): Der Alltag in der Schule und die Rede des Lehrers von "Intelligenz", "Begabung" und "Dummheit", in: SCHMIDT, R. (Hrsg.): Intelligenzforschung und pädagogische Praxis, München, S. 161 ff.

WERRES, W. (1976): Meta-Unterricht: Ein Programm für die Erneuerung von Schule und Unterricht, in: Ders. (Hrsg.): Innovationsmodelle für Schule und Unterricht, Kastellaun, S. 75 ff.

WICKE, L. (1991): Umweltökonomie, München

WIEMANN, G. (1966): Arbeitslehre in der Hauptschule, in: WESTERMANN, Pädagogische Beiträge 18 (1966), S. 198 ff.

WILLKE, H. (1991): Systemtheorie. Eine Einführung in die Grundprobleme der Theorie sozialer Systeme, 3. Aufl., Stuttgart/ New York

WINKEL, R. (1982): Die 17 Unterrichtsmethoden. In: GUDJONS, H. u. a. (Hrsg.): Unterrichtsmethoden, Grundlegung und Beispiele, Braunschweig, S. 11 ff.

WITTWER, W. (1991): Im Blickpunkt: Der Ausbilder, in: Berufsbildung, 45. Jg., Heft 7/8, Berlin, S. 315 ff.

WÖHLER, K H. (1979): Didaktische Prinzipien. Begründung und praktische Bedeutung, München

WOLF, H.-U. (1980): Die Expertenbefragung im Wirtschaftslehre-Unterricht der Hauptschule, in: Lehren und Lernen, Heft 6, S. 40 ff.

WRAGGE-LANGE, I. (1980): Interaktion im Unterricht, Weinheim/Basel

WYGOTSKI, L. S. (1964): Denken und Sprechen, Berlin

ZIELINSKI, J./ SCHÖLER, W. (1965): Pädagogische Grundlagen der programmierten Unterweisung unter empirischem Aspekt, Ratingen

ZIMMERMANN, E. (1985): Zum theoretischen Begründungszusammenhang von Aufbau und Steuerung betriebswirtschaftlicher Übungen an kaufmännischen beruflichen Schulen in der Organisationsform kaufmännischer Übungsfirmen, München

6 Personenverzeichnis

7 Index